Das Hamburgische Admiralitätsgericht
(1623 – 1811)

Rechtshistorische Reihe

Herausgegeben von den Professoren Dres.,
H.-J. Becker, W. Brauneder, P. Caroni, B. Diestelkamp, G. Dilcher, H. Hattenhauer,
R. Hoke, M. Köbler, G. Kobler, G. Landwehr, H. Nehlsen, W. Ogris, G. Otte, K. O. Scherner,
H. Schlosser, D. Schwab, H.-W. Strätz, E. Wadle, D. Willoweit

Band 43

Verlag Peter Lang

Frankfurt am Main · Bern · New York

Eva-Christine Frentz

Das Hamburgische Admiralitätsgericht (1623-1811)

Prozeß und Rechtsprechung

Verlag Peter Lang

Frankfurt am Main · Bern · New York

CIP-Kurztitelaufnahme der Deutschen Bibliothek

Frentz, Eva-Christine:

Das Hamburgische Admiralitätsgericht (1623 – 1811) :
Prozeß u. Rechtsprechung / Eva-Christine Frentz. –
Frankfurt am Main ; Bern ; New York : Lang, 1985.
(Rechtshistorische Reihe ; Bd. 43)
ISBN 3-8204-8453-1
NE: GT

Die vorliegende Arbeit wurde von Prof. Dr. G. Landwehr
zur Aufnahme in die Reihe empfohlen

Gedruckt mit Unterstützung der
Universität Hamburg

ISSN 0344-290X
ISBN 3-8204-8453-1

© Verlag Peter Lang GmbH, Frankfurt am Main 1985

Druck und Bindung: Weihert-Druck GmbH, Darmstadt

INHALT

ANHÄNGE

Anhang A

Anhang B

Anhang C

VORBEMERKUNG

Die vorliegende Arbeit wurde im Sommersemester 1984 vom Fachbereich Rechtswissenschaft I der Universität Hamburg als Dissertation angenommen.

Gegenstand der Untersuchung sind Prozeß und Rechtsprechung des Hamburgischen Admiralitätsgerichts. Unmittelbarer Anlaß für die Vergabe des Themas war die seit Anfang des Jahres 1982 bestehende veränderte Quellenlage, die dadurch gekennzeichnet ist, daß nach Abschluß eines Projekts der Deutschen Forschungsgemeinschaft am 31.12.1981 gewisse im Staatsarchiv Hamburg verwahrte Prozeßakten des Admiralitätsgerichts im Bestand „Reichskammergericht" neu verzeichnet und damit zugänglich sind.

Die seerechtliche Jurisdiktionstätigkeit des Admiralitätsgerichts in den nahezu zweihundert Jahren seines Bestehens (1623–1811) liegt historisch gesehen in einer Zeitspanne, die von ihren markanten Begrenzungen her — Beginn des Dreißigjährigen Krieges am Anfang, Vordringen der napoleonischen Truppen bis Hamburg und Lübeck am Ende — als wechselvolle Phase europäischer Machtverschiebungen ausgewiesen ist.

Eine vertikal rechtsvergleichende Betrachtung zeigt, daß die Rechtsprechung des Gerichts ebenfalls durch wechselvolle Entwicklungen geprägt ist, namentlich infolge variierender Einflüsse verschiedener Rechtskreise:

- Die Anknüpfung an das mittelalterliche Staats- und Rechtsverständnis mit der beherrschenden Vorstellung von der Einheit der Gewalten dokumentiert sich in der administrativ-judikativen Doppelfunktion der Hamburgischen Admiralität.

- Folgen der Rezeption des Römischen Rechts lassen sich in den einzelnen Admiralitätsprozessen ebenso nachvollziehen wie die Einflüsse des Canonischen Rechts und des Kameralprozesses.

- Die Spruchtätigkeit des Admiralitätsgerichts fällt in eine Periode, in der durch die Zuwanderung zahlreicher, von der Gegenreformation in den Niederlanden bedrohter Glaubensflüchtlinge — lutherischer und reformierter Flamen und Wallonen sowie spanischer und portugiesischer Juden überwiegend aus dem Kaufmannsstand — niederländische Rechtsgrundsätze nach Hamburg gelangten; diese äußern sich nicht nur in der Neugliederung des Hamburgischen Handels- und Kreditsystems nach niederländischem Vorbild durch die Aufnahme des Wechselrechts in das Hamburgische Stadtrecht 1603/05 (P. II Tit. 7) und in der Gründung der Hamburgischen Bank 1619, sondern vor allem in der Einführung des in Holland weit entwickelten Seeversicherungsrechts.

- Das Zusammenwirken zwischen der Rechtsprechung, die in Hamburgischen Prozessen mit holländischen Rechtsinstituten konfrontiert wird, und der Literatur, die auch französisches Seerecht verarbeitet, bewirkt eine dogmatische Verfeinerung des Seehandels- und Seeversicherungsrechts, die ihren Höhepunkt in der Kodifikation der Hamburgischen Assecuranz- und Havareiordnung von 1731 findet.

Den skizzierten wechselnden Einflüssen Rechnung tragen und gleichwohl seiner originären, im weitesten Sinne rechtssichernden Aufgabe gerecht werden kann ein Gericht wohl nur, wenn es sich in den ihm gesteckten Grenzen als flexibel erweist.

Unter diesem Aspekt des Spannungsfeldes zwischen Kontinuität und Wandel genaue Einsichten in die Prozeßpraxis und Rechtsfindung des Admiralitätsgerichts in den für Hamburg zu allen Zeiten lebenswichtigen seehandels- und seeversicherungsrechtlichen Materien zu gewinnen, ist nicht nur allgemein interessant und wünschenswert, sondern nach dem Stand der Forschung auch erforderlich; fehlte doch bislang für das Admiralitätsgericht eine Untersuchung, die sich sowohl auf seine Verfassung und sein Verfahren erstreckt (wie für das Hamburgische Niedergericht die Arbeit von Jacobi, für das Amtsgericht die von Heckscher und für das Handelsgericht die von Sutor) als auch auf seine Rechtsprechung.

Die bisher erschienenen Einzeluntersuchungen behandeln lediglich die Organisation und einige Verfahrensstrukturen des Gerichts, teilweise einzelne Abweichungen des Admiralitätsgerichtsprozesses vom Verfahren der übrigen Hamburgischen Gerichte; sie sind ausnahmslos dadurch gekennzeichnet, daß sie nur punktuell die zum Publikationszeitpunkt praktizierte Prozeßgestaltung und nicht die Gesamtentwicklung des Prozesses bis zur Auflösung des Gerichts 1811 wiedergeben. Das gilt für Krügers Dissertation, die 1709, also vor Veröffentlichung der Gerichtsordnung 1711 und der Assecuranz- und Havareiordnung 1731, erschien, ebenso wie für Kriegers Anmerkungen über den Hamburgischen Prozeß (1756), Andersons Hinweise im Hamburgischen Privatrecht (1789) und Langenbecks Abschnitt „Von der Admiralität" in seinem Seerechtskommentar von 1727. Sehr summarisch und weitgehend auf Angaben zur Zuständigkeit und Besetzung des Admiralitätsgerichts beschränkt sind die Ausführungen bei Vasmer, Marquard, Silberschmidt, Benecke, Klefeker und Westphalen.

Während Krüger und Langenbeck den Hamburgischen Admiralitäts*prozeß* zumindest partiell analysieren, indem sie rechtsvergleichend das Hansische Seerecht 1614 sowie holländische Usancen neben den zeitgenössischen Dissertationen von Rademin und M.L. Schele zitieren, ist eine Analyse der überlieferten *Urteile* des Admiralitätsgerichts bisher nicht unternommen worden.

Die vorliegende Arbeit hat demgegenüber das Ziel, die Jurisdiktionstätigkeit der Admiralität als Seegericht so umfassend darzustellen und zu analysieren, wie das aufgrund der gegenwärtigen Quellen- und Aktenlage möglich ist. Mag die Situa-

14

tion des Bearbeiters heute durch die uneingeschränkte Protokoll- und Akteneinsicht — gerade auch in die neu verzeichneten Prozeßakten des Gerichts im Staatsarchiv Hamburg — unvergleichlich besser sein als vor 1981, so bleibt doch das Faktum, daß Kriegseinwirkungen und der Große Brand in Hamburg 1842 erhebliche Quellenverluste verursacht haben. Glücklicherweise deckt aber die Gesamtheit der verfügbaren Quellen das Spektrum der Fragen, die den Rechtshistoriker hinsichtlich dieses Gerichts interessieren müssen, in voller Breite ab.

Primäre Forschungsgrundlage sind die im Staatsarchiv Hamburg aufbewahrten Prozeßakten des Admiralitätsgerichts. Ein Teil dieser Akten befindet sich im Bestand „Reichskammergericht" und umfaßt diejenigen Admiralitätsverfahren, die in der Appellationsinstanz beim Hamburgischen Obergericht und darüberhinaus beim Reichskammergericht anhängig waren. Diese Verfahren wurden im Rahmen des erwähnten Projekts der DFG in der Weise neu verzeichnet, daß eine Aufschlüsselung nach der ersten Instanz Admiralität (und nicht wie im alten Bestandskatalog des Reichskammergerichts nach der zweiten Instanz Obergericht) erfolgte. Die Neuverzeichnung ermöglicht erstmalig den Zugang zu sämtlichen Seehandels- und Assecuranzprozessen des Gerichts, die nach Speyer und ab 1689 nach Wetzlar gelangten[1].

Weitere Admiralitätsprozesse aus den Jahren 1655 bis 1665 konnten im Bestand „Admiralitätskollegium", der sonst nur die extrajudiziale Tätigkeit der Admiralität repräsentiert, ausfindig gemacht werden.

Schließlich fanden sich einzelne Prozeßakten und Belege über die gutachterliche Arbeit des Admiralitätsgerichts im Bestand „Senat", wo sie — offensichtlich als Paradigmen für bestimmte Seerechtsprobleme — hinter verschiedenen Senatsprotokollen eingelegt sind.

Neben diesen ungedruckten Primärquellen kommt zwei Druckwerken Bedeutung zu, die Admiralitätsprozesse wiedergeben und hinsichtlich derer zu fragen war, ob man sie als den Primärquellen gleichwertig einstufen darf.

Es handelt sich um Band VII der Klefeker'schen Gesetzessammlung und um die Dissertation Krügers „de iudicio admiralitatis Hamburgensis".

Klefeker fügt in sein Seerechtskompendium zur Erläuterung einzelner Rechtsinstitute des Seehandels- und Assecuranzrechts insgesamt 22 vollständige Admiralitätsprozesse ein, und zwar im Wortlaut der ihm von den Referenten des Admiralitätsgerichts zugänglich gemachten Relationen und Entscheidungsvoten.

---

1   Vorher war die Entdeckung eines derartigen Admiralitätsprozesses Zufall, wie die Erwähnung des Verfahrens Burmester c. Höckel bei Plaß, S. 63ff. beweist.

Krüger (S. 14f.) zitiert in einem Auszug aus dem Protocollum Admiralitatis 1656 das Verfahren Dorvill c. Reddeling.

Die Zuverlässigkeit der Klefeker'schen Wiedergabe läßt sich überprüfen, weil drei Verfahren, die er referiert, auch im neuverzeichneten Bestand „Reichskammergericht" des Staatsarchivs Hamburg in Originalakten vorliegen: Burmester c. Höckel, Boetefeur c. Kellinghusen und Hettling c. Lavezari. Ein Vergleich zeigt, daß die Relationen bei Klefeker hohe Präzision in der Sachverhaltsdarstellung aufgrund der Parteischriftsätze und der Beweisaufnahme aufweisen und daß die referierten Entscheidungsvorschläge der tatsächlichen Tenorierung der Urteile durch das Admiralitätsgericht in den Originalakten wörtlich entsprechen. Dies belegt die Zuverlässigkeit Klefekers und ließ es als zulässig erscheinen, auch die 19 weiteren Verfahren, die eben nur bei Klefeker und sonst nirgends überliefert sind, in die Untersuchungen einzubeziehen und als den vorliegenden Originalakten gleichwertig einzuschätzen.

Während Klefeker überwiegend zeitgenössische Prozesse wiedergibt, handelt es sich bei dem von Krüger 1709 abgedruckten Verfahren um einen Prozeß, der bereits 53 Jahre zuvor verhandelt worden war. Dieser Bodmereiprozeß Dorvill c. Reddeling scheint für seine Zeit eine Art „Schulfall" gewesen zu sein, denn er wird nicht nur von Rademin (S. 23) in dessen Dissertation 1697 und dann von Klefeker (Band VII, S. 275) im Jahr 1769 als Beispielsfall erwähnt; er findet außerdem einen erneuten ungekürzten Abdruck in der Krüger'schen Fassung bei Werlhof in dessen 1750 erschienener „Commentatio de iudicio admiralitatis Hamburgensis". Werlhof und Klefeker beziehen sich ausdrücklich auf Krügers Dissertation als Primärquelle, die offensichtlich nach dem damaligen Forschungsstand als authentisch und inhaltlich richtig angesehen wurde. Dies und die Ausführlichkeit des Protokollauszuges rechtfertigen es, auch Krügers Prozeßdokumentation als originäre Quelle zu verwerten.

Für die Untersuchung der Rechtsprechung des Admiralitätsgerichts sind auf dieser Quellengrundlage 56 vollständige Verfahren erschlossen worden. Anhang A enthält eine tabellarische Zusammenstellung dieser Admiralitätsprozesse, und zwar dient Spalte 2 dem Nachweis der Fundstellen, während die restlichen Spalten Gesichtspunkte wiedergeben, die in der Quellenauswertung eine Rolle spielen und auf die in der Analyse einzugehen sein wird.

Neben ihrem Quellenwert für die materielle Rechtsprechung des Admiralitätsgerichts haben die Verfahren Bedeutung insofern, als sie vielfältige Einblicke in die Prozeßhandhabung dieses Gerichts geben.

Weitere Quellen zur Organisation und Verfahrensgestaltung des Gerichts von 1623 bis 1723 stellen die zahlreichen, bisher nicht ausgewerteten handschriftlichen Protokollauszüge, Personalnotizen und Prozeßberichte in Michael Richey's

„Collectanea zu einer historischen Nachricht von der Admiralität" dar. Der dieser Sammlung angefügte fragmentarische Entwurf zu einer Geschichte der Admiralität wurde von dem damaligen Ratssekretär Johann Anderson zum hundertjährigen Jubiläum der Admiralität 1723 überarbeitet und ergänzt, ohne jedoch abgeschlossen und veröffentlicht zu werden.

Hinweise zur späteren Prozeßgestaltung bis 1811 sowie zu Rechtsquellen und Gerichtsordnungen, nach denen das Gericht judizierte, ergeben sich aus den von 1672 bis 1811 geführten Extrajudizialprotokollen der Admiralität, aus den Protokollen der Admiralitätsbürger und aus den Nachlässen der Admiralitätsmitglieder Hermann Langenbeck, Johann Berenberg, Cornelius Poppe und Johann Ernst Friedrich Westphalen, die sich im Staatsarchiv Hamburg befinden, ferner aus den Privatsammlungen der Admiralitätsbürger Johann v. Spreckelsen und Paul Jenisch sowie aus den „Schriften die Admiralität betreffend" und den Sachheften zum See- und Schiffswesen in der Commerzbibliothek Hamburg, ungedruckten Quellen, die sämtlich bisher keine auf das Admiralitätsgericht bezogene Auswertung erfahren haben.

Darüberhinaus sind in prozeßrechtsvergleichender Hinsicht äußerst aufschlußreich die Protokolle des Hamburgischen Niedergerichts und Obergerichts sowie die Protokolle des Bremischen See-, des Gast- und des Obergerichts im Staatsarchiv Bremen und einzelne Akten des Reichskammergerichts im Bundesarchiv, Außenstelle Frankfurt/Main. Archivalische Quellen über die Spruchtätigkeit des 1655 gegründeten Lübischen Seegerichts sind − mit Ausnahme eines ausführlichen Bestandsverzeichnisses − nicht zugänglich, weil alle Handschriften über dieses Gericht und die von September 1655 bis November 1656 geführten Gerichtsprotokolle 1945 nach Bernburg/Saale ausgelagert wurden und sich heute in Archiven der DDR und der UdSSR befinden. Eine mittelbare Quelle bietet insofern Wehrmanns 1900 erschienener Aufsatz über das Lübische Seegericht, in dem mehrere Seeprozesse referiert werden.

Was die Auswertung der Quellen angeht, so hätte man die Untersuchung unter einem bestimmten, vorab formulierten rechtsgeschichtlichen Erkenntnisinteresse durchführen können; hierauf wurde jedoch bewußt verzichtet, um nicht mit einem möglicherweise durch das geltende Recht geprägten Vorverständnis den Blick auf den rechtshistorischen Befund zu verstellen.

Die Untersuchung der Verfassung (Teil I der Arbeit) und des Verfahrens des Admiralitätsgerichts (Teil II) folgt in der Stoffgliederung dem formalen Prozeßablauf. Dabei wird die ursprüngliche Terminologie der herangezogenen Quellen in der Regel beibehalten und eine moderne Begriffsbildung nur dann verwendet, wenn Funktion und Wesen der einzelnen Prozeßrechtsinstitute anders nicht darzustellen sind. Organisation und Verfahrenspraxis des Admiralitätsgerichts haben sich von 1623 bis 1811 teilweise erheblich gewandelt; ein weitgehend unverzerrtes wahrheitsgetreues Bild kann daher nur erreicht werden, wenn der in den Prozeß- und Gerichtsordnungen statuierte Sollzustand des Verfahrens durchgehend zu dem aus den Protokollen ersichtlichen Istzustand und zu der aus Privatnotizen der Admiralitätsmitglieder erkennbaren Rechtswirklichkeit in Beziehung gesetzt wird. Die Darstellung bemüht sich darum.

Die Analyse der Urteile des Gerichts (Teil III) geht aus von den Hamburgischen bzw. Hansischen Seerechtsquellen und der einschlägigen, auch in den Parteivorträgen herangezogenen Seerechtsliteratur des 17. und 18. Jahrhunderts.

Zu berücksichtigen ist indessen, daß der ganz überwiegende Teil der überlieferten Admiralitätsjudikatur dem Bereich des Seeversicherungsrechts entstammt und andererseits eine Kodifikation der Seeassecuranz für Hamburg erst 1731 mit der Assecuranz- und Havareiordnung verabschiedet wurde. Das Admiralitätsgericht judizierte also über hundert Jahre lang in einem wichtigen Teil seiner Rechtsprechungskompetenz ohne eine verbindliche materielle Hamburgische Rechtsgrundlage. Der Ausweg in dieser Situation war zunächst eine partielle Übernahme einzelner ausländischer Rechtsinstitute in die Rechtsfindung des Gerichts, die schließlich den Charakter einer teilweisen Rezeption der zugrundeliegenden Assecuranzordnungen annahm. Die Gerichtsentscheidungen müssen daher auch im Spiegel der maßgeblichen internationalen Assecuranz- und Seegesetze, vor allem der Niederlande und Frankreichs, gesehen werden.

Die Untersuchung berücksichtigt außerdem die wichtigsten zeitgenössischen Kommentare zum Seeversicherungsrecht, insbesondere die Werke von Baldasseroni, Casaregis, Kuricke, Emérigon, Valin und Weskett.

Die Darstellung macht ferner die mehrfach auffallende Verselbständigung der Admiralitätsrechtsprechung gegenüber den als Vorbild herangezogenen Normen und Rechtsordnungen sichtbar; die Auswirkungen dieser Fortentwicklung und Differenzierung des Seerechts lassen sich bis zu einzelnen Vorschriften des Handelsgesetzbuches verfolgen. Auf einen durchgehenden Vergleich zwischen der Admiralitätsjudikatur und dem Handelsgesetzbuch wurde aber verzichtet, weil angesichts der rechtsdogmatischen Diskussion des 19. Jahrhunderts und der Anpassung des Handelsgesetzbuches an den technischen Wandel der Seeschiffahrt die uneingeschränkte juristische Rückkoppelung des HGB an bis zu 250 Jahre zurückliegende Sachverhalte methodischen Bedenken begegnet.

Im Rahmen der Quellenauswertung wurden zwei Gerichtsordnungsentwürfe für die Admiralität, ein Gemeiner Bescheid des Admiralitätsgerichts vom 1.2.1677 und zwei Conclusa vom 25.5.1782 ausfindig gemacht, die bisher unbekannt waren. Sie sind für die vorliegende Arbeit wesentlich, werden im Text mehrfach zitiert und sind deshalb der Arbeit als Anhang B beigefügt.

Ein Wort noch zu unserer Kenntnis von den Anfängen des Admiralitätsgerichts. Während seine Auflösung durch den französischen Stadtmagistrat nach der Einnahme Hamburgs durch französische Truppen 1811 und die anschließende Gründung des Hamburgischen Handelsgerichts 1814/1815 durch Sutor eine bisher unerreichte Darstellung erfahren haben, fehlt ein entsprechender Versuch, den historischen Kontext zwischen den ersten nachweisbaren Vorläufern der Hamburgischen Admiralität und den Umständen der Gründung des Admiralitätsgerichts 1623 herzustellen und zusammenzufassen. Weil sich einerseits bei der Quellenauswertung im Staatsarchiv Hamburg und in der Commerzbibliothek Hamburg zahlreiche Hinweise und eine Reihe ungedruckter Quellen zu diesem Komplex fanden, andererseits aber die dort gewonnenen *gerichtsgeschichtlichen* Erkenntnisse nur ergänzend neben das primär *vertikal rechtsvergleichende* Hauptanliegen der Arbeit treten sollen, erscheinen diese „Materialien zur Gründungsgeschichte des Admiralitätsgerichts" im Anhang C. Der historisch besonders interessierte Leser mag mit der Lektüre dieser „Materialien" beginnen.

Die große Zahl ungedruckter Quellen, auf denen diese Arbeit beruht, aber auch zahlreiche ältere und schwer zugängliche Druckwerke hätten nicht beschafft, eingesehen und ausgewertet werden können ohne die förderliche Mithilfe liebenswürdiger Fachleute aus dem Archiv- und Bibliotheksbereich.

An erster Stelle ist hier dankbar zu erwähnen Herr Archivdirektor Dr. Ewald (Staatsarchiv Hamburg), der die Arbeit von Anfang an mit freundlichem Interesse begleitet und gefördert hat. Sein spontaner poetischer Wahrspruch, die alten Handschriften der See- und Kaufleute des 17. und 18. Jahrhunderts atmeten immer noch „einen Hauch Nordseewind", ist mir in den Monaten der Quellenstudien in Erinnerung geblieben. So ist es.

Des weiteren habe ich zu danken:

Frau Lembcke,	Bibliothek der Handelskammer Hamburg/Commerzbibliothek
Herrn Wulff,	Bibliothek des Hanseatischen Oberlandesgerichts Hamburg
Frau Dr. Grassmann,	Archiv der Hansestadt Lübeck
Herrn Dr. Lührs,	Staatsarchiv Bremen
Frau Deter,	Max-Planck-Institut für Europäische Rechtsgeschichte, Frankfurt/Main
Herrn Dr. Schenk,	Bundesarchiv Koblenz, Außenstelle Frankfurt/Main.

Mein umfassender Dank gilt schließlich meinem akademischen Lehrer Herrn Professor Dr. Landwehr dafür, daß er mir dieses Hamburger Thema vorschlug und den Fortgang der Untersuchung mit gründlichen und kritischen Gesprächen begleitete.

Erster Teil

DIE VERFASSUNG DES HAMBURGISCHEN ADMIRALITÄTSGERICHTS

A. *Die Gerichtsordnung*

Die Prozeß- oder Gerichtsordnung kann für ein Gericht einerseits Kristallisationspunkt und Spiegel seiner Rechtspraxis darstellen, indem sie auf seine zunächst autonome — im Einzelfall an prozessuales Gewohnheitsrecht[1] anknüpfende — Prozeßgestaltung bestätigend oder korrigierend re-agiert. Sie bildet dann als zusammenfassende Kodifikation den vorläufigen Endpunkt einer Prozeßrechtsentwicklung durch dieses Gericht.

Die Gerichtsordnung kann andererseits die Verfahrenshandhabung für ein Gericht normativ vorbereiten, in besonderem Maße, wenn Gründung des Gerichts und Erlaß der Gerichtsordnung zeitlich aufeinander abgestimmt sind[2]. Sie wirkt dann als Ausgangspunkt für eine Fortbildung des prozessualen Gesetzesrechts durch Richterrecht.

Eine Gerichtsordnung im letzteren Sinne erhielt das Hamburgische Admiralitätsgericht bei seiner Einsetzung nicht. Die Admiralschaftsordnung von 1623[3] regelt zwar summarisch in § 2 die Besetzung der Admiralität sowie in § 3 einen nie praktizierten Wahlmodus für die Admiralitätsbürger; § 2 skizziert außerdem eine auf den Bereich der ständigen Admiralschaften beschränkte Rechtsprechungskompetenz; § 13 stellt seearbeitsvertragliche Streitigkeiten der „Erkenntnis der Admiralität" anheim. Diese Einzelanweisungen sind jedoch ebensowenig wie der Ratsbeschluß vom 10.8.1623[4] als umfassende Ordnung für Organisation und Verfahren des Admiralitätsgerichts zu bewerten. Die Admiralschaftsordnung war

1   Der Ursprung einer formellen Verfahrensordnung ist häufig „in dem kundigen Herkommen gegründet", Hiemsch, S. 27.
2   Beispiele: Lübische Seegerichtsordnung verabschiedet am 12.9.1655, erste Sitzung des Seegerichts am 19.11.1655, Wehrmann, Lüb.Bl. 42 (1900), S. 621, 632. Für das Hamburgische Handelsgericht Gründungsbeschluß am 3.8.1815 (Bertram, S. 69), Verkündung der Handelsgerichtsordnung am 15.12.1815 (StAH, Senat Cl.VII,Lit.Ma, No. 10, Vol.2a,fasc. 4, Inv.1,St.45), erste Sitzung des Gerichts am 24.2.1816, Westphalen, Bd. I, S. 288.
3   in Langenbecks Fassung. Zu ihrer Vorgeschichte und Verkündung, S. 289ff. Die bei Langenbeck, Seerecht, S. 330ff abgedruckte Fassung stammt von 1627 und stellt die in der Praxis am häufigsten zitierte Fassung der Ordnung dar.
4   zu diesem Beschluß, mit dem der Rat die Jurisdiktionsgewalt in allen Seesachen an die Admiralität übertrug und der damit die Gründung des Admiralitätsgerichts markiert, vgl. S. 291f.

primär ein Reglement für die administrativ-extrajudizialen Aufgaben der Admiralität[1].

Die Frage hingegen, ob das Admiralitätsgericht nachträglich eine Prozeßordnung im Sinne der erstgenannten Variante erhielt, bedarf einer differenzierenden Antwort; diese ist bedingt durch die in Hamburg mehrfach auftretende Diskrepanz zwischen Gerichtsordnungen, die der Rat mit Zustimmung der Erbgesessenen Bürgerschaft[2] verabschiedete und „publicirte" (d.h. mit Gesetzeskraft verkündete), sowie Prozeßordnungen, die die Erbgesessene Bürgerschaft nicht ratifizierte.

I. Die publizierten Gerichtsordnungen von 1603, 1622, 1632 und 1645

Die Zweigliedrigkeit der Jurisdiktionsgewalt in Gestalt des ausschließlich mit Ratsherren besetzten Obergerichts und des auch mit bürgerlichen Beisitzern, „Dingleuten"[3], urteilenden Niedergerichts durchzieht die Hamburgischen Gerichtsordnungen[4] seit dem „Ordelboeck" von 1270, der „uns bekannten ältisten Gerichts=Ordnunge"[5]. Nachdem beide Spruchkörper zeitweise gesonderte Gerichtsordnungen hatten – die „Ordeninge des Niedersten Gerichtes tho Hamborch" von 1560[6] und die Obergerichtsordnung von 1567[7] –, fanden Verfassung und Verfahren des Nieder- und Obergerichts in der Gerichtsordnung vom 10.10.1603[8] eine umfassende gemeinsame Regelung. Sie wurden zum Teil revidiert in der Gerichtsordnung vom 18.2.1622[9] sowie in der „Revidirten Gerichts=Ordnung vom 05.10.1632"[10], der ersten nach der Einsetzung des Admiralitätsgerichts verabschiedeten und in Kraft getretenen Prozeßordnung.

1 Vasmer, S. 16.
2 zur staatsrechtlichen Stellung der Erbgesessenen Bürgerschaft Hauptrezess 1712, Art. 16, Westphalen, Bd. I, S. 77ff., 99f.
3 HambStR 1270, VI. 8 und IX. 1.
4 mit wechselnden Begriffsbildungen: Die Bezeichnung „Niedergericht" erscheint erstmals in HambStR 1497, während die Ratsmitglieder in HambStR 1270 „de rathmannen", ab 1292 „Richteherren" genannt werden, Jacobi, S. 5, 9f. m.w.N., vgl. ferner Westphalen, Bd. I, S. 215ff.
5 Schlüter, Sonderbare Anmerkungen ..., Einleitung. Zu den Gerichtsordnungen von 1276, 1301 und 1497 Schlüter, a.a.O.; Richey, Historia Statutorum Cap. I, §§ 12ff., § 34; Klefeker III, S. 96ff.; Anderson, Privatrecht III, S. 11f.; Gries, Commentar, S. 4f.
6 zu ihrer Entstehung Jacobi, S. 5ff.
7 Schlüter a.a.O., Überblick über Gerichtsordnungen; Anderson, Privatrecht III, S. 11f.; Klefeker III, S. 108.
8 Als Bestandteil des HambStR 1603 in dessen Part I; zur Entstehung und Revision 1605 s. Ausgabe 1842, Einleitung, S. IIIff.; Klefeker III, S. 108ff.; Richey, Historia Statutorum Cap. III.
9 zu ihrer Entstehung Klefeker III, S; 110; Schlüter a.a.O. Sie hatte ebenso wie die GO 1603 – wie schon aus der Rechtsquellenbeschreibung der Niedergerichtsordnung 1560 „uth ... Burspraken und gemeinen beschrewenen Rechten" ersichtlich – den Zweck, das Hamburgische Prozeßrecht entsprechend dem Römischen Recht/Gemeinen Recht zu modifizieren, Westphalen Bd. I, S. 230; Ausgabe 1842, Einleitung, S. 38ff.
10 zu ihrer Entstehung Klefeker III, S. 111.

Die 20 Artikel der GO 1632 enthalten keinen Hinweis auf Organisation und Verfahren dieses dritten gerichtlichen Spruchkörpers in Hamburg. Allerdings beziehen sich Art. 3, eine Privilegierungsvorschrift für Klagen aus „klaren Handschriften"[1], und Art. 20, eine allgemeine Verweisungsnorm, ausdrücklich auf die GO 1603[2].

Der beherrschende Einfluß der GO 1603 ist offensichtlich durch die nur einzelne Prozeßbereiche modifizierenden Gerichtsordnungen von 1622 und 1632 nicht unterbrochen worden. Ein Blick auf die tatsächliche Prozeßhandhabung bestätigt diese Vermutung: Im Verfahren Berenberg c. Janßen, das 1641 vor dem Admiralitätsgericht verhandelt wurde, taucht im Parteivortrag an keiner Stelle ein Zitat aus der GO 1632 auf. Vielmehr berufen sich die Parteien in den zahlreichen prozeßrechtlichen Streitfragen des Falles durchgehend auf die GO 1603[3].

Das Bild ändert sich mit dem Erlaß der Gerichtsordnung vom 28.3.1645[4]. Sie zeigt in drei Kapiteln mit insgesamt 69 Artikeln die seit 1603/05 umfassendste Überarbeitung des Nieder- und Obergerichtlichen Verfahrens und gleichzeitig die weitestgehende Übernahme gemeinrechtlicher Verfahrensnormen in den Hamburgischen Prozeß[5], schweigt aber wie ihre Vorläufer über das Verfahren vor dem Admiralitätsgericht.

Nunmehr ist — anders als in der Geltungszeit der GO 1632 — in den untersuchten Admiralitätsprozessen etwa ab Mitte des 17. Jahrhunderts zu beobachten, daß die mündlichen und schriftlichen Rezesse der Parteivertreter primär auf die Normen des Obergerichtlichen Verfahrens in der GO 1645 und nur ergänzend auf die GO 1603 verweisen[6]. Das deutet auf eine bewußte Anlehnung an die neueste Gerichtsordnung für das Nieder- und Obergericht hin, weil die Verkündung einer speziellen Prozeßordnung für das Admiralitätsgericht nicht zu erwarten war. Diese Entwicklung der Verfahrenspraxis seitens der Parteivertreter wurde durch die Einstufung des Admiralitätsgerichts als „iudicium delegatum" des Rates in der Literatur gestützt; einige Autoren befürworteten deshalb die unmittelbare Anwendung der Obergerichtsordnung auf den Admiralitätsprozeß[7]; andere meinten, die Obergerichtsordnung der Prozeßordnungen von 1622, 1632 und 1645 wirke nur im Wege der Observanz auf das Verfahren des Admiralitätsge-

1 Dazu gehören nach GO 1622, II, 4 „Sachen aus Obligationen, Verschreibungen und schriftlichem Vertrag", denen später Policen und Wechselbriefe gleichgestellt werden, M.L. Schele S. 45f.; GO 1645, II, 13.
2 ebenso schon GO 1622, III, 8.
3 ausführlich z.B. Notwendige Anzeige loco exceptionum vom 5.6.1641, prod. 27.9.1641; Exceptiones prod. 8.10.1641.
4 zu ihrer Entstehung Klefeker III, S. 111; Anderson, Privatrecht III, S. 12.
5 Westphalen, Bd. I, S. 211, 230.
6 z.B. in Hupping c. Hübner, H 180, Recess prod. 20.8.1694, Supplik prod. 15.6.1694; Henrichsen c. v. Lübcken, Rotulus Examinis Testium, prod. 20.10.1659.
7 Krieger, Cap. IX, § 3; Langenbeck, Seerecht, S. 321.

richts ein[1]. Das Admiralitätsgericht selbst orientierte sich — wie aus der Rechtsanwendung in seinen prozeßleitenden Bescheiden und Interlokuten vor 1711 ersichtlich — vor allem im Recht der Klageerwiderung und zum Teil im Beweisrecht gleichmäßig an den Vorschriften der GO 1603 und den Regeln für das Obergerichtliche Verfahren in GO 1645 II; die teilweise wortgetreue Übernahme des Gesetzestextes in den Interlokuten spricht nicht für eine auf Observanz beruhende analoge, sondern für eine unmittelbare Anwendung der beiden Grichtsordnungen.

Die GO 1645 war — abgesehen von einigen Ratsmandaten[2] — bis zur Auflösung des Admiralitätsgerichts die letzte von Rat und Erbgesessener Bürgerschaft gemeinsam verabschiedete, mit Gesetzeskraft „publicirte" Hamburgische Prozeßordnung[3].

II. Nicht publizierte Gerichtsordnungen von 1656, 1668, 1711

Die Gerichtsordnungen von 1603 und 1645 enthielten keine Normen, die das Admiralitätsgericht im Hinblick auf seine innere Organisation oder auf diejenigen Verfahrensabschnitte hätte adaptieren können, welche besonders durch das Gebot der schnellen Justiz in Seesachen geprägt waren: Einleitung des Klageverfahrens unter Berücksichtigung bestimmter Prozeßgrundsätze, Widerklageverfahren, Rechtsmittelverfahren. Diese für das Admiralitätsgericht entstandene Lücke im System der hamburgischen Prozeßrechtskodifikationen schlossen drei nicht publizierte Gerichtsordnungen.

Im Jahre 1656 entstand eine „Ordnung der Admiralität", die für den internen Gebrauch der Admiralitätsdeputierten detailliert die Besetzung der Admiralität, die persönliche Qualifikation, die Amtszeiten sowie den Modus der Neu- und Wiederwahl ihrer Mitglieder festlegt und damit erheblich über den Regelungsumfang des § 2 Admiralschaftsordnung hinausgeht. Diese Ordnung ist in zwei Fassungen überliefert: Eine Fassung[4] stammt aus dem Nachlaß des Hamburger Kaufmanns Johann Berenberg (1674—1749), der 1714 Admiralitätszollbürger und 1725 Admiralitätsbürger wurde[5]. Die andere Version datiert ebenfalls von 1656, ist aber gegenüber der Berenberg'schen Ordnung leicht verändert und um

1   Richey, Collect. Nr. 14; Anderson/Richey, Cap. III, § 1.
2   z.B. Mandat von 1670 über die Zulassung der vor dem Admiralitätsgericht auftretenden Procuratoren, Schlüter, Sonderbare Anmerkungen ..., Einleitung.
3   Anderson, Privatrecht III, S. 13; Schlüter a.a.O. Westphalen, Bd. I, S. 230f. mit dem Hinweis auf die das Dielenverfahren betreffenden späteren Verordnungen von 1724, 1754 und 1784.
4   StAH, Senat CL. VII, Lit. Ca, No. 1, Vol. 4c, fol. 1.
5   Hauschild-Thiessen, Hamburgische Geschichts- und Heimatblätter, Bd. 10, H. 8 (1979), S. 183f.

einen Zusatz vermehrt[1]. Es ist anzunehmen, daß die „Ordnung der Admiralität"
im Zusammenhang mit dem Gemeinen Bescheid des Admiralitätsgerichts vom
13.7.1656[2] von einem Admiralitätsmitglied erarbeitet wurde[3].

Die erste vollständige Gerichtsordnung, die neben der Organisation auch das Verfahren des Admiralitätsgerichts normiert, ist aus dem Jahr 1668 überliefert[4]. Es
handelt sich um den Entwurf einer nicht in Kraft getretenen Gerichtsordnung für
das Admiralitätsgericht, der im historischen Kontext des Vergleichs zwischen
dem Hamburgischen Rat und den 52 Deputierten der Erbgesessenen Bürgerschaft
vom 17.9.1666 steht. Dieser Vergleich wurde von dem kaiserlichen Kommissar
Johann Gabriel v. Selb zur Beilegung der seit 1663 bestehenden Auseinandersetzungen zwischen Rat und Bürgerschaft[5] entworfen und enthielt zur Bereinigung
bestimmter Prozeßmängel die Ziffer 3: „daß eine neue Gerichts=Ordnung nach
dem Fuß der Kammer=Gerichts=Ordnung, auf hiesiger Stadt Statuten gerichtet,
verfasset, was bei künftiger Communication nebenzu dienlich befunden wird,
hinzugethan, publiciret und inskünftige danach in- und außerhalb Gerichts verfahren werden soll"[6]. Der Vergleich fand nicht die Billigung der Bürgerschaft
und wurde nicht ratifiziert[7]; ebensowenig setzte man eine Deputation zur Ausarbeitung einer Prozeßordnung ein[8]. Es ist deshalb zu vermuten, daß der hier
vorliegende Entwurf von einem der graduierten Mitglieder des Admiralitätsgerichts in eigener Initiative, aber angeregt durch den Vergleich von 1666, formuliert und dem Gerichtsvorsitzenden zugeleitet wurde. Der Entwurf befand sich
zuletzt im Privatbesitz des Bürgermeisters Dr. Gerhard Schröder[9], der zwischen
1705 und 1717 siebenmal als Präses des Admiralitätsgerichts fungierte. Auch in
der im Windischgrätzischen Rezess vom 3.4.1674 Art. 68[10] angekündigten und
in Teilen konzipierten neuen Gerichtsordnung[11] fehlt der Text der GO 1668 für
das Admiralitätsgericht.

Die Gerichtsordnung besteht aus 14 Paragraphen; sie enthält Bestimmungen über
die Besetzung des Gerichts und ein Mitwirkungsverbot (§§ 1—5), über Verfah-

---

1 Richey, Collect. Nr. 70. Beide Fassungen sind im Anhang B abgedruckt.
2 abgedruckt bei Anderson, Privatrecht III, S. 340f.
3 Die archivalischen Quellen enthalten keinen Hinweis auf einen Verfasser außerhalb der
  Admiralität, etwa aus dem Hamburgischen Rat.
4 Richey, Collect. Nr. 27, Lit. Q; abgedruckt im Anhang B.
5 Anlaß war der Verstoß des Bürgermeisters Peter Lütkens gegen den Ratseid durch Ge-
  schenkannahme in anhängigen Gerichtsverfahren, Gallois, S. 202ff., 205; Bartels, Nachtrag, S. 172ff.; Augner, S. 10f.
6 Bartels, a.a.O., S. 173.
7 Bartels, a.a.O., S. 174; Anderson, Privatrecht I, S. 515.
8 Bartels, a.a.O.
9 Vermerk Richey's in Collect. Nr. 27, Lit. Q.
10 abgedruckt in Bartels, Nachtrag, S. 224f. Zur Vorgeschichte dieses Rezesses Gallois, S.
   207ff.; Seelig, Bürgerschaft, S. 82ff.
11 ebenfalls nicht in Kraft getreten, Anderson, Privatrecht III, S. 13; ders., Privatrecht I,
   S. 515.

rensgrundsätze und Parteivertretung (§§ 6, 7) über die gerichtliche Zuständigkeit (§ 8) sowie über die entscheidungserheblichen Rechtsquellen (§ 9), ferner über das Appellationsverfahren (§§ 10–13).

Die GO 1668 wird zwar – anders als die Gerichtsordnung von 1711 – in den überlieferten Admiralitätsprozessen nicht zitiert; gleichwohl ist im Verlauf der Untersuchung zu zeigen, daß sie die partiell an den publizierten Gerichtsordnungen orientierte, in bestimmten Verfahrensabschnitten aber eigenständige Prozeßgestaltung des Admiralitätsgerichts normativ zusammenfaßt und teilweise modifiziert[1]; insofern kann sie neben den Prozeßakten als Dokumentation der Verfahrenspraxis des Gerichts herangezogen werden.

Dies gilt in noch höherem Maße für den Entwurf einer vollständig revidierten Gerichtsordnung von 1711[2]. Diese Prozeßordnung wurde 1709/10 zur Zeit der Hohen Kaiserlichen Kommission in Hamburg[3] von dem Ratsmitglied Dr. Matthäus Schlüter vorbereitet[4] und nach Beratung mit dem Kollegium der Sechziger[5] als Anlage zu Art. 23 des Hauptrezesses der Stadt Hamburg von 1712 veröffentlicht[6]. Mangels Ratifikation durch die Erbgesessene Bürgerschaft erlangte sie jedoch keine Gesetzeskraft[7].

Die GO 1711 enthält neben zahlreichen Vorschriften, die auf den Gerichtsordnungen von 1603 und 1645 sowie auf prozessualer Observanz beruhen[8], zwei Titel mit Normen des seerechtlichen Prozesses: Titel XXXVI ,,Von dem Admiralitäts-Gericht'' mit 23 Artikeln über dessen Organisation und Verfahren, und Titel XXXVII ,,Von guten Männern'' mit 11 Artikeln über das obligatorische Güteverfahren in Assecuranzstreitigkeiten.

In den überlieferten Admiralitätsprozessen wird die GO 1711 in Bescheiden des Gerichts und im Vortrag der Parteien teilweise unmittelbar angewendet, teilweise aufgrund gewohnheitsrechtlicher Geltung beachtet[9].

---

1 Sie entspricht damit der oben erstgenannten Variante einer Prozeßordnung, s. S. 21.
2 Zu ihrer Entstehung Anderson, Privatrecht III, S. 13; Augner, S. 14ff. 16ff.; Westphalen, Bd. I, S. 230; Klefeker III, S. 112ff.
3 zu den historischen Hintergründen des Eingreifens der Kommissare Graf Schönborn, Graf Lilienstädt, Präsident v. Burchardi, Baron v. Grote und Baron v. Bötticher in die bürgerlichen Unruhen in Hamburg von 1708 bis 1712 Gallois, S. 274ff., 364; Augner, a.a.O.; Seelig, a.a.O., S. 57ff.; Westphalen, Bd. I, S. 7ff.
4 Gallois, S. 279.
5 zur Entstehung dieses bürgerlichen Kollegiums aus den 48ern und zu seiner Bedeutung ab 1685 Seelig, Bürgerschaft, S. 73ff.; Westphalen Bd. I, S. 184ff.
6 Bartels, Neuer Abdruck, S. 229f.; Augner, S. 135ff.
7 Westphalen, Bd. I, S. 230, 64; Anderson, Privatrecht III, S. 13.
8 Anderson, a.a.O.
9 vgl. beispielhaft die Verfahren Thornton c. Kühl, Stolle c. Rothaer, Rendtorff c. Brandt.

Der Prozeß des Admiralitätsgerichts wurde auch durch seine Gemeinen Bescheide geprägt.

Gemeine Bescheide eines Gerichts waren in Hamburg „keine neuen Gesetze, sondern Befehle, die alten Gesetze und gute Ordnung zu halten"[1]. Gleichwohl meinte Schlüter, daß „die gemeinen Bescheide zu den Gerichts=Ordnungen gehören"[2]. Der charakteristische Unterschied zu den Gerichtsordnungen lag jedoch darin, daß der Erlaß eines Gemeinen Bescheides nicht die „potestas legislatoria" voraussetzte, die nur dem Rat und der Erbgesessenen Bürgerschaft gemeinsam zustand[3]. Ein Gemeiner Bescheid hatte daher nicht derogierende Wirkung gegenüber der gültigen Gerichtsordnung[4]. Außerdem wurden Gemeine Bescheide nicht von besonderen Deputationen der gesetzgebenden Körperschaften entworfen, sondern von den Gerichten selbst formuliert[5]; sie bezogen sich in der Regel nur auf einzelne Verfahrensabschnitte, auf organisatorische Verfügungen oder auf die Bekämpfung von Prozeßverschleppung und Verstößen gegen Appellationsbestimmungen.

Während das Obergericht seit 1608[6] und das Niedergericht seit 1637[7] zahlreiche Gemeine Bescheide erließen, war das Admiralitätsgericht mit diesem Instrument der Prozeßleitung eher sparsam: Sechs Gemeine Bescheide dieses Gerichts sind uns bekannt[8].

---

1   Anderson, Privatrecht III, S. 23 mit einem Zitat des Syndicus Wagner.

2   Schlüter, Sonderbare Anmerkungen ..., Einleitung.

3   Anderson, a.a.O.

4   vgl. dazu den Titel „Von E.E.Rath, dessen Gerechtigkeiten, Bedürfnissen ...", der bei Beratung des Reglements der Rat- und Bürgerkonvente 1710 der Kaiserlichen Kommission am 17.12.1710 überreicht wurde, dort Art. 17: „Gemeine Bescheide, wodurch der neuen Gerichts=Ordnung nicht derogiert wird, ist E.E. Rath noch ferner zu machen und zu publiciren befugt", Westphalen, Bd. I, S. 231, Fn.; Seelig, Bürgerschaft, S. 87f.

5   Dafür gab es keine ausdrückliche Kompetenznorm, Westphalen, Bd. I, S. 230, Fn. 2. Die noch erhaltene Relation zum Gemeinen Bescheid des Admiralitätsgerichts vom 5.3. 1767 (StAH, Senat Cl. VII, Lit. Ma, No. 6, Vol. 1c) gibt Aufschluß über die Vorarbeit dieses Gerichts zu seinen Bescheiden: Einer der rechtsgelehrten Referenten demonstriert die mangelnde Einhaltung des letzten Bescheids vom 29.11.1764 an Hand von fünf Prozessen, die entscheidungsreif und von ihm mit einem Votum versehen sind. Nach Erörterung der Ursachen für die Verstöße gegen den vorigen Bescheid definiert er den notwendigen Regelungsinhalt eines neuen Bescheids, den er nach dem Vorbild eines vergleichbaren Obergerichtsbescheids (vom 27.8.1728, Anderson, a.a.O., S. 293), aber mit Rücksicht auf das „schleunige Verfahren eines Merkantil=Gerichts" vorformuliert.

6   Schlüter, a.a.O., Einleitung; Anderson, Privatrecht, III, S. 24ff.; Sammlung der Bescheide des Obergerichts bei Anderson, a.a.O., S. 273ff.

7   Anderson, a.a.O. S. 24; Sammlung der Niedergerichtsbescheide bei Anderson, a.a.O., S. 300ff.

8   Langenbeck, Seerecht, S. 364f. nennt zwei Bescheide; Anderson, Privatrecht III, S. 340ff. vier Bescheide.

Über den ältesten Bescheid vom 21.9.1653, dessen Text verlorengegangen ist, weiß man nur, daß er zehn Jahre lang an der Gerichtsstube der Admiralität aushing[1]. Der Bescheid vom 31.7.1656 bekräftigt die Mündlichkeit als Verfahrensmaxime und die Parteivertretung durch Procuratoren als Ausnahme von dem Grundsatz der persönlichen Anwesenheit und Mitwirkung der Parteien beim Admiralitätsprozeß. Das Vollmachtserfordernis für Procuratoren statuiert der Bescheid vom 30.7.1663. Der Bescheid vom 1.2.1677[2] spiegelt den Übergang zum schriftlichen Verfahren und beschränkt mit Strafvorbehalt die schriftlichen Rezesse auf einen Bogen Papier. Die beiden letzten Gemeinen Bescheide vom 29.11. 1764 und vom 5.3.1767[3] enthalten Bestimmungen zur Prozeßbeschleunigung.

Die Interlokute und Urteile des Admiralitätsgerichts in den untersuchten Prozeßakten zeigen deutlich den Einfluß dieser Bescheide auf die Verfahrenspraxis[4].

An dieser Stelle ist als Beobachtung festzuhalten, daß das Admiralitätsgericht seine seegerichtsspezifischen Organisations- und Verfahrensnormen in den Gerichtsordnungen 1656 und 1668 sowie in den Gemeinen Bescheiden selbst festlegen mußte, weil Rat und Erbgesessene Bürgerschaft fast 90 Jahre lang (bis 1710) das Bedürfnis dieses Gerichts nach einer eigenen Prozeßordnung nicht berücksichtigten.

Zum Vergleich: Dem Wunsch nach rascher Justiz in Seehandelssachen, der die Lübecker Kaufmannschaft 1639 bei ihren Bemühungen um die Einrichtung eines Seegerichts[5] beherrschte, entsprach die Lübische Seegerichtsordnung vom 12.9. 1655 mit der lapidaren Anordnung eines „summarischen, kurtzen Processes" ohne „schriftliche Handlung" (§ 1) und mit dem Verbot schriftlicher „Deductionen" im Zeugenbeweisverfahren. Die Besetzung des Seegerichts regelte die Gerichtsordnung nicht. Im übrigen richtete sich das Verfahren „legaliter" nach den Lübischen Gesetzen (§ 2). Der hier erkennbare Verzicht der Normgeber auf detaillierte Prozeßvorschriften korrespondiert mit der allgemeinen Einstufung des Seegerichtsprozesses als Schnellverfahren[6], bei dem die Zwänge einer prozessualen lex scripta bewußt vermieden und im Bedarfsfall die vorhandenen Prozeßnormen angewendet werden sollten. Demgegenüber beruhte das Bedürfnis des Hamburgischen Admiralitätsgerichts nach einer eigenen Gerichtsordnung vor allem

---

1 StAH, Senat Cl. VII, Lit. Ca. No. 1, Vol.4a, fol. 397.
2 Richey, Collect., Nr. 31, Lit. V; abgedruckt im Anhang B.
3 Die Bescheide von 1656 und 1663 sind abgedruckt bei Langenbeck, Seerecht, S. 364f., die Bescheide von 1656, 1663, 1764 und 1767 abgedruckt bei Anderson, Privatrecht III, S. 340ff.
4 Beispiele: Hübner c. v.d. Krentze, Bescheid vom 6.9.1655 (Ablehnung eines Vertagungsantrags); de Vlieger c. Thomas, Interlokut v. 19.11.1696 (Anordnung des persönlichen Erscheinens des Klägers); Rendtorff c. Brandt, Interlokut v. 3.8.1724 (Anordnung gehöriger Legitimation für den Procurator des Beklagten).
5 Stadtarchiv Lübeck, Interna S, Konv. 9 (Seegericht) Nr. 1.
6 Langenbeck, Seerecht, S. 322; Krüger, S. 13; Vasmer, S. 26.

– dies wird die weitere Untersuchung verdeutlichen – einerseits auf seiner personellen Zusammensetzung[1], andererseits auf der besonders in den zahlreichen Seeassecuranzstreitigkeiten notwendigen Eindämmung planmäßiger Prozeßverschleppung durch die Parteien und ihre Prozeßvertreter[2].

B. Die Zuständigkeit

I. Prozeßentscheidungen in I. Instanz

Nach den dargestellten nicht publizierten Gerichtsordnungen umfaßte die sachliche Zuständigkeit des Admiralitätsgerichts in erster Instanz Prozeßentscheidungen in „allen See- und Admiralitäts=Sachen, die wegen Segel, Leccagie, Gefahr der See, des Schiffers und See=Volks Versehen und Untreue bey dem Schiff und den Gütern, des Schiffes Zustand, Gefahr, Nach- und Vortheil, Bodmerey, Frachtgelder, Rheder und Rhederey, Assecuranzen, Werfung der Gütern, Avarien und dergleichen" (GO 1711, 36, 14)[3], also kurz in „allen Seesachen" (GO 1668, § 8) ohne Rücksicht auf eine Streitwertbegrenzung[4]. In der Literatur wurde dieser Kompetenzkatalog noch auf Angelegenheiten der Dispache, der Reclame, der Pilotage und der Grönlandfahrt ausgedehnt[5].

Die ältesten überlieferten Gerichtsprotokolle zeigen, daß die Mehrzahl dieser Kompetenzen schon vor der Mitte des 17. Jahrhunderts vom Admiralitätsgericht wahrgenommen wurde[6].

1   Überwiegend mit bürgerlichen Mitgliedern. Das Lübische Seegericht war nur mit Ratsmitgliedern, vier kaufmännischen Senatoren, dem Ratssyndicus und dem ersten Ratssekretär besetzt (Wehrmann, Lüb. Bl. 42 [1900], S. 632). Entsprechendes gilt für das in Seesachen zuständige Bremische Gastgericht mit vier Ratsmitgliedern (Hiemsch, S. 34; Deneken, Hanseat. Magazin 4 [1800], S. 294).
2   Mit Assecuranzprozessen war das Lübische Seegericht nicht oft befaßt (Stadtarchiv Lübeck, Interna S, Konvolut 18); im Zuständigkeitskatalog des § 4 SeeGO waren Assecuranzsachen nicht erwähnt. Ein der AHO entsprechendes Gesetz hat der Lübische Rat nicht erlassen, Landwehr, ZVHL 60 (1980), S. 33f.
3   ebenso Krüger, S. 17f.; Anderson/Richey, Cap. III, § 2.
4   nach oben, Klefeker I, S. 7; Langenbeck, Seerecht, S. 323.
5   Klefeker a.a.O.; Langenbeck a.a.O., S. 322. Für eine ausschließliche Kompetenz des Gerichts in den genannten Bereichen, Langenbeck a.a.O., S. 323; Krieger, Cap. I. §§ 73, 75; Schreiningh ad St. 1603, I, 12, 2; s. auch Otte c. Paschen, Bericht der Appellanten, o.Q.; Otte c. de Voss, Bericht des Rates, Q 25; Burmester c. Höckel, Interventio publica, Q 27; StAH, Senat Cl. VII, Lit. Ca, No. 2, Vol. 1c.
6   a.A. Kirchenpauer, S. 44. S. dagegen den Eid der Admiralitätsbürger mit Jurisdiktionsklausel spätestens ab 1636 (vgl. i.e. S. 289f.) sowie den Assecuranzprozeß von 1628 (Kruse c. van Santen), die Havariesache von 1629 (Blume c. Holzen) und die Bodmereisache von 1641 (Berenberg c. Janßen), ferner Kiesselbach, Seeversicherung, S. 129; Westphalen, Bd. I, S. 285.

Eine scheinbare Kompetenzerweiterung ergibt sich aus der auch vor diesem Gericht geübten Praxis, gegen eine Klage seerechtlichen Inhalts mit Gegenforderungen aus anderen zivilrechtlichen Rechtsgründen aufzurechnen[1]. Das Admiralitätsgericht konnte über die exceptio compensationis und damit über die Gegenforderung nur entscheiden, wenn die Forderung vom Kläger zugestanden oder vom Beklagten mit glaubwürdigen Urkunden bewiesen wurde (GO 1603, I, 23, 1/ GO 1711, 23, 1).

Im Wege einer Annexkompetenz war das Gericht in allen Sachen, die seiner erstinstanzlichen Entscheidungskompetenz unterlagen, auch für die Anlegung von Personal- und Schiffsarresten zuständig[2].

Neben der privatrechtlichen Jurisdiktionsgewalt hatte das Gericht die Aufgabe, Streitigkeiten aus der Verletzung öffentlichrechtlicher Obliegenheiten[3] zu entscheiden. Diese Kompetenz — abgeleitet aus §§ 1, 2 Admiralschaftsordnung — bezog sich einerseits auf die Sicherung der seit 1623 staatlich organisierten Admiralschaften[4]; zu ahnden waren die mangelhafte Flaggenführung (HambStR 1603, II, 14, 1), der Bruch einer Admiralschaft (HambStR 1603, II, 14, 41) und unzureichende Verteidigung der Admiralschaft gegen Freibeuter (HambStR 1603, II, 14, 43/44)[5]. Andererseits hatte das Gericht in Prozessen zwischen Bodmereigläubigern und Schiffern unter Beachtung des Bodmerei-Mandats vom 23.3.1625[6] zu prüfen, ob der Bodmereiaufnahme im Ausland eine echte Reisenotlage zugrundelag[7].

Regelungen über die örtliche Zuständigkeit des Admiralitätsgerichts unter Anknüpfung an gesetzlich definierte allgemeine oder besondere bzw. ausschließliche Gerichtsstände treten weder in Hamburgischen Gerichtsordnungen noch in anderen urkundlichen Quellen über das Admiralitätsgericht auf. Der in der Literatur entwickelte Grundsatz, daß bei Klagen aus Verträgen das Gericht des Ortes des Vertragsschlusses[8] und bei Klagen aus unerlaubter Handlung das Gericht des Tatortes zuständig[9] ist, bestimmte gewohnheitsrechtlich die Praxis in den unter-

1   Beispiel: Hübner c. Martini I, P. Adm. 26.1.1665.
2   nicht das Niedergericht oder die Prätoren; s. Krieger, Cap. IX, § 3; Anderson, Privatrecht V, S. 308f.; ferner Heckstetter c. Meybohm, P. Adm. 7.5.1663; Peinhorst c. Meckenhauser, P. Adm. 26.4.1721, Duplik, Anlage 1.
3   Krüger, S. 16, spricht von „laesiones rei publicae" ohne Merkmale einer Straftat, ähnlich Vasmer, S. 24.
4   dazu i.e. S. 280ff., 288f.
5   Krüger, S. 16f.; Werlhof, Commentatio, S. 23ff.
6   Richey, Collect. Nr. 49; abgedruckt bei Langenbeck, Seerecht, S. 294f.
7   Krüger, S. 17; vgl. HambStR 1603, II, 18, 4/5.
8   Poppe, Cap. II, § 4; Krüger S. 19.
9   Vasmer, S. 26.

suchten Admiralitätsverfahren. Ebenso entsprach es ersichtlich der Observanz, die Klage am Wohnsitz des Beklagten zu erheben, denn die überlieferten Prozesse richteten sich ausschließlich gegen Personen, die in Hamburg ansässig waren[1].

II. Prozeßentscheidungen in II. Instanz

Die grundsätzliche erstinstanzliche Zuständigkeit des Admiralitätsgerichts unterlag einer Ausnahme. Durch das Reglement vom 31.8.1691[2] wurde in Hamburg das Amt des Wasserschouts eingerichtet. Der Wasserschout war untere Hafenbehörde[3] und unter anderem zur Registrierung des Schiffsvolkes sowie zur Beurkundung von Heuerverträgen verpflichtet[4]. Er übernahm ferner die bis dahin der Admiralität zustehende erstinstanzliche Entscheidungskompetenz in Streitigkeiten zwischen Schiffer und Schiffsvolk (§ 13 Admiralschaftsordnung). Sofern der Streitwert dieser Sachen mehr als 10 Reichstaler betrug, konnte gegen die Urteile des Wasserschouts gemäß § 7 des Reglements an das Admiralitätsgericht appelliert werden[5]. Die zweitinstanzliche Zuständigkeit des Gerichts wurde durch das Revidierte Reglement des Wasserschouts vom 5.12.1766[6] wieder aufgehoben; dem Wasserschout oblag danach nur die gütliche Streitschlichtung zwischen Schiffer und Schiffsvolk gemäß § 13 des Revidierten Reglements[7].

III. Rechtsauskünfte

Wenn man „Zuständigkeit" als einen „institutionalisierten Funktionsbereich"[8] definiert, wird man eine Zuständigkeit des Admiralitätsgerichts für Rechtsauskünfte nicht feststellen können. Mevius erklärt ausdrücklich: „Collegium Admiralitatis Hamburgensis facultatem et autoritatem de iure respondendi non habet"[9]. Gesetzliche Ermächtigungen für Rechtsauskünfte fehlen.

---

1 Auswärtige Assecuranzcompagnien, die z.B. in Berlin oder Triest ihren Sitz hatten, konnten vor dem Admiralitätsgericht nur verklagt werden, wenn sie einen ständigen örtlichen Bevollmächtigten in Hamburg hatten; s. dazu Benecke c. Schröder, Otte c. Paschen, Otte c. de Voss.
2 abgedruckt bei Langenbeck, Seerecht, S. 103ff.
3 Obere Hafenbehörde war die Admiralität im Bereich ihrer extrajudizialen Kompetenzen.
4 Vertragsbeurkundung in Rohde c. Stoltenberg, prod. 28.11.1695.
5 ebenso Gerckens, S. 9.
6 Blank, Bd. VI, S. 159ff.
7 Bei Scheitern des Vergleichs vor dem Wasserschout waren die Schifferalten entscheidungsbefugt, Klefeker VI, S. 420; Kresse, Schifferalten, S. 57.
8 Zippelius, Staatslehre, § 38 I.
9 Mevius, Consilium XV, n. 59.

Trotzdem haben auswärtige Seegerichte schon früh von der Hamburgischen Admiralität Auskünfte erbeten und erhalten, die in den überlieferten Fällen stets den Charakter einer Rechtsweisung haben[1]. Bürgermeister und Rat der Stadt Stettin schrieben 1629 in einer Havariesache an das Admiralitätsgericht „mit fleißiger pitte, weill die Parthen selbte acta auff ein Sehgerecht zue transmittire gebeten, dieselbe collegialiter mit fleiß zue verlesen, zue erwegen, undt in der Sachen, was den Sehrechten gemeß, zue erkennen, undt uns die acta nebst der Urthell versiegelt und wollverschnüret hiewieder zu überfertigen"[2]. Ebenso verfuhren 1637 der Senat von Stralsund[3], 1695 noch einmal Stettin[4], 1705 der Rat von Emden[5], 1718 die Königliche Regierung zu Stargard[6] und 1743 der Rat zu Wollgast[7]. In diesen Fällen übergab der Präses des Admiralitätsgerichts die übersandten Akten an einen der rechtsgelehrten Ratsherren, der nach Beratung der Sache mit vier Admiralitätsmitgliedern (einem Ratsherrn, zwei Admiralitätsbürgern und einem Schiffer) einen Urteilsentwurf mit Entscheidungsgründen abfaßte[8].

Zwei Ursachen dafür, daß gerade die Hamburgische Admiralität um Rechtsgutachten in Seesachen ersucht wurde, sind denkbar: Das Hamburgische Seerecht wirkte — besonders durch seine ältesten Kodifikationen von 1276[9] und 1301[10] — nicht nur auf den Nordseeraum, sondern durch Vermittlung des Lübischen Seerechts auch auf die Lübische Stadtrechtsfamilie[11]. Das Hamburgische Admiralitätsgericht hatte als Träger dieses einflußreichen Seerechts möglicherweise eine besondere Autorität[12]. Für die Städte Stralsund und Stargard mag als weiterer Grund der Niedergang des Rechtszugsverfahrens nach Lübeck ab Mitte des 17. Jahrhunderts hinzugekommen sein; Stralsund durfte schon seit 1615 nicht mehr Rechtsweisungen des Oberhofs zu Lübeck einholen[13].

---

1   d.h. die Seegerichte erbaten ein Votum mit Entscheidungsvorschlag vor Erlaß des eigenen Urteils, vgl. dazu Ebel, HGBl. 85 (1967), S. 18. Die Auskunftsgesuche waren keine Fälle der förmlichen Aktenversendung im Revisionsverfahren.
2   Blume c. Holzen, Nr. 16.
3   Richey, Collect. Nr. 31, Lit. W.
4   Anderson/Richey, Cap. III, § 6 mit Urteilsentwurf des Admiralitätsgerichts v. 28.2. 1695; Langenbeck, Seerecht, S. 329.
5   Richey, Collect. Nr. 31, Lit. X mit Urteilsentwurf des Admiralitätsgerichts v. 4.6.1705; Langenbeck, Seerecht, S. 366.
6   Richey, Collect. Nr. 30 R mit Urteilsentwurf des Admiralitätsgerichts v. 12.1.1719.
7   StAH, Senat Cl. VII, Lit. Ma, No. 6, Vol. 1a.
8   Protokollauszüge bei Richey, Collect. Nr. 30 R.
9   Schlüter, Sonderbare Anmerkungen ..., Einleitung.
10 Reincke, HGBl. 63 (1938), S. 166ff.
11 Landwehr, 1667 ars sjölag ..., S. 81f., 76f. m.w.N.
12 Klefeker I, S. 12, hält „den Ruf von seiner vorzüglichen Rechtserfahrung in Seesachen" für ursächlich!
13 dazu Ebel, a.a.O., S. 36f.; Landwehr, ZVHL 60 (1980), S. 44. Stralsund unterlag kraft Bewidmung mit Lübischem Recht unmittelbar dem Rechtszugssystem, Stargard mittelbar über die Stadt Anklam, Ebel, a.a.O., S. 2f., Fn. 6, 7.

Selbst wenn das Admiralitätsgericht hier in tatsächlicher Hinsicht einen Ersatz für den Lübischen Oberhof geboten haben sollte, lehnte es eine formelle Revisionsfunktion stets ab: In den überlieferten Antwortschreiben wurden die Urteilsentwürfe als „Gefälligkeit", die Aktenübersendung nie mit dem terminus technicus „Transmissio Actorum" bezeichnet[1]. Die Rechtsauskünfte waren unentgeltlich; mitgeschickte Gebühren wurden zurückgegeben[2].

IV. Gemeine Bescheide

Das Admiralitätsgericht hatte außerdem wie das Obergericht und das Niedergericht die ungeschriebene Kompetenz, Gemeine Bescheide zur Ergänzung der Verfahrensordnung zu erlassen[3].

V. Conclusa

Neben den Gemeinen Bescheiden, die unbeschränkte, unmittelbare Außenwirkung besaßen, formulierte das Admiralitätsgericht – ebenfalls ohne konkrete normative Grundlage – Beschlüsse, jeweils Conclusa genannt, die ohne Bezug auf einen bestimmten Rechtsstreit Anwendung und Interpretation einzelner Normen des materiellen Rechts festlegten; die überlieferten Conclusa behandeln die Auslegung des AHO XXI, 8 und die Anerkennung ausländischer Dispachen[4]. Sie hatten Richtlinienfunktion für gleichgelagerte Fälle, dienten offenbar der internen Vereinheitlichung der Rechtsprechung und wurden nicht veröffentlicht. Sie sind damit vergleichbar den „Conclusa pleni" des Reichskammergerichts, die – im Gegensatz zu den verfahrensregelnden Gemeinen Bescheiden – „quaestiones iuris" behandelten und „nicht solemniter publicirt, sondern nur pro norma in denen Senatibus beybehalten" wurden[5]. Das Auftreten der Conclusa in den Extrajudizialprotokollen dokumentiert, daß das Admiralitätsverfahren teilweise unmittelbar vom Kameralverfahren beeinflußt wurde, ohne daß in diesem Punkt eine normative Rechtsvermittlung oder Verfahrensrezeption durch die Hamburgischen Gerichtsordnungen stattfand.

---

1   Antwortschreiben der Admiralität nach Wollgast v. 23.4.1743 (StAH, Senat Cl. VII a.a. O.); Protokolle der Admiralität von 1695, 1705, 1719 bei Richey, Collect. Nr. 30 R.
2   Der Rechtszug nach Lübeck war ebenfalls gebührenfrei; für die Rechtsauskünfte des häufig befragten Magdeburger Schöffenstuhls wurden dagegen Gerichtskosten erhoben, Ebel, Lübisches Recht im Ostseeraum, S. 41.
3   s.o. S. 27f.; zum Kameralverfahren Wiggenhorn, S. 78.
4   P.E. 25.5.1782, fol. 100; StAH, Admiralitätskollegium A 8, Bd. 1, fol. 113; abgedruckt im Anhang B.
5   Dick, S. 10 m.w.N.

C. Zuständigkeitsabgrenzungen

I. Abgrenzung zur extrajudizialen Zuständigkeit der Admiralität

Die richterlichen Funktionen der Admiralität sind zu trennen von den extrajudizialen Verwaltungsaufgaben, die die Admiralität unter der Bezeichnung „Admiralitäts=Collegium" wahrnahm. Die Vielzahl dieser Aufgaben versuchten die Admiralitätsdeputierten in der Verordnung vom 24.3.1629[1] in drei „Classen" zusammenzufassen: „Von Admiralschaften" / „Von der Admiralitäts=Cassa" / „Von der Admiralität-Arsenal".

Diese Verordnung war noch deutlich von Inhalt und Auftrag der Admiralschaftsordnung geprägt; in der Verwaltungspraxis bezog sich der Funktionsradius der Admiralität insgesamt auf folgende Gegenstände:

- Erhebung und Verwaltung des Admiralitätszolls[2]
- Fürsorge für das Convoywesen in der Convoydeputation[3]
- Verwaltung des Arsenals[4]
- Aufsicht über die Dröge[5]
- Förderung und Schutz der Elbschiffahrt durch Unterhaltung der Blüsen und Baaken auf Neuwerk und Helgoland sowie der Tonnenleger auf der Elbe[6]
- Aufsicht über das Düpewesen[7]
- Aufsicht über das Pilotage- und Lotsenwesen[8]

---

1 CoBi, S/599, SH 36 / Commerzdeputation; abgedruckt bei Langenbeck, Seerecht, S. 336ff.
2 s. Baasch, Convoywesen, S. 334; Reißmann, S. 29ff. Die Zolltaxe von 3/4 % des Warenwertes in § 5 Admiralschaftsordnung wurde 1631 auf 1/2 % und 1647 auf 1/3 % reduziert, Richey, Collect. Nr. 71. Die Erhebung des Admiralitätszolls erfolgte durch besondere Admiralitätszollbürger, Langenbeck, Seerecht, S. 318.
3 Diese Deputation wurde 1662 gegründet und war mit drei Kämmereimitgliedern und acht, später fünf Admiralitätsmitgliedern besetzt, Baasch, a.a.O., S. 90ff. Die Convoydeputation war eine „Subdeputation" der Admiralität (StAH, Senat Cl. VII, Lit. Ca, No. 1, Vol. 2c, Nr. 2, 6; Kresse, Schifferalten, S. 35), ihr ständiges Protokoll wurde am 18.2. 1680 eingerichtet (CoBi, S/501; StAH, Admiralitätskollegium, A 5, Bd. 1, fol. 1).
4 Langenbeck, Seerecht, S. 316. Ordnung vom 13.6.1632 über „Ausleihung der Stücke ... von der Admiralität" abgedruckt bei Langenbeck, a.a.O., S. 342ff. Die Aufsicht über das Arsenal und dessen vier Bediente oblag dem Admiralitätszeugmeister oder Campagne-Meister (StAH, Senat Cl. VII, Lit. Ca, No. 2, Vol. 1d). Zeichnung des Arsenals bei Kresse, a. a.O., S. 46.
5 wo unter Leitung des Verwalters auf der Dröge die Anker- und Kabeltaue geteert und getrocknet wurden, Klefeker I, S. 26; Langenbeck, a.a.O., S. 318.
6 Klefeker I, S. 25; Langenbeck, a.a.O., S. 313, 316, 319; Obst, ZHG 11 (1903), S. 21.
7 zur Erhaltung der Elbstromtiefe, StAH, Admiralitätskollegium, A 11, S. 415.
8 Klefeker I, S. 21ff.; Langenbeck, a.a.O., S. 318; Obst, a.a.O., S. 22. Die Pilotage wurde zunächst durch das Mandat v. 28.10.1639 (CoBi, S/599, SH 36/Commerzdeputation), dann durch die Pilotageordnung v. 10.6.1656 (Richey, Collect. Nr. 113) und die revidierte Pilotageordnung v. 18.2.1750 (Klefeker I, S. 113ff.) geregelt. Das Lotsenwesen regelte die Instruktion der Admiralität v. 17.2.1719 (CoBi, S/599 a.a.O.).

- Verwaltung der Admiralitätskasse[1]
- Verwaltung der Sklaven- und Beckengelderkasse[2]
- Aufsicht über das Quarantainewesen[3]
- Aufsicht über die 1749 eingerichtete Navigationsschule[4]
- Wahl, Ernennung und Besoldung der Hamburgischen Consuln und Agenten[5]
- Bestellung, Beaufsichtigung und Besoldung der Bediensteten der Admiralität, insbesondere des Wasserschouts, des Dispacheurs und des Taxadeurs[6].

1 die von den beiden ältesten Admiralitätsbürgern geführt wurde, der älteste Admiralitätsbürger legte jährlich auf Matthäi den Rechenschaftsbericht vor (Richey, Collect. Nr. 11; Anderson/Richey, Cap. II, §§ 7, 8). Die Einnahmen der Kasse stammten im wesentlichen aus dem Admiralitätszoll (s. S. 277f.) und wurden für Extrajudizialaufgaben der Admiralität verwendet. Kassenüberschüsse legte die Admiralität in „Banco-Geld" an (StAH, Admiralitätskollegium, A 11, S. 101). 1763 finanzierte die Admiralität mit derartigen Kassenüberschüssen ein Darlehen für die Hamburgische Kaufmannschaft in Höhe von 1.000.000 Mk. Bco. (Beschluß der Admiralität v. 7.9.1763 in StAH, Senat Cl. VII. Lit. Cb, No. 4, Vol. 9, Fasc. 46, Nr. 69).

2 Baasch, Barbaresken, S. 203ff.; Kiesselbach, Seeversicherung, S. 214; Klefeker I, S. 14ff.; Langenbeck, a.a.O., S. 319ff. „Ordnung wegen Lösung der in Turckien gefangenen Boots- und Schiff-Leute v. 1.11.1624" (Richey, Collect. Nr. 125, abgedruckt bei Baasch, Barbaresken, S. 210ff.), „Sclavenordnung v. 5.11.1647" (Richey, Collect. Nr. 126, abgedruckt bei Langenbeck, Seerecht, S. 356ff.).

3 StAH, Admiralitätskollegium, A 11, S. 739; Quarantaineverordnung der Admiralität v. 28.6.1798 (StAH, Admiralitätskollegium, A 20).

4 Um eine einheitliche Steuermannausbildung zu gewährleisten, richtete die Admiralität auf eigene Kosten am 30.8.1749 einen Navigationsunterricht zunächst für 12, ab 1750 für 24 Schüler ein (P.E. 1749, fol. 254 R; P.E. 1750, fol. 279 R, 284 R). Die Anmeldung zum unentgeltlichen Unterricht erfolgte beim ältesten Admiralitätsbürger, der die Kandidaten auf ihre Kenntnisse im Schreiben und Rechnen prüfte (P.E. 1785, fol.166). Das Examen wurde jährlich durch einen der Schifferalten der Admiralität abgenommen; die drei „fähigsten und fleißigsten" Schüler erhielten als Prämie „nützliche Bücher im Wert von 40–50 Mk." (P.E. 1808, fol. 87; P.E. 1809, fol. 93 R; P.E. 1810, fol. 112 R).

5 Klefeker I, S. 27; Langenbeck, a.a.O., S. 317f. Wegen der erheblichen Bedeutung des Konsulatswesens für den Hamburgischen Handelsverkehr war die Zuständigkeit für die Wahl der Consuln zwischen Admiralität, Commerzdeputation und Rat jahrelang heftig umstritten (Baasch, Handelskammer I, S. 425ff.; Westphalen, Bd. I, S. 66f., Fn. 2). Aus Richey's Collectanea (Nr. 129) und den Extrajudizialprotokollen läßt sich für die wichtigsten Konsulate rekonstruieren, wann die Consuln erstmals von der Admiralität gewählt und ernannt wurden: Alicante 1675, Archangelsk 1802, Bordeaux 1797, Cadiz 1663, Canarische Inseln 1690, Etrurien 1689, Genua 1688, Lissabon 1639, Livorno 1689, St. Lucar 1648, Malaga 1650, Marseille 1656, Philadelphia 1794, Palermo 1690, Madrid 1636, London 1665, San Sebastian 1667, Porto 1665.

6 Langenbeck, a.a.O., S. 318. Zu den zahlreichen weiteren Bediensteten der Admiralität Baasch, Handelskammer I, S. 283ff., 578ff.; Richey, Collect. Nr. 12, 13. 22ff.; CoBi, S/501; StAH, Handschriftensammlung Nr. 231, S. 133ff. mit den Eidesformeln für alle Admiralitätsbediensteten.

II. Abgrenzung zur Zuständigkeit des Wasserschouts

Die Kompetenzen des Wasserschouts als unterer Hafenbehörde ergeben sich aus dem Reglement vom 31.8.1691 und dem Revidierten Reglement vom 5.12.1766[1]. Im Hinblick auf seine Judizialkompetenz ist hervorzuheben, daß der Wasserschout bis 1766 seine inappellablen Entscheidungen in zivilrechtlichen Streitigkeiten zwischen Schiffer und Schiffsvolk selbst vollstrecken konnte (§ 7 des Reglements 1691). Die Vorschrift in § 8 des Reglements 1691, der Wasserschout solle in Kriminalsachen „zu Wasser oder Lande unter Schiffer und Matrosen" den Schuldigen in die Hände des Richters liefern, präzisierte die Admiralität in mehreren Extrajudizialbeschlüssen: Die vorläufige Festnahme des Verdächtigen zur weiteren Sachverhaltsaufklärung wurde nicht dem Hafeninspektor, sondern dem Wasserschout übertragen[2]. Außerdem ermächtigte die Admiralität 1787 den Wasserschout, wegen der immer mehr zunehmenden Schiffsdiebstähle eine Ordnung für dreifache Patrouillen im Ober- und Niederhafen zu entwerfen[3] und selbst die Patrouillenaufsicht zu übernehmen[4].

III. Abgrenzung zur Zuständigkeit anderer außergerichtlicher Justizbehörden in Hamburg

Mit seinen soeben dargestellten Aufgaben gehörte der Wasserschout zu den außergerichtlichen Justizbehörden in Hamburg, die sich von den gerichtlichen Justizbehörden (Niedergericht, Admiralitätsgericht, ab 1750 Amtsgericht, Obergericht) durch ein summarisches Verfahren ohne die Schwerfälligkeit und Kostspieligkeit eines regulären Prozesses unterschieden[5].

Mit den richterlichen Kompetenzen der Admiralität konkurrierten zwei andere außergerichtliche Behörden: die Prätoren und der Rat.

Die Prätoren[6] — zwei Ratsherren, die alle zwei Jahre auf Petri neugewählt wurden[7] — hatten als Gerichtsverwalter[8] gemäß GO 1603, I, 4, 5 in allen Zivilsachen

---

1 s.o. S. 31.
2 P.E. 28.9.1793, fol. 234, 237f.
3 P.E. 1787, fol. 258, 263ff., 271, 278 R; zu Maßregeln gegen Schiffsdiebstähle vgl. ferner Baasch, Quellen, S. 671ff.
4 P.E. 1799, fol. 171 R. Bemerkenswert ist die geringe Fluktuation im Amt des Wasserschouts während des Bestehens der Admiralität; sie ernannte insgesamt sieben Amtsträger bis 1811: Barthold Heidtmann (P.E. 1691, fol. 52), Frantz Abraham (P.E. 1703, fol. 139 R), Johann Petersen (P.E. 1724, fol. 57 R), Peter Sunck (P.E. 1745, fol.86), Johann Carstens (P.E. 1750, fol. 285), Hinrich Christian Mau (P.E. 1760, fol. 252), David Diderich Mau (P.E. 1788, fol. 30).
5 Westphalen, Bd. I, S. 255.
6 erstmals 1381 mit dieser Bezeichnung erwähnt, Westphalen, Bd. I, S. 295.
7 Klefeker III, S. 392; ab 1770 drei Ratsherren, Anderson, Privatrecht III, S. 30; Westphalen a.a.O.
8 synonyme Bezeichnung, Anderson a.a.O., S. 28; Klefeker III, S. 390f.

unter Einschluß der Seehandelssachen[1] mit einem Wert bis zu 30 Mk. Lübisch[2] zu entscheiden. Diese Kompetenz wurde durch Rat- und Bürgerschluß vom 4.12.1766 auf alle Frachtgeldklagen ohne Rücksicht auf die Höhe des Streitwertes und durch die Verordnung vom 21.5.1802 auf alle Zivilsachen mit einem Wert unter 200 Mk. ausgedehnt[3]. Das primär auf gütliche Streiterledigung gerichtete Verfahren vor den Gerichtsverwaltern war nach den Hamburgischen Gerichtsordnungen[4] obligatorisch; allerdings stand es den Parteien frei, „zur gerichtlichen Klage zu provociren"[5]. Dies war in den untersuchten Admiralitätsprozessen die Regel[6].

Der Rat konnte außergerichtlich nur dann mit der Rechtsprechungskompetenz der Admiralität konkurrieren, wenn die Parteien in Seehandelssachen übereinstimmend eine Entscheidung im Güteverfahren wünschten[7]. Das Verfahren war durch eine Supplik an den Rat einzuleiten; es konnte auf Antrag der Parteien an das Admiralitätsgericht verwiesen werden[8].

IV. Abgrenzung zur Zuständigkeit anderer gerichtlicher Justizbehörden in Hamburg

Zuständigkeitskonkurrenzen zwischen dem Admiralitätsgericht und den beiden anderen gerichtlichen Justizbehörden Nieder- und Obergericht[9] waren – wenn man allein vom Gesetzeswortlaut ausgeht – auf Klagen aus Policen beschränkt; GO 1645, II, 13 gestattete die Einführung solcher Klagen, ebenso wie bei Wechseln und anderen „unläugbaren Handschriften", sowohl beim Nieder- als auch beim Obergericht. Diese Norm wurde bald von den Zuständigkeitsbewertungen in der Rechtswirklichkeit überholt.

Im Verhältnis zum Niedergericht war unbestritten, daß es für Kriminalsachen ausschließlich[10], d.h. auch dann zuständig war, wenn ein Schiff Deliktsort oder

1 Westphalen, Bd. I, S. 286f.
2 bzw. 45 Mk., v.d. Fecht, ad St. 1603, I, 4, 5; Klefeker III, S. 403; Schuback, Richterl. Amt, Bd. II, S. 15.
3 Westphalen a.a.O., S. 297, 256; Kosegarten, Archiv f. d. Handelsrecht, Bd. I, S. 19.
4 GO 1603, I, 13, 1; 1622, II, 1; 1645, II, 2; 1711, 1, 2.
5 GO 1711, 1, 8; v. d. Fecht, ad. St. 1603, I, 13, 2.
6 Beispiele: Prätorenprotokolle in Berndes c. Otte und Otte c. Paschen.
7 Anderson, a.a.O., S. 2; Klefeker III, S. 522f.; Kosegarten, a.a.O., S. 21.
8 so in Stolle c. Rothaer, Decret des Rates v. 17.9.1753, Q 25, Bl. 145f.; vgl. ferner Anderson, Privatrecht IV, S. 259.
9 Das 1750 gegründete Amtsgericht war nur für streitige Ämter- und Patronatssachen in II. Instanz, ausnahmsweise bei sachlichen Kompetenzkonflikten der Amtspatrone auch in I. Instanz zuständig, Westphalen, Bd. I, S. 302, 304f.
10 Jacobi, S. 19, 107, 108ff.; GO 1603, I, 12, 1.

die Tatbeteiligten Schiffer oder Bootsleute waren[1]. Die beiden Urteile des Admiralitätsgerichts in Strafsachen von 1636[2] und 1692[3] sind Ausnahmen, die die sonst reguläre Verweisung aller Kriminalsachen an das Niedergericht[4] bestätigen.

In allgemeinen Seehandelssachen scheint die ausschließliche Zuständigkeit des Admiralitätsgerichts[5] auch in der Rechtspraxis weitgehend anerkannt gewesen zu sein. Das Urteilsbuch des Niedergerichts aus den Jahren 1640 bis 1646[6] enthält nur eine Findung in einer Frachtvertragssache und drei Findungen in Streitigkeiten zwischen zwei Reedern um Schiffsverkäufe.

Umso vielfältiger war die Diskussion um die Entscheidungskompetenz in Assecuranzsachen. Der Wortlaut in GO 1645, II, 13 führte dazu, daß mehrfach seeversicherungsrechtliche Klagen beim Niedergericht eingeführt und entschieden wurden[7]. Beklagter war in einem Fall Dr. Hermann Langenbeck, der vom Niedergericht mit der exceptio fori nicht gehört und verurteilt wurde, und sich „davon zu appelliren nicht getrauete"[8]; sein Kommentar zum Hamburgischen Seerecht läßt diese Erfahrung noch erkennen[9].

Demgegenüber legten einige Autoren die GO 1645 korrigierend dahin aus, daß Klagen aus Policen grundsätzlich vor das Admiralitätsgericht gehörten[10] bzw. bei anderwärtiger Einführung an die Admiralität zu verweisen seien[11]. Diese Auffassung setzte sich durch: Das Niedergericht erklärte sich in Assecuranzsachen ohne Sachentscheidung für unzuständig[12]; Hamburgische Advokaten bezeichneten in Appellationsschriftsätzen an das Reichskammergericht das Admiralitätsgericht als das ausschließlich kompetente Gericht in Seeversicherungsstreitigkeiten[13]. Auch das Hamburgische Obergericht verwies bei ihm anhängig gemachte Assecu-

---

1 Krieger, Cap. IX, § 3; Krüger, S. 6; Anderson/Richey, Cap. III, § 2.
2 Marten Elers c. Ludwig Meyer / Johann Berends wegen Desertion, Anderson/Richey, a. a.O.
3 Capt. Caspar Tamm c. diverse Bootsleute wegen Meuterei, Anderson/Richey, a.a.O.
4 P.E. 1.12.1692, fol. 56; ebenso Langenbeck, a.a.O., S. 323f.
5 so Schreiningh ad St. 1603, II, Tit. 13ff.
6 StAH, Senat Cl. VII, Lit. Ma, No. 5, Vol. 4a, 3; andere Urteilsbücher des Niedergerichts bis 1811 sind verlorengegangen.
7 Beispiele aus den Jahren 1707 und 1712 in StAH, Senat Cl. VII, Lit. Ma, No. 5, Vol. 4f., 4.
8 StAH, Senat Cl. VII, a.a.O.
9 Langenbeck, Seerecht, S. 323, § 53.
10 Schlüter, Sonderbare Anmerkungen ..., ad GO 1645, II, 13; ähnlich Steetz bei Anderson, Privatrecht IV, S. 244.
11 Krieger, Cap. IX, § 2.
12 Beispiel: Verweisungsurteil v. 10.9.1794 in StAH, Senat Cl. VII, Lit. Ma, No. 5, Vol. 4f., 12.
13 in Burmester c. Höckel, Otte c. de Voss, Otte c. Paschen.

ranzprozesse entweder an die Admiralität[1] oder zum Zweck gütlicher Streitschlichtung an „gute Männer"[2].

Diese Entwicklung in der Rechtspraxis[3] spiegelt die GO 1711: GO 1711, 38, 1 begründet ausdrücklich für Nieder- und Obergericht eine sekundäre erst- oder zweitinstanzliche Zuständigkeit, soweit nicht eine primäre Kompetenz des Admiralitätsgerichts gegeben ist. Zu dieser primären Kompetenz gehören auch Klagen aus Policen; denn GO 1711, 46, 2, der die erstinstanzliche Zuständigkeit des Obergerichts normiert, klammert dort aus den Schuldforderungen aufgrund von „unläugbaren, unverfälschten Briefen und Handschriften" die Policen aus.

D. Die Gerichtsorganisation

I. Der Gerichtsort

Den Ort ihrer Sitzungen legte die Admiralität durch Beschluß vom 4.11.1623[4] fest: „die Stube ober dem Niedergerichte". Dieser Raum befand sich in dem 1559 neben dem alten Rathaus errichteten Niedergerichtsgebäude im Obergeschoß über dem Audienzsaal des Niedergerichts und war durch eine Treppe aus dem Rathaus erreichbar[5]. Aus dieser sogenannten „alten Admiralität"[6] verlegte man die Sitzungen nach dem Um- und Ausbau des Rathauses 1649[7] zeitweise in das Rathaus[8], nach dem Neubau des Niedergerichts 1757–1759 wieder in den ersten Stock über dem Sitzungsraum des Niedergerichts[9]. In der Registratur im Erdgeschoß des Rathauses hatte die Admiralität ein Ausweichquartier[10], wenn ihrem „Praeses wegen hohen Alters das Steigen der hohen Treppe nach der Admiralitäts=Stube zu beschwerlich" wurde[11] oder wenn ihr Sitzungsraum für Güteverhandlungen[12] oder Dispacheangelegenheiten[13] reserviert war. Die Admiralität

1 Langenbeck, Seerecht, S. 322f.; Plaß, S. 99.
2 Beispiele für Verweisungsurteile 1686, 1687, 1689, 1701 in Thesaurus Iuris, Bd. I, 1, S. 1051f.
3 von Jacobi, S. 116, verkannt.
4 Wortlaut bei Richey, Collect., Nr. 19.
5 Jacobi, S. 120; bildliche Darstellung der Front und des Grundrisses des Niedergerichts, Jacobi, Innentitel, S. 122f.
6 Jacobi, S. 120; Anderson/Richey, Cap. I, § 9.
7 Jacobi, S. 121; Anderson/Richey, a.a.O.
8 Anderson/Richey, a.a.O.
9 Jacobi, S. 128.
10 StAH, Admiralitätskollegium, A 8, Bd. 1, fol. 249.
11 Anderson/Richey, Cap. I, §9.
12 P.E. 1788, fol. 22 R.
13 P.E. 1788, fol. 23.

verhandelte gerichtliche und extrajudiziale Sachen im gleichen Sitzungszimmer[1]. Dabei galt folgende Sitzordnung[2], die von der klassischen „Richterbank"[3] etwas abweicht:

Praeses

Senator	Senator
Senator	Senator
	Secretarius
ältester Bürger	Bürger
Bürger	Bürger
Bürger	Bürger
Schiffer	Schiffer

II. Die Gerichtstermine

Nicht so sehr Kontinuität als vielmehr häufiger Wandel prägte die Regelung und Handhabung der Gerichtstermine des Admiralitätsgerichts.

Der Beschluß der Admiralität vom 4.11.1623[4] bestimmte als wöchentlichen Sitzungstag den Donnerstag[5] und als Sitzungsbeginn 9.00 Uhr. In Notfällen konnte auch am Dienstag verhandelt werden. Dieser am System des Niedergerichts orientierte Sitzungsrhythmus[6] entwickelte sich in der Praxis des Admiralitätsgerichts zunächst dahin, daß die ersten drei bzw. vier Verhandlungstermine eines Prozesses im Abstand von je einer Woche, die folgenden Termine dann im Abstand von je zwei oder drei Wochen durchgeführt wurden[7]. Bald ging man jedoch zu einem festen Zwei-Wochen-Intervall zwischen den Gerichtsterminen über, das sich sowohl in den Gerichtsprotokollen[8] als auch in GO 1711, 36, 8 ausdrückte[9]. Ab Mitte des 18. Jahrhunderts wurden die Gerichtssitzungen alle vier Wochen dienstags oder donnerstags gehalten[10], seit 1804 nur noch am ersten Donnerstag

---

1 StAH, Admiralitätskollegium, A 8, Bd. 12, fol. 510, 514.
2 Anderson/Richey, Cap II, § 8; Richey, Collect. Nr. 85 enthält noch die bis 1711 übliche Sitzordnung mit in der Regel drei Ratsherren, dazu i.e. S. 44ff.
3 s. Döhring, S. 213f.; Bilderhandschrift zum HambStR 1497, Tit. „Van wedde unde bote".
4 Richey, Collect. Nr. 19; StAH, Handschriftensammlung Nr. 231, S. 18ff.
5 Dies galt nicht, wenn ein Feiertag oder ein Bürgerconvent auf Donnerstag fiel, Anderson/Richey, Cap. I, § 9.
6 Das Niedergericht tagte wöchentlich, das Obergericht nur alle 14 Tage, Klefeker III, S. 546ff.
7 s. Verfahren Hübner c. Paulsen, Hardorp c. de Pina, Hambrock c. Stampeel, Pardo c. Meyer, Henrichsen c. v.Lübcken, Berndes&Bülau c. Otte.
8 der Verfahren Hagen c. Fincks, de Vlieger c. Thomas.
9 ebenso Langenbeck, a.a.O., S. 316; Klefeker I, S. 11.
10 P.E. 1743, fol. 23 R; P.E. 1748, fol. 223R. Der Bescheid des Gerichts von 1764 hält am Zwei-Wochen-Rhythmus für die Übergabe schriftlicher Rezesse fest.

eines jeden Monats[1]. Parallel zur Reduzierung der gerichtlichen Sitzungstermine entwickelte sich die Übung, daß der Präses des Admiralitätsgerichts alle prozeßleitenden Verfügungen und Dekrete zum Zweck der Prozeßbeschleunigung unabhängig von bestimmten Gerichtstagen erließ[2].

Auffallend ist, daß das Admiralitätsgericht nie am Freitag verhandelte. Die Vorstellung vom Rechtsprechungsverbot am Freitag – einem „gebundenen" Tag im Sinne des Sachsenspiegel, Landrecht II, 66 § 2 –, die das Hamburgische Niedergericht erst 1653 überwand[3], war beim Admiralitätsgericht offenbar stärker als die Absicht, durch Einführung eines weiteren Sitzungstages eine schnelle Prozeßentscheidung „mit fliegenden Segeln" zu fördern. Zum Vergleich: Das Bremische Gastgericht, zuständig für Schiffs-, Wagen-, Fracht- und Heuersachen sowie für Wechsel- und Assecuranzprozesse[4] tagte wöchentlich am Montag, Mittwoch und Freitag[5] und verwirklichte damit nachhaltig das Prinzip der beschleunigten Rechtsprechung für Seeleute und Fremde[6].

Für die einzelnen Sitzungstermine des Admiralitätsgerichts in Judizialsachen[7] bestand Anwesenheitspflicht für alle Mitglieder der Admiralität. Verspätung wurde mit 6 sh. Lübisch und unentschuldigtes Ausbleiben mit $1/2$ Rth. „Strafgeld" sanktioniert; als Entschuldigungsgründe galten nach dem mehrfach zitierten Beschluß von 1623 für die zur Admiralität deputierten Ratsherren gleichzeitige außergerichtliche Güteverhandlungen, für die Admiralitätsbürger die Wahrnehmung einer Vormundschaftsangelegenheit. Einige überlieferte Protokolle des Admiralitätsschreibers Richard Schröder von 1657 bis 1659[8] sowie des Admiralitätsbürgers Johann Conrad Sievert von 1809 bis 1811[9] zeigen, daß bei Gerichtsterminen maximal zwei Admiralitätsmitglieder fehlten, die – sofern es sich um Ratsherren handelte – von anderen Ratsmitgliedern vertreten wurden. Im übrigen war für den Fall mangelhafter Besetzung des Gerichts keine Vertagung auf den nächsten Gerichtstermin vorgesehen[10]; weder die nicht publizierten Gerichtsordnungen noch die Organisationsbeschlüsse der Admiralität enthielten eine Norm über die Beschlußfähigkeit oder die Mindestzahl der Stimmen bei der Abstimmung

1 P.E. 1804, fol. 1 R. Zur Auswertung der überlieferten Terminzettel vgl. S. 58.
2 Beispiele: P.E. 1781, fol. 94; P.E. 1786, fol. 216 R; P.E. 1791, fol. 141 R.
3 Anderson, Privatrecht III, S. 35ff.
4 Achelis, Bremisches Jahrbuch 35 (1935), S. 247f.; vgl. ferner StA Bremen, Sign. Qq. 10. E. 9. b. 1.
5 Deneken, Hanseat. Magazin, Bd. 4 (1800), S. 294.
6 Das Lübische Seegericht tagte nicht an gesetzlich festgelegten Sitzungsterminen, Wehrmann, a.a.O., S. 632.
7 Für Extrajudizialsachen wurden nach Bedarf auch ad hoc Verhandlungstage angesetzt, Anderson/Richey, a.a.O.
8 Richey, Collect. Nr. 63.
9 StAH, Admiralitätskollegium, A 8, Bd. 12, fol. 515.
10 Im spätmittelalterlichen Gerichtsverfahren sprach man von der Vertagung „biß uff eyn ful gerichte", Axer, S. 45.

über Entscheidungsvorschläge[1]. Der Beschluß vom 4.11.1623 legte lediglich fest, „was diejenigen, so vorhanden und versammelt seyn, werden schließen und verabschieden, daß solches von Herren und Bürgern sämmtlich pro rata und für beschlossen angenommen werden soll, als ob alle sämmtlich gegenwärtig zur Stelle gewesen, und mit eingestimmet hätten". Nur der Tod eines Ratsmitglieds bei der Admiralität konnte den Ausfall einer angesetzten Gerichtsaudienz zur Folge haben; allerdings waren Parteien und Parteivertreter dann berechtigt, mündliche und schriftliche Rezesse gegenüber dem Sekretär des Admiralitätsgerichts abzugeben[2].

Anders als das Niedergericht und das Obergericht, deren Sitzungsperioden durch Gerichtsferien gemäß GO 1603, I, 26, 2/3 unterbrochen waren, berücksichtigte das Admiralitätsgericht die Gerichtsferien nicht und versuchte damit die geringere Zahl seiner Sitzungstage auszugleichen[3].

E. Die Gerichtspersonen

I. Die Mitglieder des Admiralitätsgerichts

Die Besetzung des Admiralitätsgerichts bietet in Literatur und Gerichtsordnungen ein recht uneinheitliches Bild: Die Anzahl der Richter wird mit 12[4], 13[5] oder 14[6] angegeben. Eine Erklärung dieser Diskrepanz ergibt sich erst, wenn man die historische Entwicklung in der Amtsgestaltung und die zeitgenössische Bewertung des richterlichen Status' der Personengruppe nachvollzieht, die das Admiralitätsgericht repräsentieren.

---

1   anders z.B. die Schwedische Assecuranzordnung 1750, Tit. Vom Prozeß in Assecuranz- und Havariesachen, § 16: Von dem regulär mit 13 Mitgliedern besetzten Seegericht müssen mindestens 7 Mitglieder an der Endabstimmung mitwirken.
2   P.E. 1788, fol. 23 R. Das war eine der Prozeßbeschleunigung dienende Ausnahme vom grundsätzlichen Verbot jeder gerichtlichen Handlung beim Tod eines Ratsmitglieds, vgl. dazu Krieger, Cap. I, § 36.
3   Langenbeck, Seerecht, S. 325f.; Klefeker I, S. 11; s. auch GO 1711, 26, 1/2. Nur in Appellationsverfahren vor dem Obergericht hatten die Procuratoren in Seesachen mit „Ferienanträgen" Erfolg: Rendtorff c. Brandt, P. Super. 11.10.1726; de Vlieger c. Thomas, P. Super. 29.1.1697.
4   Krüger, S. 6; Werlhof, S. 9; GO 1668, § 1; GO 1711, 36, 1.
5   Vasmer, S. 26; Langenbeck, a.a.O., S. 311; Klefeker I, S. 6; § 2 Admiralschaftsordnung; Ordnung der Admiralität 1656.
6   Anderson/Richey, Cap. II, § 1.

1. Der Präses

Den Vorsitz beim Admiralitätsgericht führten der zweite und der dritte Bürgermeister des Hamburgischen Rates[1] in der Weise, daß sie sich jeweils nach einjähriger Amtszeit im Februar (auf Petri) abwechselten[2]. Eine vergleichende Übersicht[3] über die Mitglieder der Admiralität und ihre Amtsperioden auf grund von Richey's Sammlung[4], von Berenberg's Verzeichnis[5], der Ratsrollen sowie der Hamburgischen Staatskalender[6] beweist, daß das System des regelmäßigen Alternierens in der Praxis nicht kontinuierlich durchgehalten wurde. So führte in den Jahren 1623 bis 1629 der Bürgermeister Joachim Claen ohne Unterbrechung den Vorsitz, weil seine Sachkenntnis und Erfahrung für die Admiralität einen reibungslosen Übergang von der Gründungsphase zu gesicherter Rechtsprechungs- und Verwaltungsroutine garantierten[7].

In den folgenden Jahren wurden längere Perioden mit regulärem jährlichen Stellenwechsel immer wieder unterbrochen, indem einzelne Bürgermeister zwei[8] oder drei[9] Jahre nacheinander der Admiralität präsidierten. Ursachen dieser Regelabweichung waren meistens Geschäftsbelastung oder gesundheitliche Gründe in der Person des eigentlich berufenen Bürgermeisters[10].

Die Tatsache, daß der Präses die Judizialsitzungen des Gerichts leitete[11] und nach einer ersten eigenen Aktenprüfung die Referenten für die einzelnen Prozesse bestimmte[12], bedingt die Frage nach seiner persönlichen juristischen Qualifikation. Graduierte Rechtsgelehrte wies der Hamburger Rat seit 1464 auf[13]; die Zahl der juristischen Doktoren und Lizentiaten unter den vier Bürgermeistern nahm erst ab 1600 stetig zu: in diesem Jahr war einer der Bürgermeister graduiert, 1606 zwei, 1623 drei und 1643 alle vier Bürgermeister[14]. Durch den Wahl-

1 Die Anzahl der vier Bürgermeister ist seit 1264 in Hamburg nachgewiesen, Westphalen, Bd. I, S. 34ff. m.w.N.
2 Anderson/Richey, a.a.O., § 2. Ordnung der Admiralität 1656.
3 Diese Übersicht wurde von der Verfasserin im Rahmen der Quellenauswertung aus den in Fußnoten 4–6 genannten Quellen für die Zeit 1623–1811 zusammengestellt, wegen ihres Umfanges aber nicht mit abgedruckt.
4 Richey, Collect. Nr. 174.
5 StAH, Senat Cl. VII, Lit. Ca, No 1, Vol. 4c.
6 Ratsrollen 1701–1800, StAH, Senat Cl. VII, Lit. Aa, No. 2, Vol. 1d.
7 Anderson/Richey, Cap. II, § 2.
8 so Johann Schrötteringk 1668/69, Broderus Pauli 1674/75, Joachim Lemmerman 1686/87, Garlieb Sillem 1720/21.
9 so Nicolaus Jever 1664–1666, Hieronymus Hartwig Moller 1700–1702.
10 Beispiele 1673, 1702, 1703 in Richey, Collect. Nr. 174.
11 ebenso wie die Extrajudizialsitzungen, Anderson/Richey, Cap. II, § 2.
12 P.E. 1690, fol. 47 R; Krieger, Cap. IX, § 4; Langenbeck, Seerecht, S. 321.
13 Westphalen, Bd. I, S. 44 Fn.
14 Schröder, Fasti consulares et proconsulares, S. 155, 158, 166, 176; Anderson, Privatrecht II, S. 193f.

rezess von 1663 wurde die Besetzung der vier Bürgermeisterstellen mit drei Rechtsgelehrten und einem Kaufmann neu festgelegt[1]. Daraus ergab sich in der Praxis häufig die Verwaltung der beiden mittleren Bürgermeisterämter durch Graduierte, ohne daß das Erfordernis der Graduierung für die Vorsitzenden des Admiralitätsgerichts auch normativ – wie 1815 in HGO § 2 – fixiert worden wäre. Die Auswertung der Übersicht[2] zeigt folgendes Bild: Von 1623 bis 1811 präsidierten der Admiralität insgesamt 52 Bürgermeister; und zwar waren davon 27 Lizentiaten beider Rechte, 11 Doktoren beider Rechte und 14 Nichtgraduierte[3]. Der Anteil der graduierten Rechtsgelehrten unter den Gerichtsvorsitzenden betrug damit 73%.

Das Mindestalter der Gerichtsvorsitzenden war entsprechend dem Mindestalter der Ratsmitglieder 30 Jahre[4]. Die Amtszeit des jeweiligen Präses der Admiralität endete, wenn er zum Ersten Bürgermeister gewählt wurde oder aus dem Rat ausschied[5]. Seine Vertretung oblag – mit Ausnahme der Personalwahlen und Abstimmungen – dem ältesten anwesenden Ratsherrn[6].

2. Die Ratsherren

Das Admiralitätsgericht war, abgesehen vom Präses, mit vier Ratsherren besetzt, die je zur Hälfte graduierte Rechtsgelehrte und Kaufleute mit Seehandelserfahrung sein mußten (GO 1711, 36, 1)[7]. Die GO 1711 stellt hier wieder das zusammenfassende Abbild einer erst allmählich konsolidierten Personalpraxis der Admiralität dar: Mit Ausnahme des Gründungsjahres[8] dokumentiert die erwähnte vergleichende Übersicht für die Jahre 1624 bis 1686 jährlich nur drei Senatoren bei der Admiralität[9], von denen jeweils einer graduierter Rechtsgelehrter war[10] und als Referent Relationen und Entscheidungsvorschläge in Judizialsachen formulierte[11]. 1687 hatte die Admiralität erstmalig vier Mitglieder aus dem Rat,

1 Westphalen, Bd. I, S. 45.
2 s.o. S. 43, Fn. 3.
3 Nichtgraduierte Gerichtsvorsitzende waren Johann Schrötteringk, Johann Schröder, Joachim Lemmermann, Paul Paulsen, Ludwig Becceler, Hans Jacob Faber, Daniel Stockfleth, Cornelius Poppe, Peter Greve, Albert Schulte, Frans Doormann, Johann Luis, Martin Dorner, Daniel Lienau.
4 Wahlrezess 1663, Art. 10. GO 1603, I, 1, 4 bestimmt „jugendliches" Alter, vgl. dazu Anderson, Privatrecht II, S. 195.
5 Richey, Collect. Nr. 9; Anderson/Richey, Cap. II, § 2.
6 Richey, Collect. Nr. 9.
7 Anderson, Privatrecht III, S. 7.
8 1623: vier Admiralitätsherren, vgl. dazu S. 289.
9 vgl. GO 1668 § 1; 1637, 1663 und 1664 amtierten infolge von Todesfällen nur zwei Admiralitätsherren.
10 Lizentiat beider Rechte. Der 1680 gewählte Dietrich Schaffshausen war Dr. iur. utr.; von 1636 bis 1643 waren jeweils zwei Graduierte unter den Admiralitätsherren.
11 Anderson/Richey, Cap. II, § 3; Werlhof, Commentatio, S. 9.

denn Dietrich Langermann, von 1685 bis 1687 Vertreter des nach Wien entsandten Dietrich Schaffshausen[1], hatte das Referendariat so hervorragend verwaltet, daß die Admiralität am 9.6.1687 beschloß, ihn „künftig als den vierten Herrn des Raths" neben Schaffshausen zu behalten[2]. Dieses vierte Ratsmitglied sollte in der Folgezeit als zweiter juristisch graduierter Referent tätig sein[3].

Trotzdem kehrte man ab 1690, als Dietrich Schaffshausen am 27.7. zum Bürgermeister gewählt wurde[4], zum Dreiersystem zurück. Auch 1702, als Julius Henrich Schaffshausen und Johannes von Som gleich aussichtsreiche Kandidaten für die Wahl des dritten Admiralitätsherrn waren[5], blieb man bei der Dreizahl: Schaffshausen und von Som wurden zwar gewählt, mußten sich aber auf Betreiben des Rates jährlich im Amt abwechseln[6]. Erst 1711 amtierten sie gleichzeitig als dritter und vierter Admiralitätsherr neben Caspar Anckelmann und Walter Beckhoff[7]. Von 1711 bis 1811 war die Vierzahl in der Praxis unumstritten; gleichzeitig entfiel eine der Ursachen für die bis dahin differierenden Darstellungen in der Literatur[8].

Das Jahr 1711 markiert auch eine Änderung im Wahlmodus; der erwähnte Walter Beckhoff war das erste Ratsmitglied, das am 25.2.1711[9] durch den gesamten Rat „per schedulas", d.h. durch die Mehrheit der Stimmen in schriftlicher geheimer Wahl[10] zum Admiralitätsherrn gewählt wurde. Bis dahin lagen das Vorschlags- und Wahlrecht beim Präses und den übrigen Ratsherren der Admiralität[11].

Die Amtszeit der Ratsherren im Admiralitätsgericht endete durch die Wahl zum Bürgermeister oder durch den Tod[12]. GO 1711, 36, 2 fügt den Fall altersbedingter Amtsunfähigkeit hinzu. Die dort ebenfalls genannte Variante des gänzlichen Amtsverlusts bei Versendung des Amtsinhabers ins Ausland entspricht nicht der tatsächlichen Übung: Für die Dauer einer diplomatischen Mission im Ausland ruhte das Amt für den abwesenden Admiralitätsherrn und wurde nur vertretungsweise durch ein anderes Ratsmitglied verwaltet[13]; ein endgültiger Amtsverlust

1 Anderson/Richey, a.a.O.
2 P.E. 1687, fol. 39.
3 P.E. 1703, fol. 155 unter Hinweis auf die Zeit seit 1687.
4 Richey, Collect. Nr. 174 zu 1690.
5 Anderson/Richey, a.a.O.
6 Anderson/Richey, a.a.O.
7 Richey, Collect. Nr. 174 zu 1711.
8 s.o. S. 42, Fn. 4–6.
9 Anderson/Richey, a.a.O.; Richey, Collect. Nr. 174 zu 1711.
10 Klefeker I, S. 6; ebenso GO 1711, 36, 2.
11 Anderson/Richey, a.a.O.; Krüger S. 6; Werlhof, a.a.O., S. 9; Eidesformel der Ratsherren in StAH, Senat Cl. VII, Lit. La, No. 4, Vol. 3c, Nr. 48.
12 Ordnung der Admiralität 1656; Werlhof, a.a.O.; Richey, Collect. Nr. 9.
13 Richey, Collect. Nr. 9; Beispiele in Richey, a.a.O. Nr. 174 zu 1685/87 und 1609/1701 sowie in Schröder, Fasti Consulares, S. 215.

trat hingegen nach Übernahme der Verwaltung des Ritzebüttelschen Amtes ein[1].

3. Die Bürger

Die Erbgesessene Bürgerschaft war im Admiralitätsgericht durch sechs Kaufleute, die sogenannten Admiralitätsbürger, vertreten. Voraussetzungen für das Amt des Admiralitätsbürgers waren „eine ansehnliche Handlung und gute Erfahrenheit in See Sachen"[2], insbesondere im Italien- und Spanienhandel[3]. Die Amtszeit dauerte sechs Jahre und war durch ein Rotationssystem gekennzeichnet: Alljährlich trat der älteste Admiralitätsbürger auf Petri zurück, und die übrigen Bürger rückten eine Rangstufe höher. Während die ersten sechs Bürger[4] 1623 aus einer 16 Namen umfassenden Vorschlagsliste des „Ehrbaren Kaufmanns" durch den Rat gewählt wurden[5], ging in den folgenden Jahren das Vorschlagsrecht auf den jeweils ausscheidenden ältesten Admiralitätsbürger über; die Wahl des jüngsten Bürgers erfolgte durch Abstimmung der Herren und Bürger der Admiralität mit Einschluß des Präses ohne den Sekretär[6]. Aus den Protokollen der Admiralitätsbürger[7] und den Notizen in den Nachlässen des Bürgermeisters Cornelius Poppe[8] und des Sekretärs Johann Hinrich v. Spreckelsen[9] ist zu ersehen, daß für die Wahl die einfache Stimmenmehrheit der anwesenden Admiralitätsmitglieder maßgeblich war; bei Stimmengleichheit entschied das Los[10]. Die neugewählten Admiralitätsbürger wurden vor dem versammelten Rat vereidigt[11].

1 Beispiele in Richey, a.a.O., Nr. 174 zu 1634, 1718, 1721.
2 Anderson/Richey, Cap. II, § 5.
3 Krüger, S. 6; Werlhof, Commentatio, S. 10.
4 Die Anzahl von 6 Bürgern wurde von 1623 bis 1811 nie überschritten, in 32 einzelnen Jahren dagegen auf 5 bzw. 4 reduziert, weil Admiralitätsbürger, die zuvor Admiralitätszollbürger waren, nur vier Jahre amtieren durften (Richey, Collect. Nr. 174 R). Ihre vakanten Stellen wurden in der Regel erst im Folgejahr neubesetzt, Beispiel für Wahlverschiebungsbeschluß in StAH, Admiralitätskollegium A 11, fol. 151. Die Regelung des § 3 Admiralschaftsordnung wurde für Admiralitätsbürger nie praktiziert.
5 Anderson/Richey, Cap. II, § 5.
6 P.E. 1790, fol. 90. Das Wahlrecht des Rates in GO 1668 § 3 bestand in praxi nicht, Krüger, S. 7.
7 StAH, Admiralitätskollegium A 8, Bd. 1.
8 StAH, Senat Cl. VII, Lit. Ca, No. 1, Vol. 3.
9 StAH, Senat Cl. VII, a.a.O.
10 z.B. 1778 zugunsten des Admiralitätsbürgers Hans Jacob Faber (StAH, Admiralitätskollegium A 8, Bd. 1, fol. 39), 1787 zugunsten des Bürgers Johann Daniel Klefeker (StAH, Admiralitätskollegium, a.a.O., fol. 379).
11 GO 1668 § 4; GO 1711, 36, 5. Zur Eidesformel mit der ab 1636 nachweisbar hinzugefügten Jurisdiktionsklausel, vgl. S. 289f.

Das Vorschlagsrecht des ältesten Bürgers – Aufsatz genannt – umfaßte zunächst zwei Personen[1], ab 1787 vier[2] und ab 1790 acht Personen[3]. Bei vorzeitiger Amtsaufgabe infolge der Wahl in den Rat, ins Collegium der Oberalten oder in die Kämmerei stand das Präsentationsrecht nicht mehr dem ausscheidenden ältesten, sondern dem zweiten Admiralitätsbürger zu[4].

Andererseits gab es auch Verlängerungen der Amtszeit des ältesten Bürgers, nach den Extrajudizialprotokollen um ein Jahr, seltener um zwei Jahre[5]. Ursache für diese Handhabung war die interne Verteilung der Verwaltungsaufgaben zwischen den Admiralitätsbürgern[6]: Danach war der älteste Bürger für die Führung der Admiralitäts- und Convoykasse verantwortlich[7]· Angesichts des Umfangs und der Schwierigkeit dieser Funktion baten mehrmals die nachrückenden zweiten Bürger, wegen eigener Arbeitsbelastung durch andere Deputationen[8] den ältesten Bürger trotz Ablaufs seiner Amtszeit ein weiteres Jahr amtieren zu lassen. Die Admiralität begegnete der damit wachsenden Konzentration des Kassenwesens in einer Hand mit erhöhter Kontrolle: Während die Ordnung der Admiralität 1656 noch eine zeitliche Beschränkung („nicht über drey Jahr bey der Cassa") vorsah, wurden durch Beschlüsse vom 8.11.1773 und vom 28.2.1808[9] Kassenführung und Disposition über die Bankguthaben der Admiralität den beiden ältesten Bürgern gemeinsam aufgetragen.

4. Die Schifferalten

Charakteristisch für das Bemühen, ein Seegericht gleichsam nach einem Fachkundeprinzip zu besetzen, ist die Berufung der beiden Schifferalten in das Admiralitätsgericht[10]. Die Zweierzahl wurde von 1623 bis 1811 in der Praxis immer beibehalten.

Als Schifferalte wurden Kapitäne gewählt, die in Hamburg angesessen waren und langjährige Seefahrtserfahrung besaßen, ohne selbst noch zur See zu fahren[11].

1 GO 1668 § 3; Anderson/Richey, Cap. II, § 5.
2 StAH, Admiralitätskollegium A 8, Bd. 1, fol. 379. GO 1711, 36, 3 ist insofern als Sollvorschrift zu verstehen.
3 P.E. 1790, fol. 90.
4 Anderson/Richey, a.a.O.
5 Beispiele: 1669 Franz Mattfeld (Richey, Collect. Nr. 174), 1683 Johann Beckmann (Richey, a.a.O.), 1689 David Langermann (Richey, a.a.O.), 1694 Paul Paulsen (P.E. 1695, fol. 66 R), 1697 Johann Prigge (P.E. 1698, fol. 82), 1699 Daniel Juncker (P.E. 1700, fol. 94), 1703 Johann Schulte (P.E. 1703, fol. 146 R).
6 Verordnung vom 24.3.1629, s.o. S. 34.
7 Anderson/Richey, Cap. II, § 8.
8 zur bürgerlichen Mitverwaltung i.e. Reißmann, S. 356ff., 364f.
9 P.E. 1773, fol. 236; StAH, Admiralitätskollegium A 12.
10 GO 1668 § 1; GO 1711, 36, 1.
11 Anderson/Richey, Cap. II, § 6.

Die Wahl erfolgte durch die Herren und Bürger der Admiralität mit einfacher Stimmenmehrheit der Anwesenden[1], die Vereidigung nach der auch für die Admiralitätsbürger geltenden Eidesformel vor dem Ratsplenum[2].

Die Amtsdauer der Schifferalten entwickelte sich in der Praxis anders, als es die Gerichtsordnungen der Admiralität vorsahen. Der jährliche Stellenwechsel – in § 3 Admiralitätschaftsordnung, in der Ordnung der Admiralität 1656 sowie in GO 1668 § 2 als Sollvorschrift gestaltet – wurde schon in den ersten Jahren nach 1623 nicht eingehalten: Die ersten Schifferalten Gabriel Schmidt und Johann v. Dünen amtierten von 1623 bis 1625 bzw. von 1623 bis 1626[3]. Die nachfolgenden Amtsinhaber blieben in der Regel vier oder fünf Jahre bei der Admiralität[4]. Die Ordnung der Admiralität 1656 spiegelt diese Handhabung mit ihrer Regelung der maximal zulässigen vierjährigen Amtszeit. Die Intention der GO 1711, die Amstdauer auf drei Jahre zu begrenzen (GO 1711, 36, 4), fand nicht viel Beachtung; am Beginn des 18. Jahrhunderts amtierten die Schifferalten teilweise sieben[5] oder neun[6] Jahre, Joachim Fock brachte es in seinen zwei Amtszeiten 1687–1691 und 1698–1709 sogar auf 17 Jahre[7].

Diese Flexibilität spricht jedoch nicht für eine gezielte Berufungspraxis contra legem; sie ist vielmehr Ausdruck der Schwierigkeit, unter den nicht mehr aktiven Kapitänen Persönlichkeiten mit umfassender Erfahrung in den in- und ausländischen Seefahrtsgebräuchen zu finden, die im Admiralitätsgericht als gerichtsinterne „Sachverständige" fungieren konnten[8].

Die Neuwahl eines Schifferalten beruhte auf dem Aufsatz des ausscheidenden Schiffers; dieser Aufsatz umfaßte zwei Namen[9].

5. Die Wählbarkeit der richterlichen Gerichtsmitglieder

Alle bisher vorgestellten Mitglieder des Admiralitätsgerichts unterlagen im Hinblick auf ihre Wählbarkeit einigen Einschränkungen, die die Unabhängigkeit und Unparteilichkeit ihrer Rechtsprechung sichern sollten.

1 s. Wahlzettel 1744–1750, 1753–1761, s.o. S. 46, Fn. 7–9.
2 Anderson/Richey, a.a.O.; GO 1668 § 4; GO 1711, 36, 5.
3 Richey, Collect. Nr. 76, 174.
4 Hinrich Berends und Hinrich Wetemöller von 1628–1633, Jacob Meyer und Carsten Holste von 1634–1637, Hinrich Rock und Marten Dirichsen von 1638–1641, Joachim Brandt und Jochim Martens von 1642–1645, Richey, Collect. Nr. 174.
5 Clas Hardorp 1716–1722.
6 Barthold Struckmann 1710–1718.
7 Richey, Collect. Nr. 174; Anderson/Richey, Cap. II, § 6.
8 Richey/Anderson, a.a.O.; Krüger, S. 7; Werlhof, Commentatio, S. 10f.; Kresse, Schifferalten, S. 57 spricht von „nautischen Sachverständigen".
9 GO 1711, 36, 4 normiert die Präsentation von vier Kandidaten, in der Praxis blieb es bei einem Aufsatz von zwei Namen, Anderson/Richey, a.a.O. Beispiele für Wahlzettel s.o. Fn. 1.

Grundsätzlich war das Amt eines Richters in Seesachen unvereinbar mit der Tätigkeit als Assecuradeur[1], das Amt der Schifferalten bei der Admiralität außerdem mit den Berufen des Wasserschouts, Gildeknechts, Hafenmeisters und Mäklers[2]. Ohne ausdrückliche Inkompatibilitätsvorschrift entsprach es der Observanz, daß sich die rechtsgelehrten Admiralitätsmitglieder für die Dauer ihres Richteramtes der Advokatur in anderen Hamburgischen Gerichten enthielten[3].

Schließlich beeinflußten die Verwandtschaftsverhältnisse zu bereits amtierenden Mitgliedern des Gerichts die Wählbarkeit neuer Kandidaten. GO 1711, 36, 7 bestimmte die Wahlunfähigkeit[4] nach Verwandtschaftsgraden: Entsprechend GO 1603, I, 1, 5 durften Vater und Sohn[5] sowie zwei leibliche Brüder[6] nicht gleichzeitig im Admiralitätsgericht sitzen, und — über die GO 1603 hinaus — ebensowenig Schwiegervater und Schwiegersohn[7] sowie alle Bürger, die mit einem anderen Gerichtsmitglied „in secundo gradu lineae collateralis inclusive juxta computationem Juris Canonici" verwandt waren. Diese Verweisung auf die Berechnung der Verwandtschaftsgrade nach Canonischem Recht ist in der GO 1603 (I, 1, 5/10; I, 10, 1) und im Wahlrezess 1663 (Art. 12—14) noch nicht enthalten, erscheint aber in der GO 1711 auch in anderen Titeln[8]. Sie stellt für den Bereich des Hamburgischen Stadtrechts eine deutliche Abkehr von der bis ins 18. Jahrhundert kaum bestrittenen Subsidiarität des Römischen und des Canonischen Rechts in der Rechtsanwendung[9] dar, die gerade für die Berechnung der verwandtschaftlichen Gradesnähe in der Seitenlinie eine Verschärfung hervorruft: Nach römischrechtlicher Komputation[10] wird in der Seitenlinie der gemeinsame Stammvater als vermittelnde Generation mitgezählt, nicht jedoch nach canonischer Berechnung[11]. Die canonische Berechnung bezieht daher mehr Verwandtschaftsgrade ein und hat bei Verknüpfung mit einer Wahlunfähigkeitsvorschrift eine umfassendere Ausschlußwirkung als die römischrechtliche Komputation. Gegenüber diesen Einschränkungen ist bemerkenswert, daß die Unabhängigkeit der Admiralitätsrichter

---

1 Poppe, Cap. I, § 4.
2 GO 1711, 36, 4.
3 Gesetzliche Inkompatibilität erst in HGO §§ 1, 2., für die Graduierten des Niedergerichts schon seit dem Rat- und Bürgerschluß v. 22.1.1705, s. Jacobi, S. 45; Bertram. S. 48.
4 GO 1668 § 5 regelt nur ein Mitwirkungsverbot für die Abstimmungen in der Urteilsberatung.
5 jedoch nicht Stiefvater und -sohn, Anderson, Privatrecht II, S. 205.
6 einschließlich der Halbbrüder; wählbar waren aber durch Adoption oder zweite Eheschließung zusammengebrachte Kinder, Schreiningh ad St. 1603, I, 1, 5; Anderson a.a. O. S. 206.
7 v. d. Fecht, ad St. 1603, I, 1, 5, forderte den Ausschluß für „socer" und „gener" schon für den Rat. S. später Wahlrezess 1663, Art. 12, Westphalen, Bd. I, S. 47f.
8 Tit. 9, 1/4, 5/27, 5; zuvor schon für die Findungen des Niedergerichts in GO 1645, I, 5; Anderson, Privatrecht II, S. 228ff.; ders., Privatrecht IV, S. 91.
9 Richey, Historia Statutorum, Cap. II, § 15; auch Klefeker III, S. 129, 226, 234, spricht noch von „iura subsidiaria".
10 „tot gradus, quot generationes".
11 Dernburg, Pandekten, Bd. III, S. 5.

nicht durch eine Institution des Berufsrichtertums oder eine feste Richterbesoldung gefördert wurde. Bis 1811 war die Tätigkeit der Admiralitätsrichter ehrenamtlich[1]; der ihnen jährlich zu Weihnachten überreichte Portugaleser hatte nicht den Charakter eines Honorars, sondern einen „Andenkens"[2].

Ein Vergleich mit den benachbarten Hansestädten zeigt, daß in Bremen die Richter des Gastgerichts[3] − mit Ausnahme des Vorsitzenden[4] − sowie die im Seegericht judizierenden Schiedsrichter ebenfalls ohne feste Besoldung arbeiteten[5]. Die Mitglieder des Lübischen Seegerichts wurden dagegen mit regelmäßigen Zuwendungen aus der Spanischen Collecte[6] sowie aus der Dröge entschädigt: Der präsidierende Ratssyndicus erhielt 80 Rth.[7], die vier kaufmännischen Ratsherren je 10 Rth. und der beisitzende Ratssekretär 200 Rth. im Jahr[8]. Allerdings ist für Hamburg und Bremen zu berücksichtigen, daß die Ratsherren dort für ihre Amtsführung im Senat und als Ausgleich für Verdienstausfälle Honorare erhielten[9]; tatsächlich unentgeltliche Rechtsprechung leisteten also nur die Bürger und Schifferalten des Hamburgischen Admiralitätsgerichts und des Bremischen Seegerichts[10].

6. Der Sekretär

Die skizzierten uneinheitlichen Angaben über die Anzahl der Gerichtsmitglieder[11] ergaben sich nicht nur aus der bis 1711 schwankenden Zahl der Admiralitätsherren, sondern auch aus der Unsicherheit in der Bewertung des richterlichen Status' des Sekretärs bei der Admiralität.

1 Die Präsidenten des 1815 eingerichteten Hamburgischen Handelsgerichts waren auf Lebenszeit ernannte und fest besoldete Richter.
2 Richey, Collect. Nr. 11. Die Admiralitätsherren und der Präses erhielten zwei, die Bürger einen Portugaleser, Anderson/Richey, Cap. II, § 10.
3 des ordentlichen Gerichts für See- und Assecuranzsachen, s.o. S. 41, Fn. 4.
4 Dessen jährliche Besoldung waren 50 Rth. und ein Ohm Rheinwein, Hiemsch, S. 34, Fn. 142.
5 Hiemsch, S. 34, 49.
6 vergleichbar dem Spanischen Schoß in Hamburg.
7 Der erste Präses Dr. Joachim Carstens notierte, daß ihm dieses Salär nur bis 1664 gezahlt wurde, weil ab 1665 der Lübecker Seehandel sehr stark zurückging (Tesdorpff, ZVHL, Bd. 8 [1900], S. 24). Die objektiven Hintergründe für den Wegfall des Salärs schildert Wehrmann, a.a.O., S. 644f.
8 Wehrmann, a.a.O., S. 621.
9 ausführliche Nachweise bei Reißmann, S. 359ff.; vgl. auch Westphalen, Bd. I, S. 51ff.; Hiemsch, S. 49.
10 Das Seegericht war als einziges Bremisches Gericht außer mit 2 Ratsherren auch mit je 2 Vertretern des Bürgerkonvents und der Schiffergilde besetzt, Deneken, a.a.O., S. 300.
11 s.o. S. 42.

Richey[1] schreibt, die Admiralität bestehe „ietzo aus 13 oder mit dem Herrn Secretario aus 14 Personen". Vasmer[2] bezeichnet den Sekretär ausdrücklich als Mitglied des Admiralitätsgerichts, und auch § 2 Admiralschaftsordnung legt diese Deutung nahe. Der Advokat der Appellanten im Verfahren Otte c. Paschen erklärt gegenüber dem Reichskammergericht die Struktur der Admiralität: „Wenn dieses Collegium sich in ein Judicium formirt, so tritt ein Secretarius Senatus hinzu"[3].

In der Ordnung der Admiralität 1656 und in der GO 1668 findet der Sekretär hingegen keine Erwähnung, und die GO 1711 sowie Krüger[4], Langenbeck[5], Krieger[6], Klefeker[7] und später Plaß[8] trennen seine Aufgaben ausdrücklich von den richterlichen Funktionen der Rechtsgewährleistung und Rechtsanwendung.

Diese Einstufung in einen nichtrichterlichen Status — eine Auffassung, die auch der Hamburgische Rat teilte[9] — bestätigt sich bei Betrachtung der einzelnen Kompetenzen des Sekretärs beim Admiralitätsgericht: Führung der Extrajudizial- und Judizialprotokolle, Registrierung und Ausfertigung der Urteile und Interlokute, Aufzeichnung der gerichtlichen Zeugenaussagen[10] sowie Ausfertigung und Beglaubigung aller Verfügungen des Präses[11]. Hinzu kam die Aufgabe, bei Rückfragen nach bestimmten seerechtlichen Normen einen Auszug aus dem Seerecht im HambStR 1603 zu fertigen und zu beglaubigen[12] sowie die Seepässe nach Frankreich und Spanien auszustellen[13].

Entgegen dem Wortlaut in § 2 Admiralschaftsordnung und in GO 1711, 36, 6 wurde das Sekretariat beim Admiralitätsgericht in der Regel nicht vom Protonotar[14], sondern „als annexium des Protonotariats"[15] gegen Teilung des von der Admiralität gezahlten Salärs[16] vom zweiten oder dritten Ratssekretär verwaltet[17].

1   Richey, Collect. Nr. 9.
2   Vasmer, S. 26.
3   Otte c. Paschen, Gegenbericht der Appellanten, o.Q.
4   Krüger, S. 8.
5   Langenbeck, Seerecht, S. 312.
6   Krieger, Cap. I, §§ 74, 76.
7   Klefeker I, S. 6.
8   Plaß, S. 98.
9   Burmester c. Höckel, Interventio publica v. 12.3.1736, Q 27.
10 nach Krüger, S. 8, auch die Vereidigung der Zeugen, a.A. Krieger, Cap. IX, § 8.
11 Anderson/Richey, Cap. II, § 4; ebenso GO 1711, 36, 6.
12 P.E. 31.3.1757, fol. 196 zu HambStR 1603, II, 17, 2.
13 P.Adm. 18.12.1656 (Richey, Collect., Nr. 10), P.E. 16.2.1688 (Richey, Collect., Nr. 40).
14 dem ersten der drei Ratssekretäre; zur Funktion, Qualifikation und Wahl der Ratssekretäre, Westphalen, Bd. I. S. 35f., 49. Ausnahmen waren u.a. die Protonotare Paridom v. Kampe 1635–1650 und Heinrich Schrötteringk 1668–1683.
15 Richey, Collect., Nr. 10.
16 ab 1623 im Jahr 300 Mk., Richey, a.a.O.
17 Anderson/Richey, Cap. II, § 4 m.w.N.

Die zentrale Funktion des Sekretärs[1], die Protokollführung, unterlag infolge der Zunahme der Seehandelsprozesse einigen Wandlungen. Bis 1630 arbeitete die Admiralität ohne Protokoll[2]. Das erste Protocollum iudiciale datiert vom 9.12. 1630[3]; es umfaßte bis 1672 neben Judizial- auch Extrajudizialeintragungen mit Ausnahme der Verklarungen bei Seeschadensfällen, über die schon seit 1629 ein gesondertes Havarieprotokoll geführt wurde[4]. 1672 richtete die Admiralität ein zusätzliches, bis 1811 fortgesetztes „Protocollum Admiralitatis Extrajudicialis" ein[5].

„Zu bequemerer und geschwinderer Uebersicht des außergerichtlichen Admiralitäts-Protocolls" beschloß die Admiralität am 2.12.1799[6], künftig ein Beilagenprotokoll zu halten, das sich auf die Aufzeichung aller Anträge des Rates und der Commerzdeputation an die Admiralität sowie auf Kandidatenvorschläge der Admiralität erstreckte und das Eintragungen bis zum 16.5.1810 enthält[7].

Alle Protokolle führte der Sekretär persönlich; erst ab 1795 wurde für das gerichtliche Protokoll „wegen der Prozeßflut" ein Kanzlist bestellt[8]. Das Havarieprotokoll führte ab 1768 der Registrator[9].

II. Nichtrichterliche Gerichtspersonen

Unter der Vielzahl der Bediensteten der Admiralität gab es fünf Personen, die mit teilweise hoheitlichen Rechtshandlungen den richterlichen Geschäftsbereich der Admiralität in besonderer Weise unterstützten. Dies waren der Dispacheur, der Taxadeur, der Registrator, der Dolmetscher und der Admiralitätsknecht.

1. Der Dispacheur

Das Amt des Dispacheurs — abgeleitet von „despachar" = abwickeln, verteilen (span./portug.)[10] und 1570 in Antwerpen von dem Herzog v. Alba begründet[11] —

---

1   der stets Lizentiat beider Rechte war, s. Übersicht S. 43, Fn. 3, Reißmann, S. 344, Fn. 16.
2   Richey, Collect., Nr. 38; Anderson/Richey, Cap. II, § 4.
3   CoBi S/501.
4   Anderson/Richey, a.a.O. Die Judizialprotokolle von 1630 bis 1672 sind verloren und nur durch Richey's Collectanea zu rekonstruieren.
5   StAH, Admiralitätskollegium A 1, Bd. 1, fol. 1.
6   P.E. 1799, fol. 183.
7   StAH, Admiralitätskollegium, A 4, Beylagenprotokoll.
8   P.E. 1795, fol. 36; bestätigt in P.E. 1804, fol. 278.
9   s. S. 55f. .
10 Knittel, S. 6.
11 Instruction vom 11.10.1570 für den ersten Dispacheur in den Niederlanden, den Spanier Diego Gonzales Gante, Marquard, Part. II, S. 601ff., Beilage S; Plaß, S. 102.

stelle in Hamburg bis 1639 eine nebenamtliche Funktion dar. Die ersten beiden Hamburgischen Dispacheure, Peter Rutgens und Peter von der Willigen, waren aus den Niederlanden eingewanderte Notare[1], der dritte Dispacheur Peter Heusch – im Amt von 1611 bis 1639[2] – war Kaufmann[3].

Erst mit der Berufung des Hamburgers Hans Behn am 4.2.1639[4] wurde das Dispacheamt als „autorisiertes" Hauptamt unter der Aufsicht der Admiralität organisiert[5]: Es erstreckte sich auf die Untersuchung aller in einem Seeschadensfall beweiserheblichen Dokumente (Konnossemente, Verklarungen bzw. Seeproteste, Einkaufsrechnungen, ggf. Versicherungspolicen und Bodmereibriefe) und auf die Aufmachung und Verteilung der ermittelten Schadensbeträge in Avarie grosse und Avarie particulière[6]. Die Aufmachung von Dispachen durch Private wurde verboten[7].

Hervorzuheben sind die Voraussetzungen und Elemente des Dispacheamtes, die sich durch besondere Funktionsnähe zur Jurisdiktion des Admiralitätsgerichts auszeichnen:

Der Dispacheur durfte für die Dauer seines Amtes weder als Assecuradeur[8] noch als Kaufmann[9] tätig sein. Er hatte nach Entgegennahme aller Havariedokumente und vor Aufmachung der Dispache alle am Schadensfall Beteiligten und Interessierten zu hören[10]. Wenn Höhe und Verteilung des Schadens unstreitig waren, besaß die nach Hamburgischen Regeln[11] aufgemachte Dispache im gerichtlichen Verfahren volle Beweiskraft[12]; in Einzelfällen ersetzte sie das in Assecu-

---

1   nachgewiesen in Quellen um 1590 und 1611, Kiesselbach, Seeversicherung, S. 122f., 130 m.w.N.;

2   Als Dispacheur erscheint er u.a. in der Dispache v. 14. 12.1629 (StAH, RKG K 74, P. Super. Q. 18a, Bl. 6ff.), in einem Urteil des Admiralitätsgerichts vom 7.1.1634 (Richey, Collect., Nr. 41) sowie im Verfahren Berenberg c. Janßen (Notwendige Anzeige, prod. 27.9.1641).

3   Kiesselbach, Seeversicherung, S. 130.

4   Datum der Vereidigung, Richey, Collect. Nr. 42.

5   P. Jud. Adm. v. 8.10.1639, Richey, Collect., Nr. 42.

6   Langenbeck, Seerecht, S. 194f.; Plaß, S. 112. Zu den weiteren Funktionen des Dispacheurs zusammenfassend Langenbeck, Seerecht, S. 194ff.; Plaß, S. 102ff., 112ff.; Baasch, Handelskammer, Bd. I, S. 271ff.; vgl. außerdem Reglement des Dispacheurs v. 1.12.1705 (Langenbeck, a.a.O., S. 203ff.) und Revidierte Instruktion für den Dispacheur v. 23.9. 1805 (StAH, Admiralitätskollegium, A 4, Beyl. prot. 49, 59ff.).

7   Mandat vom 30.8.1639 (Langenbeck, a.a.O., S. 202f.), verschärft durch Mandat vom 2. 4.1672 (Langenbeck, a.a.O., S. 203); Verschärfungsanträge der Admiralität v. 20.3.1760 (P.E. 1760, fol. 256 R, 258 R) und 1785 (P.E. 1785, fol. 156 R).

8   s. Eid des Dispacheurs, abgedruckt bei Langenbeck, Seerecht, S. 201f.; AHO II, 2.

9   P.E. 1760, fol. 256 R, 258 R.

10   P.E. 1724, fol. 71 R; Reglement des Dispacheurs 1705, § 2.

11   d.h. nach dem Reglement und im übrigen nach Observanz und See-Usancen, Langenbeck, Seerecht, S. 198ff., ab 1731 nach AHO Tit. XXI.

12   Langenbeck, Seerecht, S. 201.

ranzprozessen obligatorische Vermittlungsverfahren der „guten Mannschaft"[1].

Hingegen hatte der Dispacheur bei Einwendungen der Havariebeteiligten gegen die Art der Schadensberechnung die Dispachierung auszusetzen[2] und die Havariesache an das Admiralitätsgericht zu verweisen[3]. Dieses Verfahren vor dem Admiralitätsgericht bildete vor Inkrafttreten des Dispacheurreglements von 1705 (§ 4) kein Schlichtungsverfahren, sondern ein kontradiktorisches Verfahren mit dem Dispacheur als dem Beklagten[4].

2. Der Taxadeur

Bei der Schadensfeststellung in Assecuranzsachen stand dem Dispacheur der Taxadeur zur Seite, der sowohl bei Güter- als auch bei Kaskoschäden als öffentlich bestellter und vereidigter Sachverständiger durch Schätzung den Zeitwert von beschädigten Waren und Gütern ermittelte[5].

Das Amt des Taxadeurs war unvereinbar mit dem Maklerberuf[6]. Es wurde 1686 erstmalig von der Admiralität mit Claus Kolpien besetzt[7], erlebte aber nur drei weitere Amtsinhaber: Johann Manke[8], Jacob Amels[9] und Johann Friedrich Winckelmann[10]. Obwohl die AHO in Tit. XII, 2 und Tit. XXI, 14 die Schadenstaxation durch den Taxadeur als Grundlage der Havarieaufmachung normierte, wurden nach 1732 keine Taxadeure mehr bestellt[11], weil die in Betracht kommenden Kandidaten wegen der unzureichenden Taxadeurseinkünfte auf die Maklertätigkeit nicht verzichten wollten[12].

Bei Güterschäden trat ab Mitte des 18. Jahrhunderts an die Stelle der Taxation die „Regulierung nach Börsenpreis"[13]; im Kaskoschadensbereich griff man auf den in der Police genannten Versicherungswert des Schiffes zurück[14]; nur für

---

1 so in Heckstetter c. Hachtmann, P. Adm. 4.4.1661.
2 P.E. 1701, fol. 115; P.E. 1788, fol. 23 R.
3 P.E. 1695, fol. 66 R.
4 Beispiele: Urteil des Admiralitätsgerichts vom 21.9.1682 und Urteil des Obergerichts v. 15.6.1683 im Verfahren Johann Jacob Hübner c. Johann Philipp Rademacher, Dispacheur (in Hupping c. Hübner, H 180, Libell. nullitatum summarium, o.Q.).
5 Langenbeck, a.a.O., S. 412f.; Kiesselbach, a.a.O., S. 118f.; Plaß, S. 121.
6 Baasch, Handelskammer, Bd. I, S. 279.
7 Anderson/Richey, Cap. III, § 10.
8 P.E. 1691, fol. 53.
9 P.E. 1702, fol. 124.
10 P.E. 1711, fol. 218.
11 Klefeker I, S. 11.
12 Baasch, a.a.O., S. 279f.
13 Kiesselbach, a.a.O., S. 154; ebenso Assecuranzbedingungen 1800, I, Ziff. 5 für die Avarie particulière.
14 Kiesselbach, a.a.O., S. 154.

die Schätzung der Havarieschäden an Segeln wurde 1777 das unter Aufsicht der Admiralität stehende Amt des Segeltaxadeurs geschaffen[1].

3. Der Registrator

Maßgeblichen Einfluß auf die Havarieberechnung in den Dispachen, aber auch auf die Sachverhaltsaufklärung in den einzelnen Admiralitätsprozessen, hatte die Verklarung, die „eidliche Aussage des Schiffers und seiner Leute über die Schäden und Zufälle, welche während der Fahrt entweder dem Schiffe oder den Waaren begegnen"[2].

Die Entgegennahme der Verklarung, ihre amtliche Aufzeichung in Gestalt des Seeprotestes[3] und die Vereidigung der Besatzung oblag in Hamburg bis zur Mitte des 18. Jahrhunderts dem Sekretär der Admiralität[4]. Diese Funktionen, erweitert um die Kontrolle des Journals des Steuermanns[5], wurden durch die Verordnung für Schiffer und Schiffsvolk vom 15.12.1766, § 6[6], einem Admiralitätsregistrator übertragen; nur die Vereidigung der Besatzung blieb weiterhin dem Sekretär vorbehalten[7].

Aber erst im Januar 1768 wurde unter Bezugnahme auf die Verordnung von 1766[8] der Notar Johann Adam Walther[9] zum ersten Admiralitätsregistrator ernannt[10]. Gegenüber seinen Nachfolgern im Amt, Carl Conrad Hartmann[11], Johann Heinrich Hübbe[12] und Johann Hermann Langhans[13], verschärfte die Admiralität die Instruction von 1768 dahin, daß die Registratoren keine Notariatsgeschäfte außer den Verklarungen führen[14] und die vorgelegten Havariedokumente nicht übersetzen durften[15]. Diese Restriktionen beruhten darauf, daß die Admiralitätsregistratoren in ihrem Hauptberuf als kaiserliche Notare teilweise den zulässigen Tätig-

1 P.E. 12.4.1777, fol. 6 R. Erster Amtsinhaber war Cornelius Jürgens, letzter nachweisbarer Segeltaxadeur Paul Rudolf Möller, P.E. 1802, fol. 250.
2 Meyersieck, S. 14f.
3 zu diesem Begriffsgegensatz Meyersieck, S. 14ff.
4 Langenbeck, Seerecht, S. 186f.
5 Schiffstagebuch oder Logbuch.
6 Blank, Bd. VI, S. 153ff.
7 § 6 ist insoweit unscharf; ausdrücklich aber die Beschlüsse in P.E. 1786, fol. 182 R und P.E. 1796, fol. 76 R.
8 Instructio der Admiralität für den Registrator v. 15.7.1768 in StAH, Senat Cl. VII, Lit. Ca., No. 1, Vol. 4d, fol. 11f.
9 als Notar 1765 in Glüer c. Büsch, Klefeker VII, S. 393.
10 Amtszeit 1768–1795, P.E. 1768, fol. 53, P.E. 1795, fol. 13 R.
11 Amtszeit 1786–1797, P.E. 1786, fol. 187, P.E. 1797, fol. 108.
12 Amtszeit 1795–1811, P.E. 1795, fol. 22, Staatskalender 1811, S. 67.
13 Amtszeit 1797–1811, P.E. 1797, fol. 114, Staatskalender a.a.O.
14 P.E. 1798, fol. 128.
15 StAH, Admiralitätskollegium A 11, fol. 782.

keitsbereich der Beurkundung von Seeprotesten überschritten und eigenmächtig Zeugenvernehmungen mit eidesstattlicher Versicherung durchführten[1]. Den unzulässigen Eingriff der Notare in die richterliche Kompetenz der eidlichen Zeugenvernehmung bekämpften GO 1603, I, 28, 28 und GO 1711, 27, 22. Auch in der Gerichtspraxis des Admiralitätsgerichts wurden förmliche Zeugenvernehmungen in Havariesachen nicht dem Registrator überlassen[2].

Das Verbot der Übersetzung ausländischer Havariedokumente oder der Verklarungen fremdsprachlicher Seeleute kommt inzident schon in § 3 der Registratoreninstruktion von 1768 zum Ausdruck. Es bedeutet einerseits ein Indiz für die Internationalisierung der Schiffsbesatzungen auf Hamburgischen Schiffen, andererseits ein Beispiel des staatlichen Mißtrauens in die sehr unterschiedlichen Übersetzungskünste der Notare[3].

4. Der Dolmetscher

Das Ziel des Admiralitätsgerichts war, „daß bei jeder Schiffsverklarung die Deponenten in der Sprache der sie kundig sind, vernommen (werden), in solcher ihnen darauf ihre Depositionen von Wort zu Wort wieder vorgelesen, der Eid abgenommen, auch von ihnen geleistet werde"[4]. Zu diesem Zweck wurde anläßlich der Revision der Registratoreninstruktion 1786[5] beschlossen, zwei Dolmetscher für die portugiesische, spanische und italienische Sprache zu bestellen und zu vereidigen[6].

Bestrebungen, weitere Dolmetscher für Englisch, Französisch und Holländisch zu berufen, lehnte die Admiralität ausdrücklich ab[7]. Das entspricht der Tatsache, daß die Mitglieder des Admiralitätsgerichts Holländisch sehr gut beherrschten[8] und Französisch jedenfalls verstehen konnten: Beispielsweise wurden im Verfahren Boué c. Stenglin zwei französische Prisengerichtsurteile der Admiralitäten in Marseille und Aix en Provence ohne Übersetzung anerkannt[9]. Für die englische

1   zum Tätigkeitsbereich der kaiserlichen Notare in Hamburg und zu dessen Grenzen Schultze-v. Lasaulx, S. 22ff., 31f.
2   Beispiel: Protokoll v. 27.1.1775 in CoBi S/599, SH 42; ebenso Krieger, Cap. IX, § 8.
3   dazu Schultze-v. Lasaulx, S. 24, 28, 50f. Beispiel für Streit um fehlerhaft übersetzte Notariatsurkunde des Notars Cordt Moller in Pardo c. Meyer, Acta pr. o. Bl., Lit. F, prod. 17.9.1651.
4   P.E. 12.11.1796, fol. 73.
5   P.E. 1786, fol. 187 R.
6   zur Berufung der ersten Dolmetscher Mansolin für Italienisch und Hetor für Spanisch/Portugiesisch P.E. 1786, fol. 194, 197, 216.
7   P.E. 1786, fol. 220.
8   In den privaten Gesetzessammlungen der Admiralitätsbürger v. Spreckelsen und Jenisch sind holländische Seegesetze ohne Übersetzung notiert; in den Prozessen wurden holländische Policen und Havarieatteste nie im Translat vorgelegt.
9   Außerdem war für den Admiralitätssekretär die Beherrschung der lateinischen und französischen Sprache Amtsbedingung.

Sprache ist nachzuweisen, daß der Admiralitätssekretär Rumpff fließend Englisch sprach[1], daß es aber überwiegend -- wie in den übrigen Sprachen -- bei dem alten Prozeßgebrauch blieb, Havarieatteste oder Prisengerichtsentscheidungen ausländischer Gerichte dem Admiralitätsgericht sowohl im Original als auch in notariell beglaubigter Übersetzung vorzulegen[2].

5. Der Admiralitätsknecht

Von den bisher vorgestellten nichtrichterlichen Bediensteten der Admiralität hatte der Admiralitätsknecht eine besonders enge Beziehung zu den einzelnen Abschnitten des gerichtlichen Verfahrens. Er war zuständig[3] für Ausfertigung und Zustellung der Ladungen der Parteien und Procuratoren zu jedem einzelnen Gerichtstermin[4] sowie für die Zustellung der Bescheide, Interlokute und Urteile des Admiralitätsgerichts. Die „Citation" war dem Geladenen gemäß GO 1603, I, 13, 2 „in seiner Behausung unter Augen" zu übergeben. Das Gericht machte davon — entgegen der Annahme Schlüters[5] und Andersons[6] — in der Regel keine Ausnahme für die schriftliche Ladung, die ebenfalls „verbalis vel in scriptis in faciem" und „ad domum" zuzustellen war[7]. Auch die Weigerung des Geladenen, die Ladung entgegenzunehmen, befreite den Admiralitätsknecht nicht von seiner Pflicht, die Ladung „in faciem" zuzustellen[8].

Der Admiralitätsknecht faßte nach der Zustellung — ohne die im Nieder- und Obergericht übliche „Relation über die geschehene Insinuation"[9] — alle Ladungen für einen Sitzungstag unter Angabe der Rubren auf einem Citationszettel bzw. in einer „Designation"[10] zusammen und legte diesen Zettel dem Gerichtsvorsitzenden vor.

1 P.E. 1796, fol. 73.
2 Englisch/Deutsch in Boué c. Stenglin, Otte c. Paschen; Norwegisch/Deutsch in Hagen c. Fincks; Dänisch/Deutsch in Stolle c. Rothaer, Thornton c. Kühl, Boetefeur c. Kellinghusen; Schwedisch/Deutsch in Thornton c. Kühl.
3 zu den zahlreichen Aufgaben im extrajudizialen Funktionsbereich der Admiralität Richey, Collect. Nr. 12.
4 Richey, Collect. Nr. 12; Klefeker VII, S. 586; Anderson, Privatrecht V, S. 91, 108. Der Admiralitätsknecht stellte auch die Ladungen zu den Güteverhandlungen innerhalb des Judizialverfahrens zu.
5 Schlüter, Annotationes ... ad St. I, 13, 2.
6 Anderson, Privatrecht V, S. 109.
7 v. d. Fecht, ad St. 1603, I, 13, 2/3; P.E. 1792, fol. 201; zu den Ausnahmen s. S. 75 ff.
8 P.E. 1792, fol. 201.
9 Anderson, Privatrecht V, S. 111ff.
10 Klefeker VII, S. 586; Langenbeck, Seerecht, S. 324. Die Eidesformel (Langenbeck, a.a. O., S. 349) spricht von der „Annotierung in ein apartes Buch".

Aus den Jahren 1743 bis 1750 sind Originale der Citationszettel erhalten[1]. Sie ermöglichen eine Auswertung nach der Zahl der pro Gerichtstermin angekündigten Verfahren und damit eine Aussage darüber, wieviele „Sachen" das Admiralitätsgericht in einem Termin maximal verhandelte. Für 29% der Termine wurden 1 bis 5 Sachen, für 34% wurden 6 bis 10 Sachen und für 37% 11 oder mehr (maximal 16) Sachen angekündigt. Dabei ist anzumerken, daß die Terminsrolle jeweils weniger Verfahren umfaßte, wenn zwischen den Gerichtsterminen nur 12 oder 14 Tage Abstand lagen[2], andererseits mehr Verfahren, wenn der Abstand vier Wochen betrug[3]. Diese Beobachtung deutet einerseits auf einen ausgeglichenen Geschäftsanfall hin; darüberhinaus korrespondiert sie mit der Umstellung der Sitzungstermine des Admiralitätsgerichts ab 1743 von einem Zwei-Wochen- zu einem Vier-Wochen-Rhythmus[4].

F. Die Parteien des Admiralitätsprozesses

Die GO 1603 und die GO 1711 regeln ausführlich die Voraussetzungen der Fähigkeit, im gerichtlichen Verfahren als Kläger oder Beklagter aufzutreten und durch bestimmte Handlungen prozessuale Rechtswirkungen hervorzurufen, ohne daß diese Prozeßvoraussetzungen — vergleichbar den termini technici des geltenden Rechts „Partei-" oder „Prozeßfähigkeit" — in einem Rechtsbegriff zusammengefaßt wurden. Diese Vorbedingungen beherrschten mit kleinen Abweichungen gegenüber dem geschriebenen Recht auch das Verfahren vor dem Admiralitätsgericht.

Die prozessuale Rechts- und Handlungsfähigkeit stand nach GO 1603, I, 8, 1 und GO 1711, 7, 1 jedem „dieser Stadt Bürger oder Einwohner" mit vollendetem 18. bzw. nach der GO 1711 mit vollendetem 20. Lebensjahr zu. Bürger und Einwohner bildeten gemeinsam seit dem Langen Rezeß vom 19.2.1529[5] und dem Rezeß vom 20.11.1579[6] die Erbgesessene Bürgerschaft[7]. Die Erbgesessenheit war gemäß GO 1603, I, 25, 1 auf Antrag des Beklagten durch den Kläger zu beweisen, und zwar durch den Nachweis von 4.000 Mk. an Erbzinsen in einem in Hamburgs

1 StAH, Senat Cl. VII, Lit. Ca, No. 1, Vol. 3.
2 Beispiel: Der Citationszettel v. 3.3.1746 umfaßt 8 Sachen, der Zettel v. 15.3.1746 5 Sachen, der Zettel v. 31.3.1746 3 Sachen, StAH, Senat a.a.O., Nr. 49, 54, 56.
3 Beispiel: Der Citationszettel v. 18.12.1749 umfaßt 10 Sachen, der Zettel v. 22.1.1750 15 Sachen, der Zettel v. 21.2.1750 14 Sachen, StAH, Senat a.a.O., Nr. 150, 151, 153.
4 s.o. S. 40, Fn. 10.
5 Bartels, Supplementband, S. 47ff.
6 Bartels, Supplementband, S. 183ff.
7 „de gemenen Borger unde inwaner dusser guden Stadt", dazu i.e. Seelig, Bürgerschaft, S. 49, 65; Bartels, Nachtrag, S. 36ff.; vgl. auch Revidiertes Einwohnerreglement 1731 in Thesaurus Iuris, Bd. I, 1, S. 1155ff.

Stadtgrenzen gelegenen Haus[1]. In der Praxis des Admiralitätsgerichts wurde der Beweis der Erbgesessenheit hingegen durch die Vorlage von Beschwerungen und Schoßscheinen geführt[2].

Außer den erbgesessenen Bürgern kam auch den Fremden, d.h. den Zugewanderten ohne Bürgerrecht[3], vor dem Admiralitätsgericht uneingeschränkte Prozeßfähigkeit zu[4]; Beispiele sind die Portugiesen Francisco Pardo und Manuel de Prado, Kläger im Verfahren Pardo c. Meyer, und der Holländer Henrich Henrichsen, Kläger im Verfahren Henrichsen c. v. Lübcken.

Prozeßfähig waren ferner die in Hamburg ansässigen Juden auf der Grundlage der Judenreglements von 1612 und 1712[5]; allerdings unterlagen einige ihrer Prozeßhandlungen, z.B. die Eidesleistung, einem Sonderrecht[6].

Einschränkungen der Prozeß-, nicht der Parteifähigkeit, mit der Folge notwendiger Prozeßvertretung durch „Vormünder oder Curatores" galten gemäß GO 1603, I, 9, 1 für Kinder unter 18 Jahren[7] sowie für ledige und verheiratete Frauen. In der Kommentarliteratur wurden Witwen in den Geltungsbereich dieser Norm einbezogen[8], „Handelsfrauen" hingegen ausgenommen[9].

In den untersuchten Admiralitätsprozessen erscheinen Frauen in der Parteirolle nur als Rechtsnachfolger ihres Vaters oder ihres Ehemannes. Im ersten Fall bestellte der Präses des Gerichts den Ehemann als Vormund (GO 1603, I, 9, 5)[10], im letzteren Fall einen von der Frau gewählten Curator[11]. Es war nicht üblich, für die Witwe und die unmündigen Kinder gleichzeitig einen Curator zu bestellen; in der Regel wurden für die hinterbliebenen Kinder andere Vormünder berufen

---

1 v. d. Fecht, ad. St. 1603, I, 25, 1.
2 Beispiel: Stolle c. Rothaer, Q 25, Bl. 559, 576–611. Der Schoß war ein jährlicher Steuersatz von 1/4% des vorhandenen Vermögens; zum Verhältnis zwischen Beschwerung und Verschossung zur Ermittlung der Erbgesessenheit Langermann ad GO 1603, I, 25, 1, Ausgabe 1842, S. 117.
3 über die Eingliederung der Zugewanderten Reißmann, S. 231ff.; zum Bürgerrecht Seelig, Bürgerschaft, S. 53.
4 Auch Garmers liest GO 1603, I, 8, 1 unter Einschluß der „Fremden", Ausgabe 1842, S. 41.
5 Levy, S. 9ff.; Feilchenfeld, ZHG 10 (1899), S. 206; Westphalen, Bd. I, S. 351ff.
6 Judeneid in Pardo c. Meyer, P. Super. 14.10.1653.
7 GO 1711, 8, 1: 20 Jahre; Anderson, Privatr. IV, S. 207: 22 Jahre; vgl. auch Klefeker III, S. 691.
8 v. d. Fecht ad St. 1603, I, 9, 1.
9 Anderson, Privatrecht IV, S. 207.
10 In Burmester c. Höckel vertreten Hinrich Burmester und Wilhelm Stolle ihre Ehefrauen, die Töchter des verstorbenen Beklagten Nikolaus Burmester. In Peinhorst c. Meckenhauser vertritt Franz Thode seine Ehefrau, die Tochter des verstorbenen Klägers Carl Peinhorst.
11 in der Regel einen Verwandten, s. Rohde c. Stoltenberg, P. Adm. 9.11.1695.

als diejenigen, die zuvor die Witwe vertraten[1], um auf diese Weise Interessenkollisionen zu vermeiden[2].

Die weiteren in GO 1603, I, 9, 7 / GO 1711, 8, 7 und in GO 1603, I, 10 / GO 1711, 9 vorgesehenen Minderungen der Prozeßfähigkeit für geistig Gebrechliche und für den Fall der Prozeßvertretung durch nahe Verwandte waren in den untersuchten Prozessen ohne praktische Relevanz.

Nicht prozeß-, aber parteifähig waren vor dem Admiralitätsgericht − wie vor anderen Hamburgischen Gerichten − die Auswärtigen. In zwei Bescheiden im Verfahren Hupping c. Hübner[3] definierte das Gericht den „Auswärtigen" als jemanden, der „außer dieser Stadt ... in certo domicilio ... sich aufhalte" und mit einem entsprechenden Prozeßvertreter als Partei „in subsidium iuris geladen" werden könne. Das Ladungsverfahren gegen Auswärtige praktizierte das Admiralitätsgericht nach GO 1603, I, 13, 8 / GO 1711, 13, 9 im Wege der Rechtshilfe mit einer Subsidialcitation an den Magistrat der Stadt, in deren Jurisdiktionsbereich sich der Auswärtige aufhielt[4]. Die Prozeßvertretung der Auswärtigen erfolgte in der Regel durch Hamburgische Notare[5] oder durch Bürger, die als Mandatare des Auswärtigen einem Hamburgischen Procurator die Prozeßführung anvertrauten[6].

Die erforderliche Prozeßvollmacht hatte der Auswärtige durch den Rat seines Wohnortes beglaubigen zu lassen „auctoritate magistratus et sub sigillo loci"[7].

Aus den Admiralitätsprozessen ist zu entnehmen, daß die gewohnheitsrechtlich praktizierte Anerkennung notariell beurkundeter Vollmachten aus Holland, England, Frankreich, Spanien, Portugal und Italien in Hamburgischen Gerichten[8] vor dem Admiralitätsgericht ebenfalls die Regel war: Die erste, notariell beurkundete Vollmacht des Klägers Bergenhusen aus Eckernförde im Verfahren Rendtorff c. Brandt wurde nicht anerkannt, weil Eckernförde als dänische Provinz galt[9]; dagegen forderte das Admiralitätsgericht bei Prozeßvollmachten aus Holland[10] und aus Italien[11] keine Beurkundung „sub sigillo magistratus domicilii".

1 so in Rohde c. Stoltenberg, P. Adm. 28.11.1695; Thomsen c. Porten, P. Adm. 25.11.1687.
2 v.d.Fecht ad St. 1603, I, 9, 1 sieht die Personengleichheit bei Vormündern für Witwe und Kinder als Ausnahmefall an.
3 P. Adm. 3.6.1686 / 18.8.1687.
4 so in Hupping c. Hübner, H. 181, P. Adm. 3.6.1686; P. Adm. 18.8.1687; vgl. im übrigen Anderson, Privatrecht V, S. 118ff.
5 In Rendtorff c. Brandt vertritt der Notar Christian Peter Brandt den Kaufmann Heinrich Frahm Bergenhusen aus Eckernförde, Mandat Acta pr. Bl. 25ff., 128ff.
6 Anderson, Privatrecht IV, S. 201.
7 Anderson, Privatrecht, a.a.O.; diese Formel benutzte auch das Admiralitätsgericht, Rendtorff c. Brandt, Acta pr. Bl. 102f.
8 Anderson, Privatrecht, a.a.O., hält die Beglaubigung durch den Rat des Wohnsitzes des Auswärtigen nur in Deutschland für zwingend erforderlich.
9 Interlokut v. 3.8.1724, Acta pr. Bl. 102f.
10 In Boué c. Stenglin vertritt Stenglin Kaufleute aus Amsterdam.
11 In Berndes & Bülau c. Otte vertritt Otte die Triester Assecuranzcompagnie.

G. Die Vertreter der Parteien im Prozeß

In der Prozeßführung standen den Parteien vor dem Admiralitätsgericht die Procuratoren und die Advokaten zur Seite[1].

I. Die Procuratoren

Die gerichtlichen Procuratoren[2] hatten von 1623 bis etwa 1660 im Admiralitätsverfahren noch eine relativ geringe Bedeutung, denn der Prozeß wurde durch den persönlichen mündlichen Vortrag der Parteien bestimmt[3]. In den Verfahren Berenberg c. Janßen, Pardo c. Meyer, Hambrock c. Gehrdes, Hambrock c. Stampeel und Hübner c. v.d. Krentze traten die Kläger jeweils ohne Procurator auf. Diesen Rechtszustand spiegelt GO 1668 § 7 – auch für den Beklagten – als Grundsatz, Beratung mit einem „Beystand" und Sachvortrag durch den „Anwald" bei Unvermögen der Partei dagegen als Ausnahme.

Ebenso wie in der Gerichtspraxis die Procuratoren zunächst nur den Beklagten, später dann beide Parteien im Termin vertraten, entfernte sich die lex scripta von dem Regel-Ausnahme-Verhältnis in GO 1668 § 7: In GO 1711, 36, 9-11 erscheinen die höchstpersönliche Prozeßführung und die Prozeßvertretung „durch die ordentlichen Procuratores" als gleichwertige Verfahrensalternativen.

Die „ordentlichen" bzw. „bestallten" Procuratoren, die vor dem Admiralitätsgericht auftraten, waren personenidentisch mit den acht Procuratoren, die gemäß GO 1603, I, 7, 1/2/4 und GO 1711, 6, 1/2/4 das ausschließliche Privileg besaßen, als Prozeßbevollmächtigte vor dem Nieder- und dem Obergericht zu erscheinen[4]. Nur vor dem Obergericht und vor dem Admiralitätsgericht durften außerdem die vier Advocaten vor der Stange[5] auftreten[6], die in GO 1711, 5, 3 erstmalig in einem Gesetz erwähnt werden und mit den gerichtlichen Procuratoren gleichgestellt waren[7].

---

1 Unter Bezug auf die nachfolgend genannte Literatur zum Recht der Prozeßvertretung in Hamburg konzentriert sich die Darstellung auf die Besonderheiten der Prozeßvertretung vor dem Admiralitätsgericht; Anderson, Privatrecht IV, S. 93–211; Klefeker III, S. 526ff, 556, 510f.; Krieger, Cap. I, §§ 32, 33, 57, 58; Schlüter, Annotationes ad. St. 1603, I, 7/8; Westphalen, Bd. I, S. 310ff., 18 Fn.; Jacobi, S. 92ff, 103ff; Commichau, FS Reimers, S. 60ff.; Seelig, FS Reimers, S. 38ff.
2 zu den außergerichtlichen Procuratoren und ihrer Funktion im Dielenverfahren Westphalen a.a.O., S. 312f.; Klefeker III, S. 406; Jacobi, S. 101f.; Bertram, S. 95f., 99f.
3 ebenso in Lübeck (SeeGO 1655 § 3) und in Bremen (StA Bremen, Sign. 2. R. 11. b. 7.).
4 Jacobi, S. 92f., 101; Krüger, S. 8.
5 Schlüter, Verlassungsrecht, Cap. VIII, §§ 38ff., datiert ihr erstes Auftauchen in der Gerichtspraxis auf 1650.
6 Klefeker III, S. 526; Krüger, S. 8; Schlüter, a.a.O., § 36; GO 1711, 6, 2.
7 Schlüter, a.a.O.

Aus den untersuchten Prozessen ergibt sich, daß die vor dem Admiralitätsgericht auftretenden Parteivertreter zu 39% Advocaten vor der Stange und zu 61% gerichtliche Procuratoren waren. Das Auftreten der Advocaten vor der Stange konzentriert sich auf Verfahren aus den Jahren 1641–1665 und 1695–1754. Insofern stimmt die Beobachtung Andersons[1], daß die Advocaten vor der Stange viele Jahre lang ihr Prozeßvertretungsrecht vor dem Admiralitätsgericht nicht wahrgenommen haben.

Die persönliche Qualifikation für das Procuratorenamt, das bis 1685 vom Rat verliehen und danach durch öffentlichen Kauf erworben wurde[2], ergab sich nach den Gerichtsordnungen aus einem „uprichtigen, Christlicken, ehrlicken Handel und Wandel" (GO 1560, Van den Dingluden) bzw. aus einem „guten Namen und Leben" (GO 1711, 6, 1). Die Vorbedingung, der Procurator solle „ein academicus welcher iura studiret hat" sein[3], wurde durch Rat- und Bürgerschluß vom 22. 1.1705 wieder aufgehoben und die graduierten Amtsbewerber zur Aufgabe ihres akademischen Titels und zum Verzicht auf die Advokatur verpflichtet[4]. Damit reduzierten sich die Mindestvoraussetzungen für die Procuratoren auf ihre Prozeßfähigkeit[5] und ihre Rechtserfahrenheit[6].

Rechtserfahrenheit bedeutete Vertrautheit mit der Rechtsterminologie und dem Verfahrensablauf sowie Kenntnise über Antragsrechte der Parteien[7], nicht aber Rechtsgelehrtheit im Sinne profunder materieller Rechtskenntnisse. Die Ausführung der Rechte der Parteien in materiellrechtlicher Hinsicht in Schriftsätzen, überhaupt die juristische Beratung der Parteien außerhalb des forensischen Bereichs und die Beschaffung der Beweismittel oblag ausschließlich den Hamburgischen Advocaten[8]. Diese klare Funktionsteilung, die in der GO 1711 erstmalig auch normativ in zwei getrennten Titeln – Tit. V „Von den Advocatis ..." und Tit. VI „Von den Procuratoren" – nachvollzogen wird, beherrschte das seegerichtliche Verfahren in Hamburg bis 1811[9].

Sofern in den mündlichen Rezessen der Procuratoren die materielle Rechtslage oder bestimmte Beweismittel zu erörtern waren, ist in einzelnen untersuchten

1   Anderson, Privatrecht IV, S. 97. Anderson weist hier auf das Recht der Advokaten vor der Stange hin, auch vor dem Amtsgericht und im Dielenverfahren aufzutreten.
2   Anderson, Privatrecht IV, S. 99; Jacobi, S. 93.
3   dazu Anderson, a.a.O., S. 98.
4   Jacobi, S. 93f. Dies waren die Auswirkungen der Attacken des Lic. Wrangel gegen die Advokatur der Deputierten des Niedergerichts neben dem Richteramt, Jacobi, S. 36ff.; Anderson, Privatrecht IV, S. 99.
5   als Hamburgischer Bürger evangelischer Konfession, Anderson, a.a.O., S. 98.
6   Sie mußten „erfahrne geschickte Leute" und durften keine „mutwilligen Falliten" sein, Anderson, a.a.O.; GO 1560, a.a.O.
7   vgl. dazu die Eidesformel bei Anderson, a.a.O., S. 104f.
8   Bertram, S. 95; Westphalen, Bd. I, S. 314.
9   In Lübeck bis in die 2. Hälfte des 18. Jahrhunderts, Ebel, Lübsches Recht im Ostseeraum, S. 44.

Prozessen eine auffallende Abhängigkeit der Procuratoren von den Advokaten zu beobachten, die sich im Verzicht auf den Sachvortrag bei Krankheit oder Arbeitsverhinderung des Advokaten[1] und in genauer Befolgung der detaillierten, nach Anweisung der Advokaten formulierten Instruktionen der Parteien[2] ausdrückt. Die Unterzeichnung der schriftlichen Rezesse in den Admiralitätsprozessen mit dem Namen des Procurators[3] deutet nicht auf die Urheberschaft des Procurators hin, sondern diente der formellen Einführung des Rezessinhalts in das Verfahren und der Bestätigung, daß der Schriftsatz von einem Hamburgischen Advocaten stammte (GO 1645, III, 7)[4].

Für die Bestellung des Procurators im Admiralitätsgerichtsverfahren galten dieselben Regeln wie im allgemeinen Verfahren vor Hamburgischen Gerichten[5]. Der Zeitpunkt der Bestellung durch die Prozeßpartei verschob sich im gleichen Maße nach vorn, in dem die höchstpersönliche Prozeßführung zurückging und sich die Schriftlichkeit im Verfahren durchsetzte: Solange der Kläger den Prozeß ohne Procurator führte[6], entschloß sich der Beklagte entweder erst nach der zweiten Citation[7] oder mit Beginn des Appellationsverfahrens vor dem Obergericht[8] zur Einschaltung eines Procurators. Später traten bereits im obligatorischen Güteverfahren vor den Gerichtsverwaltern Procuratoren für die Parteien auf[9].

Die Legitimation der Procuratoren war dem Gericht bei Klageeinführung bzw. beim ersten Auftreten[10] durch Vorlage einer Vollmacht – beim Admiralitätsgericht entweder „Gewalt" oder „Mandatum" genannt – mit Unterschrift der Partei nachzuweisen[11]. Die Vollmacht erstreckte sich in der Regel auch auf die Appellationsinstanz (GO 1603, I, 7, 10 / GO 1711, 6, 35); die in den Gerichtsord-

---

1 Dilationsgesuche in Juncker c. Schnitker (P. Adm. 6.4.1655) und Hardorp c. de Pina (P. Adm. 29.5.1656).
2 Beispiel: de Vlieger c. Thomas, Instructio des Klägers zum Rezess v. 16.4.1696, P. Adm. ibid.
3 Beispiele: Hübner c. Paulsen, Rezess prod. 10.7.1656; Heckstetter c. Rull, Rezess prod. 19.1.1660; Thomson c. Porten, Rezess prod. 4.1.1683.
4 In GO 1603, I, 7, 9 / GO 1645, III, 7 / GO 1711, 5, 12 ist den Parteien allerdings gestattet, in Streitigkeiten vor Hamburgischen Gerichten auch auswärtige Advocaten heranzuziehen; die Kommentarliteratur lehnt diese Befugnis jedoch entweder ganz ab (Schlüter, Annotationes ad St. 1603, I, 7, 9) oder beschränkt sie auf auswärtige Rechtsgelehrte (Claen ad St. 1603, I, 7, 9; Anderson, Privatrecht IV, S. 182).
5 Krieger, Cap. IX, § 7.
6 s.o. S. 61.
7 so in Hambrock c. Stampeel.
8 so in Hambrock c. Gehrdes, Juncker c. Schnitker.
9 Beispiel: Berndes c. Otte, Prätorenprotokoll v. 5.5.1797.
10 GO 1603, I, 19, 2, 3; GO 1711, 19, 2; Gemeiner Bescheid des Admiralitätsgerichts 1764, § 2.
11 dazu i.e. Anderson, Privatrecht IV, S. 193ff mit dem bei allen Gerichten verwendeten Vollmachtsformular.

nungen vorgesehene Möglichkeit der vorzeitigen Entziehung des Mandats[1] wurde in den untersuchten Prozessen nicht wahrgenommen.

Nach dem Tod der vertretenen Partei und dem Erlöschen ihrer Vollmacht[2] hatte der Procurator dem Gericht den notwendigen Parteiwechsel anzuzeigen, Ladung der Rechtsnachfolger „ad reassumendum processum" zu beantragen[3] und sich mit einer Prozeßvollmacht der Rechtsnachfolger zu legitimieren[4].

Hervorzuheben ist ein aus den Gerichtsordnungen nicht erkennbarer Gerichtsgebrauch des Admiralitätsgerichts: In den Seehandelssachen, vor allem in Fracht- und Havarieprozessen, gab es auf seiten einer Prozeßpartei häufig 10 bis 20 Interessenten, die alle aus demselben Rechtsgrund klagten bzw. beklagt wurden[5]. In diesen Fällen erließ das Admiralitätsgericht hinsichtlich der Prozeßvertretung Bescheide folgenden Inhalts, „daß die sämtlichen Interessenten einen gemeinsamen Anwalt ad acta zu bestellen und durch denselben in termino ... zu erscheinen, und zwar jetzo berührter Anwald eine von sothanen Constituenden erteilende beständige Vollmacht mit beizulegen schuldig, auch demselben Anwald ... wegen der insgesamten Interessenten die Notdurft darauf zu verhandeln gegönnet sein soll. Es bleibet doch denen, so außer dem gemeinen Interesse ein besonderes bei dieser Sache auszuüben haben möchten, welches durch mehrgedachten Anwald sich nicht wohl ausführen ließe, solches einem anderen Anwalt absonderlich aufzutragen unbenommen"[6].

Der Tätigkeitsbereich der Procuratoren, die Prozeßführung für die Partei, ergibt sich — positiv abgegrenzt — aus dem Katalog der zulässigen Prozeßhandlungen in der Vollmacht[7], negativ abgegrenzt aus den mit Strafgeldern bewehrten Ge- und Verboten der Gerichtsordnungen und Gemeinen Bescheide[8].

Diese Gebote stellen überwiegend Verhaltensnormen im Verhältnis des Procurators zum Gericht auf; das Verhältnis des Procurators zur Partei findet präzisen normativen Ausdruck nur in dem Verbot, eine quota litis als Erfolgshonorar zu vereinbaren, und in dem Befehl, die Gebühren des Procuratorenschragens einzu-

---

1 Dazu i.e. Anderson, a.a.O., S. 184ff., 223.
2 „mors omnia solvit", vgl. Juncker c. Schnitker, Notwendige Anzeige, prod. 23. 11. 1655.
3 Anderson, a.a.O., S. 219ff. m.w.N.
4 Beispiele: Rohde c. Stoltenberg, P. Adm. 7.11./28.11.1695; Thomsen c. Porten, P. Adm. 4.5./25.11.1687.
5 Im geltenden Recht würde man von subjektiver Klaghäufung und ggf. von Streitgenossenschaft sprechen.
6 Hupping c. Hübner, H 181, P. Adm. 28.8.1684. Der terminus „Anwald" bedeutete in den Admiralitätsprozessen stets „Procurator".
7 s. Vollmachtsformular und Vergleich mit älteren Formularen bei Anderson, Privatrecht IV, S. 193f.
8 vgl. nur die Gemeinen Bescheide des Admiralitätsgerichts von 1656, 1663 und 1767.

halten[1]. Prozeßrechtlich undifferenziert reagieren die Gerichtsordnungen indessen auf ein Problem, das mit dem Rückgang der persönlichen Prozeßführung der Parteien[2] virulent wurde, inwieweit nämlich fehlerhafte Prozeßhandlungen des Procurators der Partei zuzurechnen seien.

GO 1603, I, 7, 11 und GO 1711, 6, 36 sehen gegen einen Procurator, der „seiner Partheyen gerechte Sachen versäumet", einen Schadensersatzanspruch der Partei und einen Strafanspruch des Gerichts vor. Selbst wenn man den Begriff der Versäumung hier über den engen Rahmen der Nichteinhaltung gerichtlicher Fristen hinaus als „mangelhafte Prozeßführung in einer aussichtsreichen Sache" auslegt, behalten die beiden Normen ihren primär *materiell*-schadensrechtlichen Rechtscharakter, denn sie schweigen zu den *prozessualen* Wirkungen dieser Versäumung. Nur GO 1711, 6, 36 verbindet in einem Zusatz — möglicherweise in Anlehnung an die entsprechende Rechtsauffassung Gaills[3], Winckels[4], Garmers'[5] und Wördenhoffs[6] — das Unvermögen des Procurators zur Schadensersatzleistung mit dem Recht der Partei, Wiedereinsetzung in den vorigen Stand zu beantragen; die Wiedereinsetzung knüpft hier nicht an den durch *prozeß*-rechtliches Fehlverhalten des Procurators entstandenen Rechtsnachteil an. Auch Krieger[7] behandelt lediglich das Verschulden des Procurators, ohne den dogmatischen Schritt zur prozessualen Zurechnungsproblematik zu vollziehen.

Einen Ansatz dazu bietet jedoch das auch vor dem Admiralitätsgericht verwendete Vollmachtsformular: Die Klausel „was bemeldter Anwald ... handeln, thun und lassen wird, das verspreche ich stets, vest und unverbrüchlich" spricht für eine unmittelbare Stellvertretung mit der Folge, daß das Verschulden des Procurators bei der Vornahme bestimmter Prozeßhandlungen hinsichtlich der prozessualen Wirkungen der Partei zuzurechnen ist.

Eine derartige Zurechnung kennzeichnet das Verfahren beim Admiralitätsgericht in zwei Formen: Rezesse, die der Procurator entgegen dem bis etwa 1660 herrschenden Mündlichkeitsprinzip nur schriftlich vorlegt, werden verworfen und ersichtlich bei der Entscheidung nicht berücksichtigt, auch wenn sie umfangreichen neuen Sachvortrag enthalten[8]; darüberhinaus wird die Annahme von Einwendun-

---

1 GO 1603, I, 7, 6; GO 1622, III, 7; GO 1632, Art. 18; GO 1645, III, 10; GO 1711, 6, 6 mit ausdrücklichem Rückerstattungsanspruch der Partei bei überhöhter Gebührenzahlung.
2 In einer Übergangsphase um 1650–1660 erschienen Partei und Procurator gemeinsam, dann trat der Procurator allein auf.
3 Gaill, Observ. 45 n. 6 (Band I).
4 Winckel ad St. 1603, I, 7, 11.
5 Garmers ad St. 1603, I, 7, 11, Ausgabe 1842.
6 Wördenhoff ad St. 1603, I, 7, 11, Ausgabe 1842.
7 Krieger, Cap. VII, § 1.
8 Beispiel: Berenberg c. Janßen, Notwendige Anzeige v. 5.6.1641, prod. 27.9.1641; Anderson/Richey zitieren zwei weitere Fälle dieser Art aus den Jahren 1631 und 1636.

gen gegen die Begründetheit der Klage (Exceptiones peremptoriae) von der vorherigen förmlichen Legitimation des Procurators abhängig gemacht[1]. Für den Bereich der Versäumung von Schriftsatzfristen ist nicht zu ermitteln, ob das Gericht auch hier das Verschulden des Procurators als Verschulden der Partei wertete; in den untersuchten Prozessen erließ das Gericht trotz mehrfacher Androhung keine einzige Versäumnisentscheidung nach abgelaufenen Schriftsatzfristen.

Die Rechtsnatur der dem Procurator übertragenen, ursprünglich höchstpersönlichen Prozeßhandlungen[2] und die erweiterte Handlungsbefugnis, die dem Procurator aufgrund einer Spezialvollmacht bei Ortsabwesenheit seines Mandanten zustand[3], verlagerten den Tätigkeitsbereich der gerichtlichen Procuratoren zunehmend von der objektiven Förderung der Rechtsfindung zu einer reinen Interessenvertretung für die Partei. Im Admiralitätsgerichtsverfahren gab es deshalb nicht mehr die beim Hamburgischen Niedergericht bis Anfang des 17. Jahrhunderts geübte Mitwirkung der Procuratoren — in ihrer Funktion als „Dingleute"[4] — an der Urteilsfindung; ebensowenig zogen die Admiralitätsrichter — wie in GO 1622, I, 5, und GO 1645, I, 6 noch für das Niedergericht vorgesehen — die Procuratoren als Berater bei der Sachentscheidung heran[5].

Ein weiterer Unterschied zwischen dem Admiralitätsgericht und den anderen Hamburgischen Gerichten ergibt sich aus den Gebührenregelungen für die Procuratoren. Die verschiedenen Schragen der Procuratoren vom Rezeß 1548, Art. 14[6] über den Schragen vom 2.10.1660[7] bis zur „Ordnung und Taxa des Salarii der Procuratoren und Anwälde im Nieder- und Obergerichte" vom 10.12.1732[8] waren sämtlich durch die Bestimmung der Gebührenhöhe nach dem Streitwert gekennzeichnet. Das Admiralitätsgericht hatte eine eigene Ordnung für Procuratoren-

1 Rendtorff c. Brandt, P. Adm. 15.2.1725; Rohde c. Stoltenberg, P. Adm. 7.11.1695; vgl. auch den Gemeinen Bescheid von 1663.
2 Dieses Element zeigt die Vollmachtsklausel „auch alles andere handeln, thun und lassen, daß ich selbsten zugegen, jederzeit thun, handeln und lassen könnte und mögte".
3 Typisches Beispiel waren Schiffer, die wegen frachtvertraglicher Reisepflichten einen Prozeß und die außergerichtlichen Folgeverpflichtungen nicht persönlich wahrnehmen konnten (Pardo c. Meyer, Spezialvollmacht des Schiffers Heinrich Meyer v. 21.7.1651). In Fällen der Verhinderung des Schiffers traten nicht die Reeder für ihn auf, sondern stets gerichtliche Procuratoren. Üblich war vor dem Admiralitätsgericht nur umgekehrt die gerichtliche Vertretung der Reeder durch den Schiffer, vgl. dazu Krüger, S. 22; Rademin, S. 43.
4 Schlüter, Annotationes ad St. 1603, I, 6, 3; Jacobi, S. 13f.; Mitwirkungsverbot für Procuratoren, die in der zu entscheidenden Sache Parteivertreter waren, Anderson, a.a.O., S. 92f.
5 In Lübeck gingen die Procuratoren grundsätzlich mit in die Findung und machten einen Urteilsvorschlag, Schreiningh ad St. 1603, I, 6, 3; Ebel, FS Rörig, S. 297ff, 303; Funk, ZRG GA, Bd. 26 (1905), S. 62.
6 Anderson, a.a.O., S. 144.
7 Blank, Bd. I, S. 176.
8 Anderson, Privatrecht IV, S. 147ff.

und Gerichtskosten[1], die unabhängig vom Gegenstandswert der Klage eine einmalige Gebühr für „Arrha"[2] und Vollmacht vorsah, darüberhinaus nur feste Taxen für die einzelnen wahrgenommenen Gerichtstermine und bestimmte Leistungen im Parteibetrieb, z.B. Zustellung durch den Procurator.

Die Befreiung einer Partei von der Gebührenpflicht (GO 1603, I, 7, 7) handhabte das Admiralitätsgericht dagegen ebenso wie das Nieder- und Obergericht[3], indem es auf einen mündlichen oder schriftlichen Armenrechtsantrag nach Darstellung der „armseligen Umstände"[4] – nach der Observanz mit einem Armutsattest – die arme Partei „ad iuramentum paupertatis" zuließ; die Eidesleistung erfolgte vor dem Sekretär des Admiralitätsgerichts[5], die Zuweisung eines Procurators an die arme Partei durch den Gerichtsvorsitzenden.

II. Die Advocaten

Die nicht zur Procuratur zugelassenen Advocaten, die – wie bereits erwähnt – die juristische Beratung der Parteien außerhalb des forensischen Bereichs wahrnahmen, erfuhren erstmalig in GO 1711 Tit. V eine detaillierte gesetzliche Fixierung. Das Regelungsbedürfnis entstand relativ spät, weil das Mündlichkeitsprinzip im Gerichtsverfahren die Haupttätigkeit der Advocaten, die Abfassung von schriftlichen Rezessen, einschränkte[6]. So sehr die anderen Hamburgischen Gerichte vor Erlaß der Qualifikations-, Zulassungs- und Verhaltensnormen in GO 1711, 5, 2/ 4/6/13[7] unter den weitschweifigen Elaboraten juristisch schlecht gebildeter Advocaten zu leiden hatten[8], so wenig hatte das Admiralitätsgericht mit diesem Problem zu kämpfen. Die Ursache lag vor allem in der Schwierigkeit der Rechtsmaterien, die in Admiralitätsverfahren zu behandeln waren.

In den untersuchten Seeprozessen fallen – neben vereinzelt zu breiten Ausführungen zur Sachlage[9] – in den Rechtsausführungen umfangreiche und präzise

---

1 StAH, Senat, Cl. VII, Lit. Ma, No. 6, Vol 1a, abgedruckt bei Langenbeck, Seerecht, S. 329f.
2 „Angeld", Vorschuß.
3 Anderson, a.a.O., S. 163ff., S. 167f.
4 Anderson, a.a.O.; Carpzov, Pract. Nov. I, Cap. 23, § 14, n. 7, verlangt deren Glaubhaftmachung: quia nemo ad iuramentum paupertatis admittitur, qui non prius de paupertate aliquo modo fidem fecerit.
5 Beispiel: Rohde c. Stoltenberg, P. Adm. 23.1.1696/12.3.1696.
6 Klefeker III, S. 538.
7 hier erstmalig Einrichtung der Matrikel der zugelassenen Advocaten; zu deren Fortführung nach 1816 vgl. Seelig, FS Reimers, S. 37ff.
8 Klefeker III, S. 539ff.
9 Die Rezesse der Advocaten enthalten kaum die berüchtigten Injurien gegenüber der Gegenpartei und ihrem Anwalt; umso unsachlicher sind manche Einlassungen von Notaren, die mit Übersetzungen und Beurkundungen an den Verfahren beteiligt sind, vgl. die Salvationsschriften der Notare Cordt Moller und Simon Floris in Pardo c. Meyer, prod. 28. 1.1653.

Gesetzes- und Literaturkenntnisse der Advocaten auf, die über den engsten Hamburgischen Rechtskreis hinaus das Lübische und das Hansische Seerecht ebenso einschließen wie die see- und gemeinrechtlichen Kommentare von Marquard, Kuricke, Mevius, Gaill und Carpzov; dies gilt in noch höherem Maße für die Seeversicherungsprozesse, in denen — ebenfalls schon in der ersten Instanz — auch holländische und französische Assecuranzgesetze zitiert werden[1].

In der Obergerichtsinstanz ziehen die Hamburgischen Advocaten auch ausländische Assecuranzkommentare wie die Werke von Valin und Baldasseroni heran[2].

Schließlich erscheinen Hamburgische Advocaten im Verfahren vor dem Reichskammergericht als Verfasser schriftlicher Rezesse mit zahlreichen Verweisungen auf die Seeassecuranzliteratur[3] von Weskett, Emérigon und Straccha[4].

Diese Beobachtungen dokumentieren, daß der Advocat beim Admiralitätsgericht zwar kaum auf den Verfahrensablauf einwirken konnte, daß aber sein Einfluß auf die materielle Urteilsfindung des Gerichts — besonders in den Seeversicherungsprozessen vor Erlaß der Hamburgischen Assecuranz- und Havareiordnung 1731 — nicht gering eingeschätzt werden darf.

1   so in Thornton c. Kühl, Henrichsen c. v. Lübcken, Boetefeur c. Kellinghusen, Boué c. Stenglin, Rohde c. Stoltenberg, Stolle c. Rothaer, Peinhorst c. Meckenhauser.
2   so in Juncker c. Schnitker, Boetefeur c. Kellinghusen, Rendtorff c. Brand.
3   Hamburgische Advocaten im Appellationsverfahren beim RKG sind nachweisbar in Peinhorst c. Meckenhauser, P. RKG 31.8.1725; Beltgens c. Tamm, P. RKG 26.4./19.8.1681; Otte c. Paschen, Bericht des Rates v. 6.2.1805, o.Q.
4   so in Otte c. Paschen, Rendtorff c. Brandt.

Zweiter Teil

DAS VERFAHREN DES HAMBURGISCHEN ADMIRALITÄTSGERICHTS

A. Das Güteverfahren

Obligatorische Voraussetzung für die Einleitung eines ordentlichen Klageverfahrens war bei allen Hamburgischen Gerichten die Durchführung eines Güteverfahrens vor den Gerichtsverwaltern[1].

Auch in Seesachen war ein förmliches Güteverfahren zwingende Vorbedingung für die „Erlaubung der gerichtlichen Citation" an das Admiralitätsgericht[2]. Allerdings differierte die Handhabung dieses Extrajudizialverfahrens[3] in der Prozeßwirklichkeit jeweils nach der Rechtsmaterie der zu klärenden Streitigkeit: In allen Seehandelssachen waren die Gerichtsverwalter, in allen Seeversicherungssachen dagegen die sogenannten „guten Männer" zur Streitschlichtung berufen[4]. Nur in Einzelfällen wurden Seeassecuranzfälle zuerst vor die Gerichtsverwalter gebracht und von diesen dann zur „guten Mannschaft" verwiesen[5].

I. Das Verfahren vor den Gerichtsverwaltern

Das Güteverfahren in Seehandelssachen richtete sich nach dem Hamburgischen Dielenverfahren, das bis zur normativen Regelung in der Dielenordnung vom 13. 7.1724[6] in seinen einzelnen Voraussetzungen und Ausprägungen dem prozessualen Gewohnheitsrecht folgte[7]. Wie im ordentlichen Judizialprozeß kennzeichneten förmliche Citation des Beklagten mit „Tagdingung" und „Wahrschauung"[8], Verhandlungen bis zur Duplik, Beweisführung durch Zeugen- und Urkundenbeweis sowie Parteivernehmung das Dielenverfahren[9]; die summarische Natur des Dielenprozesses äußerte sich dagegen im Verzicht auf förmliche Anwaltsvollmach-

---

1   GO 1603, I, 13, 1; GO 1711, 13, 1; v.d. Fecht ad St. 1603, I, 13, 1/2.
2   GO 1711, 1, 2/8/9; Krieger, Cap. IX, § 1; ebenso Otte c. Paschen, Gegenbericht der Appellanten, o. Q.; Berndes c. Otte, P. Adm. 13.5.1797.
3   Krieger, Cap. I, § 2; Anderson, Privatrecht IV, S. 257ff.
4   insoweit unrichtig Anderson, a.a.O., S. 257.
5   Otte c. Paschen, a.a.O.
6   Blank, Bd. II, S. 1036f.
7   Krieger, Cap. II; Anderson, a.a.O., S. 257ff.; Westphalen, Bd. I, S. 296ff.
8   Klefeker III, S. 408, Fn. h; Anderson, Privatrecht IV, S. 346ff.; Schuback, Richerliches Amt, Bd. II, S. 66ff., 82.
9   Krieger, Cap. II; Schuback, a.a.O., S. 131ff.; Anderson, a.a.O., S. 338ff.; Klefeker III, S. 407ff.

ten und auf die Litiscontestation, in der Verkürzung aller Handlungs- und Schriftsatzfristen sowie in der Bevorzugung der Mündlichkeit als Prozeßmaxime[1].

Aus den überlieferten Extrajudizialprotokollen und den untersuchten Prozessen ergibt sich indessen, daß in sämtlichen Seehandelsstreitigkeiten das Dielenverfahren nicht zu Ende geführt wurde, sondern im ersten Termin zur mündlichen Verhandlung der Gerichtsverwalter auf Antrag der Parteien die Sache an das Admiralitätsgericht verwies[2]. Mit dem Verweisungsbeschluß war die „Erlaubung der gerichtlichen Citation" durch den ältesten Gerichtsverwalter verbunden[3]. In der Praxis konnte das Güteverfahren vor den Gerichtsverwaltern durch ein extrajudiziales Streitschlichtungsverfahren vor dem Hamburgischen Rat ersetzt werden[4].

II. Das Verfahren der „guten Mannschaft"

Für die beiden Gerichtsverwalter oder Prätoren[5] war in der zeitgenössischen Literatur und Gesetzgebung unumstritten, daß sie richterliche Aufgaben aufgrund obrigkeitlicher Kompetenzzuweisung wahrnahmen. Schlüter nannte die Prätur schon im Titel seiner Abhandlung über das Dielenverfahren ein „richterliches Amt". Rat und Erbgesessene Bürgerschaft bestimmten im Convent vom 29.1.1619[6], „daß die Herren Gerichts=Verwalter allewege mit keinen anderen Aemtern, sie seyen welche sie wollen, belegt, sondern allein auf das richterliche Amt warten sollen".

Die nur in Assecuranzstreitigkeiten relevante „gute Mannschaft" hatte demgegenüber eine auf das römischrechtliche „compromissum"[7] zurückgehende vertragliche Wurzel mit der Folge, daß den Schiedssprüchen der von den Parteien frei gewählten „guten Männer" nicht originär rechtsgestaltende Wirkung und uneingeschränkte Vollstreckbarkeit zukam wie den Entscheidungen der Gerichtsverwalter[8].

Die Frage der Rechtsverbindlichkeit und der präjudizierenden Wirkung der Schiedssprüche „guter Männer" war heftig umstritten[9] und fand auch keine ab-

---

1   Schlüter, Richterliches Amt, T.I, Cap. 6; Krieger, Cap. II, §§ 11ff.; Verbot schriftlicher Rezesse in Art. 7 der Dielenordnung 1724.
2   Beispiel: Berndes c. Otte, a.a.O.
3   GO 1603, I, 13, 2; GO 1711, 1, 9.
4   so in Rendtorff c. Brandt, P. Adm. 23.5.1724; Stolle c. Rothaer, Q 25, Bl. 145f.; vgl. GO 1711, 39, 3; Anderson, a.a.O., S. 257.
5   zur Abgrenzung zu den „worthaltenden Bürgermeistern" vgl. Klefeker III, S. 392, 400f.; Westphalen, Bd. I, S. 296; Schuback, a.a.O., Bd. I, S. 2f.
6   StAH, Erbgesessene Bürgerschaft, Nr. 1, Bd. 2, S. 491ff., 531.
7   Krause, S. 48ff.
8   Die Gerichtsverwalter erkannten selbst die Vollstreckung ihrer Entscheidungen, Schlüter, a.a.O., T. I, Cap. 5, § 51.
9   für eine weitgehende Gleichsetzung eines Schiedsspruches mit einem kontradiktorischen richterlichen Urteil Gaill, I, Obs. 141, n. 4f.; ders. I, Obs. 150, n. 12ff.; Carpzov, Processus Iuris, II, 3, 35ff.; Mynsinger, Cent. III, Obs. 14; kritisch Richey, Collect. Nr. 47.

schließende Klärung in den gesetzlichen Regelungen der „guten Mannschaft" im Ratsmandat von 1656[1] sowie in GO 1711 Tit. 37 und AHO XIX, die sämtlich an die Klausel der Unterwerfung unter die Entscheidung „van drey Neutrale dieser Börss Kauffleute" in Hamburgischen Policen[2] anknüpften.

Das Admiralitätsgericht selbst bestätigte die grundsätzliche Vorschaltung der „guten Mannschaft" vor das seegerichtliche Verfahren im Conclusum vom 5.2. 1705[3]; darüberhinaus ergänzte es in den Prozessen Juncker c. Schnitker, Heckstetter c. Hachtmann, Hagen c. Fincks, Heckstetter c. Rull, Rothaer c. Göldners, Schwartzkopf c. diverse Assecuradeure, Havemester c. Schlüter durch Richterrecht die zum Teil lückenhaften normativen Regelungen über Voraussetzungen, Abgrenzungen und Wirkungen der „guten Mannschaft"[4].

Das Verfahren der „guten Mannschaft" war wesentlich freier gestaltet als das Güteverfahren vor den Gerichtsverwaltern. Der Versicherte und der Assecuradeur nominierten in einer Urkunde („compromissum") jeweils einen Schiedsmann eigener Wahl (AHO XIX, 2); beiden Schiedsleuten waren die Versicherungspolice und alle beweis- und schadenserheblichen Dokumente vorzulegen. In der Schiedsverhandlung war den Parteien mündlicher oder schriftlicher Sachvortrag freigestellt (GO 1711, 37, 4). Binnen zwei Monaten mußten die gewählten Schiedsleute entweder eine Güteentscheidung („laudum") treffen oder einen Obmann ernennen, der rechtliche Differenzen durch einen Stichentscheid beseitigen konnte (AHO XIX, 4 / GO 1711, 37, 9)[5]. Nach Ablauf von zwei Monaten ohne Erlaß eines Schiedsspruches oder — bei Ausbleiben des Assecuradeurs im Schlichtungsverfahren — schon nach sechs Wochen war die gerichtliche Klage bei der Admiralität zulässig (AHO XIX, 7 / GO 1711, 37, 7). Da die Schiedsleute nicht über gerichtliche Citationen entscheiden durften, mußte der Kläger eines Assecuranzprozesses durch einen gerichtlichen Procurator beim Präses des Admiralitätsgerichts die Erlaubung der ersten Citation beantragen und diese dem Beklagten durch den Admiralitätsknecht zustellen lassen[6].

Die untersuchten Admiralitätsprozesse dokumentieren für das Rechtsbewußtsein der Parteien eine deutliche Abkehr von der noch im mittelalterlichen Rechtsdenken dominierenden Vorstellung, Streitfälle — gerade auch im Handelsverkehr — weitgehend durch Verfahrenskompromisse endgültig zu bereinigen[7]. Güteverhandlungen wurden entweder überhaupt nicht betrieben[8] bzw. als notwendiger,

---

1 CoBi, Protokoll der Commerzdeputation 1701.
2 Beispiel: Police von 1628 in Kruse c. van Santen, Q 18a.
3 P.E. 1705, fol. 163.
4 s. dazu i.e. S. 223ff.
5 ebenso M.L. Schele, S. 37.
6 Anderson, Privatrecht V, S. 91.
7 Krause, S. 64ff., S. 70f.
8 so in Kruse c. van Santen; auch Krieger, Cap. I, § 78 erwähnt diese Handhabung.

möglichst abzukürzender Schritt zum gerichtlichen Verfahren bewertet[1] oder in Einzelfällen bewußt in die Länge gezogen, um die absehbare Verurteilung hinauszuschieben[2].

Die Bestimmungen zur obligatorischen „guten Mannschaft" in den Vergleichen der Hamburgischen Assecuradeure von 1687, 1697 und 1704[3] repräsentieren daher ebensowenig die Prozeßwirklichkeit wie die detaillierten Verfahrensanweisungen in GO 1711, Tit. 37 und in AHO XIX.

Die Frage nach der Ursache für diese „Flucht" ins gerichtliche Verfahren, die übrigens auch bei den zunächst vor den Gerichtsverwaltern verhandelten Seehandelssachen zu beobachten ist[4], muß an den ursprünglichen Zweck der „guten Mannschaft" anknüpfen: Vermeidung der Schwerfälligkeit und Kostspieligkeit des förmlichen Judizialverfahrens und Erhaltung des guten Einvernehmens zwischen Parteien, die im alltäglichen Handels-, Kredit- und Assecuranzverkehr aufeinander angewiesen waren. Die zunehmende Mißachtung dieser „guetlichen tractationen" hing nicht nur damit zusammen, daß die Rechtsuchenden nach der Gründung des Admiralitätsgerichts dessen graduierten Referenten höhere seerechtliche Fachkompetenz zumaßen als den Schiedsleuten von der Börse, die primär die kaufmännischen Auswirkungen der Assecuranzgeschäfte betrachteten[5]. Im Vordergrund stand — vielleicht aufgrund einer gewachsenen Konfliktbereitschaft infolge stärkerer innerstädtischer Handelskonkurrenz — das Bestreben, Rechtsstreitigkeiten ausschließlich in einem kontradiktorischen Judizialverfahren mit unmittelbarer Vollstreckungsmöglichkeit entscheiden zu lassen. Die höheren Gerichtskosten und die Belastung der sozialen Beziehungen innerhalb der Kaufmannschaft spielten eine untergeordnete Rolle.

Dieser Befund läßt sich belegen durch die Tatsache, daß das Admiralitätsgericht wiederholt in bereits laufenden Judizialverfahren drei seiner Mitglieder — einen rechtsgelehrten Admiralitätsherrn, einen Bürger und einen Schifferalten — für Vergleichsverhandlungen bestellte mit der Anordnung, „die Güte unter den Partheyen zu versuchen und dieselbe, wo möglich, zu vereinbaren"[6], daß aber die Parteien trotz der Mitwirkung eines graduierten Juristen diese „Commissarien" stets ablehnten[7].

1   so in den meisten untersuchten Prozessen; nur in Heckstetter c. Rull schloß das Güteverfahren mit einem laudum ab.
2   so in Juncker c. Schnitker.
3   Langenbeck, Seerecht, S. 427, 430, 433.
4   z.B. in Pardo c. Meyer, Rohde c. Stoltenberg.
5   Aus ähnlichen Erwägungen trat Langenbeck, a.a.O., S. 420, gegen die obligatorische „gute Mannschaft" ein.
6   Beispiele: Rohde c. Stoltenberg, P. Adm. 6.2.1696; de Vlieger c. Thomas, P. Adm. 10.9./29.10.1696; Stolle c. Rothaer, P. Adm. 4.7.1754; Hupping c. Hübner, H 181, P. Adm. 30.8.1688.
7   Das Gericht erkannte dann „Aufhebung der fruchtlosen Commission".

B. Das gerichtliche Verfahren erster Instanz

I. Das förmliche Ladungsverfahren

Die Erlaubung der gerichtlichen Citation durch den ältesten Gerichtsverwalter bzw. durch den Präses des Admiralitätsgerichts markiert den Übergang vom extrajudizialen Güteverfahren zum kontradiktorischen Judizialverfahren vor dem Admiralitätsgericht.

Im Gegensatz zu der sonst im Hamburgischen Prozeß üblichen und zulässigen Erlaubung der Citation an ein bestimmtes Gericht (Nieder- oder Obergericht) durch die Gerichtsverwalter[1] war die Verfahrenspraxis in Seehandelssachen dadurch gekennzeichnet, daß die Prätoren nur neutral die „gerichtliche Citation" im Sinne einer allgemeinen Verweisung, jedoch ohne Einführung beim Admiralitätsgericht, erlauben durften[2].

In Seehandelssachen gab es also keine in das Judizialverfahren übergreifende Extrajudizialcitation; in Assecuranzsachen entstand das Problem nicht, weil die Schiedsmänner weder extrajudiziale noch judiziale Ladungskompetenzen außerhalb der „guten Mannschaft" innehatten[3].

Die Erlaubung der ersten gerichtlichen Citation *an das Admiralitätsgericht* oblag damit in sämtlichen Seesachen dem Präses des Admiralitätsgerichts; die entsprechende Verfügung erfolgte in der Regel ohne förmliche Protokollnotiz[4]. Die Ausfertigung der ersten Citation durch den Admiralitätsknecht ist dagegen meistens schon in den Judizialakten der Admiralität vermerkt[5].

1. Der Inhalt der Ladung

Die erste Citation zum Termin vor dem Admiralitätsgericht wurde ursprünglich handschriftlich formuliert, seit Beginn des 18. Jahrhunderts dann auf gedruckten Formularen eingesetzt[6]. Ihr notwendiger Inhalt umfaßte primär die Namen der Parteien. Der die Citation beantragende Procurator hatte die Vor- und Zunamen sowie die prozessuale Stellung als Curator, Bevollmächtigter, Rechtsnachfolger

---

1   Anderson, Privatrecht V, S. 13f.; Jacobi, S. 130.
2   Langenbeck, Seerecht, S. 324; Anderson, a.a.O., S. 91.
3   s.o. S. 71.
4   Schlüter, Richterliches Amt, T. I, Cap. 8, § 11.
5   Beispiel: Citation vom 24.9.1732 in Sachen Findemann c. Intelmans, StAH, Senat Cl. VII, Lt. Ca, No. 1, Vol. 2a, Bl. 25.
6   Gedrucktes Formular von 1723 bei Richey, Collect. Nr. 83; vgl. auch Anderson, Privatrecht V, S. 100.

für beide Parteien anzugeben[1] und war, wenn kein Parteiwechsel stattfand, für die Dauer des gesamten Verfahrens an dieses Rubrum gebunden[2]. Außerdem enthielt der Ladungstext Datum und Uhrzeit der Gerichtsaudienz sowie Ort und Zeit der Ausfertigung. Der bis 1743 beim Admiralitätsgericht übliche Citationstext lautete:

„Dem Herrn wolle belieben, (Morgen) am (Donnerstag) um (10) Uhr praecise auf der Admiralität zu erscheinen.
N.N. citiret N.N.

Hamburg, den   "[3]

Im Beschluß vom 27.4.1743[4] wurde der notwendige Text um Hinweise auf die Erlaubung der Citation und auf den Streitgegenstand erweitert. Anlaß für diese Korrektur war möglicherweise die von Dr. Joachim Steetz[5] geäußerte Meinung, daß zur Einleitung des Judizialverfahrens bei der Admiralität die Erlaubung der gerichtlichen Citation entbehrlich sei[6]. Die Erlaubung der Citation hatte aber gerade beim Admiralitätsgericht den Zweck, die sachliche Zuständigkeit des Seegerichts zu prüfen und für die Parteien rechtsverbindlich festzustellen. Die ausdrückliche Angabe der „causales", des Forderungs- oder Streitgegenstandes, in der Citation bedeutete eine präzisierende Reaktion auf den Gesetzestext in GO 1603, I, 13, 2 („Benennung ... der Partey, deswegen die citatio geschiehet"), der schon in der Kommentarliteratur extensiv ausgelegt und auf die „Benennung der Ursache" der Ladung erstreckt wurde[7], um dem Beklagten eine möglichst rasche Erwiderung mindestens zur Zulässigkeit der Klage zu ermöglichen. Dies war umso notwendiger, als im Admiralitätsgerichtsverfahren die Klage entgegen GO 1622, II, 4 / GO 1711, 13, 3 grundsätzlich erst im ersten Termin vorgetragen und nicht schon mit der ersten Citation schriftlich mitgeteilt wurde[8].

Das revidierte Formular für die gerichtliche Citation lautete:

„Auf des praesidirenden Herrn Bürgermeisters der Löblichen Admiralität, Herrn ... Befehl, und auf Anhalten ... (Name des Klägers) ... wird ... (Name des Beklagten)

1 Anderson, a.a.O., S. 104.
2 Krieger, Cap. III, § 14; Mandat v. 5.10.1750, Blank, Bd. III, S. 1750; Articuli der Dielenprocuratoren 1724, Art. 12, in: CoBi S/599, SH 42, Nr. 4.
3 StAH, Senat, Cl. VII, a.a.O.; StAH, Admiralitätskollegium A 20; P.E. 1743, fol. 7b.
4 P.E. 1743, fol. 7b.
5 Actuar des Niedergerichts, gestorben 1750, Anderson, Privatrecht II, S. 39.
6 Steetz bei Anderson, Privatrecht V, S. 92.
7 Hinsch ad St. 1603, I, 13, 2, Ausgabe 1842, S. 61; Schlüter, a.a.O., T. II, S. 67; später ebenso Anderson, Privatrecht V, S. 107.
8 ausnahmslos in allen untersuchten Prozessen; ebenso Anderson, Privatrecht, V, S. 110.

... den ... Monahts-Tag ... Vormittags um ... Uhr vor das Admiralitaets-Gericht citiret, und dem Citato dabey angezeiget, daß es sey wegen ... (Forderungsgegen-
stand).

Hamburg, den   "[1]

Die ersten Citationen wurden grundsätzlich nicht unterschrieben[2].

Im Gegensatz zu den anderen Hamburgischen Gerichten, bei denen lediglich eine
„Citatio generalis ad totam causam" erging, erließ das Admiralitätsgericht zu je-
dem einzelnen Gerichtstermin in der gleichen Sache eine neue Ladung[3]. Diese
Ladungen enthielten nicht mehr das vollständige Parteirubrum, sondern nur die
Namen der Procuratoren[4], und waren im Einzelfall von dem sachbearbeitenden
Referenten unterzeichnet[5].

2. Die Ladungsfristen

Die beim Nieder- und Obergericht übliche und in GO 1622, II, 7 / GO 1645, II, 5 /
GO 1711, 13, 8 gesetzlich fixierte Ladungsfrist von acht Tagen zwischen Zustel-
lungsdatum und anberaumtem Gerichtstermin galt beim Admiralitätsgericht nur
für die erste Citation[6]. Alle weiteren Citationen in der gleichen Sache waren „24 h
vor angesetztem Admiralitaets−Gerichte, und zwar den vorhergehenden Tag vor
12 Uhr Mittags (zu) insinuieren, widrigenfalls solche (Citationen) als nicht insi-
nuirt sollen angesehen werden können"[7].

3. Die Zustellung der Ladung

Die Zustellung („Insinuation") sämtlicher Ladungen zu Gerichtsterminen bewirkte der Admiralitätsknecht[8]. Der Zustellungsmodus wich geringfügig von den gesetzlichen Regeln in GO 1603, I, 13, 2−8 / GO 1711, 13, 3−9 ab.

Die erste Citation und die späteren Terminsladungen wurden im Amtsbetrieb den
Parteien persönlich zugestellt, wenn und solange sie nicht durch einen gerichtlichen Procurator vertreten waren; nach Bevollmächtigung eines Procurators und

1   P.E. 1743, fol. 7b, abgedruckt bei Anderson, a.a.O., S. 101.
2   Anderson, a.a.O., S. 108.
3   Anderson, a.a.O., S. 92.
4   Anderson, a.a.O., S. 99, 104f.
5   Originalcitation v. 28.4.1723 mit Unterschrift des Admiralitätsherrn Dr. Martin Lucas
    Schele (Richey, Collect., Nr. 83). Die Unterzeichnung deutet auf ein Mitspracherecht
    des Referenten an der Termingestaltung des Gerichts hin.
6   Anderson, Privatrecht V, S. 106.
7   P.E. 1780, fol. 43.
8   Richey, Collect., Nr. 12; s.o. S. 57f.

Einreichung der Vollmacht zu den Gerichtsakten[1] erfolgte die Zustellung ausschließlich an den Prozeßvertreter. Lediglich in Fällen, in denen auf Kläger- oder Beklagtenseite mehrere Prozeßbeteiligte standen, die nur durch einen Procurator vertreten waren[2], wurden — nach entsprechender gerichtlicher Anordnung des persönlichen Erscheinens[3] — die einzelnen Parteien und ihr Parteivertreter in gesonderten Citationen geladen[4]. Die Zustellung bewirkte der Admiralitätsknecht gegenüber dem Geladenen „in seiner Behausung unter Augen" (GO 1603, I, 13, 2) durch persönliche Übergabe des ausgefertigten Citationszettels[5].

Die Ersatzzustellung an Hausgenossen oder Verwandte des Geladenen war im Admiralitätsgerichtsverfahren ebenso zulässig[6] wie die Subsidialcitation gegenüber Auswärtigen[7].

Auch die Ersatzzustellung am Ort des Antreffens (GO 1603, I, 13, 3)[8] und die Zustellung einer Ladung an im Ausland lebende Hamburgische Bürger bzw. Einwohner (GO 1603, I, 13, 6) mit einer auf zwei Monate verlängerten Ladungsfrist[9] sind in den untersuchten Prozessen nachzuweisen. Zur Verweigerung der Ladungsannahme durch den Geladenen schweigen die Gerichtsordnungen[10]. Aus dem Protokollvermerk vom 27.10.1792[11] ist nur zu ersehen, daß die Annahmeverweigerung den Admiralitätsknecht nicht von seiner Zustellungspflicht befreite und die nicht ausgeführte Zustellung einen Verweis gegen ihn zur Folge hatte. Eine ausdrückliche Regelung wie im Kameralverfahren, daß die Zustellung bei Annahmeverweigerung durch Niederlegung der Citation am Zustellungsort bewirkt werden kann[12], fehlt im Hamburgischen Prozeßrecht.

Die Durchführung der Zustellung vermerkte der Admiralitätsknecht auf einem Zettel, der den Prozeßakten beigefügt wurde[13]; die Abstattung einer „Relation

1 Auslegung von „zu Buche" in GO 1603, I, 13, 4, Schreiningh ad St. 1603, I, 13, 4.
2 s.o. S. 64.
3 Beispiel: de Vlieger c. Thomas, P. Adm. 19.11.1696.
4 Schlüter, Sonderbare Anmerkungen ..., ad GO 1603, I, 13, 4.
5 Richey berichtet, in den Anfangsjahren des Gerichts seien die Citationen nur mündlich verkündet worden (Collect., Nr. 15); auch GO 1603, I, 13, 2 spricht noch von der „Ankündigung". Schriftliche Citationen setzten sich ab Mitte des 17. Jahrhunderts durch, Schlüter a.a.O.; vgl. auch Anderson, a.a.O., S. 97 mit Hinweisen auf entsprechende Gesetzesänderungen.
6 in Beltgens c. Tamm an die Ehefrau des Schiffers Tamm.
7 s.o. S. 60.
8 Zustellungsversuch an Anton Hinrich Brasche in Peinhorst c. Meckenhauser, P. Adm. 26.4.1721; vgl auch Anderson, Privatrecht V, S. 110.
9 so in Hupping c. Hübner, H 181, P. Adm. 28.8.1684; vgl. ferner Klefeker III, S. 550f.
10 und die Kommentare; vgl. Anderson, a.a.O., S. 109f.
11 P.E. 1792, fol. 201.
12 Dick, S. 133; im geltenden Recht ZPO § 186.
13 Beispiele: Zustellungsbescheinigungen v. 8.7.1720 in Peinhorst c. Meckenhauser, v. 7. 6.1759 in Boué c. Stenglin, Acta pr. Bl. 222f.

über die geschehene Insinuation" gemäß GO 1603, I, 13, 5 war beim Admiralitätsgericht nicht üblich[1].

Für den Fall des unbekannten Aufenthalts des Geladenen sahen GO 1603, XIV und GO 1711 Tit. 14 keine Privatcitation, sondern das Proclame-Verfahren, die öffentliche Ladung durch Aushang am Rathaus vor[2]. Die ausschließliche Zuständigkeit für das Proclame-Verfahren nahm ursprünglich das Niedergericht für sich in Anspruch[3]. In der Literatur setzte sich aber unter dem Eindruck der 1766 vom Hamburgischen Rat geltendgemachten Kompetenzforderung die Meinung durch, Nieder- und Obergericht seien konkurrierend für Proclame- und Edictal-Verfahren zuständig, das Niedergericht exclusiv nur für Proclamata wegen „Tilgung der im Stadterbebuch geschriebenen Geldpöste"; wegen „Entsetzungen" sowie wegen „Convocirung der Gläubiger"[4].

Bemerkenswert ist deshalb eine Ausnahme, die das Niedergericht für seine Kompetenz in Proclame-Sachen wegen Liquidation von Handelscompagnien machte[5]: Auf Antrag der in Liquidation befindlichen, von 1781 bis 1790 bestehenden Neuen Assecuranz-Compagnie in Hamburg[6], das Niedergericht möge ein Proclama erkennen, „daß alle und jede, welche Forderungen und Ansprache aus Assecuranzpolicen an die Neue Assecuranz-Compagnie hätten", sich mit genau substantiierter Forderung im Niedergericht melden „und solche Angabe in judicio admiralitatis justificiren" sollten, erklärte sich das Niedergericht für unzuständig[7]. Diese Entscheidung war jedoch — soweit feststellbar — ein Einzelfall, so daß es generell im Admiralitätsgerichtsverfahren keine Möglichkeit gab, Ladungen im Proclame-Verfahren zustellen zu lassen.

4. Die „secunda citatio"

Hervorzuheben ist die beim unentschuldigten Ausbleiben des Beklagten auf die erste gerichtliche Citation erlassene „secunda citatio", weil das Admiralitätsgericht sie deutlich abweichend von den Gerichtsordnungen und der Hamburgischen Gerichtspraxis handhabte.

In allen Seesachen wurde die zweite Citation grundsätzlich vom Präses des Admiralitätsgerichts erlassen, während in den übrigen Zivilsachen die zweite — und ge-

1   s.o. S. 57.
2   zur Abgrenzung zwischen Proclame-Citation an „alle und jeden" und Edictal-Citation an namhaft gemachte Personen vgl. Anderson, Privatrecht V, S. 147ff.
3   Jacobi, S. 54f.
4   Anderson, Privatrecht IV, S. 241ff., V, S. 150, 153ff., 199; Jacobi, S. 55f., 116.
5   Beispiele für derartige Proclame-Verfahren vor dem Niedergericht aus den Jahren 1784, 1787 und 1788 bei Anderson, Privatrecht, V, S. 213ff.
6   Außer dieser Compagnie gab es bis 1789 noch vier weitere Assecuranzgesellschaften in Hamburg, Baasch, Schiffahrt 18. Jhdt., S. 167.
7   StAH, Senat Cl. VII, Lit. Ma, No. 5, Vol. 4f., 12 (10.9.1794).

gebenenfalls die dritte[1] − Citation noch extrajudicialiter durch die Gerichtsverwalter erkannt wurde[2]. Diese Extrajudizialcitationen waren mit einem Strafgeld, der sogenannten „Mark sonder Gnade" verbunden, das bei der Citation ins Obergericht 2 Mk. und ins Niedergericht 1 Mk. betrug[3] und nicht erlassen werden konnte[4]. Im seegerichtlichen Verfahren entfiel die „Mark sonder Gnade" bei der zweiten Citation[5]; das von Anderson[6] erwähnte Interlokut des Admiralitätsgerichts vom 19.1.1781 mit der Androhung der „2 Mk. sonder Gnade" ist im Vergleich zu allen anderen ausgewerteten Quellen als Ausnahme anzusehen. An Stelle des Strafgeldes stand in der zweiten Citation die Klausel, „daß Beklagter zum nechsten erscheinen oder wider denselben in contumaciam, was Recht seyn wird, erkannt werden soll"[7]. Die Zustellung der zweiten Citation oblag dem Kläger im Parteibetrieb[8].

Aus den untersuchten Admiralitätsprozessen ist überdies zu erkennen, daß der Erlaß der zweiten Citation der späteste Zeitpunkt für die Einrichtung eines förmlichen Gerichtsprotokolls für das eingeleitete Admiralitätsverfahren war; dies galt selbst dann, wenn das Verfahren nach der zweiten Citation nicht fortgesetzt wurde, weil der Beklagte den eingeklagten Anspruch außergerichtlich erfüllte[9]. Die Gerichtsprotokolle beginnen also entweder mit dem Antrag „secundam citationem zu erkennen"[10] oder, wenn der Beklagte schon auf die erste Citation erschien, mit der Übergabe der „rechtsbegründeten Klage"[11].

II. Die Klageerhebung

Die Erhebung der gerichtlichen Klage ist in GO 1603, I, 19, 1 als mündliches Vorbringen des Klägers im ersten Gerichtstermin fixiert. Die mündliche Klage − in GO 1668 § 6 und im Gemeinen Bescheid des Admiralitätsgerichts von 1656 zwingend vorgeschrieben − beherrschte das Admiralitätsgerichtsverfahren etwa bis 1665 als Ausdruck des für alle Prozeßhandlungen in Seesachen geltenden Mündlichkeitsprinzips[12].

1 Schlüter, Richterliches Amt, T. I, Cap. 8, § 8 hält eine dritte Citation des Beklagten im Dielenverfahren für zulässig; a.A. Krieger, Cap. II, § 5, der im dritten Dielentermin die Vernehmung des Klägers zur Verweisung „ad iudicium" vorschlägt.
2 GO 1622, II, 2; GO 1645, II, 3; Jacobi, S. 130.
3 Winckel ad. St. 1603, I, 13, 1; Richey, Collect., Nr 15; vgl. auch GO 1603, I, 16, 1.
4 Richey, a.a.O.
5 Richey, a.a.O.; Anderson/Richey, Cap. III, § 3; Langenbeck, Seerecht, S. 325.
6 Anderson, Privatrecht V, S. 290.
7 Wortlaut der „clausula consueta" in den untersuchten Prozessen; Klefeker VII, S. 586; Krieger, Cap. IV, § 4.
8 Anderson/Richey, a.a.O.; Krieger, Cap. IX, § 5.
9 vgl. die Verfahren Hübner c. Kruse, Hübner c. Bolte, Hübner c. Seyers, Hübner c. Nordermann in StAH, Admiralitätskollegium A 13.
10 Beispiel: Hardorp c. de Pina, P. Adm. 10.4.1656.
11 Beispiel: Berndes & Bülau c. Otte, P. Adm. 13.5.1797.
12 Im summarisch geführten Seeprozeß galt Mündlichkeit auch für die Exceptionen und die Repliken als wichtigste Prozeßmaxime, Krüger, S. 12f.; Vasmer, S. 26.

In einer Übergangsphase, die der Admiralitätsbescheid von 1677 spiegelt und die sich in den untersuchten Prozessen bis etwa 1695 erstreckt, wurde die Klage weiterhin mündlich durch den Kläger oder seinen Procurator vorgetragen, während der Prozeß nach Übergabe der Exceptionen des Beklagten mit schriftlichen Rezessen fortgesetzt wurde. Der Admiralitätsprozeß war allerdings nie ein förmliches schriftliches Verfahren wie das Kameralverfahren[1]; die schriftlich übergebenen Rezesse mußten stets mündlich im Termin ausgeführt werden[2], um als Grundlage der richterlichen Entscheidung verwertet werden zu können[3].

Nach 1700 befolgten die Parteien in den untersuchten Prozessen die Mündlichkeitsmaxime auch für die Klageeinführung nicht mehr[4]; die Differenzierung der GO 1711, 36, 10/11 in Unzulässigkeit einer schriftlichen Klage bei einem Streitwert unter 300 Mk.[5] und Zulässigkeit einer schriftlichen Klage bei höherem Streitwert[6] wurde in der Praxis nicht nachvollzogen.

Die fortschreitende Ausweitung des schriftlichen Parteivortrags wird auch aus den Restriktionsversuchen der lex scripta deutlich, indem die schriftlichen Rezesse in GO 1668 § 7 auf höchtens 1/2 Bogen Papier, im Gemeinen Bescheid von 1677 auf 1 Bogen und in GO 1711, 36, 11 auf 3 Bogen Papier begrenzt werden.

Die Klageerhebung („Introductio") beim Admiralitätsgericht erfolgte bei mündlicher Klage durch Erklärung zu Protokoll des Sekretärs; der Beklagte erhielt eine vom Sekretär ausgefertigte Abschrift[7]. Die schriftliche Klage war zu den Gerichtsakten mit Abschrift für den Beklagten[8] einzureichen und mündlich auszuführen.

Im Gegensatz zu diesen Wandlungen in der Form der Klageerhebung blieben die notwendigen materiellen Elemente der Klage von 1623 bis 1811 weitgehend unverändert.

---

1   Dick, S. 119ff.; zur Rezeption des schriftlichen Verfahrens in GO 1603, I, 39 / GO 1645, II, 6–8 Westphalen, a.a.O., S. 229.
2   dazu Müller ad St. 1603, I, 39, 1, Ausgabe 1842, S. 192.
3   Dieses „Unmittelbarkeitsprinzip" kennzeichnet sowohl GO 1668 § 9 als auch alle untersuchten Prozesse.
4   vgl. dazu i.e. die Tabelle im Anhang A; Klefeker VII, S. 586.
5   Hamburgs Geldsystem und zahlreiche Rechnungen in den untersuchten Prozessen kennzeichnet ein Dualismus zwischen Banco- und Courantgeld. Zu den verschiedenen Kursänderungen dieser Währungseinheiten im 18. Jhdt. vgl. Schneider, ZHG 69 (1983), S. 62.
6   Diese Streitwertgrenze entspricht der Appellationssumme in GO 1711, 36, 20. Die Gestattung der schriftlichen Klage hat hier den Zweck, den Sachvortrag für die Appellationsinstanz festzuhalten.
7   Beispiel: Hübner c. v.d. Krentze, P. Adm. 6.9.1655.
8   GO 1645, II, 8.

1. Der Klagegegenstand

Der Kläger hatte im ersten Gerichtstermin „seine Klage ... und die Geschichte, warum und aus was Ursachen er klage, wahrhaftiglich vor(zu)tragen" und ein „petitum (zu) formiren" (GO 1603, I, 19, 1 / GO 1711, 19, 1). Der aus dieser Norm übersetzbare begriffliche Dreiklang Klagegegenstand – Klagegrund – Klageantrag ist auch in den Klagevorträgen beim Admiralitätsgericht zu erkennen, allerdings mit unterschiedlicher Gewichtung.

Die Benennung des Klagegegenstandes erschöpfte sich in Seesachen in der Regel in der Angabe einer bezifferten Geldschuld[1]; Klagegegenstände wie Rechnungslegung nach Reiseabschluß (HambStR 1603, II, 14, 39)[2], Benennung eines Ersatzschiffers (HambStR 1603, II, 14, 9), Vindikation eines auf See geraubten Gutes (HambStR 1603, II, 19, 2/3) oder Arreste auf Person und Schiff[3] waren in der Praxis selten[4].

2. Der Klagegrund

Im Hinblick auf den Klagegrund läßt sich das Begriffsverständnis des Admiralitätsgerichts deutlicher rekonstruieren: Den Klagegrund bildete die Gesamtheit der anspruchsbegründenden Tatsachen[5], zusammengefaßt aus dem Sachbericht und einer Darlegung des Rechtsanspruchs, die soweit substantiiert war[6], daß sich die beanspruchte Rechtsfolge aus dem Sachbericht ergab[7]. Dementsprechend überreichte der Kläger im ersten Termin die Verklarung der Schiffsbesatzung und das Steuermannsjournal oder Urkunden auswärtiger Gerichtsbehörden, um innerhalb seines Sachberichts[8] den Tatsachenablauf zu dokumentieren. Ergänzend wurde der Rechtsanspruch – in der Phase der mündlichen Klageerhebung „loco libelli" – durch Vorlage von Policen, Dispachen, Havarie- oder Schadensrechnungen begründet[9]. Solange der Anspruch nicht in dieser Weise substantiiert war, ließ das Admiralitätsgericht Verhandlungen der Parteien zur Hauptsache nicht zu[10]. Die juristische Benennung des Anspruchs und Rechtsausführungen

---

1 Vor dem Niedergericht war die Zahl der möglichen Klagegegenstände wesentlich umfangreicher, vgl. dazu GO 1603, I, 12, 1.
2 Meurer, S. 45.
3 Beispiel: Heckstetter c. Meybohm, P. Adm. 7.5.1663.
4 Eine Klage auf Rechnungslegung gem. HambStR, 1603, II, 14, 39 liegt dem insoweit unvollständigen Verfahren Hambrock c. Gehrdes (Libell. Appell.) zugrunde.
5 „die Sache ... mit den Umständen, worauf sie beruht", Gemeiner Bescheid des Admiralitätsgerichts 1656.
6 „kürtzlich, deutlich und substantialiter", Gem. Bescheid 1677.
7 Anderson/Richey, Cap. III, § 3; ähnlich Krüger, S. 19.
8 Für den Sachbericht galt nur das Gebot der Kürze, nicht das förmliche Artikelverfahren des Kameralprozesses, dazu i.e. Dick, S. 139ff.
9 „loco libelli" z.B. in Hübner c. Paulsen, Hagen c. Fincks, Hambrock c. Stampeel.
10 Beispiele: Stolle c. Rothaer, P. Adm. 26.10.–29.12.1753; Boetefeur c. Kellinghusen, P. Adm. 30.8.–18.10.1754.

waren hingegen nicht erforderlich, wurden aber bald von den Advocaten in die Klageschriften eingeführt [1].

3. Der Klageantrag

Für Form und Inhalt des „petitums" bestanden beim Admiralitätsgericht keine normativen Regelungen. Grundsätzlich war eine Entsprechung von Klagegrund und Klageantrag notwendig [2]. Im Gerichtsgebrauch setzte sich eine zunehmende Differenzierung des Klageantrags in eine bestimmte Sachentscheidung und eine Kostenentscheidung durch.

In den frühen Admiralitätsprozessen hieß der Antrag „daß der Beclagte zur Bezahlung gehalten werde, das adelige milde richterliche Amt omni meliori modo anzurufen" [3]. Etwa ab 1700 schrieben die Advocaten: „Salva protestatione et referendi iuramenta in quavis parte iudicii, petit actoris Anwald, daß ein jeglicher (Beklagter) seine respective gezeichnete Policen und dispachirte Summe bezahlen müsse cum interesse et expensis" [4]. In der Mitte des 18. Jahrhunderts erschienen auch die Zinsen — die ab Verzug oder ab Klageerhebung zugesprochen werden sollten — in den Anträgen: „daß die Beklagten die eingeklagten ... Mk. Banco nebst den Zinsen des Verzuges innerhalb vier Wochen an den Kläger zu bezahlen, und ihm zugleich die verursachten Gerichts-, Advocatur- und Procuraturkosten zu erstatten schuldig sein sollen" [5].

III. Die Einlassung des Beklagten

Die erste Einlassung des Beklagten auf die erhobene Klage erfolgte bis etwa 1660 auch im ersten Gerichtstermin [6], später in der nächstfolgenden Audienz [7]. Ihre rechtliche Handhabung durch das Admiralitätsgericht und durch die dort auftretenden Procuratoren richtete sich zunächst im wesentlichen nach GO 1603, I, 20—25/27.

Ein deutlicher Wandel kennzeichnet jedoch am Ende des 17. Jahrhunderts die untersuchten Prozesse, indem die in GO 1603, I, 27 vorgesehene förmliche Klageantwort und die Litiscontestation („Krieges=Befestigung") aus der Prozeßpra-

1 Beispiel: Boué c. Stenglin, Acta pr. Bl. 54ff.
2 Klefeker III, S. 559.
3 so in Hübner c. Paulsen, P. Adm. 10.7.1656.
4 so in de Vlieger c. Thomas, P. Adm. 16.4.1696; Peinhorst c. Meckenhauser, P. Adm. 12. 9.1720; vgl. auch Schlüter, Sonderbare Anmerkungen ... ad GO 1603, I, 19, 1.
5 so in Stolle c. Rothaer, P. Adm. Q 25, Bl. 92ff.; Thornton c. Kühl, Acta pr. Bl. 98ff.; Clamer c. Schnittler, P. Adm. 15.2./11.7.1748.
6 ebenso Krüger, S. 13.
7 Schon GO 1603, I, 20, 1 erlaubt für die dilatorischen Einreden eine Frist bis „zum nächsten Gerichtstag".

xis verschwinden[1]; diese Entwicklung bestimmt insgesamt den Hamburgischen Prozeß um 1700[2] und spiegelt sich in der GO 1711, die Spezialnormen über die Litiscontestation nicht mehr enthält[3].

1. Klageantwort und Litiscontestation

Der prozessuale Begriff der Antwort auf die Klage erstreckt sich so, wie er in GO 1603, I, 27 und für das Admiralitätsgerichtsverfahren in GO 1668 § 6 verwendet wird, als „vielschichtige Sammelbezeichnung"[4] auf den gesamten Vortrag von Verteidigungsmitteln. Das Admiralitätsgericht bezeichnet die Klageantwort differenzierend als die Summe der „interrogatoria, Gegenbeweiß und andrer Notdurfft" des Beklagten[5]; nach dieser Begriffsumschreibung umfaßt die Klageantwort die Verteidigungsmittel, die primär die materielle Überprüfung des Klagebegehrens ermöglichen; auch der prozessuale terminus technicus „Notdurfft" wird vom Admiralitätsgericht nicht im Sinne einer ausschließlich verfahrensbezogenen Einrede benutzt, sondern als Vortrag „zur Sache" oder „zur Hauptsache" verstanden[6].

Soweit das Gericht in den untersuchten frühen Prozessen dem Beklagten die Klageantwort durch Interlokut auferlegte[7], reagierte dieser in der Regel mit dem Vortrag, er „contestire litem negativé, [sei] der Klage nicht geständig, und weil Kläger laut art. unico tit. 27 § (würde aber)[8] seine Klage wie Recht zu probiren und zu beweisen schuldig, quod non factum, so bitte er absolutionem cum refusis expensis"[9]. Nach dieser negativen Litiscontestation unternahm das Admiralitätsgericht keine Güteversuche mehr[10].

Diese Handhabung knüpft teilweise an die gemeinrechtliche Litiscontestationslehre an, indem die Litiscontestation auch im Admiralitätsgerichtsverfahren als Rechtsakt angesehen wird, „durch welchen die Parteien das zwischen ihnen bestehende Streitverhältnis (actio/res de qua agitur) in einen Rechtsstreit (judici-

---

1 Rohde c. Stoltenberg, P. Adm. 27.6./8.8.1695; de Vlieger c. Thomas, P. Adm. 7.5./30. 7.1696: Übergang von dilatorischen zu peremtorischen Einreden ohne zwischengeschaltete Litiscontestation.
2 Klefeker III, S. 573ff.
3 Erwähnt wird die „Kriegsbefestigung" nur in GO 1711, 15, 2 / 16, 1 im Zusammenhang mit der Säumnis der Parteien.
4 Begriff von Schlosser, S. 301.
5 Henrichsen c. Lübcken, Urt. v. 22.9.1659, P. Adm. ibid.
6 so in Hübner c. Paulsen, P. Adm. 19.3.1657; Hambrock c. Stampeel, P. Adm. 8.7.1658; Hardorp c. de Pina, P. Adm. 24.4.1656; Hupping c. Hübner, H 181, P. Adm. 28.8.1684.
7 so in Hübner c. v.d. Krentze, P. Adm. 8.11.1655; Hardorp c. de Pina, P. Adm. 24.4.1656; Hübner c. Paulsen, P. Adm., a.a.O.
8 Gemeint ist GO 1603, I, 27, Art. 1, S. 3.
9 so in Hübner c. v.d. Krentze, P. Adm. 29.11.1655; Henrichsen c. v. Lübcken, P. Adm. 1. 9.1659.
10 Güteversuche im laufenden Judizialverfahren, s.o. S. 72.

um) überleiten"[1] und endgültig auf eine außergerichtliche Streiterledigung verzichten[2]. Dem gemeinrechtlichen Verständnis der Litiscontestation als einer notwendigen Sachurteilsvoraussetzung[3] entspricht es außerdem, daß die Litiscontestation im Seeprozeß grundsätzlich nach den dilatorischen und vor den peremtorischen Einreden[4] erklärt wird, ohne allerdings wie im Kameralverfahren auf einen bestimmten Gerichtstermin[5] festgelegt zu sein.

Schließlich richten sich die prozessualen Wirkungen der Litiscontestation im Admiralitätsgerichtsverfahren nach der gemeinrechtlichen Dogmatik: Nach der Litiscontestation – bzw. später nach der streitigen Antwort – des Beklagten tritt die Rechtshängigkeit des Verfahrens ein[6]; darüberhinaus schließt die Litiscontestation die nachträgliche Erhebung der Widerklage aus[7], indem die Widerklage vom Admiralitätsgericht nur bei Erhebung *vor* der Sacheinlassung berücksichtigt und sonst in das abgetrennte Reconventionsverfahren verwiesen wird[8].

Mögliche weitere prozessuale Folgen der Litiscontestation wie Unzulässigkeit einer Klageänderung oder Klagerücknahme, Unterbrechung der Verjährungsfristen oder die Fortdauer der Zuständigkeit des angerufenen Gerichts (perpetuatio fori) lassen sich an Hand der untersuchten Verfahren für den Seeprozeß in Hamburg nicht eindeutig nachweisen.

Trotz der vorgenannten Übereinstimmungen der Gerichtspraxis der Admiralität mit der gemeinrechtlichen Litiscontestationslehre dokumentieren die Admiralitätsprozesse bis etwa 1695 eine erhebliche Wandlung im Verständnis dieses Prozeßinstituts: Die „Kriegsbefestigung" wird nicht mehr förmlich und schriftlich erklärt[9]; die vom Gericht geforderte „Antwort auf die Klage" und die (negative) Litiscontestation bilden einen einheitlichen Rechtsakt mit deutlichem Schwerpunkt auf der materiellen Stellungnahme zum eingeklagten Anspruch[10], obwohl

---

1 Wetzell, S. 114ff., 126, 133.
2 Beispiel: Hübner c. Paulsen, P. Adm. 19.3.1657.
3 ebenso Klefeker III, S. 573.
4 so in Hübner c. v.d. Krentze a.a.O.; Henrichsen c. v. Lübcken a.a.O. Der gemeinsame Vortrag von dilatorischen und peremtorischen Einreden in einem Termin war im Hamburgischen Prozeß die Ausnahme, Schlüter, Annotationes ad St. 1603, I, 27; vgl. auch GO 1603, I, 20, 1: „Vor der Kriegs-Befestigung".
5 regelmäßig auf den zweiten Termin, Dick, S. 146.
6 Wetzell, S. 126, 133; vgl. Beltgens c. Tamm, Instrumentum insinuationis emanatae Citationis, prod. 7.1.1681, Beilage C.
7 Wetzell, S. 843ff.
8 so ausdrücklich in Hübner c. Martini II, P. Adm. 21.7.1664.
9 dazu Carpzov, Processus Juris, Tit. X, Art. 3, n. 29. Sie wird auch nicht fingiert, um den Beginn des streitigen Judizialverfahrens zu dokumentieren, vgl. Wetzell, S. 114ff; Dick, S. 145 m.w.N.
10 so in Hübner c. v.d. Krentze, P. Adm. 29.11.1655; Henrichsen c. v. Lübcken, P. Adm. 1.9.1659.

sowohl aus der gerichtlichen Definition der Klageantwort[1] als auch aus dem Gesetzeswortlaut in GO 1603, I, 27 eine klare Trennung zwischen streitiger Sacheinlassung und prozeßgestaltendem Formalakt zu erkennen ist („auf die Klage zu antworten *und* den Krieg Rechtens zu verfangen")[2]. Darüberhinaus fehlt im Admiralitätsgerichtsverfahren der Begriff der „litiscontestatio affirmativa", die mit peremtorischen Einreden „ex iure vel facto" verbunden ist[3], als Gegenstück zur negativen Litiscontestation, die nur die uneingeschränkte Beweispflicht des Klägers begründet.

Insgesamt wird der formale Akt der Kriegsbefestigung im Admiralitätsprozeß immer mehr verdrängt und schließlich − auch im Hinblick auf die prozessualen Wirkungen − ersetzt durch die streitige Antwort des Beklagten auf die Klage[4]; diese Antwort − vom Admiralitätsgericht dann als „hauptsächliche exceptio" bezeichnet − erscheint in den untersuchten Prozessen ab 1695 als die Gesamtheit der peremtorischen Einreden gegen die Begründetheit der Klage.

2. Anerkenntnis und Geständnis

Noch vor der Erhebung peremtorischer Einreden hatte der Beklagte die Möglichkeit, auf das Klagebegehren die „Klage zu gestehen". Das Geständnis der Klage stellt nach GO 1603, I, 27, Satz 2 eine Prozeßhandlung dar, die als bejahende Antwort auf die Klage weitere Beweisantritte des Klägers hinsichtlich der anspruchsbegründenden Tatsachen entbehrlich macht. Die lex scripta differenziert hier jedoch noch nicht wie die gemeinrechtliche Doktrin zwischen Geständnis und Anerkenntnis des Beklagten.

Das Anerkenntnis („confessio in iure") bedeutet die Erklärung, daß dem geltend gemachten Anspruch prozessual und materiellrechtlich nicht widersprochen werde[5]; es schließt damit Einwendungen gegen die Klage in weiterem Umfang aus als das Geständnis („confessio in judicio"), das sich nur auf das Nichtbestreiten der tatsächlichen Behauptungen des Klägers erstreckt[6]. Während infolge dieser Zweigliedrigkeit auch die Rechtsfolgen des Anerkenntnisses und des Geständnisses im Gemeinen Recht Unterschiede aufweisen[7], bewirkt das „Gestehen der

1   s.o. S. 82.
2   Auch im Kameralverfahren herrschte zumindest de iure die Zweiteilung zwischen Sacheinlassung und formaler Litiscontestation, Dick, S. 145f.
3   Wetzell, S. 121; Klefeker III, S. 573.
4   Claen ad St. 1603, I, 27: „.... primus actus iudiciarius in quo tractatur de meritis causae, habetur pro litis contestatione". Gegen eine förmliche Litiscontestation auch Klefeker III, S. 574.
5   Wetzell, S. 116.
6   Wetzell, S. 171.
7   Trotz des Geständnisses einer Tatsache kann die rechtliche Würdigung des Sachverhalts noch zur Klagabweisung führen, während das Anerkenntnis ohne weitere Sachprüfung die Verurteilung des Beklagten zur Folge hat, vgl. Dick, S. 153.

Klage" gemäß GO 1603, I, 27 S. 2 die uneingeschränkte Verurteilung des Beklagten und die Urteilsvollstreckung. Ansätze für eine dogmatische Sublimierung des Instituts des Geständnisses zeigt allerdings GO 1603, I, 27, S. 3, indem ein teilweises Gestehen der Klage zugelassen und nur in diesen Grenzen der Kläger von seiner Beweispflicht befreit wird. Der einzige Hinweis auf eine Abgrenzung zwischen Anerkenntnis und Geständnis in der Hamburgischen Prozeßpraxis zeigt sich — negativ — in den Klagabweisungsanträgen der Beklagten vor dem Admiralitätsgericht, „daß sie Actori nicht rechtlich verpflichtet und der Klage nicht geständig" seien[1]. Wenn die Beklagten andererseits in den Verfahren Hambrock c. Stampeel[2], Hübner c. Paulsen[3] und Hübner c. Martini II[4] — positiv — erklären, „es zahlen" zu wollen, bedeutet dies den Verzicht auf tatsachen- *und* auf anspruchsbezogene Einwendungen ohne Rückgriff auf die präzisierende gemeinrechtliche Terminologie des Anerkenntnisses. Das Admiralitätsgericht erließ in diesen Fällen ein (Teil-)Anerkenntnisurteil gegen den Beklagten mit dem Tenor: „In pp. ist erkannt, daß der N.N. seinem Erbieten zufolge die ... Mk. / die geständige Fracht dem N.N. zahlen soll"[5].

3. Die Einreden

Die Einreden, die selbständigen Gegenrechte gegen der Klaganspruch, werden in GO 1603, I, 20, 1 und GO 1711, 20 mit dem Begriff der „exceptiones" bezeichnet[6]. Sie erscheinen in GO 1603, I, 20, 1/5 und in GO 1711, 20, 1 als „exceptiones dilatoriae", die sich im weitesten Sinne gegen die Zulässigkeit der Klage richten, und als „exceptiones peremtoriae" gegen die Begründetheit der Klage.

a) Die dilatorischen Einreden

Die dilatorischen Einreden, „welche die Hauptsache nicht gäntzlich abstellen, sondern eine Zeitlang aufhalten", erstrecken sich gemäß GO 1603, I, 20, 1 auf die Zuständigkeit des Gerichts (exceptio incompetentiae Judicis), die anderweitige Rechtshängigkeit (execptio litis-pendentiae)[7] und die mangelnde Prozeßfä-

---

1 Beispiel: Pardo c. Meyer, P. Adm. 3.7.1651.
2 P. Adm. 13.9.1655.
3 P. Adm. 9.4.1657.
4 P. Adm. 6.10.1664.
5 Beispiele: Hübner c. Paulsen, Interlokut v. 9.4.1657, P. Adm. ibid.; Benecke c. Schröder, Urteil v. 7.9.1805, in Supplicatio, prod. 28.3.1806.
6 ebenso Klefeker III, S. 560.
7 Diese beiden Einreden stellen nach ihrer Rechtsnatur forideclinatorische Einreden dar, die nur die Zuständigkeit des Gerichts und nicht — wie die folgenden dilatorischen Einreden — Prozeßvoraussetzungen in der Person des Klägers betreffen. Diese Begriffsabgrenzung fehlt sowohl in GO 1603, I, 20—25, 27 als auch in der Literatur (Klefeker III, S. 560f.) völlig und wird in GO 1711, 20, 1 durch die Formulierung „exceptiones declinatoriae et dilatoriae" verwässert.

higkeit des Klägers (exceptio actoris personam standi non habentis). GO 1603, I, 25 und GO 1711, 25 statuieren als weitere dilatorische Einrede die exceptio cautionis de lite prosequenda et pro reconventione et expensis für den gerichtsansässigen Beklagten gegenüber dem nicht in Hamburg ansässigen Kläger[1]; die mit dieser Einrede erstrebte Kaution soll die Fortsetzung des Prozesses und die Kosten- und Schadenerstattung auch für das Widerklageverfahren sicherstellen. Schließlich stellt die exceptio legitimationis gegen eine nicht in Hamburg erteilte Prozeßvollmacht für einen Hamburgischen Procurator nach ihrer Rechtsnatur eine dilatorische Einrede dar[2].

In der Literatur war die Zulassung dilatorischer Einreden im Seegerichtsverfahren umstritten: Krüger[3] und Richey[4] lehnten die Zulassung ab, Krieger[5] stellte die Zulassung im Einzelfall der Entscheidung des Admiralitätsgerichts anheim, und Langenbeck[6] hielt die dilatorischen Einreden, insbesondere die exceptio cautionis pro reconventione et expensis im Admiralitätsprozeß grundsätzlich für statthaft.

Ein normatives Verbot dilatorischer Einreden enthält GO 1711, 36, 11; auch der Gemeine Bescheid des Admiralitätsgerichts von 1656 wendet sich gegen dilatorisches Vorbringen. Die untersuchten Verfahren dokumentieren dagegen bis auf wenige Ausnahmen[7], daß dilatorische Einreden das seegerichtliche Verfahren ebenso wie den regulären Zivilprozeß beherrschen: Nachweisbar sind die exceptio legitimationis[8], die exceptio cautionis pro reconventione et expensis[9] und die speziell für das Recht der Bürgschaft normierte Einrede der Vorausklage (exceptio non competentis actionis)[10].

Die exceptio incompetentiae Judicis erscheint dagegen in keinem der untersuchten Prozesse; die Ursache liegt in der Tatsache, daß im Güteverfahren in der Regel der Beklagte die Verweisung an das Admiralitätsgericht als das zuständige Gericht in Seesachen beantragte – im Judizialverfahren wäre die Zuständigkeitseinrede des Beklagten dann ein venire contra factum proprium – und daß darüberhinaus bei der Erlaubung der ersten gerichtlichen Citation durch den Präses des Admiralitätsgerichts eine Zuständigkeitsprüfung stattfand[11]. Die Einrede der

---

1 vgl. dazu Gries, Commentar, 1. Band, S. 95ff.
2 In GO 1603, I, 8, 2 / GO 1711, 7, 4 wird sie nicht ausdrücklich als dilatorisch bezeichnet.
3 Krüger, S. 13.
4 Anderson/Richey, Cap. III, § 3.
5 Krieger, Cap. IX, § 6.
6 Langenbeck, Seerecht, S. 325; ebenso Klefeker VII, S. 587.
7 Pardo c. Meyer.
8 so in Rendtorff c. Brandt, P. Adm. 22.6.1724.
9 so in Boetefeur c. Kellinghusen, P. Adm. 30.8.1754; Stolle c. Rothaer, P. Adm. 13.11. 1753.
10 in Thomson c. Porten, P. Adm. 25.1.1683.
11 s.o. S. 74. Diese Zuständigkeitsprüfung entsprach der Zuständigkeitskontrolle der Gerichtsverwalter in allen Zivilsachen außerhalb des seerechtlichen Bereichs, dazu Klefeker, III, S. 566.

Rechtshängigkeit bezieht sich in den Admiralitätsprozessen nie auf andere Hamburgische Gerichte, sondern nur auf im Ausland anhängige Reclameprozesse zur Befreiung konfiszierter Schiffe und Güter[1].

b) Die peremtorischen Einreden

Die peremtorischen Einreden, „welche die Hauptsache gäntzlich aufheben", konzentriert GO 1603, I, 20, 5 auf die „exceptiones doli mali, quod metus causa, jurisjurandi"[2]. Diese Aufzählung galt jedoch nicht als abschließend: Claen[3] erweitert die peremtorischen Einreden um die exceptiones solutionis (Erfüllung), rei judicatae (Einrede der entschiedenen Streitsache), transactionis (Einrede des Vergleichs), novationis (Einrede des Personenwechsels)[4], praescriptionis (Verjährung)[5]. Gesonderte gesetzliche Regelungen finden die exceptio compensationis (Aufrechnung) in GO 1603, I, 23 und in GO 1711, 23 und die exceptio non numeratae pecuniae, die bei einer streitigen Kredithingabe die Beweislast zugunsten des Beklagten umkehrt, in GO 1603, I, 24 sowie in GO 1711, 24.

Diese unmittelbar aus dem römischen Recht[6] und aus dem Regensburgischen Reichsabschied von 1654[7] rezipierten peremtorischen Einreden sind als Sacheinlassung gegen das Klagebegehren in den untersuchten Prozessen nur teilweise festzustellen: In Assecuranzprozessen wird häufig − besonders im Zusammenhang mit Aufklärungs- und Anzeigepflichten der Parteien − die Arglisteinrede erhoben[8]; auch die Einrede der Aufrechnung mit liquiden Gegenforderungen aus seerechtlichen und kaufrechtlichen Rechtsgründen ist nachweisbar[9].

Daneben erscheint oft die in den Gerichtsordnungen nicht ausdrücklich normierte Einrede des nichterfüllten Vertrages und als spezielle Form dieser Einrede die „exceptio non adimpletae Conditionis" in Fällen, in denen die Parteien besondere Zusatzbedingungen in Versicherungsverträgen vereinbart hatten[10].

Bemerkenswert ist, daß die peremtorischen Einreden in den untersuchten Prozessen stets getrennt von den dilatorischen Einreden − zeitlich nach ihnen und in

---

1 So in Boué c. Stenglin, P. Adm. 9.2.1760.
2 Einreden der Arglist, der Erpressung und des Zwangseides; vgl. dazu − insoweit zum antiken römischen Recht − Kaser, Röm. Zivilprozeß S. 194f., 198, 200.
3 Claen ad. St. 1603, I, 20, 2/5.
4 Kaser, a.a.O., S. 228f.
5 GO 1603, I, 21 / GO 1711, 21. Diese Einrede ist nach Claens Ansicht von Amts wegen zu beachten, Claen ad St. 1603, I, 21.
6 Klefeker III, S. 571.
7 Reichsabschied 1654, § 37 Satz 2, in Lünigs Reichsarchiv, Bd. I, S. 585ff.
8 Beispiel: Stolle c. Rothaer, P. Adm. 30.10.1755.
9 Beispiele: Hübner c. Martini II, P. Adm. 21.7.1664; Hübner c. Martini I, P. Adm. 26.1. 1665 (Replik).
10 so in Stolle c. Rothaer, P. Adm. 30.10.1755 / 26.2.1757 in Acta pr. Bl. 623ff., 692ff.; de Vlieger c. Thomas, P. Adm. 30.7.1696.

den frühen Admiralitätsprozessen nach der Litiscontestation[1] – vorgetragen wurden[2]. Dieser Prozeßstil widerspricht der von der gemeinrechtlichen Literatur[3] entwickelten und in GO 1603, I, 20, 1/6 aufgenommenen Eventualmaxime. Nach dieser Maxime sind gleichartige konkurrierende Prozeßhandlungen, z.B. Einreden, gleichzeitig in das Verfahren einzuführen, auch wenn sie nur eventualiter der Verteidigung dienen können[4]. Für dilatorische und peremtorische Einreden formuliert GO 1711, 20, 1 – hinsichtlich des Admiralitätsgerichtsverfahrens GO 1711, 36, 10 – den Eventualgrundsatz wesentlich schärfer als GO 1603, I, 20, 1/6 und GO 1645, II, 17; allerdings enthält auch GO 1603, I, 20, 6 schon die Präklusionsklausel für verspätet vorgebrachte Einreden[5].

c) Die Wirkung der Einreden

Durch die grundsätzlich vorgängige Behandlung der dilatorischen Einreden wich das Admiralitätsgericht von dem Gebot einer summarischen Handhabung der Exceptionen in GO 1711, 36, 10 ab und näherte sich dem in GO 1603, I, 20, 1 sowie in GO 1711, 20, 1 vorgesehenen Zwischenverfahren, in dem über den Antrag des Beklagten zu entscheiden war, ihn aufgrund der dilatorischen Exceptionen „von dem Gerichtszwang / ab instantia zu absolviren"[6]. Die Entscheidung konnte einerseits in einem klagabweisenden Prozeßurteil bestehen, wenn die dilatorischen Einreden durchdrangen (GO 1603, I, 20, 1). Andernfalls erließ das Admiralitätsgericht ein Interlokut, mit dem es gegebenenfalls prozeßleitend dem Kläger weitere Substantiierung der Klage und dem Beklagten „sub poena praeclusi hauptsächlich zu excipiren" auferlegte[7].

In der Prozeßpraxis war die Klagabweisung der Ausnahmefall; insbesondere bei erhobener exceptio cautionis de lite prosequenda et pro reconventione et expensis verlangte das Gericht die tatsächliche Kautionsleistung nur bei entsprechendem Angebot des Klägers[8] und ließ sonst die selbstschuldnerische Bürgschaft des gerichtlichen Procurators des Klägers[9] oder, wenn Bürgen und Pfänder für einen auswärtigen Kläger nicht zu erlangen waren, die sogenannte juratorische Kaution des Auswärtigen zu[10].

1 s.o. S. 83, Fn. 4.
2 unzutreffend Benecke IV, S. 392.
3 Wetzell, S. 964ff.; Schlosser, S. 332, Fn. 21.
4 Dick, S. 112 m.w.N.
5 ebenso GO 1711, 20, 1, Satz 2.
6 Antragsbeispiele nach de Vlieger c. Thomas, P. Adm. 7.5.1696; Thomson c. Porten, P. Adm. 25.1.1683.
7 Beispiel: Boetefeur c. Kellinghusen, P. Adm. 5.12.1754, Acta pr. Bl. 253ff.; vgl. auch Anderson, Privatrecht V, S. 34f.
8 so in Boetefeur c. Kellinghusen, a.a.O.
9 so in Stolle c. Rothaer, Thornton c. Kühl; vgl. auch Anderson, a.a.O., S. 33f.
10 so in Henrichsen c. v. Lübcken, P. Adm. 18.8.1659; vgl. ferner GO 1603, I, 25, 3.

Bei streitiger Einlassung des Beklagten mit peremtorischen Einreden und dem Antrag, ihn „ab actione / von der Klage zu entbinden"[1] folgte ein klagabweisendes Sachurteil, wenn die Würdigung der Einreden zugunsten des Beklagten ausfiel.

4. Die Widerklage

Über die Verteidigung mit Einreden hinaus hatte der Beklagte auch im Seeprozeß das Recht, der Klage mit einer Widerklage zu begegnen.

In der Handhabung der Widerklage durch das Admiralitätsgericht sind aber Abweichungen von den gesetzlichen Regelungen in GO 1603, I, 22 und GO 1711, 22 festzustellen. Sofern die Prozeßvoraussetzungen der Widerklage, nämlich Rechtshängigkeit der Hauptklage, selbständiger Klageantrag[2], Konnexität mit dem Hauptklageanspruch[3] und Liquidität des Gegenanspruchs[4] gegeben waren, und wenn die Widerklage vor der streitigen Sacheinlassung vom Beklagten erhoben wurde, konnte über Klage- und Widerklageanspruch in einem Verfahren verhandelt werden; das Admiralitätsgericht verwies den Beklagten nicht − wie in GO 1603, I 22, 2/3 und in GO 1711, 22, 2/3 bei Prozeßverschleppung zwingend vorgeschrieben − ad reconventionem nach abgeschlossenem Klageverfahren[5].

Eine besondere Bedeutung hatte das Reconventionsverfahren für Klagen aus den sogenannten „unläugbaren Handschriften", deren Inhalt durch ergänzende Beweisdokumente oder öffentliche Beurkundung soweit glaubhaft gemacht war[6], daß sie alle dilatorischen und bestimmte peremtorische Einreden ausschlossen[7]. Die „unläugbaren Handschriften" besaßen damit eine eingeschränkte Exekutivkraft, die in den Gerichtsordnungen dadurch zum Ausdruck kommt, daß der Beklagte die ihm verbliebenen peremtorischen Einreden[8] erst nach gerichtlicher Hinterlegung der Schadenssumme[9] im Reconventionsverfahren erheben durfte.

Die Frage, ob und inwieweit bestimmte Dokumente des Seerechtsverkehrs als „unläugbare Handschriften" im Admiralitätsgerichtsverfahren privilegiert waren, wurde in der Literatur kontrovers behandelt:

1 Antragsbeispiel nach Stolle c. Rothaer, P. Adm. 30.10.1755, Acta pr. Bl. 623ff.
2 „petit nicht allein absolutionem, sondern auch condemnationem in die ... Mk. ... sh.";
  Antragsbeispiel nach Hübner c. Martini II, P. Adm. 21.7.1664.
3 Mynsinger, Cent. I, Observ. 10; Wetzell, S. 845.
4 in Gestalt einer substantiierten Schadensrechnung, vgl. Hübner c. Martini II, a.a.O.
5 Beispiel: Hübner c. Martini II, a.a.O.; vgl. ferner das absolute Widerklageverbot in Hamb-StR 1497 B 18; Klefeker III, S. 561f. m.w.N.
6 Gries, Commentar, 1. Band, S. 77.
7 GO 1603, I, 20, 2; GO 1711, 20, 2; zu den essentialia der unläugbaren Handschriften Klefeker III, S. 457ff.
8 Erfüllung, res judicata, Vergleich, Personenwechsel, Verjährung in GO 1603, I, 20, 2 / GO 1711, 20, 2.
9 Garmers ad. St. 1603, I, 22, 3, Ausgabe 1842, S. 112.

Für die Versicherungspolicen zog M.L. Schele[1] eine Parallele zu den Wechselbriefen und befürwortete grundsätzlich, die Verhandlung über Einreden gegen die Police als instrumentum liquidum ins Reconventionsverfahren zu verlagern[2]. Der dahinterstehende Gedanke, Assecuranzprozesse im Klageverfahren tatsächlich summarisch zu behandeln, aber auch das Verständnis des Assecuranzvertrages als eines den Assecuradeur einseitig verpflichtenden Leistungsvertrages beherrschten ebenso die ausländische Assecuranzliteratur, die nicht nur für die Hinterlegung, sondern für die (provisorische) Bezahlung der Schadenssumme an den Beklagten und für ein gesondertes Reconventionsverfahren eintrat[3]. In den italienischen[4] und französischen[5] Assecuranzgesetzen ist die vorläufige Bezahlung der Versicherungssumme ebenfalls die Regel.

Emérigon[6] war der erste ausländische Kommentator, der die Rechtsnatur des Assecuranzvertrages als eines wechselseitig verpflichtenden Vertrages sowie zugunsten des Assecuradeurs die Notwendigkeit des umfassenden Nachweises der Umstände des Versicherungsfalles betonte und deshalb die „execution parée" ablehnte.

In Hamburg hatten bereits Langenbeck[7], Klefeker[8] und Glashoff[9] der Police gegen GO 1645, II, 13 die Qualität eines „instrumentum liquidum" abgesprochen, weil versichertes Interesse und Schaden mit anderen Urkunden zu beweisen seien; Langenbeck gab pragmatisch zu bedenken, „ob der assecurator in zweifelhafften fällen erst zur Bezahlung zu condemniren, und mit seiner einrede ad reconventionem zu verweisen sey, welches unbillig zu sein scheinet; ob nicht die gantze Sache in einer Instance müße ausgemacht werden, weil die assecuratores öffters wenn die Reconventio zu ende gekommen ist, kein geld wider bekommen können"[10].

Das Admiralitätsgericht hat in Seeversicherungsprozessen des 17. Jahrhunderts mehrfach gerichtliche Hinterlegung der Versicherungssumme erkannt[11] und die Sache ins Reconventionsverfahren verwiesen. Zwei Voten des Obergerichts von 1731 und 1754 dokumentieren den Umschwung der Rechtsprechung unter dem

---

1 M.L. Schele, S. 46.
2 Parallele zwischen Policen und Wechseln auch in GO 1645, II, 13; vgl. ferner Kiesselbach, Seeversicherung, S. 117.
3 Straccha, gl. 37, n. 2; Baldasseroni II, part. 6, tit. 14, §§ 17ff.; Emérigon II, Ch. 20 sect. 4 §§ 2f. m.w.N.
4 Florentiner Assecuranzstatut 1523, Magens, S. 367ff., 376.
5 Ord. de la marine 1681, lib. III, tit. 6, art. 61.
6 Emérigon II, Ch. 20, sect. 4 § 1.
7 Langenbeck, Seerecht, S. 325; ders. in StAH, Senat Cl. VII, Lit. Lb, No. 2, Vol. 3, Assecuranzordnungsentwurf 1721/22, Anhang Nr. 1, 2.
8 Klefeker VII, S. 579.
9 Glashoff, H. 3, S. 58ff.
10 Assecuranzordnungsentwurf 1721/22, a.a.O.
11 s. Tabelle in Anhang A.

Eindruck der erwähnten literarischen Kritik: In Burmester c. Höckel bestätigt das Obergericht[1] die Praxis des Admiralitätsgerichts, indem es „Polizzen nach denen See-Rechten und nach unserer Gerichts-Ordnung de 1645 cap. 2 § 13 denen Instrumentis liquidis gleichschätzet"; in Hettlings c. diverse Assecuradeure[2] lehnt es sie ausdrücklich ab.

Zwei andere kaufmännische Papiere, den Bodmereibrief und das Konnossement, wertet das Admiralitätsgericht dagegen durchgehend als instrumentum liquidum bzw. „unläugbare Handschrift"[3] und findet mit dieser Privilegierung des klagenden Papierinhabers ungeteilte Zustimmung in der Literatur[4].

In allen Fällen der Verweisung zur Reconvention hatte der Reconvenient seine Klage binnen eines Monats nach Abschluß des Klageverfahrens beim Admiralitätsgericht anzubringen. Bei Fristversäumnis erkannte das Admiralitätsgericht, im Einzelfall auch das Obergericht, auf Antrag des Klägers und nach Vorlage einer Vollstreckungsbescheinigung des Gerichtsvogts — hier verfuhr man nach GO 1711, 22, 4 und nicht nach GO 1603, I, 22, 4 —, „daß Beklagte ihrer reconventions-Klage nunmehro verlustig zu erklären"[5].

IV. Replik und Duplik

Das Bestreben, den Seeprozeß im Klageverfahren tatsächlich „velo levato" — „mit fliegenden Segeln" zu entscheiden, führte in der Praxis der holländischen Seegerichte im 17. Jahrhundert zur Beschränkung des Rechts der prozessualen Gegenrede, indem die schriftliche Duplik des Beklagten nicht zugelassen wurde[6]. Vor den Seegerichten in Bremen und Lübeck stellte sich diese Frage nicht, weil mündlich in freiem Rechtsgespräch verhandelt[7] und in Bremen stets, in Lübeck in der Regel am Schluß der mündlichen Verhandlung im ersten Termin eine Entscheidung verkündet wurde[8].

In Hamburg, wo der schriftliche Parteivortrag den Admiralitätsprozeß ab etwa 1660[9] zunehmend bestimmte, sah man es als Verletzung des Gebots der prozes-

1   Rationes decidendi v. 12.12.1731, prod. Wetzlar 13.4.1733.
2   Votum, Klefeker VII, S. 500.
3   so in Dorvill c. Reddeling; Havemester c. Hasse.
4   Kuricke, S. 174; Rademin, S. 47f.; Krüger, S. 13, 15; auch Ebel in HGBl. 70 (1951), S. 99.
    Das Lübische Seegericht privilegiert ebenfalls Bodmereibriefe, Wehrmann, a.a.O., S. 633.
5   Beispiel: de Vlieger c. Thomas, Urt. des Obergerichts v. 10.12.1697 mit Vollstreckungsbescheinigung, P. Super. 26.11./10.12.1697.
6   Loccenius, Lib. 3, cap. 10, § 2; Marquard I, lib. 3, cap. 7, § 6; Vasmer, S. 26.
7   Bremen: Deneken, Hanseat. Magazin, Bd. 4 (1800), S. 300; Achelis, Bremisches Jahrbuch 35 (1935), S. 234; StA Bremen, Sign. 2. R. 11. b. 7. Lübeck: Seegerichtsordnung 1655, Art, 1, 2.
8   Bremen: StA Bremen, a.a.O., Lübeck: Wehrmann, a.a.O., S. 633ff.
9   s.o. S. 61, 81.

sualen Waffengleichheit an, daß der Beklagte auf die Replik des Klägers, mit der dieser die Einreden gegen den Klaganspruch entkräftete[1], nicht sollte antworten dürfen. Vor dem Admiralitätsgericht waren deshalb sowohl gegen dilatorische als auch gegen peremtorische Einreden des Beklagten die Replik und anschließend die Duplik zum Vortrag neuer Gegentatsachen zulässig[2]. In den untersuchten Prozessen mit schriftlichem Vortrag ist die Duplik in der Regel der letzte Schriftsatz vor der „submissio ad sententiam"; dies entspricht der Anweisung in GO 1711, 36, 11, „von einer Audienz bis zur anderen sub praejudicio ihre Producta ein(zu)reichen, und also in 4 Audienzen die Sache zu Submission (zu) bringen".

Nur in Einzelfällen[3] sind nach entsprechendem „Schriftsatznachlaß" des Gerichts Tripliken oder Quadrupliken festzustellen; damit nähert sich in diesem Punkt das seegerichtliche Verfahren deutlich an das Kameralverfahren an[4], wobei Krieger[5] registriert, daß beim Admiralitätsgericht zeitweise auch ohne die in der Reichskammergerichtsordnung 1555 vorgesehene ausdrückliche richterliche Zulassung bis zur Quadruplik prozediert wurde.

V. Säumnis des Klägers und des Beklagten

Die Säumnis der Parteien im Ladungsverfahren sowie im streitigen Verfahren nach der Litiscontestation wird von den Hamburgischen Gerichtsordnungen nicht übergangen; GO 1603, I, 15/16 und GO 1711, 15/16 regeln präzise Fälle und Folgen der Säumnis[6]. Die Untersuchung der Judizial- und Extrajudizialprotokolle sowie der Admiralitätsrechnungsbücher zeigt aber, daß die gesetzlich vorgesehenen Geldbußen und Contumacialentscheidungen im seegerichtlichen Verfahren ohne praktische Relevanz waren[7]. Fälle der Säumnis der Parteien im laufenden Verfahren sind nicht zu beobachten; nachweisbar ist nur das Ausbleiben des Beklagten auf die erste gerichtliche Citation, das — wie bereits dargestellt — den Erlaß der zweiten Citation „sub clausula consueta" nach sich zog[8].

---

1   dazu i.e. Wetzell, S. 145ff., 169.
2   Krieger, Cap. IX, § 6; Krüger, S. 12f.; Kuricke, quaestio 37; vgl. auch generell GO 1645, II, 23.
3   s. Tabelle in Anhang A.
4   zur Kameralpraxis Dick, S. 164 m.w.N.
5   Krieger, a.a.O., a.A. Langenbeck, Seerecht, S. 326, der „Gestattung der Handlung" verlangt.
6   vgl. dazu Müller ad St. 1603, I, 15, 1; Möller ad St. 1603, I, 15, 2 in Ausgabe 1842, S. 70f.; Anderson, Privatrecht V, S. 268ff., 277.
7   ebenso Anderson, Privatrecht V, S. 290.
8   s.o. S. 77f.

Kaum ein Prozeß vor dem Admiralitätsgericht konnte ohne Beweisaufnahme abgeschlossen werden. Das dabei einzuhaltende Verfahren war durch eine relative Affinität zu den Beweisverfahrensregeln in GO 1603, I, 28–34 bzw. GO 1711, 27–33 gekennzeichnet, d.h. diese Normen wurden mit Rücksicht auf die erwünschte rasche Rechtsfindung in Seesachen nur dann als ius strictum beachtet, wenn es die Sicherung der Beweismittel oder Zweifel an der Beweisqualität geboten.

1. Beweisartikel

Signifikant sind die Abweichungen des Admiralitätsgerichts von den Hamburgischen Gerichtsordnungen im Bereich der Beweisartikel.

Das aus dem römischen und canonischen Prozeßrecht stammende Artikelverfahren[1], das der Gliederung des Klägervortrags in Tatsachenvortrag und Rechtsausführungen sowie der Ermittlung zugestandener und streitiger Tatsachen dient, wirkt sich im Hamburgischen Prozeßrecht des 17. und 18. Jahrhunderts nicht mehr in der Form der Klageschrift[2], sondern nur im Beweisverfahren aus[3]: Die Zusammenstellung der beweisbedürftigen Tatsachen in Beweisartikeln (articuli probatoriales), die Formulierung der Interrogatoria specialia[4] seitens des Beweisführers sowie der Fragstücke (exceptiones contra personam et dicta testis) seitens des Gegners[5], schließlich die Abfassung des Rotulus Examinis Testium in Artikelform setzen sowohl GO 1603, I, 28, 26/27 und GO 1645, II, 32–35 als auch GO 1711, 27, 20–25 als Regelform einer Beweisaufnahme voraus.

Vor dem Admiralitätsgericht war dies – wie der Referent in Petersen c. Töpp ausführt[6] – die Ausnahme: „Zwar pfleget man sonst in Sachen, die summarisch geführt werden sollen, wie die Admiralitaets-Sachen sind, es wohl bey blosser Beeydigung unverdächtiger Zeugen bewenden zu lassen, ohne daß die langwierige Formalität mit Beweis-Artikeln und Interrogatoriis genau observiret werde; daher man caeteris paribus, und wenn sonst keine verdächtige Umstände vorkommen, es auch wohl bey einer blossen eydlich aufgenommenen Verklarung bewen-

---

1 dazu i.e. Wetzell, S. 630, 946ff.; Endemann, S. 420, 595f.
2 GO 1603, I, 19, 1; GO 1711, 19, 1; s.o. S. 80, Fn. 8.
3 Klefeker III, S. 602ff.; Krieger, Cap. III, §§ 42ff.; ders., Cap. IV, §§ 21ff.
4 Die Interrogatoria generalia zu den Personalien des Zeugen und seinem Verhältnis zum Streitgegenstand sind nicht vom Beweisführer, sondern vom Gericht zu formulieren, vgl. GO 1645, II, 32 und Collectanea zum Weinbudengebrauch 1760, Nr. 6 in CoBi S/599, SH 42.
5 In den Fragstücken formuliert die nicht beweispflichtige Partei auf die Beweisartikel des Gegners bezogene Fragen, die der benannte Zeuge beantworten soll, Dick, S. 165.
6 Klefeker VII, S. 207 mit Hinweis auf Langenbeck, a.a.O., S. 326.

den lässet. Falls aber die Umstände erfordern, daß die Sache in ein helles Licht gesetzet werde, so wird auch bey Löbl. Admiralität der Beweis und Gegen-Beweis durch Zeugenführung nach der Gerichts-Ordnung erlaubet: nur werden regulariter keine Deductiones rotulorum admittiret"[1].

In den untersuchten Prozessen wurde das Artikelsystem angewendet, wenn die schuldhafte Verursachung einer Ansegelung[2], Aufsichtsverschulden des Kapitäns[3] sowie vorsätzliche Herbeiführung des Versicherungsfalles[4] Beweisthemen waren; GO 1711, 36, 13 bestimmt das förmliche Beweisartikelverfahren auch für Fälle der Beschädigung oder Verminderung des Ladungsgutes. Die Ersetzung der nicht formgebundenen Angabe und Konkretisierung der Beweisthemen durch das Artikelsystem setzte dabei stets voraus, daß die Qualität bestimmter Beweismittel, z. B. des Schiffsjournals oder der Verklarung, für die volle Beweisführung nicht genügte oder daß Zweifel an der Genauigkeit und Vollständigkeit nicht-artikulierter Aussagen bestanden. In diesen Prozessen ließ das Gericht für die nicht beweispflichtige Partei an Stelle der Fragstücke[5] die Führung des förmlichen Gegenbeweises zu[6].

Das geschah — und hier stimmt das Beweisverfahren des Admiralitätsgerichts mit dem des Obergerichts überein — in einem gerichtlichen Beweisinterlokut[7]. Im Beweisinterlokut faßte das Admiralitätsgericht die beweisbedürftigen Tatsachen zusammen und erlegte der beweispflichtigen Partei die Benennung der Beweismittel und die Beweisführung auf. Eine achttägige Beweisfrist für die Benennung *und* Beweisführung[8] erließ das Gericht erst, wenn der Beweisführer dem Beweisinterlokut zwei Termine nach dessen Verkündung noch nicht entsprochen hatte[9].

Die Beweisaufnahme erfolgte mit Ausnahme des Parteieides sowie der Beeidigung der Verklarung, die vor dem Admiralitätssekretär abgestattet werden konn-

---

1   ebenso Votum Kramer c. Suck, Klefeker VII, S. 158; zustimmend Krieger, Cap. IX, § 7; Klefeker VII, S. 587.
2   Petersen c. Töpp, Klefeker VII, S. 207f.
3   Henrichsen c. v. Lübcken, Rotulus Ex. Test., P. Adm. 20.10.1659.
4   Glüer c. Büsch, Klefeker VII, S. 402.
5   die unüblich waren; zur Praxis der Gerichtsverwalter vgl. Schlüter, Annotationes ad St. 1603, I, 28, 26.
6   Beispiele: Henrichsen c. v. Lübcken, Urt. v. 22.9.1659, P. Adm. ibid.; Petersen c. Töpp, Klefeker VII, S. 208f.
7   GO 1603, I, 28, 14 und GO 1645, II, 31 sprechen von der „Zuerkennung des Beweises im Rechte" und der „injuncta probatio per interlocutum"; vgl. auch Wetzell, S. 949; Klefeker III, S. 575.
8   kürzer als die 14-tägige Beweisfrist in GO 1603, I, 28, 14, die sich gegen den Wortlaut ebenfalls auf Benennung und Beweisführung bezieht, v.d. Fecht ad St. 1603, I, 28, 14; Schlüter, a.a.O., St. 1603, I, 28, 14. Im Kameralprozeß bezieht sich die Beweisfrist primär auf die Benennung der Beweismittel, Dick, S. 167f.
9   Beispiel: Hambrock c. Stampeel, P. Adm. 28.10.1656.

ten[1], vor sämtlichen Herren und Bürgern der Admiralität an einem der regulären Gerichtstermine[2]. Das seegerichtliche Verfahren verzichtete auf die bei den anderen Hamburgischen Gerichten übliche räumliche und institutionelle Trennung zwischen judiziellem Hauptverfahren und Beweisaufnahme: Dort wurde die Beweisaufnahme in einer gesonderten Beweis- oder Eidenaudienz am Samstag auf der Weinbude durch die Gerichtsverwalter bzw. die Prätoren durchgeführt[3]; dies galt auch für Beweisaufnahmen im Appellationsverfahren vor dem Obergericht gegen Urteile des Admiralitätsgerichts[4]. Das Admiralitätsgericht praktizierte dagegen ein in die Verhandlung integriertes Beweisverfahren, das die Unmittelbarkeit zwischen Beweiserhebung und Beweiswürdigung erheblich begünstigte.

Die Beweisaufnahme wurde durch ein Protokoll abgeschlossen, zu dem die Parteien in der Regel im gleichen Termin, bei der selteneren Abfassung eines Rotulus Examinis Testium in dem auf die Bekanntgabe (publicatio rotuli) folgenden Termin[5] mündlich ihre Exceptionen vortrugen; schriftliche Einwendungen und sogenannte „Deductiones" waren nicht statthaft[6], ebensowenig die nach GO 1603, I, 32, 3/4 in Zeugenbeweisverfahren zulässigen Repliken und Dupliken.

2. Beweismittel

Die im allgemeinen Hamburgischen Prozeßrecht zur Beweisführung heranzuziehenden Beweismittel nennen Krieger[7] und Klefeker[8] in einer gegenüber den Gerichtsordnungen 1603 und 1711 leicht abgewandelten Reihenfolge: Zeugenbeweis, Urkundenbeweis, Parteieid, Augenscheinsbeweis. Die prozessuale Wertigkeit dieser Beweismittel im Admiralitätsprozeß erfordert eine andere Rangfolge, die der überragenden Bedeutung des Urkundenbeweises, dem Wegfall des Augenscheinsbeweises und dem Hinzutreten des Beweises durch kaufmännische Gutachten in Gestalt der Parere Rechnung trägt.

a. Urkundenbeweis

Das Gebot der Prozeßbeschleunigung bedingt beim Admiralitätsgericht die Bevorzugung präsenter Beweismittel. Präsente Beweismittel sind nicht die Zeugen;

---

1 Anderson/Richey, Cap. II, § 4; Krüger, S. 8.
2 so in den untersuchten Prozessen und in den Protokollauszügen aus den Jahren 1627 (StAH, Senat Cl. VII, Lit. Ca, No. 1, Vol, 2a, Nr. 23) und 1775 (CoBi S/599, SH 42).
3 Klefeker III, S. 602; Collectanea zum Weinbudengebrauch 1760 (CoBi S/599, SH 42); vgl. auch Anderson, Privatrecht V, S. 40, 42; Krieger, Cap. III, §§ 45ff.
4 Beispiel: Beltgens c. Tamm, Extractus Weinbudenprotocolli v. 24.1.1680 in Instrumentum insinuationis emanatae Citationis Beilage C.
5 so in Henrichsen c. v. Lübcken, P. Adm. 6./20.10.1659.
6 Langenbeck, Seerecht, S. 326; Krieger, Cap. IX, § 7.
7 Krieger, Cap. III, § 42.
8 Klefeker III, S. 575f.

die Sistierung eines Zeugen zum ersten Verhandlungstermin ist die Ausnahme, im Regelfall befinden sich die als Zeugen in Betracht kommenden Personen, Schiffer und Schiffsvolk, im Zeitpunkt des Gerichtsverfahrens auf hoher See oder im Ausland und sind auch im Wege der Rechtshilfe nicht oder nur schwer erreichbar. Deshalb hatten die schriftlichen Urkunden als präsente Beweismittel eine Vorrangstellung im Beweisverfahren[1].

Die schriftlichen Urkunden waren dem Admiralitätsgericht „in originali aut in probandi forma" vorzulegen. Die Vorlagepflicht im Original bezieht sich auf Konnossemente, Chertepartien, Heuerverträge, Bodmereibriefe und Policen, also Privatverträge, die nicht immer notariell beurkundet waren[2]. Die Urkunden wurden einem abgekürzten gerichtlichen Recognitionsverfahren[3] zur Prüfung der Echtheit unterworfen, das im ersten Verhandlungstermin, ohne gesonderte Fristen gemäß GO 1603, I, 30, 1/2 und GO 1711, 29, 1/2, stattfand; eventuelle Einreden gegen die Echtheit der Handschrift der Urkunde oder − bei notariellen Urkunden − des Siegels trugen die Beklagten in den Exceptiones peremtoriae vor; anderenfalls[4] genossen die Urkunden als „glaubwürdige Urkunden" vollen Beweiswert.

„Plena fides"[5] besaßen außerdem die im Original vorgelegten Bescheinigungen und Attestate der Hamburgischen geschworenen Mäkler und der Schifferalten sowie die Dispachen der beeidigten Dispacheure, bei denen mit Rücksicht auf den Amtseid dieser Personen[6] ein Recognitionsverfahren entfiel.

Schließlich galten die Handelsbücher des Kaufmanns vor dem Admiralitätsgericht als Beweisurkunden, die im Original[7] oder in notariell beurkundetem Auszug[8] vorzulegen waren. Die Verwertung dieses Beweises setzte in direkter Anwendung der Normen GO 1603, I, 30, 6 und GO 1711, 29, 5 einen guten Leumund des vorlegenden Kaufmanns, eigenhändige[9] und ordentliche Buchführung, Gliederung der Buchposten nach „creditum" und „debitum" mit vollständiger Datumsangabe voraus[10]. Dabei fällt auf, daß das Gericht gegen den Wortlaut der Ge-

---

1 ausdrücklich für Policen und Dispachen Anderson/Richey, Cap. III, § 3.
2 so in Berndes c. Otte, Boetefeur c. Kellinghusen, Burmester c. Höckel, Dorvill c. Reddeling, Rohde c. Stoltenberg.
3 Claen ad St. 1603, I, 30, 1; Klefeker III, S. 611ff.
4 Einwendungen gegen die Echtheit der im Original vorgelegten Urkunden sind in den untersuchten Prozessen selten; Ausnahme: Peinhorst c. Meckenhauser.
5 Langenbeck, Seerecht, S. 201.
6 Mäklerordnung 1740, Art. 10, 25, Klefeker VI, S. 346, 352f.; Kresse, Schifferalten, S. 17; Votum bei Klefeker VII, S. 146; Dispacheurseid bei Langenbeck, a.a.O., S. 201f.
7 Büsch, Darstellung, S. 419.
8 so in Otte c. de Voss, Q 13, prod. 9.7.1806.
9 Edzard, S. 19; Gaill, lib. II, Observ. 20, n. 3; Marquard I, Lib. 3, cap. 9, § 29.
10 dazu i.e. Edzard, S. 15ff, 22ff.; Klefeker III, S. 617f.; auch Kusserow, S. 108ff.

richtsordnungen und die Meinung Klefekers[1], Andersons[2] und Edzards[3] den Beweis durch Handelsbücher nicht als „probatio semiplena" bewertete, der des Ergänzungseides (iuramentum suppletorium) der beweispflichtigen Partei bedarf[4]; dieser Eid wurde vom Gericht nicht gefordert[5].

Ursache könnte einerseits die Anlehnung an eine in der Literatur[6] teilweise befürwortete Qualifikation des Beweises durch Handelsbücher als „probatio plena" sein, andererseits eine differenzierte Handhabung des Ergänzungseides in der Weise, daß dieser Eid entbehrlich ist, wenn die Handelsbücher durch gleichzeitig vorgelegte andere Beweisurkunden bestätigt werden[7].

Als Beweisurkunden, die im Original vorzulegen waren, galten gemäß GO 1603, I, 30, 8 und GO 1711, 29, 7 auch private Schreiben der Kaufleute untereinander oder eines Schiffers an seinen Reeder[8]. Den Anspruch auf Vorlage verfahrensrelevanter Originalurkunden, die sich im Besitz einer Partei oder eines Dritten befanden, behandelte das Gericht nach GO 1711, 29, 8, der die Editionspflicht über GO 1603, I, 30, 9 hinaus auf Dritte erweitert[9].

In notariell beglaubigten Auszügen und Abschriften ließ das Gericht folgende Urkunden als Beweismittel zu: auswärtige Gerichtsurteile[10], auswärtige Protokolle über die Versteigerung beschädigter Ladungs- und Schiffsteile im Nothafen[11] sowie über Schiffstaxationen (sofern eine Dispache fehlte), Auszüge aus dem Hamburgischen Zollregister[12], ferner Auszüge aus dem „Banco-Hauptbuch" zum Nachweis von Überweisungen[13] sowie Bescheinigungen der Poststationen über Daten der Aufgabe und Zustellung von Briefen[14].

1 Klefeker III, S. 618.
2 Anderson, Privatrecht V, S. 48.
3 Edzard, S. 11ff. m.w.N.
4 zum Ergänzungs- oder Erfüllungseid in diesen Fällen vgl. Edzard, S. 26f. m.w.N.; Schreiningh ad St. 1603, I, 30, 7; Gries, Commentar, 1. Band, S. 131ff.
5 so in Beltgens c. Tamm, Otte c. de Voss, wo die beweispflichtigen Parteien kaufmännische Handelsbücher vorlegen.
6 Marquard I, lib. III, cap. 9, §§ 27ff.; Klefeker III, S. 628 m.w.N.; später Büsch, Darstellung, S. 419; Pöhls, Handelsrecht AT, Bd. I, S. 345; Rechtsprechung des Oberappellationsgerichts bei Kusserow, S. 108ff.
7 so in den beiden genannten Verfahren durch Zollbescheinigungen und Einkaufsrechnungen.
8 Marquard I, lib. III, cap. 9, §§ 17, 18; Helm, These 10, § 5; Beispiele in Rohde c. Stoltenberg, Otte c. Paschen, Rendtorff c. Brandt, Boetefeur c. Kellinghusen, Berenberg c. Janßen.
9 Beispiele: Pardo c. Meyer, P. Adm. 3.7.1651; Rendtorff c. Brandt, Acta pr. Bl. 102f.
10 so in Boué c. Stenglin, Peinhorst c. Meckenhauser.
11 so in Stolle c. Rothaer, Thornton c. Kühl.
12 so in Burmester c. Höckel.
13 so in Hübner c. v.d. Krentze.
14 so in Rendtorff c. Brandt, Hübner c. v.d. Krentze.

Im Original oder in notariell beglaubigter Abschrift war ferner das Steuermannsjournal vorzulegen, das in der Regel ohne zusätzliche Aussagen[1] im Rahmen der Verklarung vom Admiralitätssekretär protokolliert wurde und vom Kapitän sowie der gesamten Besatzung zu beschwören war[2].

b. Zeugenbeweis

Der Zeugenbeweis hat nicht denselben Stellenwert im Admiralitätsprozeß wie der Urkundenbeweis; ein wesentlicher Bestandteil potentieller Zeugenbekundungen erscheint in den Verklarungen, die ihrerseits im Wege des Urkundenbeweises in das Verfahren Eingang finden. Ein mittelbares Zeugenbeweisverfahren ist in den Fällen des Rechtshilfeersuchens gemäß GO 1603, I, 28, 16 an ein auswärtiges Gericht um Vernehmung von Zeugen in seinem Gerichtsbezirk festzustellen; diese Vernehmung wurde nicht nach Hamburgischem Recht, sondern nach dem Recht des Gerichtsortes durchgeführt; das Vernehmungsprotokoll wurde vom Magistrat des Gerichtsortes beglaubigt[3] und vom Admiralitätsgericht ebenfalls im Wege des Urkundenbeweises verwertet.

Die Erhebung eines unmittelbaren Zeugenbeweises konzentrierte sich deshalb im wesentlichen auf Fälle, in denen ein Schiffer über den Inhalt der bereits abgelegten Verklarung hinaus zusätzliche „Depositionen" gegenüber dem Gericht erklärte, sowie auf Verfahren, in denen der Zeugenbeweis durch Beweisartikel konkretisiert zu führen war. Aus den insoweit einschlägigen Admiralitätsprozessen ergibt sich hinsichtlich der subjektiven Zeugnisvoraussetzungen folgender Katalog, der teilweise mit den Normen in GO 1603, I, 28 und in GO 1711, 27 korrespondiert:

Der Zeuge mußte das 14. Lebensjahr vollendet haben[4]; eine altersmäßige Begrenzung nach oben existierte gemäß GO 1603, I, 28, 3 nicht, sofern der Zeuge nicht „an der Vernunft gebrechlich" war[5]. Verwandte der Parteien wurden in den untersuchten Prozessen nicht als Zeugen angeboten; deshalb muß offenbleiben, ob das Gericht gemäß GO 1603, I, 28, 5 bei Verwandtschaft im dritten Grade[6] oder gemäß GO 1711, 27, 5 schon bei Verwandtschaft zweiten Grades „secundum computationem juris Canonici" die Zeugnispflicht ablehnte. Ein rechtliches Interesse des Zeugen am Ausgang des Verfahrens schloß die Zeugnisfähigkeit grund-

---

1 Ausnahme: GO 1711, 36, 13.
2 vgl. dazu i.e. Meyersieck, Seeprotest.
3 so in den Verfahren Boetefeur c. Kellinghusen, Acta pr. Bl. 860ff. (Gericht Burg auf Fehmarn), Petersen c. Töpp, Klefeker VII, S. 208f. (Amt Tondern), Rendtorff c. Brandt, Acta pr. Bl. 339ff. (Rat von Eckernförde).
4 In de Vlieger c. Thomas, P. Adm. 13.8.1696, ist ein 17-jähriger Matrose Zeuge; für eine Grenze bei 18 Jahren tritt Klefeker III, S. 579, ein.
5 Umstritten ist ein Alter von 75 Jahren in Berenberg c. Janßen, Anzeige v. 5.6.1641.
6 nach Canonischer Berechnung, Schlüter, Annotationes ad St. 1603, I, 28, 5.

sätzlich aus[1]. Über den Gesetzesinhalt in GO 1603, I, 28, 7 und GO 1711, 27, 7 hinaus fragten die Admiralitätsrichter den Zeugen nach Vorstrafen wegen „bößlich Lügen", Betruges und Kapitaldelikten sowie danach, ob er eine frühere Aussage habe öffentlich widerrufen müssen[2]; diese Erkundigungen entsprechen der in GO 1603, I, 28, 3 für den Meineid angesprochenen Regel, bescholtenen und gerichtlich verurteilten Personen die Zeugenqualität abzusprechen[3]. Frauen waren unter den gleichen Voraussetzungen wie Männer zeugnisfähig[4].

Die Beweisaufnahme vor dem Gericht begann mit der Vorlage des Beweisinterlokuts sowie der Vorstellung der benannten Zeugen durch die beweispflichtige Partei[5]. Sofern ein Beweisartikelverfahren angeordnet war, legte die beweisführende Partei ihre Articulos Probatoriales, die Gegenpartei ihre gegenbeweislichen Interrogatoria vor.

Der Zeuge leistete dann den in GO 1603, I, 29, 1 und in GO 1711, 28, 1 vorformulierten Zeugeneid, und zwar gemäß GO 1603, I, 28, 21 grundsätzlich als Voreid; der Nacheid erscheint nur in Gestalt der nachträglichen Beeidigung des Schiffsjournals durch Kapitän und Besatzung. Es folgten die vom Gericht in eigener Verantwortung[6] entworfenen Interrogatoria generalia mit wesentlich präziseren und detaillierteren Fragen als im obergerichtlichen Beweisverfahren[7]: Name des Zeugen, Alter, Geburts- und Wohnort, Beruf, Stand, geschätztes durchschnittliches Einkommen (!), Vorstrafen, Namen der Eltern; ferner wurde gefragt, „welcher Partei Zeuge den Obsieg dieser Sache am liebsten gönne[8], warum er zur Aussage benannt sey, ob Zeuge an der Sache mit Gewinn oder Verlust beteiligt, ob Zeuge über den Gegenstand des Verhörs unterrichtet sei[9], ob Zeuge glaube, daß er bei unwahrer Aussage seiner Seelen Seligkeit sich selbst verkürzen würde".

Hier war der Zeuge über Tatbestand und Strafmaß des Meineides zu belehren (HambStR 1603, IV, 5). Anschließend sagte der Zeuge zu den Beweisartikeln des Beweisführers und den Interrogatoria des Gegners aus.

Die Beweisaufnahme endete mit der Verlesung der protokollierten Aussage und der Verpflichtung des Zeugen, die Aussage geheim zu halten (GO 1603, I, 28, 27). Vor dem Admiralitätsgericht war es nicht üblich, den Zeugen Vorhalte aus ande-

1 ius strictum in Henrichsen c. v. Lübcken, P. Adm. 20.10.1659; ebenso GO 1603, I, 28, 7.
2 so in Henrichsen c. v. Lübcken, a.a.O.
3 Klefeker III, S. 587.
4 e contrario GO 1603, I, 28, 3; a.A. Klefeker III, S. 587; Zeugin Rahel Witt in Hettling c. Lavezari.
5 Ablauf dargestellt am Beispiel Henrichsen c. v. Lübcken, a.a.O.
6 Krieger, Cap. III, § 49; s. auch S. 93, Fn. 4.
7 vgl. dazu Rohde c. Stoltenberg, Rotulus Examinis Testium, o.Q., prod. 30.6.1699.
8 Antwort: „der das beste Recht hat, mag es behalten".
9 gegen verabredete Aussagen.

ren Aussagen oder aus dem Parteivortrag zu machen. Die Voten zeigen, daß jede Aussage gesondert nach ihrem sachlichen Gehalt und – in Anknüpfung an die präzise Vernehmung zur Person – nach der Glaubwürdigkeit des Zeugen bewertet wurde.

c. Augenscheinsbeweis

Der Augenscheinsbeweis erscheint in GO 1603, I, 33 in Fortentwicklung des mittelalterlichen Kundschaftsbeweises[1] als spezielles Beweismittel bei Liegenschaftsklagen[2].

Im seegerichtlichen Beweisverfahren spielte der Beweis durch Augenschein keine Rolle; die Aufgaben der Augenscheinseinnahme oblagen in Hamburg nichtrichterlichen Organen, den Taxadeuren, Schifferalten und Reepschlägern; ihre Besichtigungsprotokolle wurden im Prozeß als Beweisurkunden verwertet.

Infolge dieser Handhabung, die die Unmittelbarkeit der Beweisaufnahme zugunsten der Prozeßbeschleunigung einschränkte, begab sich das Admiralitätsgericht der Möglichkeit, die genannten seemännischen Fachleute als sachverständige Zeugen zu hören[3].

d. Eidlicher Parteibeweis

Der eidliche Parteibeweis stellt in den untersuchten Prozessen ein absolut subsidiäres Beweismittel dar, das erst nach Erschöpfung aller Möglichkeiten des Beweises durch Urkunden und / oder Zeugen herangezogen werden durfte[4]. Der Beweis erscheint in Gestalt des deferierten Eides im Rahmen der ursprünglich römischrechtlichen Eideszuschiebung (delatio iuramenti)[5] sowie als Reinigungseid (iuramentum purgatorium)[6] und als Ergänzungseid (iuramentum suppletorium)[7].

Die Eideszuschiebung behandelte das Gericht in Hübner c. Paulsen nach GO 1603, I, 34, 1–3 mit der Maßgabe, daß der Parteieid hier ein freiwilliger Eid war[8], der

1 Schlosser, S. 371ff.
2 Klefeker III, S. 649f.
3 Zum Vergleich: Im Kameralprozeß war der Beweis durch Sachverständige bzw. sachverständige Zeugen für Ärzte und „barbirer" anerkannt, Wetzell, S. 207; Dick, S. 172; vgl. ferner Anderson, Privatrecht V, S. 49.
4 ausdrücklich in Hambrock c. Stampeel, P. Adm. 20.11./11.12.1656; Hupping c. Hübner, H 180, Deductio gravaminum, prod. 17.8.1694; vgl. auch Klefeker III, S. 633.
5 so in Hübner c. Paulsen, P. Adm. 29.4.1658; vgl. ferner Wetzell, S. 250ff., 281ff.; Carpzov, Processus Iuris, tit. XI, art. 5, n. 34ff.
6 Berenberg c. Janßen, Q Nr. 1; Pardo c. Meyer, P. Adm. 3.7.1651.
7 Hupping c. Hübner, H 180, Urt. des Obergerichts v. 2.3.1694.
8 so auch Klefeker III, S. 629, 631f.

auch noch im peremtorischen Verfahrensabschnitt, also *nach* der Litiscontestation dem Gegner „zur Eides-Hand" gelegt werden konnte; das bedeutet eine korrigierende Auslegung des GO 1603, I, 34, 1 in zeitlicher Hinsicht („vor der Krieges-Befestigung"), die später GO 1711, 33, 2 normativ nachvollzieht.

Reinigungs- und Ergänzungseide wertete das Gericht dagegen als notwendige Eide[1], die der Partei ohne richterlichen Ermessensspielraum aufzuerlegen sind. In Berenberg c. Janßen und in Pardo c. Meyer wurde der Reinigungseid „demjenigen, der etwas zu zahlen oder zu leisten, schuldig zu seyn läugnet" zugesprochen[2]; da in beiden Verfahren der Gegenpartei nicht der Gegenbeweis vorbehalten blieb, hatte der Reinigungseid hier die Funktion eines Klageleugnungseides[3], der zur Klagabweisung führen konnte.

Der Ergänzungseid „zu vollkommener Beweisung"[4] war nach dem Verständnis des Gerichts über den Wortlaut in GO 1603, I, 34, 16 hinaus nicht nur dann zulässig, wenn durch einen glaubhaften Zeugen bereits ein halber Beweis geführt war — die „probatio plena" erforderte nach GO 1603, I, 28, 2 und GO 1711, 27, 2 mindestens zwei glaubwürdige, nach Gemeinem Prozeßrecht zulängliche Zeugen —, sondern auch, wenn der geltend gemachte Anspruch durch Privatbriefe oder durch beglaubigte Schadensrechnungen, d.h. durch „probationes semiplenae" glaubhaft gemacht war[5].

Alle drei Arten des eidlichen Parteibeweises setzten Eidesfähigkeit, also Mündigkeit und Unbescholtenheit voraus. Der Eid war grundsätzlich in Person „nach angehörter Verwarnung vor der schweren Strafe des Meineides mit ausgestrecktem Arme und auffgerichteten Fingern zu Gott dem Allmächtigen und seinem Heiligen Worte wirklich schwörend"[6] zu leisten[7]. Die in Hamburg ansässigen Juden leisteten den Judeneid[8] mit einer veränderten religiösen Beteuerungsformel[9].

Zum Termin der Eidesleistung der Partei war der Gegner „ad videndum iurari" zu laden[10]; das Ausbleiben des Gegners auf ergangene Citation stand aber gemäß GO 1603, I, 34, 7 der Abstattung des Eides nicht entgegen.

1 Ebenso Klefeker III, S. 629, 637ff.
2 vgl. dazu Klefeker III, S. 638; HambStR 1497, E 5.
3 Schlosser, S. 343f. zum mittelalterlichen Verfahren; für den Ausschluß des Gegenbeweises bei Eideszuschiebung Meurer ad St. 1603, I, 34, 18, Ausgabe 1842, S. 176.
4 Klefeker III, S. 645.
5 dazu Votum in Hettling c. Lavezari, Klefeker VII, S. 378ff.; Votum in Metkalfe c. Demissy, Klefeker VII, S. 148f.; Helm, These 10, § 4.
6 Hupping c. Hübner, H 180, Weinbudenprotokoll v. 17.3.1694.
7 Eidesmodalitäten für Frauen GO 1603, I, 34, 10; Klefeker III, S. 646ff.
8 so in Pardo c. Meyer, Protocoll. Praetorum, prod. 14.10.1653.
9 Klefeker III, S. 647f.; „Ordnung und Form des Juden-Eydes" in Thesaurus Iuris I, 1, S. 1125ff.
10 Anderson, Privatrecht V, S. 40, 42; Beispiel Hupping c. Hübner, a.a.O.

e. Parere

In mehreren Admiralitätsprozessen versuchten die Parteien oder ihre Prozeßvertreter, das Spektrum der Beweismittel durch Vorlage von auswärtigen Rechtsgutachten [1], von Präjudizien des Obergerichts [2] sowie durch Präsentation kaufmännischer Parere [3] zu erweitern.

Das Gericht akzeptierte nur die Parere als zulässige Beweismittel und erklärte: „Die Parére bekannter rechtschaffener Kaufleute und in guter Renommé stehender Mäkler haben in Sachen, die eine Handlungsgewohnheit betreffen, auch ohne Beeydigung fidem"[4].

Das Gericht führte die Parere — private Gutachten über bestimmte kaufmännische Usancen [5] — entgegen Sluter's Auffassung [6] im Wege des Urkundenbeweises in das Verfahren ein und bewertete sie nicht als Rechtsquellen. Noch Richey hatte den „Parere vernünfftiger Kauffleute", möglicherweise in Anlehnung an Kaiserliche Kommissionsdekrete von 1668, 1669 und 1671 [7], Rechtsquellenqualität zugesprochen [8]. Gericht und Procuratoren differenzierten jedoch zwischen dem Gewohnheitsrecht bzw. der See-Usance, die per se Rechtsquellen darstellen [9], und dem Beweis der tatsächlichen Übung und Rezeption dieser „consuetudines" im Hamburgischen Seerechtsverkehr durch die Parere als „Kaufmanns-Belehrungen"[10].

Dic Parere wurden ferner abgegrenzt von förmlichen Rechtsgutachten (responsa iuris), die sich stets auf geschriebene Rechtsnormen stützten und in der Regel nicht als Privatgutachten vorlagen [11]. Als „responsa iuris" bezeichnete man in den untersuchten Prozessen alle im Rahmen der Aktenversendung erbetenen Rechtsgutachten auswärtiger Juristenfakultäten.

Vor dem Admiralitätsgericht galten die Parere auch nicht als Verfahrenskompromisse, weil sie nur von einer Partei bestellt wurden, ohne daß mit der Gegenseite ein Konsens über die Gutachter herbeigeführt worden war; außerdem fehlte die

1 Hupping c. Hübner, H 181, Gutachten Amsterdam v. 14.5.1688, Lit. S.
2 Berenberg c. Janßen, Notwendige Anzeige v. 5.6.1641.
3 Hübner c. Paulsen, Parere v. 11.3.1657 und v. 30.4.1657.
4 Votum Metkalfe c. Demissy, Klefeker VII, S. 146.
5 J. Sluter, S. 13; Büsch, Darstellung, S. 613.
6 Sluter, S. 40, 48, verlangt stets die unmittelbare eidliche Vernehmung der Gutachter als Zeugen.
7 Merzbacher, S. 9f. m.w.N.
8 Richey, Collect., Nr. 16, aufgegeben in Anderson/Richey, Cap. III, § 5.
9 dazu i.e. S. 128ff.
10 J. Sluter, S. 13, Pöhls, Handelsrecht AT, S. 345; Sluter, S. 46, lehnt ausdrücklich präjudizierende Wirkung der Parere auf das Urteil des Gerichts ab.
11 J. Sluter, S. 16f.

gegenseitige Bindungswirkung des Kompromisses[1]. Die Hamburgische Commerz-deputation bemühte sich zwar, die Parere zu Schiedssprüchen mit Unterwerfungs-klauseln aufzuwerten, als sie 1777 beschloß, „künftig in keinem andern Falle ein Parere auszustellen, als wenn die Partheyen, die darum anhielten, sich unterschrei-ben würden, daß sie sich nach diesem Parere miteinander setzen wollten"[2]. Die-ser Beschluß hatte aber keine Auswirkungen auf den Admiralitätsprozeß; die Pa-rere unterschied man als Parteigutachten[3] präzise vom „laudum" der Schieds-richter in der „guten Mannschaft"[4].

Die in den untersuchten Verfahren vorgelegten Parere zeigen überwiegend eine klar strukturierte Form: Auf das „Factum", d.h. eine Sachverhaltsschilderung, in der die Personennamen durch Buchstaben ersetzt waren, und auf die „Quaestio-nes" oder „Fragen" folgten die einzelnen „Antworten" und eine zusammenfas-sende Entscheidung, das „Parere" im engeren Sinne. Gegenstand eines Parere konnten Gewohnheiten und Usancen im Bereich des Wechselrechts, des Seeversi-cherungsrechts, des Bodmereirechts und des Rechts der Havarie sein[5], in der Pra-xis des Admiralitätsgerichts auch die gewohnheitsrechtliche Anerkennung aus-ländischer Seegesetze in Hamburg. Zur Abfassung eines Parere waren Kaufleute mit selbständigem Handelsbetrieb „zu Wasser und zu Lande"[6], Assecuradeure[7] und Mäkler berechtigt, nicht dagegen Höker und Landkrämer, deren Geschäft sich auf den Warenweiterverkauf in kleinem Rahmen beschränkte[8]. Eine Min-destaltersgrenze war für die Gutachtenerstattung nicht zwingend vorgesehen; J. Sluter[9] schlug ein Regelalter von 60 Jahren vor, weil der Verfasser eines Parere die zu beurteilende Usance aus eigenem langjährigen Geschäftsbetrieb kennen müsse.

Die Vorlage des Parere im Admiralitätsprozeß war uneingeschränkt so lange zu-lässig, bis die Parteien die „submissio ad sententiam" aussprachen[10].

1 J. Sluter, S. 14f.
2 Baasch, Handelskammer I, S. 648ff.; Krause, S. 72.
3 Büsch, Darstellung, S. 613.
4 Heckstetter c. Rull, P. Adm. 19.1.1660; Otte c. Paschen, Libell. Appell., o.Q., Anlagen Nr. 12, 19, 20.
5 J. Sluter, S. 22.
6 J. Sluter, S. 18.
7 Otte c. Paschen, Parere in Libell. Appell., a.a.O.
8 J. Sluter, S. 20f.; umstritten war die Berechtigung der Geldwechsler, J. Sluter, S. 18f. m.w.N.
9 J. Sluter, S. 21.
10 J. Sluter, S. 43f. m.w.N.

Die „submissio ad sententiam", die Erklärung, sich der richterlichen Entscheidung zu unterwerfen, ist der letzte Akt des Verfahrens, der allein der Parteiherrschaft unterlag; das Gericht nahm daraufhin „die Sache für beschlossen an"[1].

Dieser Aktenschluß erfolgte in ausschließlich mündlich verhandelten Verfahren am Ende des ersten Termins, sonst nach dem Vortrag der schriftlichen Duplik und der Submission; ein gesonderter Termin „ad producendum omnia" für nachzureichende Schriftsätze[2] war nicht üblich.

Die anschließende Rechtsfindung des Gerichts vollzog sich in zwei Schritten:

- Bestimmung eines Referenten und Abfassung der Relation mit einem Entscheidungsvorschlag,
- Beratung und Abstimmung über dieses Votum „in judicio pleno".

1. Relation und Votum

Mit Rücksicht auf eine zügige Entscheidungsfindung im erstinstanzlichen Verfahren war im Hamburgischen Admiralitätsprozeß[3] die Aktenversendung an eine auswärtige juristische Fakultät. (Transmissio actorum) gemäß GO 1711, 36, 22 ausgeschlossen. Nach dem Aktenschluß hatte der Präses des Gerichts deshalb einen der beiden rechtsgelehrten Admiralitätsherren als Referenten zu bestimmen[4]. Die Auswahl des Referenten geschah „nach Gelegenheit der Sachen und Geschicklichkeit des Referenten"[5]; von Amts wegen mußten allerdings gesetzliche Mitwirkungsverbote berücksichtigt werden.

Die Gerichtsordnungen 1668 und 1711 treffen dazu unterschiedlich restriktive Bestimmungen:

GO 1668 § 5 verbietet für die Admiralitätsdeputierten die Abgabe eines Votums sowie die Mitwirkung an der Abstimmung „gleichwie im Niedern Gerichte", wenn Richter und Partei „biß ins andere (=zweite) Glied inclusive verwandt" sind. Die Bezugnahme auf die Praxis des Niedergerichts betrifft dessen Geschäftsordnung,

1   so in allen untersuchten Prozessen gemäß GO 1711, 41, 1; vgl. auch Krieger, Cap. IX, § 4.
2   wie im Kameralverfahren, Dick, S. 173. Eine vom Gericht zugelassene Triplik (s.o. S. 92) konnte außerhalb der Gerichtstermine beim Admiralitätssekretär zu den Akten gereicht werden.
3   nicht beim Niedergericht, Jacobi, S. 133.
4   Anderson/Richey, Cap. II, § 3; Krieger, a.a.O.; Langenbeck, Seerecht, S. 321. Die beim Reichskammergericht übliche gleichzeitige Bestellung eines zweiten Assessors als Korreferenten (Beispiel: Bundesarchiv, AR 1, Miscellanea-Akten Nr. 450, Stück 26) wird beim Admiralitätsgericht erst im Restitutionsverfahren praktiziert.
5   GO 1711, 41, 1.

die sogenannten „Leges", die seit 1662 überliefert sind[1]. Die Leges 1662[2] untersagen Abgabe eines Votums und Abstimmung für die Deputierten des Niedergerichts bei Verwandtschaft mit einer Partei bis zum zweiten Grade, für die Berichterstatter in der zu entscheidenden Sache bei Verwandtschaft bis zum dritten Grade einschließlich[3].

Die Leges 1662 differenzieren also hinsichtlich der Reichweite des Mitwirkungsverbots zwischen den Deputierten und den Referenten, worauf GO 1668 § 5 verzichtet; die Formulierung „auf angehörten Vortrag oder Relation" deutet vielmehr darauf hin, daß das Mitwirkungsverbot die Referenten ausklammert. Diese Auslegung korrespondiert mit der Rechtswirklichkeit, denn bis 1711 war – abgesehen von den Jahren 1636–1643 und 1687–1690[4] – jeweils nur ein graduierter Ratsherr zur Admiralität deputiert, der als Referent in Betracht kam; dessen Unparteilichkeit glaubte man mit dem Amtseid gewährleisten zu können.

Die Schwächen dieser Praxis[5] führten dazu, daß in GO 1711, 36, 15 sowohl für die Referenten als auch für die übrigen Admiralitätsdeputierten ein einheitliches, auf Relation und Votum bezogenes Mitwirkungsverbot bei Verwandtschaft mit einer Partei „im dritten Gradu inclusive" statuiert wurde, das GO 1711, 36, 17 um Regelungen zur Befangenheit und Bestechlichkeit ergänzte[6]. Hier hatte GO 1668 § 9 nur allgemein eine Entscheidungsfindung „ohne alle reflexion und Bewegung" nach Billigkeit und Recht gefordert.

Sofern unter diesen gesetzlichen Voraussetzungen kein Mitwirkungsverbot für den Referenten bestand, verfügte der Präses die „Ausgabe der Akten ad referendum" und vermerkte den Namen des Berichterstatters, das Rubrum der ausgegebenen Akten sowie den Termin des Vortrags der Relation in einem gesonderten Referentenbuch[7].

Die teils handschriftlich[8], teils in Klefekers Wiedergabe gedruckt überlieferten Relationen zeigen eine Untergliederung in Sachbericht und Votum. Der Sachbericht folgte überwiegend der chronologischen Abfolge der Parteischriftsätze und komprimierte nur selten den gesamten Kläger- oder Beklagtenvortrag in Gesamtabschnitte, die mit den Begriffen „Kläger- und Beklagtenstation" der gegenwärti-

1 Ewald, Veröff. Ges. Hamb. Juristen, H 12 (1980), S. 47f.
2 StAH, Senat Cl. VII, Lit. Ma, No. 5, Vol. 4 g; Ewald, a.a.O., S. 50.
3 ohne Angabe der geraden oder Seiten-Linie, Leges § 12.
4 s.o. S. 45.
5 angedeutet in Juncker c. Schnitker, P. Super, 2.5.1656 (Paritionsschrift). Die Berufung eines Ratsherrn an Stelle eines befangenen Admiralitätsherrn war nur im Restitutionsverfahren möglich, Langenbeck, Seerecht, S. 327.
6 GO 1711, 36, 15 korrespondiert mit dem differenzierten Mitwirkungsverbot für das Obergericht in GO 1711, 41, 4.
7 P.E. 1799, fol. 171 R.
8 Beispiel: StAH, Senat Cl. VII, Lit. Ma, No. 6, Vol. 1 c.

gen Relationstechnik zu vergleichen sind. Hervorzuheben ist die häufig auftretende Strukturierung des Parteivortrags in Artikelform, um die zugestandenen und bestrittenen Tatsachen herauszuarbeiten („affirmando" – „negando"), ein Verfahren, das die am Kameralprozeß geschulten Referenten des Admiralitätsgerichts praktizierten, obwohl die Parteischriftsätze in der Regel nicht in Artikelform verfaßt waren[1].

Das Votum, zutreffender auch „Rationes decidendi" genannt, enthielt die dem Entscheidungsvorschlag zugrundeliegende rechtliche Würdigung des Parteivortrags und des protokollierten Ergebnisses der Beweisaufnahme. Die insoweit maßgeblichen Gesetze und Rechtsgrundsätze werden im Abschnitt „Die Rechtsquellen" erörtert.

Das Votum endete mit dem Vorschlag einer bestimmten „sententia"[2], die einen Tenor in der Hauptsache und, wenn es sich um ein Endurteil handelte, eine Entscheidung über die Zinsen, das Zahlungsziel[3] sowie über die Gerichts-, Procuratur- und gegebenenfalls über die Advokaturkosten umfaßte.

2. Beratung und Abstimmung

Solange vor dem Admiralitätsgericht ausschließlich mündlich und ohne Procuratoren verhandelt wurde und sich das Vorbringen der Klage, der Exceptionen und weiterer Parteivorträge oder präsenter Beweismittel auf einen Termin konzentrierte – bis etwa 1660[4] –, bestimmte der Präses am Ende der Sitzung den Referenten und dieser erstattete ohne Aufschub eine mündliche Relation mit einem Votum, das sogleich im Plenum beraten wurde. Auf diese Weise kommt es in den frühen Admiralitätsprozessen zur Eröffnung rechtsmittelfähiger Abschlußentscheidungen des Gerichts noch im ersten Termin oder am Beginn des Gerichtstermins acht Tage später[5]. Diesen Rechtszustand spiegeln sowohl GO 1668 § 9 (1. Alternative) als auch noch GO 1711, 36, 18.

Ab etwa 1660 hatte der Referent für die schriftliche Abfassung der Relation zwei, später vier Wochen Zeit bis zum auf den Aktenschluß folgenden Sitzungstermin. In diesem Termin mußte er Relation und Votum mündlich vor dem Plenum vortragen[6]; dieser Vortrag wurde ebensowenig wie die schriftlichen Relationsnotizen im gerichtlichen Protokoll aufgezeichnet[7].

1 s.o. S. 80, Fn. 8; S. 93, Fn. 2.
2 Krieger, Cap. IX, § 4.
3 das zunehmend großzügiger bemessen wurde und nicht mit der Appellationsfrist korrespondierte, s. Tabelle Anhang A.
4 s.o. S. 81, Fn. 6.
5 s. Tabelle im Anhang A.
6 Otte c. Paschen, Gegenbericht der Appellanten, o. Q.; P.E. 1799, fol. 171 R.
7 in keinem der untersuchten Prozesse, analog der Praxis des Reichskammergerichts, Smend, S. 329; Döhring, S. 258.

In der folgenden Beratung hatten alle Admiralitätsmitglieder einschließlich des Präses (mit Ausnahme des Sekretärs) das Recht, eigene abweichende Voten abzugeben[1]. Eine zwingende Reihenfolge für die Erklärungen — etwa am Lebensalter oder der Länge der Amtszeit der Richter orientiert — war nicht festgelegt. Für die Beratung war auch nicht die Anwesenheit einer bestimmten Mindestzahl der Admiralitätsmitglieder normativ vorgeschrieben — anders als beim Niedergericht, wo Erörterung des Votums und Abstimmung die Anwesenheit von mindestens fünf Deputierten voraussetzten[2]. Nach dem Beschluß der Admiralität vom 4.11. 1623[3] galten vielmehr Beratung und Abstimmung beim Admiralitätsgericht als im Namen der abwesenden Richter erfolgt. Demgemäß war der Entscheidungsvorschlag des Referenten rechtswirksam angenommen, wenn die anwesenden Admiralitätsrichter mit einfacher Mehrheit für ihn stimmten[4].

Der Vortrag der Relation, Beratung und Abstimmungsergebnis unterlagen der Geheimhaltung; dies galt generell auch schon für die Bestimmung des Referenten, obwohl die Referenten sich in Einzelfällen durch Unterzeichnung der Citation den Parteien zu erkennen gaben[5].

Nach der Abstimmung notierte der Admiralitätssekretär den angenommenen Entscheidungsvorschlag wörtlich in das Gerichtsprotokoll[6].

3. Form und Verkündung gerichtlicher Entscheidungen

Aus den untersuchten Prozessen ergeben sich drei Arten der gerichtlichen Entscheidung: Bescheide, Interlokute und Endurteile.

Bescheide erließ das Gericht nach Anhörung der Parteien in der Sitzung ohne gesonderte Relation, um Termine, Fristen, Schriftsatznachlaß, das persönliche Erscheinen der Parteien festzusetzen, um Güteversuche anzuregen[7], um den Beklagten zur Vorlage seiner Exceptionen anzuhalten[8] oder um der beweispflichtigen Partei die Beibringung bestimmter Beweismittel aufzuerlegen[9].

1 Otte c. Paschen, Gegenbericht der Appellanten, o.Q.; Vasmer, S. 26; vgl. auch GO 1711, 36, 16.
2 Leges des Niedergerichts 1662 § 6; ebenso Leges des Niedergerichts 1667 auf Petri, § 6 in StAH, Senat Cl. VII, Lit. Ma, No. 5, Vol. 4 g. Das Niedergericht hatte gem. GO 1622, I, 1 und GO 1645, I, 1 zehn gesetzliche Mitglieder; vgl. ferner S. 41f.
3 s.o. S. 42.
4 Otte c. Paschen, a.a.O.; die Bestätigung des Votums war nach dieser Quelle die Regel.
5 s.o. S. 75, Fn. 5.
6 Beispiel für den Gegensatz zwischen dieser Aktennotiz und der getrennt protokollierten förmlichen Publicatio des Urteils in Pardo c. Meyer, P. Adm. 29.5.1651.
7 so in de Vlieger c. Thomas, P. Adm. 10.9./29.10.1696.
8 Beispiele: Rohde c. Stoltenberg, P. Adm. 7.11.1695; Hübner c. Paulsen, P. Adm. 10.12. 1657.
9 so in Hübner c. v.d. Krentze, P. Adm. 29.11.1655.

Die Entscheidung über Darlegungs- und Beweislast sowie die Fixierung der zu beweisenden Tatsachen erfolgte dagegen in Interlokuten, denen stets eine Relation des Referenten und Beratung im Plenum vorangingen. Durch Interlokute entschied das Gericht auch über die Begründetheit dilatorischer Einreden des Beklagten[1]. Die Interlokute waren gemäß GO 1668 §§ 10, 11 und GO 1711, 36, 19 selbständig anfechtbar.

Endurteile erließ das Gericht nach Relation und Beratung als „sententiae definitivae" in der Hauptsache. Der Tenor bezog sich auf den Klageantrag[2] und war als Verurteilung (condemnatio) oder als Klagabweisung (absolutio ab actione) formuliert; das Gericht teilte die aus dem Votum ersichtlichen Entscheidungsgründe grundsätzlich nicht mit[3].

Die Zinsen sprach das Gericht bei erfolgreichen Klagen aus „unläugbaren Handschriften" und Dispachen ab Beginn des Verzuges (a tempore morae)[4], sonst ab erhobener Klage (a tempore litis motae)[5] zu.

Die Kostenentscheidung betraf terminologisch unter dem Begriff „expensen" nur die Gerichts-[6] und Procuratorengebühren[7], nicht aber die Kosten der Advokaten, die keinen festen Gebührenschragen hatten und häufig überzogene Kostenrechnungen liquidierten; die Advokaturkosten wurden deshalb nur auf gesonderten Antrag und offenbar nach gesonderter Prüfung in die gerichtliche Kostenentscheidung einbezogen[8].

Die Kostenentscheidung ging zu Lasten des Beklagten bei Verurteilung zur Zahlung der vollen oder nur unwesentlich gekürzten Klagsumme[9], zu Lasten des Klägers bei Klagabweisung[10]. Die Entscheidung, die Kosten gegeneinander aufzuheben („compensatis expensis"), traf das Gericht bei Teilunterliegen des Klä-

1 so in Thornton c. Kühl, P. Adm. 31.10.1761; s.o. S. 88
2 ne ultra petita partium.
3 in keinem der untersuchten Prozesse. Schlüter, Richterliches Amt, T. II, Cap. 10, § 2ff. empfahl die Mitteilung der Rationes decidendi bei Wahrscheinlichkeit der Appellation. In Lübeck teilte das Obergericht teilweise die Rationes mit, Ebel, Recht im Ostseeraum, S. 44f. In Bremen teilte das Seegericht keine Entscheidungsgründe mit.
4 so in Clamer c. Schnittler, P. Adm. 11.7.1748; Jencquel c. v. Vinnen, Klefeker VII, S. 424; vgl. auch Klefeker VII, S. 587f.
5 so in Hettlings c. div. Assecuradeure, Klefeker VII, S. 503; Otte c. Paschen, Urt. v. 24. 11. 1803, Libell. Appell., Anlage 9.
6 Gerichtskosten in StAH, Senat Cl. VII, Lit. Ma, No. 6, Vol. 1 a.
7 einschließlich der Kosten der Rechtshilfe, Rendtorff c. Brandt, Acta pr. Bl. 339ff.
8 vgl. die Klagschriften und Urteile in Burmester c. Höckel, de Vlieger c. Thomas, Otte c. Paschen; ebenso Klefeker III, S. 656f.; Müller ad St. 1603, I, 36, 4, Ausg. 1842, S. 181.
9 Schlüter, Richterliches Amt, T. II, Cap. 10, § 2ff.; Beispiel: Hettlings c. div. Assecuradeure, Klefeker VII, S. 498.
10 Beispiele: J.S. c. Scheel, Klefeker VII, S. 476; Berndes c. Otte, P. Adm. 24.2.1798.

gers[1] sowie entgegen Schlüters[2] Meinung in Fällen, in denen die Klage nur bei Abstattung eines Ergänzungseides Erfolg hatte[3] oder der unterliegende Teil „zu litigiren erhebliche gute Ursachen" hatte[4].

Die Kostenerstattungspflicht der unterliegenden Partei entfiel, wenn ihr das Armenrecht bewilligt worden war[5].

Während die Bescheide in der Sitzung durch den Präses verkündet und vom Admiralitätssekretär im Protokoll notiert wurden[6], verfuhr man bei Interlokuten und Endurteilen umgekehrt: Der Sekretär fertigte die Entscheidung nach dem mehrheitlich angenommenen Votum des Referenten aus, unterschrieb und siegelte sie; die Verkündung nahm der Präses — ohne einen gesonderten Verkündungstermin anzusetzen[7] — im nächsten regulären Gerichtstermin vor.

VIII. Die Vollstreckung

Die Endurteile des Admiralitätgerichts waren mit der Verkündung nicht per se vollstreckbar. Nach Ablauf der Zahlungsfrist, die in den frühen Prozessen in der Regel 14 Tage, später vier Wochen betrug[8] — und nicht schon nach Ablauf der zehntägigen Rechtsmittelfrist[9] — mußte der obsiegende Teil die Vollstreckung durch den Gerichtsvogt beim erkennenden Gericht beantragen; die „Verweisung der Sache zur Exekution" erging durch gerichtliches Urteil[10]. Mit diesem Vollstreckungstitel und dem sachentscheidenden Urteil betrieb der Gerichtsvogt die Vollstreckung gemäß GO 1603, I, 41, 5ff.[11]; über Art, Ablauf und Ergebnis der Vollstreckung fertigte er ein Protokoll an[12]. Aus den untersuchten Prozessen ist nicht zu ersehen, ob die in de Vlieger c. Thomas protokollierte Barzahlung der Schuldner oder die Pfändung in Fahrnis oder Liegenschaften die häufiger praktizierte Vollstreckungsart darstellte.

1 so in Brouker c. Jenisch, Klefeker VII, S. 327.
2 Schlüter a.a.O. will die Kosten auch hier dem Beklagten auferlegen; a.A. wohl Klefeker III, S. 655.
3 so in Metkalfe c. Demissy, Klefeker VII, S. 149.
4 so in Hupping c. Hübner, H 181, P. Adm. 20.6.1689; vgl. GO 1603, I, 36, 2.
5 Rohde c. Stoltenberg, P. Adm. 23.1.1696/12.3.1696; Anderson, Privatrecht IV, S. 169f.
6 so in den untersuchten Verfahren.
7 Langenbeck, Seerecht, S. 327; Schlüter, Sonderbare Anmerkungen, ad GO 1645, II, 38.
8 s. dazu Tabelle im Anhang A.
9 so aber GO 1711, 36, 23, der auf die Rechtskraft abstellt; ebenso Langenbeck, Seerecht, S. 327.
10 Burmester c. Höckel, P. Super. 27.8.1732; Boetefeur c. Kellinghusen, Acta pr. Bl. 1241ff.
11 Langenbeck, a.a.O.; Klefeker III, S. 653f.
12 Vollstreckungsattestat des Gerichtsvogts Hieronymus Müller v. 25.11.1697, de Vlieger c. Thomas, P. Adm. 26.11.1697.

C. Das Rechtsmittelverfahren

Der durch ein Interlokut oder ein Endurteil des Admiralitätsgerichts beschwerten Prozeßpartei standen verschiedene Rechtsmittel zur Verfügung, deren Zulässigkeit vor allem durch die Appellationssumme bestimmt war.

Diese Summe fand bei der Einsetzung des Gerichts 1623 keine gesonderte Regelung. Man übernahm die in GO 1603, I, 37, 2 für die Appellation an das Obergericht festgelegte Grenze von 30 Mk. Lübisch, die 1630 auf 100 Mk. Bco. und 1646 auf 200 Mk. Bco. erhöht wurde[1]. Eine für Admiralitätsentscheidungen gesonderte Bestätigung erhielt die Summe von 200 Mk. im Rat- und Bürgerschluß vom 14. 9.1653, Punkt 6[2] sowie in GO 1668 § 11. Mit Hinweis auf diese Appellationssumme verwies das Obergericht noch in den Jahren 1718 und 1719 Appellationsverfahren als „inappellabel" an das Admiralitätsgericht zurück[3], obwohl GO 1711, 36, 19/20 eine Neufestsetzung von 300 Mk. vorsahen. Anderson[4], Langenbeck[5], Klefeker[6] und Krieger[7] hielten ebenfalls an der 200 Mk.-Grenze fest; insoweit scheint sich die nicht in Kraft getretene GO 1711 in Rechtsprechung und Literatur nicht durchgesetzt zu haben.

In allen zitierten Bestimmungen fällt auf, daß die Appellationssumme nach der „eingeklagten Hauptsumme", also nach dem Streitwert der Sache in erster Instanz berechnet wird; maßgeblich ist – besonders augenfällig bei teilweiser Klagabweisung – nicht die (Teil-)Summe, die dem Appellanten in der Admiralitätsgerichtsentscheidung nicht zugesprochen wird, d.h. der Betrag, der seiner tatsächlichen Beschwer entspricht. Die Anknüpfung an die eingeklagte Gesamtsumme macht einerseits komplizierte Berechnungen des Beschwerdewertes entbehrlich; andererseits indiziert sie, daß das Appellationsverfahren der rechtlichen und tatsächlichen Überprüfung des Gesamtanspruchs dient; so kam es vor, daß das Obergericht nach einem Interlokut des Admiralitätsgerichts, das den Kläger begünstigte, trotzdem die Klage abwies[8].

Im seegerichtlichen Verfahren galt für alle Rechtsmittel und für die Restitutio eine einheitliche Einlegungs- und Begründungsfrist von zehn Tagen seit Verkündung der angefochtenen Entscheidung[9]. Die Rechtsmitteleinlegung durfte nicht stante pede gemäß GO 1603, I, 40, 1 „nach abgelesenem Urtheile mit lebendiger

1 Winckel ad St. 1603, I, 37, 2; Anderson/Richey, Cap. III, § 8.
2 StAH, Erbgesessene Bürgerschaft Nr. 1, Band 3, S. 680ff.
3 Langenbeck, Seerecht, S. 328 m.w.N.
4 Anderson/Richey, Cap. III, § 8.
5 Langenbeck, a.a.O., S. 328.
6 Klefeker VII, S. 588.
7 Krieger, Cap. IX, § 9 / Cap. IV, § 13.
8 Peinhorst c. Meckenhauser, P. Adm. 28.8.1721, P. Super. 28.5.1723.
9 GO 1668 § 11; Langenbeck, a.a.O., S. 327; Klefeker VII, S. 588.

Stimme vor sitzendem Gerichte" erfolgen, sondern mußte durch den Präses des Admiralitätsgerichts zugelassen werden[1].

Ein rechtsvergleichender Blick auf die in Lübeck und Bremen geübte Praxis zeigt, daß die Appellationsfreiheit dort erheblich eingeschränkt war.

Gegen Entscheidungen des Lübischen Seegerichts war die Appellation an den Rat gemäß Seegerichtsordnung 1655, Art. 6 nur zulässig, wenn die Klagsumme in der Hauptsache 1.000 Mk. Lübisch betrug. Entscheidungen des Bremischen Seegerichts galten als inappellabel[2], wurden aber in Einzelfällen an den „sitzenden Rath" gebracht[3]. Entscheidungen des Bremischen Gastgerichts konnten angefochten und dem Obergericht vorgelegt werden, wenn sie einen Streitwert von mindestens 300 Rth. zum Gegenstand hatten[4]. Allerdings pflegte man Seesachen mit dieser Streitwerthöhe auch unmittelbar beim Obergericht in erster Instanz anhängig zu machen[5].

I. Restitutio an das Admiralitätsgericht

Die Restitutio an das Admiralitätsgericht stellte ein Korrektiv zu den präkludierenden Vorschriften über die Appellationssumme dar; sie war in allen inappellablen Seesachen zulässig[6]. Mit der Restitutionsklage konnte der Kläger eine erneute rechtliche Überprüfung der Sach- und Kostenentscheidung durch einen anderen Referenten entweder aus der Reihe der Admiralitätsherren oder aus dem Rat verlangen[7]; außerdem konnten mit der Restitutio neue Tatsachen vorgetragen werden[8].

Die Restitutio stellt entgegen Klefekers Auffassung[9] keine Wiedereinsetzung in den vorigen Stand dar; dieses Rechtsinstitut setzt die Versäumnis einer Prozeßhandlung und einen daraus entstandenen Rechtsnachteil für eine Partei voraus[10]. Die Restitutio ist vielmehr ein Rechtsmittel sui generis, denn sie hemmt zwar den Eintritt der Rechtskraft und die Vollstreckung der angefochtenen Entscheidung (Suspensiveffekt), weist aber keinen Devolutiveffekt auf, weil das Verfahren beim Admiralitätsgericht anhängig bleibt[11].

1 GO 1668 § 10; Krieger, Cap. IV, § 13; Klefeker a.a.O.; Langenbeck, a.a.O., S. 328.
2 Deneken, Hanseat. Magazin, 4. Band, (1800), S. 290, 300.
3 StA Bremen, Sign. 2. R. 11. b. 8, Protokoll v. 28.1.1865, S. 2.
4 Deneken, a.a.O., S. 294ff.; Hiemsch, S. 32.
5 StA Bremen, Sign. 2. R. 11. v.; vgl. auch Hiemsch, S. 28.
6 Klefeker VII, S. 588; Krieger, Cap. IX, § 9.
7 Langenbeck, a.a.O., S. 327; Beispiel: Poppen c. Meyer, Klefeker VII, S. 171.
8 Beispiel: Petersen c. Töpp, Klefeker VII, S. 208.
9 Klefeker VII, a.a.O.
10 „restitutiones contra lapsum fatalium aut termini praejudicialis", Dick, S. 111f. m.w.N.; Krieger, Cap. VII, § 1.
11 Davon geht auch GO 1711, 36, 20 aus.

Im Restitutionsverfahren hatte die beschwerte Partei, auch Implorant genannt, in einem Schriftsatz die Beschwerdegründe vorzutragen; der Gegner durfte einmal antworten, dann folgte eine — ihrerseits durch Appellation beim Obergericht anfechtbare — „Confirmatoria" oder „Reformatoria" des Gerichts[1]. Außer der Restitutio war eine Revision an das Admiralitätsgericht nicht statthaft[2].

II. Appellation an das Obergericht

In allen seegerichtlichen Verfahren, die die beschwerte Partei „per appellationem" an das Hamburgische Obergericht bringen wollte, oblag die Prüfung der Zulässigkeit der Appellation, insbesondere der Einhaltung der Appellationsfrist und der Appellationssumme, nicht dem Appellationsgericht, sondern dem Präses des Admiralitätsgerichts. Der Präses entschied, ob „der Appellation zu deferiren" sei und erlaubte die Citation des Appellationsgegners (Appellaten) an das Obergericht[3]. Die Zulassung der Appellation löste sowohl den Suspensiv- als auch den Devolutiveffekt aus.

Im nächsten Gerichtstermin des Obergerichts hatte die beschwerte Partei (Appellant) die Citation an das Obergericht, die angefochtene Entscheidung (sententia à qua) in beglaubigter Abschrift, die Akten der ersten Instanz in beglaubigter Abschrift[4] (Protocollum et Producta Admiralitatis) sowie ein Libellum gravaminum oder Libellum Appellationis vorzulegen[5].

Der Appellant konnte sich darauf beschränken[6], die rechtliche Würdigung des Sachverhalts in erster Instanz anzugreifen und auf neuen Tatsachenvortrag zu verzichten. Dies geschah in den untersuchten Seeversicherungsprozessen, die vor Inkrafttreten der AHO 1731 verhandelt wurden, primär durch die Einführung bestimmter, den Appellanten begünstigender Rechtsauffassungen aus der versicherungsrechtlichen Kommentarliteratur[7]. Darüberhinaus war die Präsentation neuer Tatsachenbehauptungen und Beweismittel statthaft; in diesen Fällen erfolgte gemäß GO 1603, I, 37, 7 und GO 1711, 45, 6 eine Beweisaufnahme vor dem Obergericht[8].

1   GO 1711, 36, 20; vgl. die beiden genannten Prozesse.
2   Langenbeck, Seerecht, S. 327; Klefeker, a.a.O.; anders GO 1711, 36, 20.
3   Anderson/Richey, Cap. III, § 8; Krieger, Cap. IV, § 13/Cap. IX, § 9; Praxis in allen untersuchten Prozessen.
4   gem. GO 1668 § 12.
5   Krieger, Cap. IV, § 6; Beispiele: de Vlieger c. Thomas, P. Super. 29.1.1697; Berenberg c. Janßen, P. Super. 27.9.1641/10.7.1642.
6   analog GO 1603, I, 37, 5 / GO 1711, 45, 5.
7   s.o. S. 68.
8   so in Thomsen c. Porten, Beltgens c. Tamm, Rohde c. Stoltenberg. Der Lübische Rat erhob in der Appellationsinstanz keine Beweise, Ebel, Recht im Ostseeraum, S. 45.

Hervorzuheben ist, daß Tatsachenvortrag, der in erster Instanz nach der mündlichen „submissio ad sententiam" schriftlich vorgebracht worden und damit verspätet war, in zweiter Instanz wiederholt werden durfte und bei der Obergerichtsentscheidung Beachtung fand[1]; das Obergericht lehnte es aber ab, eine in erster Instanz erfolgte Beweisaufnahme, insbesondere Zeugenverhöre vor dem Admiralitätsgericht, in zweiter Instanz zu wiederholen[2]; es unternahm lediglich eine erneute Würdigung der bereits erhobenen Beweise[3].

Nach Erörterung des Streitgegenstandes – in der Regel bis zur Duplik, in seltenen Fällen bis zur Quadruplik – erfolgte der Aktenschluß. Wie im erstinstanzlichen Verfahren nahm der präsidierende Bürgermeister eine Aktenverteilung ad referendum vor (GO 1711, 41, 1).

Der Referent, stets ein graduiertes Ratsmitglied, verfaßte auf der Grundlage des gesamten Parteivortrags, des Inhalts der Acta prioris instantiae sowie der Beweisaufnahme[4] eine Relation, ein Votum und davon gesonderte Rationes decidendi, die im Protokoll notiert wurden[5].

Sowohl bei der Bestimmung des Referenten als auch bei der Beratung im Senatsplenum entstand die Frage nach der Vermeidung von Interessenkollisionen, denn einer der vier Bürgermeister und vier der 24 Ratsherren[6] hatten als Mitglieder des Admiralitätsgerichts an der angefochtenen Entscheidung mitgewirkt. GO 1668 § 13 enthielt insoweit ein von GO 1711, 36, 21 bestätigtes umfassendes Mitwirkungsverbot für „die aus dem Rathe deputirte Herren zur Admiralitaet, so Judices prioris instantiae gewesen". Diese Regelung scheint man zeitweise als nicht ausreichend angesehen zu haben, denn in mehreren Prozessen[7] erkannte das Obergericht bereits im Appellationsverfahren ohne Antrag der Parteien ex officio, „die Acten zu Einholung einer Urthel an eine unverdächtige Juristenfacultät (zu) verschicken"[8], obwohl die Aktenversendung als Kontrollinstrument gegenüber der Appellationsentscheidung nach GO 1711 Tit. 49 eigentlich nur im Revisionsverfahren zulässig war[9].

1 Berenberg c. Janßen, P. Super. 3.12.1641 (Replik).
2 Rohde c. Stoltenberg, Bericht des Rates ans RKG, 7.9.1697.
3 Rohde c. Stoltenberg, P. Super. 23.5.1698 (Rationes decid.).
4 Rohde c. Stoltenberg, P. Super. 23.5.1698 (Rationes decid.).
5 Beispiele: de Vlieger c. Thomas, Rationes prod. 15.4.1701; Burmester c. Höckel, Rationes o.Q., prod. 13.4.1733; Juncker c. Schnitker, Rationes v. 22.8.1656, P. Super. ibid.; Rohde c. Stoltenberg, a.a.O.
6 zur Mitgliederzahl des Rates/Obergerichts Westphalen, Bd. I, S. 36; Anderson, Privatrecht II, S. 157f.
7 so in Rendtorff c. Brandt, Rationes Universität Frankfurt/Oder, o.Q.; Thomsen c. Porten, Rationes Universität Rostock v. 20.4.1688; Boetefeur c. Kellinghusen, Rationes Universität Rostock v. 17.4. 1758, o.Q.
8 Thomsen c. Porten, P. Super, 5.7.1686.
9 Krieger, Cap. IV, § 1; Klefeker III, S. 672ff.; Westphalen, Band I, S. 225.

Die Frage, ob in Seesachen aus Gründen der formellen Rechtssicherheit stets Transmissio actorum erkannt werden müsse, war Gegenstand eines Rechtsgutachtens, das Johann Werlhof, der Doktorvater des späteren Admiralitätsherrn und Ersten Bürgermeisters Martin Lucas Schele, 1707 dem Hamburgischen Rat erteilte[1]. Werlhof erklärte, der Rat sei „ohne transmission selber zu sprechen wol befugt", da einerseits im Appellationsverfahren generell kein Zwang zur Aktenversendung bestehe und es andererseits in Seesachen „auf See-Coutumen und Handlungs-Gebräuche, vornehmlich aber auf die Beschaffenheit des Hafens ... ankommt, welche besser in loco beurtheilet als von auswertigen Rechts-Gelehrten verstanden werden können, zumahl in judicio daselbst unterschiedliche membra zu finden, welchen die Reise ... bekandt". Dieser Aspekt der seerechtlichen Fachkunde wurde teilweise auch von den Parteien so hoch bewertet, daß sie grundsätzlich gegen die Aktenversendung plädierten[2].

In den Fällen der Aktenversendung im Appellationsverfahren übernahm das Obergericht unverändert die Rationes decidendi der ersuchten Juristenfakultät in seine Entscheidung. Die Verkündung der Appellationsentscheidungen geschah durch den präsidierenden Bürgermeister; sie umfaßte sowohl bei Aktenversendung als auch bei eigener Sachentscheidung des Obergerichts die Mitteilung der Entscheidungsgründe[3].

III. Revision an das Obergericht und Aktenversendung

Die Appellationsentscheidung des Obergerichts konnte einer Nachprüfung durch das Kaiserliche Hof- und Kammergericht in Speyer, ab 1689 in Wetzlar, unterzogen werden, sofern Streitgegenstand und Streitwert nicht einem privilegium de non appellando unterlagen[4]. Ein derartiges Privileg galt — wie noch zu zeigen sein wird — für alle Seesachen. Das Rechtsmittel, das die Appellation an das Reichskammergericht in diesem Fall ersetzte, war gemäß GO 1645, II, 41 und GO 1711, 48, 1/4 die Revision an das Obergericht[5].

Für die Revision galt eine Einlegungs- und Begründungsfrist von zehn Tagen (GO 1711, 48, 9/13), in der auch vorab die Revisionsgebühren in Höhe von 5% des Streitwertes zu zahlen waren. Die Einlegung der Revision bewirkte die Suspendierung der Vollstreckung der Appellationsentscheidung[6].

---

1   abgedruckt bei Kellinghusen, S. 10ff.
2   Thomsen c. Porten, Instrumentum gravaminum v. 5.5.1688.
3   Schlüter, Sonderbare Anmerkungen, ad GO 1645, II, 43.
4   Krieger, Cap. IV, § 37/Cap. V, §§ 1, 2.
5   Klefeker III, S. 659, 671f.
6   Schlüter, Sonderbare Anmerkungen, ad GO 1645, II, 40.

Ziel des Revisionsklägers konnte einerseits die Bestellung eines anderen Referenten als im Appellationsverfahren sein. Dies war in Hamburg weitaus weniger erfolgversprechend als zum Beispiel in Bremen, denn das dortige Obergericht entschied über Appellationen nicht als „amplissimus senatus", sondern in der jeweils halbjährlich wechselnden Besetzung mit zwei sitzenden Ratsquartieren[1], so daß die Aussicht auf eine revidierte Entscheidung sowohl durch die Person des neuen Referenten als auch durch den Wechsel aller an Beratung und Abstimmung mitwirkenden Richter beeinflußt wurde.

In Hamburg strebte der Revisionskläger in Seesachen in der Regel die Aktenversendung an[2]. Nach Vorlage einer Revisionsschrift und einer einmal zulässigen Exceptio des Gegners[3] erließ das Obergericht ein Interlokut, „daß acta wie inliegend, praevia Citatione partium, es erscheinen dieselben dabei oder nicht, inrotuliert und zu Einholung einer Urthel an eine unverdächtige Juristenfakultät versandt werden sollen"[4]. Die Inrotulation der Akten nahm der Protonotar oder ein Ratssekretär vor, wobei die Parteien oder ihre Prozeßvertreter die Vollständigkeit der Akten kontrollieren durften[5].

Die Versiegelung der inrotulierten Akten und die Entscheidung über die anzurufende Juristenfakultät oblag dem präsidierenden Bürgermeister des Obergerichts; die Parteien hatten auf die Wahl der Universität nur insoweit Einfluß, als sie durch schriftlichen Antrag vor der Versiegelung drei Universitäten ausschließen konnten[6]. Die in Seesachen am häufigsten ersuchte Juristenfakultät war Rostock[7].

Die Eröffnung des Rechtsgutachtens und die Verkündung des Revisionsurteils setzte die vorherige Zahlung der „Belehrungsgelder"[8] durch die Partei voraus, die die Aktenversendung beantragt hatte. Sofern das Revisionsurteil die Appellationsentscheidung bestätigte, waren keine anderen Rechtsmittel mehr zulässig[9]. Die in den untersuchten Revisionsverfahren noch erhobenen Restitutionsklagen wies das Obergericht zurück[10].

---

1 Deneken, Hanseat. Magazin a.a.O., S. 284; Hiemsch, S. 28, 33, 48. Der Bremische Rat bestand aus vier Ratsquartieren mit je einem Bürgermeister und 6 Ratsherren.
2 so in Boetefeur c. Kellinghusen, Peinhorst c. Meckenhauser, Jencquel c. v. Vinnen, Hupping c. Hübner.
3 GO 1711, 48, 16/17; ebenso die Praxis in den untersuchten Revisionsverfahren.
4 Peinhorst c. Meckenhauser, P. Super. 19.7.1723.
5 Schlüter, Sonderbare Anmerkungen, ad GO 1645, II, 43.
6 Schlüter, a.a.O.; GO 1711, 48, 19.
7 Nur in Rendtorff c. Brandt entscheidet die Juristenfakultät Frankfurt a.d. Oder.
8 dazu i.e. Schlüter, a.a.O.; Klefeker III, S. 673f.; GO 1711, 49, 5/6.
9 Klefeker III, S. 673.
10 so in Boetefeur c. Kellinghusen.

Die weitere Appellation an das Reichskammergericht war in Seesachen ausgeschlossen.

In der Absicht, die städtische Gerichtsbarkeit einer Kontrolle der Reichsgerichte zu entziehen[1], erlangte der Hamburgische Rat nach verschiedenen anderen Privilegien[2] in den Jahren 1553 und 1634 zwei wichtige kaiserliche privilegia de non appellando:

Carl V. erklärte in einem Privileg vom 4.7.1553[3] die Appellation gegen Hamburgische Obergerichtsurteile an das Reichskammergericht „in Sachen, bekantliche schulden, iniurien oder schelt wort unnd die gepew der Statt belangend, unnd sonst gemainlich inn allen sachen, da die anfengclich Clag oder Hauptsach nit uber sechshundert gulden reinisch inn golt, sonnder sechshundert ietzgemelter Gulden oder darunter werth were", für unzulässig.

Ferdinand II. dehnte im Privileg vom 31.3.1634[4] die Inappellabilität auf alle Sachen aus, die „nicht sybenhundert Goldtgulden rheinisch an Hauptsumma, ohne die Zinsen, schäden unnd andere interesse beweißlich übertreffen, oder aber der Statt gepew, Iniurien, sy seyen verbal oder real, bürger- oder peinlich intentiret, wie auch in Sachen, factoreyen, Maßcopey, Boddemerey, wechßley, assecurantien, unnd so auf Rechnung beruehen, auch sonsten alle andere kauffmanns gewerbe und handel betreffen".

Die Verpflichtung zur Einhaltung dieser Privilegien beim Reichskammergericht sprachen § 18 des Reichsabschieds von Speyer 1600[5] und §§ 107, 113 des Reichsabschieds von Regensburg 1654[6] aus. Die entsprechenden Verpflichtungen für die Parteien in Hamburg enthielten GO 1603, I, 40, 1/2 und GO 1711, 47, 1/2.

Trotzdem haben die vor dem Obergericht unterliegenden Kaufleute in mehreren Verfahren versucht, beim Reichskammergericht entweder einen Mandatsprozeß einzuleiten[7] oder die Nichtigkeitsklage zu erheben[8] oder die Gültigkeit des Privilegs von 1634 anzufechten[9]. In diesen Fällen forderte das Reichskammergericht

1   Eisenhardt, S. 54f.; Weitzel, S. 225ff.; Broß, S. 24f.; 38.
2   Weitzel, S. 229; Augner, S. 232ff.; Westphalen, Bd. I, S. 223f.
3   bestätigt am 6.4.1554, abgedruckt bei Eisenhardt, S. 209ff.
4   abgedruckt bei Eisenhardt, S. 211ff.; vgl. zu diesem Privileg auch Kiesselbach, Seeversicherung, S. 128f.
5   in Sammlung der Reichsabschiede, S. 959ff., 964.
6   in Lünigs Reichsarchiv Bd. 1, S. 585ff., 605f.
7   so in Juncker c. Schnitker, Mandat v. 6.3.1656; Hupping c. Hübner, H 180, Exceptiones v. 24.9.1694; vgl. ferner Dick, S. 93ff.; Wiggenhorn, S. 82ff., 96.
8   so in Otte c. Paschen, Ulterior Gravaminum deductio, o.Q.; vgl. ferner Dick, S. 209f.
9   so in Hupping c. Hübner, H 180, Rezess v. 9.9.1695/15.1.1697.

stets einen Bericht des Hamburgischen Rates über die Sach- und Rechtslage sowie die Übersendung der Acta priora, ordnete aber bereits die Vollstreckung der Obergerichtsentscheidung gegen Kaution an[1].

Nach mündlicher Verhandlung und Aktenschluß erließ das Reichskammergericht — wenn es überhaupt entschied[2] — das folgende Urteil, mit dem die Unzulässigkeit der Appellation ausgesprochen wurde:

„In angemaßter Appellation N.N. in actis benant wider N.N., ist die Sach von Ampt wegen vor beschlossen angenommen, und erkannt, daß selbige als eine Assecuranz- / See- Sache durch vorgenommene Appellation an dieses Cayserl. Cammergericht nicht erwachsen, sondern an Richter voriger Instanz zu remittiren und weisen sein, als Wir dieselbe hiemit remittiren und weisen, Appellanten die Gerichtskosten derentwegen aufgelauffen, ihm, dem Appellaten nach rechtlicher Ermäßigung zu entrichten und zu bezahlen fällig erteilend"[3].

1   Beispiel: Otte c. de Voss, Q 24, prod. Wetzlar 9.7.1806. Zur Aktenanforderung vgl. auch Bundesarchiv, AR 1, Bescheidtischprotokoll B 6, 1801, fol. 11.
2   Die meisten Prozesse enden ohne Entscheidung des RKG.
3   Burmester c. Höckel, Urt. des RKG v. 6.2.1737; ebenso: Thornton c. Kühl, Urt. des RKG v. 23.1.1765; Rendtorff c. Brandt, Urt. des RKG v. 5.2.1737; Pardo c. Meyer, Urt. des RKG v. 20.10.1656.

Dritter Teil

DIE RECHTSPRECHUNG DES HAMBURGISCHEN ADMIRALITÄTSGERICHTS

Bis zum Inkrafttreten der Assecuranz- und Havareiordnung 1731 ist die Zeit der Jurisdiktionstätigkeit des Admiralitätsgerichts dadurch geprägt, daß im Bereich der Hamburgischen Seerechtspraxis am Beginn des 17. Jahrhunderts ein relativ geschlossener hansischer Rechtskreis zunehmenden Einflüssen eines dynamischen süd-west-europäischen Rechtskreises ausgesetzt war. Den hansischen Rechtskreis repräsentieren im wesentlichen das See- und Schiffrecht im Hamburger Stadtrecht 1603/05 sowie das Hansische Seerecht von 1614, das Lübische Seerecht des Revidierten Lübecker Stadtrechts 1586 und das Wisbysche Seerecht[1]. Der dagegen vordringende Rechtskreis[2] − gegründet auf die um 1370 in Barcelona aufgezeichnete Seerechtssammlung „Consolato del mare"[3] sowie auf das am Ende des 16. Jahrhunderts verfaßte nordfranzösische Rechtsbuch „Guidon de la mer"[4] und beeinflußt durch eine romanistisch fundierte Seerechtsliteratur − hat seine Exponenten in den französischen und niederländischen Seerechtskodifikationen des 16. und des beginnenden 17. Jahrhunderts[5].

Angesichts der Vielfalt und teilweisen inhaltlichen Überlagerungen dieser Seerechtsquellen ist vor der Untersuchung der Rechtsprechung des Hamburgischen Admiralitätsgerichts einerseits zu klären, welche materiellen Rechtsquellen das Gericht seinen Entscheidungen zugrundelegte, und darüberhinaus, ob und inwieweit zwischen den angewandten Rechtsquellen ein Stufenverhältnis im Sinne einer primären oder sekundären Geltung bestand.

A. Die Rechtsquellen

GO 1668 § 9 versucht eine erste normative Fixierung der entscheidungsbestimmenden Rechtsquellen: Das Admiralitätsgericht soll „nach dieser Stadt, und den gemeinen kaiserlichen, auch den See-Rechten, in so weit selbe dem Stadt-Buche nicht entgegen, und der Usantz" judizieren. GO 1711, 36, 16 präzisiert diese An-

---

1 Landwehr faßt diese Seerechtsquellen unter dem Oberbegriff „Hanseatische Seerechte" zusammen, Landwehr, in: 1667 ars sjölag ..., S. 69f., 84. Vgl. auch Wagner, S. 44f., 72, 74ff.; Lau, S. 12ff.; Pöhls, Seerecht I, S. 22ff, bezieht den Begriff „Hanseatisches Seerecht" nur auf das Hansische Seerecht 1614.
2 parallel zur Zuwanderung niederländischer und spanischer Kaufleute nach Hamburg, s. Vorbemerkung.
3 Pöhls, a.a.O., S. 13ff.; Wagner, S. 40ff., 57ff.; Wüstendorfer, S. 19.
4 Valin, S. 18f.; Pöhls, a.a.O., S. 12; Wagner, S. 49; Pardessus II, S. 369ff.
5 Pöhls, a.a.O., S. 27ff.; Wagner, S. 46ff., 77ff., 80ff.

weisungen durch Hinweise auf HambStR 1603, II, 13 und auf die „See-Rechte, soweit selbige hiesigen Verfassungen, der beständigen Börsen-Usanze und hier rezipirten Handels-Stylo nicht zuwider"; weitere Rechtsquellen sind „der Admiralität und des Commercii confirmirte Ordnungen und beständig observirte See-Usanzen".

Auffallend sind in diesen Bestimmungen die Parallelität zwischen Hamburgischem Stadtrecht und Gemeinem Handelsrecht sowie die Differenzierung des Begriffs der Usance. Beide Normen stellen allerdings Sollvorschriften dar, die nicht zwingend die tatsächlich angewandten Entscheidungsgrundlagen spiegeln müssen.

Deren unmittelbare Feststellung ist dadurch erschwert, daß das Admiralitätsgericht seine Interlokute und Urteile nur mit schriftlich formuliertem Tenor, jedoch ohne Entscheidungsgründe erließ[1]. Mittelbare, aber kaum weniger zuverlässige Auskunft über die herangezogenen Rechtsquellen geben zum einen die bei Klefeker abgedruckten Voten der Referenten des Admiralitätsgerichts, außerdem die privaten Gesetzessammlungen, die die Admiralitätsbürger Johann v. Spreckelsen (Amtszeit 1623 – 1627) und Paul Jenisch (Amtszeit 1720 – 1724) bei Übernahme ihrer richterlichen Aufgabe aufzeichnen ließen[2], schließlich die Extrajudizialprotokolle der Admiralität, in denen die Daten des Erwerbs von Seerechtskompendien, Seegesetzen und Kommentarliteratur durch die Admiralität notiert sind. Rückschlüsse auf weitere Rechtsquellen erlauben auch die schriftlichen Rezesse der Advocaten in den untersuchten Prozessen und zum Teil die Hinweise in Krügers Dissertation. Danach ergibt sich folgendes Bild:

I. Hanseatische normative Rechtsquellen

Unter dem Begriff der hanseatischen Rechtsquellen werden im folgenden – in Anlehnung an Landwehrs Definition[3] – sowohl die originären Hamburgischen Seerechtsnormen als auch die sonst den hansischen Rechtskreis beherrschenden Seerechte, das Hansische Seerecht 1614, das Wisbysche Seerecht und das Lübische Seerecht 1586 verstanden.

1. Das Hamburgische Seerecht von 1603/05

Zentrale Rechtsquelle für die Spruchtätigkeit des Admiralitätsgerichts waren die seerechtlichen Bestimmungen im Hamburger Stadtrecht 1603/05, II, 13–19[4].

---

1   s.o. S. 108.
2   v. Spreckelsen in CoBi S/468; Jenisch in StAH, Richey, Collect., Nr. 90.
3   s.o. S. 119, Fn. 1.
4   genannt bei v. Spreckelsen und Jenisch a.a.O., ebenso Krüger, S. 9; Anderson/Richey, Cap. III, § 5.

Die Seerechtstitel behandeln die Schiffsreederei, das Verhältnis von Schiffer und Schiffsvolk (darin auch das Verhältnis der Schiffer zu den Reedern und das Recht der Admiralschaften), das Seefrachtrecht, den Seewurf (Havarei), den Schiffbruch, die Bodmerei und den Seeraub. Die Ausarbeitung dieser Titel oblag bei der Neugestaltung der Gerichtsordnung und des Stadtrechts von 1603[1] den kaufmännischen Ratsherren Hinrich v. Spreckelsen und Hinrich Silm[2].

In Form und Inhalt übernehmen die 81 Seerechtsartikel überwiegend die Normen des Abschnitts P im Hamburger Stadtrecht von 1497, „Van Schip-Recht unde den Reders der Schippe"[3]; darüberhinaus sind unmittelbare Rezeptionen aus der Hansischen Schiffsordnung 1591[4] und aus dem Revidierten Lübecker Stadtrecht 1586[5] festzustellen, während 11 Seerechtsartikel aus Anlaß der Revision 1603 offensichtlich neu formuliert wurden[6].

2. Die Hamburgische Admiralschaftsordnung von 1623

Die Admiralschaftsordnung von 1623, die in erster Linie die extrajudizialen Funktionen der Admiralität regelt[7], wird bei v. Spreckelsen und Jenisch[8] auch als materielle Rechtsquelle für das Admiralitäts*gericht* bezeichnet. Im judizialen Bereich stellt sie aber nur eine Art Rahmengesetz dar, das − wie in §§ 1, 14 Admiralschaftsordnung für die Einhaltung der Admiralschaften ausdrücklich angeordnet − durch die Normen des Hamburgischen Seerechts von 1603 auszufüllen ist.

3. Die Hamburgische Assecuranz- und Havareiordnung von 1731

Das Seeversicherungsrecht, das neben den Havariefällen die am häufigsten vom Admiralitätsgericht zu behandelnde Rechtsmaterie repräsentiert[9], war bis zum Erlaß der Assecuranz- und Havareiordnung 1731 in Hamburg gesetzlich nicht geregelt. Insbesondere fehlen Assecuranzbestimmungen im Hamburgischen Seerecht von 1603, obwohl die Revisionsarbeiten ursprünglich auch die Seeassecuranz − unter der Verantwortung des Ratsherrn Eberhard Esich − einschließen sollten[10].

1   vgl. dazu Lau, S. 15ff.
2   Ausgabe 1842, S. VIII.
3   Lappenberg, S. 165ff., 306ff.; Landwehr, a.a.O., S. 79ff. m.w.N.
4   abgedruckt bei Pardessus II, S. 507ff.
5   abgedruckt bei Pardessus III, S. 437ff.; zu den Rezeptionen vgl. Landwehr, a.a.O., S. 80f.; Richey, Historia Statutorum, Cap. II, §§ 12ff.; Ausgabe 1842, S. LI.
6   Landwehr, a.a.O., S. 81; vgl. ferner Reincke, HansGBl. 63 (1938), S. 166ff.; Lau, S. 18ff.
7   zu ihrer Entstehung vgl. S. 289ff.
8   auch bei Krüger, S. 8f. und bei Anderson/Richey, Cap. III, § 5.
9   Krieger, Cap. I, § 75; Richey, Collect., Nr. 97.
10 Ausgabe 1842, S. VIII.

Ein erster Kodifikationsversuch wurde 1655/56 im Zusammenhang mit den Bestrebungen zur Einrichtung einer ständigen Assecuranzkammer in Hamburg[1] unternommen. Im Rat-und Bürgerconvent vom 17.9.1656[2] schlug der Senat vor: „Weilen dan auch die Assecurantz Ein fürnehmes Werck der Commercien, dabey aber viele Streitigkeiten sich ereignen, und dan E.E. Raht zu beforderung der Schiffahrt und Kauffmannschaft eine gute Ordnung darin zu richten, bedacht, solches aber wegen Kürtze der Zeit für die Bürgerschafft zusammenkunfft nicht hat geschehen können; Alß thut E.E. Raht hiemit der Bürgerschaft ersuchen, Sie wollen den Ehrb. Oberalten genugsahme Vollmacht aufftragen, mit E.E. Raht deßwegen zu communiciren, und daß Sie, wie eine gute Ordnung davon abzufassen und werckstellig zu machen, schließen mugen". Die Erbgesessene Bürgerschaft stimmte dem Entwurf einer „Assecurantz Ordnung" nach vorheriger Anhörung der „Kauffleute der Börse" zu[3].

Im Staatsarchiv Hamburg befindet sich eine „Aßuranz Ordnung, Gesaz und Policie der Stadt Hamburgk zu befuerderung algemeiner Kauffmannschafft" mit dem rudimentären Jahreshinweis „16.."[4]; sie scheint das Ergebnis des zitierten Rat- und Bürgerschlusses zu sein.

Die Ordnung wird eingeleitet mit zwei Mustern für eine Versicherungspolice in hochdeutscher Sprache[5]. An diese „Benamung einer Police" schließen sich 28 Artikel an, die die wichtigsten seeversicherungsrechtlichen Normen mit Schwerpunkten auf dem notwendigen Inhalt einer Police (Art. 2, 7, 8, 12), dem Umfang des versicherten Risikos (Art. 10, 16, 24) und dem Recht des Abandon (Art. 19, 22, 27, 28) enthalten. Die übrigen Regelungen betreffen Einschränkungen der Vertragsfreiheit und Registrierungspflichten bezüglich abgeschlossener Versicherungsverträge (vor allem Art. 5, 6).

Von der AHO 1731 unterscheidet sich diese Assecuranzordnung einerseits durch die rezipierten Quellen – sie beruht fast ausschließlich auf Normen der niederländischen Ordonantien Philipps II. von 1570/71[6] und ist nicht unmittelbar durch Assecuranzliteratur beeinflußt –, andererseits durch den Regelungsrahmen, indem sie nur das Assecuranzrecht ohne das Recht der großen und partikulären Havarie, der Strandung und Bergung und der An- und Übersegelung normiert[7]. Dieser Assecuranzordnungsentwurf erlangte keine Gesetzeskraft[8].

1   P.E. Super. Juli, August, September, November 1655, und P. Adm. Juli 1656 in Richey, Collect., Nr. 47, 48; vgl. ferner S. 287.
2   StAH, Erbgesessene Bürgerschaft Nr. 1, Band 3, S. 719f.
3   StAH, Erbgesessene Bürgerschaft, a.a.O., S. 725f.
4   StAH, Senat Cl. VII, Lit. Lb, No. 2, Vol. 1.
5   Im Assecuranzverkehr wurden sonst bis 1731 – auch in allen untersuchten Seeversicherungsprozessen bis 1731 – nur holländische Policenformulare verwendet.
6   Kracht, S. 24ff.; Kiesselbach, Seeversicherung, S. 132; Marquard II, S. 592ff.
7   Diese Materien sind später in AHO XXI, XXII, XIV und VIII geregelt worden.
8   Kiesselbach, Seeversicherung, S. 132.

Nach einem weiteren mißlungenen Kodifikationsversuch 1674[1] gab erst das 1721/ 22 von Dr. Hermann Langenbeck formulierte „Project zu einer Assecurantz-Ordnung"[2] neue gesetzgeberische Impulse. Langenbecks Entwurf umfaßt 55 Artikel ohne systematisierende Titel oder Rubriken, außerdem einen Anhang mit 10 weiteren Artikeln, deren Aufnahme in den endgültigen Gesetzestext er befürwortet. Hinsichtlich der zugrundeliegenden Rechtsquellen fällt in diesem Annex die Bezugnahme auf seerechtliche Literatur (Marquard) sowie auf holländische Policenformulare und die Gerichtspraxis der Amsterdamer Assecuranzkammer auf (Art. 9, 10, 7). Die Rekonstruktion der für die 55 Hauptartikel herangezogenen Quellen dokumentiert dagegen eine ausschließliche Orientierung an See*gesetzen* und offenbart überdies die eingangs angesprochene Verschiebung zweier Rechtskreise: Insgesamt 25 Artikel sind der französischen Ordonnance de la marine 1681 (liv. 3, tit. 6), 15 Artikel der Amsterdamer Assecuranzordnung von 1603 und 5 Artikel der niederländischen Ordonantie Philipps II. von 1563 entnommen. Zwei Artikel entstammen dem spanischen Consolato del mare. Hamburgische und Hansische Quellen sind dagegen in weitaus geringerem Umfang verarbeitet, obwohl Langenbeck auch die see*handels*rechtlichen Materien der großen und partikulären Havarie[3] in Art. 29/30 des Entwurfs mit berücksichtigt: Aus dem Hamburgischen Seerecht von 1603 und dem Wisbyschen Seerecht sind je ein Artikel übernommen[4], aus dem Reglement des Dispacheurs von 1705 drei Artikel. Außer diesen normativen Quellen hat Langenbeck in 12 Artikeln die als „pacta inter privatos" geltenden Vergleiche der Hamburger Assecuradeure von 1687, 1693, 1697 und 1704 zugrundegelegt[5].

Die am 10.9.1731 verkündete und am 1.1.1732 in Kraft getretene Hamburgische „Assecuranz- und Havarey-Ordnung" unterscheidet sich trotz Langenbecks sorgfältiger Vorarbeit erheblich von seinem Entwurf. Ihr Inhalt ist systematisch geordnet in 23 Titel mit insgesamt 139 Artikeln, ein Anhang ergänzt AHO I, 3 durch den Abdruck von sieben Policenmustern. Der gewachsene Regelungsumfang beruht auf einer stärkeren Einbeziehung des Rechts der Havarie und der Kollision in AHO VIII, XIV, XXI, XXII[6], bestimmter Normen aus der Rotterdamer Assecuranzordnung von 1721[7] und einiger seerechtsdogmatischer Anregungen aus Langenbecks Seerechtskommentar und der Dissertation von M.L. Schele besonders im Recht der Policenbedingungen, des Abandon und der Reclamie-

1   Kiesselbach, a.a.O.
2   StAH, Senat Cl. VII, Lit. Lb, No. 2, Vol. 3.
3   anders als im um 1656 entstandenen Entwurf.
4   Das Hansische Seerecht 1614 ist nicht verwertet.
5   Die Zahl der aufgeschlüsselten Artikel übersteigt die Anzahl der 55 Hauptartikel, weil einige Rechtsquellen, primär die Ordonnance de la marine 1681 und die Amsterdamer Assecuranzordnung 1603, doppelt nachweisbar sind. 7 Artikel haben keine unmittelbaren normativen Vorbilder.
6   Hier wird das Hamburgische Seerecht von 1603 als Rechtsquelle für die AHO aufgewertet.
7   vgl. AHO III, 1 / V, 1; beherrschenden Einfluß haben allerdings wie in Langenbecks Entwurf die Ordonnance de la marine 1681 und die Amsterdamer Assecuranzordnung 1603.

rung aufgebrachter Schiffe und Güter. In den Beratungen der AHO, an denen neben Langenbeck Mitglieder der Commerzdeputation und des „Ehrbaren Kaufmanns" sowie einige Assecuradeure teilnahmen[1], wurden andererseits einige Vorschläge aus Langenbecks Entwurf bewußt nicht aufgegriffen, beispielsweise das Verbot der Wettassecuranz (Art. 9 des Entwurfs), die Versicherung „auf gute oder böse Zeitung" (Art. 11), die Priorität handschriftlicher Nebenabreden in gedruckten Policen (Art. 17, 18), die Restriktion der Versicherung für fremde Rechnung (Art. 20) und die sogenannte „caution de nantissement" bei überlanger Seeprozeßdauer (Art. 55).

Nach dem Inkrafttreten der AHO gab es 1748 bis 1756[2], 1765 bis 1769[3], 1786[4] und 1800[5] Revisionsbemühungen, die sämtlich keine legislatorische Verwirklichung fanden.

Deshalb wurde die AHO in ihrer ursprünglichen Gestalt von 1731 in den Seeversicherungsprozessen vor dem Admiralitätsgericht als Rechtsquelle herangezogen; die vorangegangenen Entwürfe hatten dagegen keine Auswirkungen auf die Rechtsprechung des Gerichts[6].

4. Die Hamburgische Verordnung wegen Begünstigung der Frachtgelder von 1766

Die gemeinsam mit der Verordnung für Schiffer und Schiffsvolk vom 5.12.1766 erlassene Verordnung wegen Begünstigung der Frachtgelder wurde als Rechtsquelle in Admiralitätsprozessen[7] insoweit berücksichtigt, als es um die vorläufige Verurteilung eines Befrachters bzw. Ladungsempfängers zur Frachtleistung ging. Das vom Ablader auszustellende Konnossement[8] enthielt in den untersuchten Prozessen in der Regel neben der Unterschrift des Schiffers die Klausel „Maß und Gewicht mir unbekannt"[9].

Diese Freizeichnungsklausel[10] bewirkte in Verbindung mit dem Eid der Besatzung, keine Ladungsteile veruntreut oder verkauft zu haben, daß der Befrachter

1 Nach Langenbecks Tod 1728 schloß der Syndicus Dr. Johann Julius Surland die Arbeit an der Gesetzesvorlage ab, Baasch, Handelskammer I, S. 185; Kiesselbach, a.a.O., S. 133.
2 Extract. Protoc. Commerc. 14.12.1748 / 6.11.1749 in CoBi, S/599, SH 103.
3 Assecuranzordnungsentwürfe aus dieser Zeit in CoBi S/599, blau, Nr. 2.
4 Baasch, a.a.O., S. 188; Kiesselbach, a.a.O., S. 134.
5 Baasch, a.a.O., S. 188; Kiesselbach, a.a.O., S. 134.
6 vgl. die Voten in Thornton c. P.P., J.S. c. Scheel, C.M. c. Thornton, Hettling c. Kähler.
7 so in Havemester c. Hasse, Klefeker VII, S. 74 (Votum).
8 vgl. dazu Surland, S. 25.
9 so in Burmester c. Höckel, Konnossement von 1729, Q 22, Bl. 86ff.; Peinhorst c. Mekkenhauser, Konnossement v. 1718, Q 12.
10 dazu Langenbeck, Seerecht, S. 143; Blanck, S. 54.

bzw. der Empfänger der Ladung[1] aufgrund der zitierten Verordnung zur gerichtlichen Hinterlegung der vereinbarten Fracht verurteilt und mit seinen Einwendungen gegen die Frachtforderung des Schiffers ins Reconventionsverfahren verwiesen werden konnte[2].

5. Das Hansische Seerecht von 1614

Die Qualität des Hansischen Seerechts von 1614 als Rechtsquelle für die Admiralitätsgerichtsurteile bestätigen sowohl Richey[3] und Krüger[4] als auch die Sammlung Jenischs. Dieses Seerecht — von dem Stralsunder Ratssyndicus und späteren Syndicus der Hanse Dr. Johannes Doman konzipiert und hauptsächlich von den Normen der Hansischen Schiffsordnung 1591 beeinflußt[5] — bestand selbständig neben dem Hamburgischen Seerecht 1603[6] als vervollständigende und systematisierende Sammlung hansestädtischer Rechtsgrundsätze.

6. Das Wisbysche Seerecht

Das Wisbysche Seerecht, das in sich so heterogene Quellen wie die Vonnesse von Damme[7], eine kaufmännische Ordonantie holländischen Ursprungs aus der zweiten Hälfte des 14. Jahrhunderts und Lübisches Seerecht des 13. und 14. Jahrhunderts vereinigt[8], ist bei v. Spreckelsen und Jenisch nicht erwähnt. Das Extrajudizialprotokoll vom 18.6.1705[9] weist jedoch einen Admiralitätsbeschluß aus, „das Wisby'sche Recht wieder (!) anzuschaffen". Als Rechtsquelle der Admiralitätsurteile bezeichnen es auch Krüger[10] und Richey[11]. Den Erwerb eines Textes des Wisbyschen Seerechts für das Admiralitätsgericht könnte Dr. Hermann Langenbeck empfohlen haben, der 1703 bis 1708 als Admiralitätssekretär fungierte[12] und dieses Seerecht auch in seinem Kommentar verarbeitete.

1 Beide konnten frachtzahlungspflichtig sein, vgl. Lau, S. 190f.
2 Langenbeck, a.a.O., S. 80f.; Havemester c. Hasse, Urt. v. 5.11.1767, Klefeker VII, S. 77.
3 Anderson/Richey, Cap. III, § 5.
4 Krüger, S. 9f.; ebenso Werlhof, Commentatio, S. 14.
5 Landwehr, a.a.O., S. 71ff. m.w.N.; Wolter, S. 79ff.; Segger, S. 57ff.; Lau, S. 19f.
6 Landwehr, a.a.O., S. 74, 84, weist unmittelbare Verflechtungen beider Seerechte durch ältere hansische Schiffrechte von 1482 und 1572 nach.
7 zu deren Ursprung aus den Roles d'Oléron Th. Kiesselbach, HGBl. 12 (1906), S. 4ff.; Telting, S. 2ff.; Segger, S. 22ff.; Landwehr, a.a.O., S. 83; Wüstendorfer, S. 19; Pöhls, a. a.O., S. 18ff.
8 Landwehr, a.a.O., S. 82f.
9 P.E. 1705, fol. 169 R.
10 Krüger, S. 11.
11 Anderson/Richey, Cap. III, § 5.
12 Richey, Collect., Nr. 174.

7. Das Lübische Seerecht von 1586

Das Lübische Seerecht des Revidierten Lübecker Stadtrechts von 1586[1] ist ersichtlich nicht als unmittelbare Rechtsquelle beim Admiralitätsgericht herangezogen worden[2]. Eine mittelbare Auswirkung auf die Admiralitätsjudikatur ist allenfalls infolge der rechtsvergleichenden Verarbeitung des Lübischen Seerechts in dem Langenbeck'schen Seerechtskommentar anzunehmen.

II. Ausländische normative Rechtsquellen

Auf ausländische Seerechtssammlungen bzw. Seerechtskodifikationen war das Admiralitätsgericht in seiner Rechtsfindung nur im Bereich des Seeversicherungsrechts bis zum Erlaß der AHO angewiesen.

1. Niederländische Seegesetze

Sowohl in v. Spreckelsens Sammlung als auch bei Krüger[3] erscheint unter den Rechtsquellen des Admiralitätsgerichts das dritte holländische Assecuranzgesetz[4], die „Ordonnantie van de Zeevart" Philipps II. vom 31.10.1563; sie enthält einen siebenten Titel „Op de versekeringhe oft asseurantie", der inhaltlich mit den „Costoymen van Antwerpen", der Ordnung der in allen niederländischen Seeversicherungspolicen in Bezug genommenen Börse von Antwerpen[5], übereinstimmt[6]. Dieser siebente Titel umfaßt 20 Artikel und ein neues Policenformular; er stellt die erste ausführlichere Kodifikation der Niederlande für das Seeassecuranzrecht dar[7].

Auf seiner Grundlage entstanden partikuläre Assecuranzgesetze der wichtigsten niederländischen Versicherungsplätze Amsterdam, Middelburg und Rotterdam, die ebenfalls als Rechtsquellen die Judikatur des Admiralitätsgerichts bestimm-

---

1   zu seinen Quellen Landwehr, a.a.O., S. 75ff.; Landwehr, ZVHL 60 (1980), S. 24ff.
2   Es ist weder in den Sammlungen v. Spreckelsens und Jenischs noch in den Voten und Rezessen der untersuchten Prozesse nachweisbar.
3   Krüger, S. 11.
4   nach den „Placaten" zur Seeversicherung v. 29.1.1549 und v. 19.7.1551, Kracht, S. 11ff.; Plaß, S. 29.
5   Die älteste Sammlung der Coutumes stammt von 1569 (Kracht, S. 16), nicht erst von 1609 (Kiesselbach, a.a.O., S. 110).
6   Pöhls, Assecuranzrecht I, S. 13, Fn. 13.
7   Die späteren Revisionen der Ordonnantie 1563 in den Jahren 1569, 1570, 1571 setzten sich in der Gerichtspraxis nicht durch; zu den Revisionen vgl. Kracht, S. 21 ff.

ten[1] und häufig in den schriftlichen Rezessen der Hamburgischen Advocaten zitiert wurden[2].

Jede dieser Städte hat ihre Assecuranzordnung mehrfach revidiert[3]; die bei der Admiralität gebräuchlichen Fassungen[4] waren die „Assecurantz-Ordonnantie der Stadt Amsterdam" von 1603[5], die „Ordonnantie op't Stuck van Assurantien der Stadt Middelburg in Zeeland" von 1689[6] und die „Ordonnantie op het Stuck van Assecurantie ende van Avaryen der Stadt Rotterdam" von 1721[7].

2. Die Ordonnance de la marine von 1681

Das Assecuranzrecht war in Frankreich zunächst nur rudimentär in Ordonnancen von 1517, 1543, 1555, 1584 und 1629 geregelt, die vor allem Vorschriften des öffentlichen Seerechts und der Gerichtsverwaltung für die französischen Admiralitäten enthielten[8]. Die erste auf der Grundlage des Guidon de la mer und der romanistischen Rechtswissenschaft[9] das Seehandels- und Seeversicherungsrecht konzentrierende Kodifikation, die Ordonnance de la marine von 1681, ist als unmittelbare Rechtsquelle nur in Schriftsätzen Hamburgischer Advocaten nachzuweisen[10]. Eine ausführliche Verarbeitung ihres 3. Buches, Tit. 5−8 über Bodmereien, Assecuranzen und Avarie sowie den Seewurf stellt man dagegen bei Langenbeck, Poppe, Magens, Büsch, Benecke und Pöhls fest.

III. Die „gemeinen kaiserlichen Rechte"

Der in den Gerichtsordungen verwendete Begriff der „gemeinen kaiserlichen Rechte" bezieht sich in der Praxis des Seeprozesses primär auf das Seehandels-

---

1 Die Amsterdamer und die Antwerpener Ordnungen erwähnt P.E. Senat. 12.11.1655 (Richey, Collect., Nr. 47) als im Besitz der Admiralität befindlich. Extracte aus beiden Assecuranzordnungen erscheinen in Jenischs Sammlung. v. Spreckelsens Sammlung umfaßt die vollständige Amsterdamer Ass.O. von 1603 und die revidierte Ordonnantie Philipps II. von 1570 (bei Marquard II, S. 592ff. abgedruckt) und die Instruktion für den 1. niederländischen Dispacheur Diego Gonzales Gante v. 11.10.1570 (abgedruckt bei Marquard II, S. 601ff.).
2 so in Peinhorst c. Meckenhauser, Boué c. Stenglin.
3 Nachweise bei Pöhls, a.a.O., S. 13f.; Kracht, S. 30ff.; Wagner, S. 81.
4 vgl. dazu die Auskunft J. Andersons v. 13.4.1723 an Richey in Richey, Collect., Nr. 88 R.
5 abgedruckt bei Marquard II, S. 603ff., Lit. S.; die Fassung der Ordonnantie 1603 ist identisch mit der bei Pardessus (Band IV, S. 122ff.) abgedruckten Fassung von 1598.
6 abgedruckt bei Magens, S. 520ff.
7 abgedruckt bei Magens, S. 543ff.
8 Valin, S. IX; Wagner, S. 78.
9 Quellen waren außerdem das Consolato del mare und Teile des Hansischen Seerechts 1614, Valin, S. XIIf., XVIIIf.; vgl. ferner Rehme, S. 139f.
10 so in Boetefeur c. Kellinghusen.

recht, denn dem Römischen Recht waren originäre versicherungsrechtliche Bestimmungen noch fremd[1]. Als seerechtliche Rechtsquellen des Admiralitätsgerichts bezeichnen Richey[2] und Krüger[3] aus dem Römischen Recht folgende Abschnitte:

Dig. Lib. XIV, Tit. 1 de Exercitoria actione,
Dig. Lib. XIV, Tit. 2 de Lege Rhodia de iactu,
Dig. Lib. XXII, Tit. 2 de nautico foenore,
Cod. Lib. IV, Tit. 33 de nautico foenore.

Diese Abschnitte stellen bereits eine Auswahl aus der größeren Gruppe seerechtlicher Normen in den Digesten und den Codices Justinians und Theodosians dar[4]. Das daraus erkennbare Symptom der zurückgehenden unmittelbaren Anwendung des römischen Seerechts bestätigt sich für den Hamburgischen Seeprozeß insofern, als die in den zitierten vier Abschnitten behandelten Institute der Partenreederei und Reederhaftung[5], der Kontribution zur Havarie[6] und der Bodmerei[7] in den Admiralitätsprozessen ausschließlich in der in HambStR 1603, II, 13/16−18 und in AHO XXI, XXII normierten und durch das Seerecht im Stadtrecht 1497 (Teil P) vermittelten Gestalt diskutiert werden[8]. Demnach ist das römische Seerecht nur in rezipierter Form[9] als mittelbare Rechtsquelle der Admiralitätsentscheidungen einzustufen.

IV. Das Gewohnheitsrecht

Während das Gewohnheitsrecht in der seerechtlichen Literatur unter den Bezeichnungen „consuetudo"[10], „Seegebrauch"[11], „Coutumes der See" oder „Usancen der See"[12] einem vielschichtigen, überwiegend schwach konturierten Begriffsverständnis begegnet, findet es als Rechtsquelle in den Admiralitätsgerichtsverfahren teilweise relativ eindeutige begriffliche Abgrenzungen.

1 Die Seeversicherung wurde im Mittelalter dogmatisch teilweise als Darlehen, teilweise als Bürgschaft oder als Scheinkauf eingeordnet, vgl. Poppe, S. 31ff. m.w.N.; Stypmann, part. 4, cap. 7, n. 25−45; Kuricke, de assecurat. S. 3f.; Kiesselbach, Seeversicherung, S. 2; Benecke I, S. 3ff.; Pöhls, Assecuranzrecht I, S. 11.
2 Anderson/Richey, Cap. III, § 5.
3 Krüger, S. 10.
4 dazu i.e. Pardessus I, S. 85ff.; F.M. Klefeker, S. 18ff.; Wagner, S. 56, jeweils m.w.N. zu seerechtlichen Regeln im allgemeinen römischen Verkehrsrecht.
5 vgl. Rehme, S. 6ff.; 9ff.
6 vgl. Kettler, S. 6ff.; Th.B. Jacobsen, S. 4ff.; Klügmann, S. 10ff.
7 vgl. Rademin, S. 1, 4; H. Sieveking, S. 30f.; Matthiass, S. 5ff.
8 Erst recht ist das „Rhodische Seerecht" (Wagner, S. 59f.; Pöhls, Seerecht I, S. 7ff.) nicht als unmittelbare Rechtsquelle nachzuweisen.
9 vgl. dazu Klefeker VII, S. 181ff.; Langenbeck, Seerecht, S. 170ff.; v. Bostell, S. 11ff.
10 Poppe, S. 41; Rentzel, S. 35.
11 Klefeker VII, S. 183.
12 Lau, S. 29ff., 33ff., m.w.N.

Eine erste Differenzierung ermöglicht der einzige in den untersuchten Admiralitätsurteilen nachweisbare Rechtsquellenbegriff „übliche Seerechte"[1]. Diese Formulierung wählt das Admiralitätsgericht zum einen als Umschreibung des Hamburgischen Seerechts von 1603[2], aber auch bei Rechtsproblemen, für deren Lösung keine unmittelbar anwendbare Hamburgische Rechtsnorm existiert, sondern eine auf ständiger unbestrittener Übung beruhende „consuetudo notoria"[3], die keines Beweises bedarf. Der terminus „*Seerechte*" wird dann in einem mittelbar normativen Sinn verstanden, denn er umfaßt die „definita moribus mercatorum", die aufgrund einer gemeinsamen Rechtsüberzeugung der am Seehandel Beteiligten den geschrieben Gesetzen gleich stehen[4]. Beispielsfälle sind der notwendige Inhalt eines Konnossements[5], die Grundsätze der Dispachierung[6] sowie der Kontribution zur Avarie grosse[7].

Der Begriff der „Observanz" wird in den untersuchten Prozessen in der Regel auf materielle Rechtsnormen[8] bezogen, die zwar in Hamburg bekannt, aber als „consuetudines legitimo modo probatae" von der Partei zu beweisen sind, die sich auf sie beruft. Zu diesen Normen gehören alle ausländischen Seegesetze, so die Amsterdamer, Middelburger und Rotterdamer Assecuranzordnungen sowie die Ordonnance de la marine 1681[9], aber auch das Hansische Seerecht 1614[10]. Wie bereits erwähnt, befanden sich diese Rechtsquellen überwiegend in den der Admiralität verfügbaren Gesetzessammlungen, so daß ihre Einführung „in forma probatoria" in den Admiralitätsprozeß[11] nicht mehr den Zweck hatte, dem Gericht unbekanntes Recht im Prozeß zu beweisen[12]. Es ging vielmehr darum, zu beweisen, daß aufgrund der schon bekannten ausländischen Rechtsnormen eine Observanz bestand, die vom Admiralitätsgericht als originäre Rechtsquelle beachtet wurde[13]; als Beweismittel dienten dafür kaufmännische Parere[14].

1 Beispiel: Hupping c. Hübner, H 181, Urt. v. 20.6.1689, P. Adm. ibid.; das von Langenbeck, Seerecht, S. 156f., zitierte Urteil mit Angabe dieser Rechtsquelle ist kein Admiralitätsgerichtsurteil.
2 so in Blume c. Holzen, Urteilsvorschlag v. 25.7.1629.
3 Poppe, S. 41.
4 Poppe, a.a.O.; vgl. auch Mevius, Consilium XV, passim.
5 Boetefeur c. Kellinghusen, P. Adm. 18.10.1754; Pardo c. Meyer, P. Adm. 3.7.1651. Das Konnossement erscheint als Dokument der Schiffsverpfändung bereits in HansSR 1591, Art. 51, vgl. dazu Rehme, S. 113, unscharf Lau, S. 172.
6 Heckstetter c. Hachtmann, P. Adm. 4.4.1661; Hupping c. Hübner, H 181, Lit. P, prod. 23.8.1689.
7 Blume c. Holzen, a.a.O.
8 Die prozeßrechtliche Observanz wurde als „Gerichtsgebrauch" bezeichnet, z.B. Votum zu Havemester c. Hasse, Klefeker VII, S. 74.
9 in Peinhorst c. Meckenhauser, Boué c. Stenglin, Boetefeur c. Kellinghusen. Zu diesen Normen gehörte nicht (!) die Ordonnantie Philipps II. von 1563.
10 ausdrücklich Rohde c. Stoltenberg, P. Adm. 23.1.1696.
11 in Form eines notariell beglaubigten Auszuges aus den ausländischen Seerechten.
12 undifferenziert Lau, S. 30.
13 so ausdrücklich Rohde c. Stoltenberg, a.a.O., Boué c. Stenglin, P. Adm. 30.10.1759/9. 2.1760; vgl. ferner Mevius, Consilium XV, n. 30.
14 s.o. S. 102f.

Anzumerken ist außerdem, daß die durch Observanz in Bezug genommenen ausländischen Seegesetze in den untersuchten Prozessen nie die Rechtsnatur einer „consuetudo correctiva"[1] gegenüber den Hamburgischen Gesetzen innehatten, sondern nur bei echten Gesetzeslücken Beachtung fanden; diesen Rechtszustand spiegeln präzise GO 1668 § 9 und GO 1711, 36, 16.

Den dritten das Gewohnheitsrecht umschreibenden Begriff der Usance gliedert GO 1711, 36, 16 in die Börsen-Usancen und die See-Usancen. Diese Differenzierung entspricht, wenn man unter Börsen-Usancen in erster Linie das ungeschriebene *Hamburgische* Börsenrecht verstehen will, der von Lau[2] aus der Seerechtsliteratur des 18. Jahrhunderts abgeleiteten Abgrenzung zwischen örtlichem Hamburgischen Gewohnheitsrecht und international einheitlich geltenden „Usancen der See". In den untersuchten Prozessen läßt sich eine derartige Unterscheidung in Ansätzen nachvollziehen:

Nach Börsen-Usancen bestimmen sich z.B. Qualifikation und Konfession eines Hamburgischen Schiedsrichters in Assecuranzsachen[3] oder die Abhängigkeit des Frachtlohnanspruchs eines Schiffers von der Heuerfortzahlung bis zur abgeschlossenen Löschung der Ladung[4]. Die internationalen See-Usancen betreffen dagegen z.B. die Aufmachung von Verklarungen im Ausland[5], die Berechnung von Avarie und Kaplaken in der frachtrechtlichen Chertepartie[6] und die Zeichnung und dreifache Ausfertigung von Konnossementen[7].

Zu betonen ist, daß in den untersuchten Admiralitätsprozessen die Kläger auch dann, wenn sie unmittelbar aus einem Vertrag klagen, in der Regel eine gesetzliche Anspruchsgrundlage (in den schriftlichen Klagen) zitieren; sofern eine solche im Hamburgischen Seerecht fehlt, wird eher eine ausländische Rechtsnorm zur Begründung der Klage herangezogen[8], als daß man sich auf Gewohnheitsrecht oder Usancen der See beruft[9]. Überholt ist damit die absolute Vorrangstellung des kaufmännischen Gewohnheitsrechts, das noch Carpzov generalisierend mit der „aequitas" verband: „Nec enim in causis mercatorum jus strictum, sed sola aequitas et bona fides attenditur."[10]

---

1 Poppe, S. 41.
2 Lau, S. 34f.
3 Juncker c. Schnitker, P. Super. 27.4.1655.
4 Havemester c. Hasse, Klefeker VII, S. 72. Die Börsen-Usance spiegelt sich auch in der Hamburgischen Dispachenpraxis, vgl. dazu Benecke III, S. 242f.
5 Stolle c. Rothaer, Q 25, Bl. 182ff., 209ff.
6 Boetefeur c. Kellinghusen, Acta pr. Bl. 205ff.; Peinhorst c. Meckenhauser, Q 12, prod. Wetzlar 29.8.1725.
7 Burmester c. Höckel, Konnossement v. 19.11.1730, Q 22, Bl. 86ff.
8 so in Boué c. Stenglin, Peinhorst c. Meckenhauser.
9 unrichtige Schlußfolgerung bei Lau, S. 39. Auch in dem von ihm berufenen Verfahren Kramer c. Suck nennt der Kläger ausdrücklich die Anspruchsgrundlage HambStR 1603, II, 15, 3, Klefeker VII, S. 152.
10 Carpzov, Responsa Juris Lib. VI, Tit. X, resp. 121, n. 2, II; ebenso Lib. II, Tit. X, resp. 102, n. 5.

V. Außernormative Quellen

Unter den außernormativen Quellen nimmt die Rechtsliteratur als in den Gerichtsordnungen nicht erwähnte Rechtsquelle für das Admiralitätsgericht eine besondere Stellung ein.

Jeweils im ersten Erscheinungsjahr erwarb die Admiralität Hermann Langenbecks Seerechtskommentar[1], Nikolaus Magens' „Versuch über Assecuranzen und Bodmereien"[2] und sämtliche Bände von Wilhelm Benecke's „System des Assecuranz- und Bodmereywesens"[3]. Reinhold Kuricke's Kommentar zum Hansischen Seerecht 1614 befand sich in der Seerechtssammlung des Admiralitätsmitglieds Paul Jenisch. Langenbeck wird wiederholt in den Voten der Referenten des Admiralitätsgerichts zitiert[4], für Magens' und Benecke's Werke scheint dasselbe gegolten zu haben[5].

Während die Kommentarliteratur auch in den schriftlichen Parteirezessen mehrfach erscheint[6], haben die seerechtlichen Dissertationen bei der Rechtsfindung des Gerichts offenbar eine untergeordnete Rolle gespielt. Poppes und Rentzels Dissertationen werden nur in Otte c. Paschen im Appellationsverfahren vor dem Reichskammergericht herangezogen.

Eine der beiden denkbaren Ursachen könnte darin liegen, daß die Dissertationen viel stärker vom römischen Recht geprägt waren als die Hamburgischen Seerechtskommentare[7]; auf die Entscheidungspraxis des Admiralitätsgerichts wirkte das römische Seerecht dagegen nur noch mittelbar in der rezipierten und dabei teilweise modifizierten Form des Seerechts von 1603.

Darüberhinaus hatten die Kommentare von Langenbeck, Magens und Kuricke den Vorzug, Gesetzestexte und Erläuterungen nebeneinander wiederzugeben.

Weitere außernormative Rechtsquellen sind aus den untersuchten Prozessen nicht nachzuweisen. Von den Parteien bzw. von ihren Advokaten wurde wiederholt versucht, sowohl ältere Präjudizien des Gerichts oder des Obergerichts als auch die Vergleiche der Hamburgischen Assecuradeure dem Admiralitätsgericht

---

1 StAH, Senat, Cl. VII, Lit. Ca, No. 1, Vol. 4 a, fol. 501 (5.6.1727).
2 P.E. 1753, fol. 97 R.
3 P.E. 1810, fol. 117 R.
4 z.B. in Klefeker VII, S. 73f., 207.
5 Pöhls, Assecuranzrecht I, S. 20f.
6 auch die im Literaturverzeichnis angegebenen Werke von Marquard (Boué c. Stenglin), Gaill (Henrichsen c. v. Lübcken) und Carpzov, Processus Iuris (Rohde c. Stoltenberg).
7 ähnlich Lau, S. 21, 43.

als Entscheidungsgrundlage anzubieten[1]. Die in diesen Fällen getroffenen Urteile zeigen, daß das Gericht solche Angebote überging und sich primär an normativen Rechtsquellen orientierte. Eine Ausnahme gilt allerdings für ein Präjudikat der Amsterdamer Assecuranzkammer vom 23.1.1699, das Langenbeck in seinem Assecuranzordnungsentwurf von 1721/22 im Anhang Nr. 7 mitteilt. Dieses Präjudikat betrifft Fragen der Auslegung einer Versicherungspolice und hat ersichtlich das Urteil des Admiralitätsgerichts in Sachen Burmester c. Höckel vom 27.9.1731 entscheidend beeinflußt.

B. Das Stufenverhältnis der Rechtsquellen in der Rechtsanwendung

Die Frage nach vorrangiger oder subsidiärer Rechtsgeltung der vorgestellten Rechtsquellen beantwortet teilweise ein am Beginn des 17. Jahrhunderts entworfenes „Schema Corporis Juris Admiralitatis Hamburgensis"[2].

Es nennt in Teil I als „Jura Communia et subsidiaria" die bereits erwähnten vier Abschnitte des römischen Seerechts, das Wisbysche Seerecht, die Rôles d'Oléron, das Seerecht von Westcappeln, das Hansische Seerecht 1614 und nach Bedarf des Falles Lübisches, Stadisches und Bremisches Seerecht.

Teil II gliedert sich unter dem Titel „Jura propria Hamburgensium" in die generellen Rechtsquellen der Seerechtstitel in den Stadtrechten von 1270/1301 und 1603[3] sowie in spezielle Quellen: die Admiralschaftsordnung 1623, Auszüge aus den Gerichtsordnungen, Gemeine Bescheide des Admiralitätsgerichts, Eidesformeln, Admirals- und Articulsbriefe, Ordnungen und Mandate in allen Seehandels- und Assecuranzsachen, seevölkerrechtliche Verträge sowie seerechtliche Disputationen.

Einschränkend ist darauf hinzuweisen, daß dieses Schema auch die Extrajudizialtätigkeit der Admiralität berücksichtigt; die darauf sich beziehenden Normen sollen hier außer acht bleiben.

---

1   Die Hamburgischen Assecuradeure bewerteten gegenüber ihren Vergleichen vom 27.2. 1623 (wiedergegeben bei Richey, Collect., Nr. 88) und aus den Jahren 1677, 1679, 1683, 1687, 1693, 1697 und 1704 (abgedruckt bei Langenbeck, Seerecht, S. 425ff.) und gegenüber ihren Geschäftsbedingungen von 1800 (abgedruckt bei Benecke III, S. 35ff. sowie in zahlreichen Einzeldrucken) die Assecuranz- und Havareiordnung von 1731 als subsidiäre Rechtsquelle, so ausdrücklich bei Otte c. Paschen, Libell. Appell. o.Q. Anlage 14; vgl. ferner Baasch, Handelskammer I, S. 189.
2   CoBi S/501; gleichlautend in Richey, Collect., Nr. 93.
3   Das Seerecht im HambStR 1497, Teil P, ist nicht erwähnt, vermutlich, weil – von wenigen Ausnahmen abgesehen – fast sämtliche Bestimmungen dieses Seerechts in das Hamburgische Seerecht 1603 aufgenommen sind.

Die im übrigen aus dem Schema erkennbare Zweistufigkeit in der Rechtsanwendung hat in der Praxis des Admiralitätsgerichts eine differenzierte Entwicklung genommen. In den untersuchten Prozessen mit see*handels*rechtlichen Materien genießen vorrangige Rechtsgeltung nur die Seerechtstitel im Hamburgischen Seerecht 1603 und die Verordnung für Schiffer und Schiffsvolk mit der Verordnung wegen Begünstigung der Frachtgelder von 1766[1]; in den Verfahren Pardo c. Meyer, Beltgens c. Tamm, Rohde c. Stoltenberg, Metkalfe c. Demissy besitzen vertragliche Bestimmungen in Fracht- oder Heuerverträgen, die das Hamburgische Seerecht modifizieren oder abbedingen, Priorität. Sekundäre Geltung haben die Normen des Hansischen Seerechts 1614. In Rohde c. Stoltenberg[2] wird dieses Verhältnis pointiert gezeigt, indem die Kläger auf die Subsidiarität des vom Beklagten zitierten Hansischen Seerechts 1614 gegenüber dem Hamburgischen Seerecht 1603 verweisen und den Nachweis verlangen, daß das Hansische Seerecht 1614 aufgrund einer Observanz vom Admiralitätsgericht als originäre Rechtsquelle beachtet wird[3]. Auf einer dritten Stufe steht das Wisbysche Seerecht, das stets nur ergänzend und nie als einzige objektive Rechtsquelle zu einem Rechtsproblem erscheint[4].

Eine eigene Stufe für das „Gewohnheitsrecht" läßt sich in den untersuchten Seehandelsprozessen nicht sicher ermitteln, denn die Ansiedelung des Hansischen Seerechts 1614 und des Wisbyschen Seerechts auf der zweiten bzw. dritten Geltungsstufe ist bereits durch Gewohnheitsrecht motiviert. Die gewohnheitsrechtlich anerkannten See- und Börsen-Usancen setzt Richey[5] nach dem Hamburgischen Seerecht 1603 (1. Stufe) und dem Hansischen Seerecht 1614 und dem Wisbyschen Seerecht (gemeinsam auf der 2. Stufe als „gemeine Hansen-Rechte"!) auf die dritte Geltungsstufe.

Die im obigen Schema als „Jura Subsidiaria" angeführten römischen Seerechte gehen im Hamburgischen Seerecht 1603[6], die Rôles d'Oléron und das Seerecht von Westcappeln im Wisbyschen Seerecht auf[7]. Lübisches, Stadisches und Bremisches Recht ist auch in gewohnheitsrechtlicher Geltung in den untersuchten Prozessen nicht nachzuweisen. Lübisches Seerecht beeinflußt nur durch Vermittlung des Hansischen Seerechts 1614 die Admiralitätsjudikatur.

1   vgl. das Votum bei Klefeker VII, S. 74. F.M. Klefeker (S. 16) nennt auf der ersten Ebene auch AHO Tit. XXI, XXII.
2   Rohde c. Stoltenberg, P. Adm. 23.1.1696.
3   Soltau, S. 6ff. ebenfalls für subsidiäre Geltung des HansSR 1614; vgl. ferner Ebel, HGBl. 70 (1951), S. 84, 86.
4   Hupping c. Hübner, H 181, Lit. S, prod. 23.8.1689.
5   Anderson/Richey, Cap. III, § 5.
6   so auch Soltau, S. 7.
7   Seerecht von Westcappeln bezeichnet die „Vonisse van den Water Regten ten Damme in Vlanderen"; zu deren Übereinstimmung mit der Vonnesse von Damme und dem Wisbyschen Seerecht Pöhls, Seerecht I, S. 28; Telting, S. 2ff.; Wagner, S. 67ff. Die Subsidiarität des Römischen Rechts wird in GO 1668 § 9 und in GO 1711, 36, 16 nicht deutlich.

Angesichts fehlender Rechtsprechungstradition in See*assecuranz*sachen ist die in den Admiralitätsprozessen zu beobachtende klare Staffelung der versicherungsrechtlichen Rechtsquellen umso erstaunlicher.

Primäre Rechtsgeltung haben die vertraglichen Bestimmungen in der Police; diese Einstufung dokumentiert die Formulierung „vermöge Police und Assecuranzverschreibung" im Urteil des Gerichts in Juncker c. Schnitker[1]. Auf der zweiten Ebene steht das Recht des Ortes des Vertragsschlusses. Nach 1731 entschied das Admiralitätsgericht ausweislich der Voten der Referenten bei Klefeker und gemäß AHO, I, 2 ausschließlich nach Hamburgischem Assecuranzrecht. Vor 1731 erscheinen als Urteilsgrundlage die Coutumes der Börse von Antwerpen in Gestalt des siebten Titels der Ordonnantie Philipps II. von 1563[2], auf die auch in allen bis 1731 in Hamburg geschlossenen Seeversicherungsverträgen Bezug genommen wird.

Die scharfe Abgrenzung zwischen Ortsrecht und der dritten Rechtsquellenebene mit den „in forma probatoria" einzuführenden ausländischen Assecuranzordnungen — besonders den niederländischen Partikulargesetzen — dokumentiert exemplarisch die Klageschrift in Boué c. Stenglin[3]: Der Kläger beantragt im Hauptantrag die Zahlung der eingeklagten Versicherungssumme in Form einer nur in der Amsterdamer Assecuranzordnung 1603, Art. 33 vorgesehenen „Caution de nantissement", d.h. einer Auszahlung an den Kläger mit der Pflicht der Rückerstattung gegen 12% Zinsen bei Klagabweisung. Im Hilfsantrag wird Kaution gemäß GO 1603, I, 25, 5, also nicht Auszahlung, sondern gerichtliche Hinterlegung der Klagesumme beantragt. Im Urteil vom 1.5.1760[4] gibt das Admiralitätsgericht nur dem Hilfsantrag statt, weil bei Ähnlichkeit des Normzwecks die Hamburgische Regelung Vorrang haben soll. Eine vierte Stufe repräsentieren die versicherungsrechtlichen Usancen in Fällen, für die es auch im Ausland an leges scriptae mangelt; diese letzte Ebene kennzeichnet das Verfahren Otte c. Paschen in der Frage der Auslegung von Policenklauseln mit den Bezugnahmen auf kaufmännische Parere[5].

In die so feststellbare dreifache Staffelung seehandelsrechtlicher Rechtsquellen[6] und die vierfache Stufung seeversicherungrechtlicher Entscheidungsgrundlagen[7]

1 P.Adm. 16.11.1654; ebenso M.L. Schele, S. 49.
2 ebenso Kuricke, de assecurat., S. 7; F.M. Klefeker, S. 16. Gegen eine unmittelbare Anwendung der Coutumes und für ihre Beachtung nur in den Grenzen Hamburgischer Observanz: Poppe, S. 39f.
3 Boué c. Stenglin, Acta pr. Bl. 54ff.
4 Boué c. Stenglin, Acta pr. Bl. 449ff.
5 Otte c. Paschen, Gutachten v. 26.2./28.3.1806, o.Q. (Nr. 19, 20). M.L. Schele, S. 50, und Straccha, gl. 16, n. 2, setzen das Gewohnheitsrecht eine Stufe höher als die ausländischen Seerechte.
6 vierfach bei Berücksichtigung der Verträge, s.o. S. 133.
7 ebenfalls vier Stufen bei Poppe, S. 35ff., 40ff.

ist die im obigen Schema auch als Rechtsquelle bezeichnete Seerechtsliteratur schwer einzuordnen. In einigen Voten des Gerichts wird z.B. Langenbecks Seerechtskommentar als primäre Rechtsquelle zitiert[1]; in mehreren Prozessen ist erkennbar, daß das Gericht bei Fehlen einer Hamburgischen Rechtsnorm seerechtliche Literatur dann bei der Entscheidung berücksichtigt, wenn beide Parteien ihr übereinstimmend sekundäre Rechtsquellenqualität zuschreiben; das gilt sowohl für Langenbeck[2] als auch für Marquard[3] und Kuricke[4]. Die Gesamtheit der untersuchten Prozesse vermittelt aber den Eindruck, daß das Admiralitätsgericht die seerechtliche Literatur nicht den normativen Quellen gleichachtete, sondern eher auf der Ebene des Gewohnheitsrechts als ergänzende Entscheidungsgrundlage bei der Rechtsfindung heranzog.

C. Die Entscheidungen des Admiralitätsgerichts

Die Analyse der Admiralitätsurteile orientiert sich in der Reihenfolge der Untersuchung an der Systematik der Hamburgischen Assecuranz- und Havareiordnung 1731 als der zentralen Rechtsquelle, an der und mit der das Admiralitätsgericht arbeitete. Da die AHO auch seehandelsrechtliche Materien wie Havarie, Strandung und Kollision normiert, werden die Entscheidungen des Gerichts zu diesen Rechtsgebieten ebenfalls in die von der AHO vorgegebene Struktur eingeordnet. Die Urteile des Gerichts zum Fracht- und Heuervertragsrecht sowie zum Recht der kaufmännischen Bürgschaft und zur Kapitänshaftung finden eine gesonderte Darstellung.

I. Die Parteien des Versicherungsvertrages

Im Rahmen seiner Rechtsprechung zur Auslegung des Seeversicherungsvertrages behandelt das Admiralitätsgericht mehrfach das Problem der hinreichenden Bestimmbarkeit der in der Police genannten Vertragsparteien, des Versicherers / Assecuradeurs und des Versicherten[5].

Anlaß bietet dafür nicht die Seite des Assecuradeurs, der sich in der Police verpflichtet, gegen eine bestimmte Prämie einen auf Gefahren der Seeschiffahrt beruhenden Schaden zu bezahlen, den der Versicherte an dem versicherten Interesse

---

1   Voten bei Klefeker VII, S. 73, 207.
2   Boetefeur c. Kellinghusen, Acta pr. Bl. 173ff., 195ff.
3   Boué c. Stenglin, Acta pr. Bl. 54ff.
4   Rohde c. Stoltenberg, P. Adm. 28.11.1695 (Exceptiones).
5   in den Prozessen auch Assecuratus oder – wie in der AHO – Assecurirter genannt.

erleidet[1]. Die Individualisierung des Versicherers als Vertragspartei ermöglichen die Formeln „wy Asseuradeurs hier onderteekent" / „wir unterschriebenen Assecuradeurs" im Policentext und die entsprechenden Unterschriften neben den gezeichneten Versicherungssummen[2]. Sofern eine Assecuranzcompagnie als Versicherer auftritt, erscheint neben ihrem Namen der ihres Hamburgischen Bevollmächtigten unter Hinweis auf das Vertretungsverhältnis[3].

Demgegenüber kompliziert sich die Benennung des Versicherten dadurch, daß der Vertragsgegner des Assecuradeurs häufig kein (in Geld schätzbares) eigenes „Interesse" versichert, also die Assecuranz nicht für eigene Rechnung schließt. Die ausdrückliche Versicherung für eigene Rechnung ist in den untersuchten Prozessen nur viermal nachzuweisen; in diesen Fällen ist unstreitig, daß der klagende „Assecuratus" als der konkret benannte „wahre Versicherte" alle Rechte aus dem Versicherungsvertrag geltend machen kann[4].

In der Regel tritt als Kontrahent des Assecuradeurs ein Kommissionär auf, der die Assecuranz für fremde Rechnung besorgt[5]; in Hamburgischen Seeversicherungspolicen wird das Kommissionsverhältnis durch Klauseln wie „für eigene oder Freunde Rechnung"[6], „für eigene oder fremde Rechnung"[7], „für Rechnung wen es angeht"[8] ausgedrückt. Neben diesen auf italienischen Policenfassungen („à lui attenente, ò ad altri suoi Amici, ò a chi altri attenesse cariche o per chi caricasse")[9] beruhenden Formeln finden sich auch präzisierende Hinweise „für Schwedische / Dänische / Bremische Rechnung"[10].

Die Haltung des Admiralitätsgerichts zu derartigen Kommissionsklauseln und zur Stellung des Kommissionärs innerhalb des Versicherungsvertrages verdeutlicht das Verfahren **Thornton c. Kühl**.

Ein Hamburger Kaufmann klagt aus zwei Policen auf das ganze Kasko und die Ladung eines von Göteborg nach Marseille bestimmten Schiffes[11], das vor der spanischen Küste Schiffbruch erlitt[12]. Beide Policen sind in Hamburg „für Schwedi-

1 zur Definition und Rechtsnatur des Versicherungsvertrages: Santerna, de assecurat., part 3, n. 24, 25; Targa, S. 216; Grotius, Lib. II, cap. 12, § 23; Poppe, S. 3f.; Valin, S. 443; Pöhls, AssecR, S. 66; G. Sieveking, S. 7.
2 bei allen Versicherungsabschlüssen mit Privatassecuradeuren; vgl. auch Pöhls, AssecR, S. 137.
3 so in Otte c. Paschen, Thornton c. P.P., Otte c. de Voss, Benecke c. Schröder.
4 so in Clamer c. Schnittler, Dunker c. Rodde, Hübner c. Paulsen, Hübner c. Martini I.
5 vgl. dazu Pöhls, a.a.O., S. 34; Benecke I, S. 209. Im geltenden Recht werden Kommissionär und Versicherter als Versicherungsnehmer bezeichnet.
6 Stolle c. Rothaer, Boetefeur c. Kellinghusen, J. S. c. Scheel.
7 Peinhorst c. Meckenhauser, Hettling c. Kähler.
8 Berndes c. Otte, Glüer c. Büsch, Burmester c. Höckel.
9 Florentiner Policen 1523, Magens, S. 373, 377.
10 Thornton c. Kühl, C.M. c. Thornton, Benecke c. Schröder.
11 Thornton c. Kühl, Policen v. 1.7./8.8.1760, Q 7, Q 8.
12 Verklarung Acta pr. Bl. 177ff.; vgl. ferner Bl. 378ff.

sche Rechnung" gezeichnet, Auftraggeber der Assecuranz ist der Schwede Christian Arfwidson[1]. Die Beklagten wenden ein, der Kläger sei nicht Partei des Versicherungsvertrages, er könne mangels eigenen versicherten Interesses nicht im eigenen Namen klagen; mindestens benötige er eine spezielle Inkassovollmacht seines Kommittenten[2]. Replizierend verweist der Kläger auf AHO I, 4 Nr. 1, der die Klausel „an Zeiger" der Police für die Benennung des Versicherten genügen läßt; zur Begründung seines Klagerechts beruft er sich auf den Besitz der Police und auf seine Prämienzahlung an die Beklagten[3]. Im Interlokut vom 31.10.1761[4] verwirft das Admiralitätsgericht die exceptio incompetentis actionis der beklagten Assecuradeure und verurteilt sie, sich zur Hauptsache einzulassen.

Die grundsätzliche Zulässigkeit der Versicherung ohne eigenes direktes oder indirektes Interesse, wie es der Eigentümer oder der Pfandgläubiger sowie der Inhaber eines Konnossements an dem versicherten Gegenstand haben[5], normiert AHO II, 3 (e contrario) mit der Bedingung, daß der wahre Interessierte dem Kommissionär den Auftrag zum Vertragsschluß erteilt. Der Nachweis der Versicherungsordre — hier durch Vorlage der schwedischen Ordrebriefe — ist nach der auch in Brouker c. Jenisch[6] betonten Auffassung des Gerichts Gültigkeitsvoraussetzung für die Assecuranz für fremde Rechnung[7]. Die Begriffsgliederung der Ordre nach Adressaten — Vollmacht im Verhältnis zum Assecuradeur, Auftrag im Verhältnis zwischen Kommittent und Kommissionär — wird vom Admiralitätsgericht (und AHO II, 3) noch nicht vollzogen; sie ist terminologisch erst am Ende des 18. Jahrhunderts in Pr. ALR II, Tit. 8, § 1945 festzustellen („Wer für fremde Rechnung Versicherung nimmt, muß dazu mit Vollmacht oder Auftrag versehen seyn.")[8].

Demgegenüber bildet die Angabe des wahren Versicherten in der Police kein essentiale des Vertrages, sondern kann durch die Klausel „an Zeiger dieses" (AHO I, 4 Nr. 1) — in holländischen Policen „aan Toonder" — ersetzt werden. Diese Klausel ist nicht nur wesentlich umfassender als die von Kühl gewählte Formel „für Schwedische Rechnung", indem sie die Anzahl derer vermehrt, auf die die Police bezogen werden kann[9]; sie dokumentiert auch den Verzicht auf die aus-

1 Ordrebriefe v. 25.6./2.8.1760, Acta pr. Bl. 117ff, 149ff. Zum lebhaften Kommissionsgeschäft Hamburgs mit Göteborg und Kopenhagen im 18. Jhdt. vgl. Baasch, Schiffahrt 18. Jhdt., S. 161.
2 Acta pr. Bl. 476ff., 553ff.
3 Acta pr. Bl. 505ff.; vgl. auch Bl. 450ff.
4 Acta pr. Bl. 593ff.
5 vgl. dazu Benecke I, S. 212ff.; kritisch Pöhls, a.a.O., S. 66.
6 Votum bei Klefeker VII, S. 324.
7 ebenso Baldasseroni I, part. 2, tit. 6, § 5; Emérigon I, ch. 5 sect. 6; J.P. Sieveking, S. 47; Pöhls, AssecR, S. 34f.
8 vgl. dazu Pöhls, AssecR, S. 35, 44f.
9 vgl. dazu Baldasseroni I, part. 2, tit. 6, § 9; Emérigon I, ch. 11 sect. 4/II, ch. 18 sect. 2; Straccha, gl. 10, n. 8; Benecke II, S. 7; Pöhls, a.a.O., S. 160; kritisch zu dieser „Inhaberklausel" Klefeker VII, S. 313.

drückliche Erklärung, ob ein eigenes Interesse oder für fremde Rechnung versichert werde, die die normativen Vorbilder der AHO noch forderten: „sa qualité de Proprietaire ou de Commissionaire" (Ord. de la marine, 1681, III, 6, 3), „met expressie van de namm van de gene die het Advijs gegeven heest" (Rotterdam. Ass.O. 1721, Art. 71)[1].

Gänzliche Befreiung von einer Anzeige des Kommissionsverhältnisses erlaubt die Fakultativregelung in AHO I, 4 Nr. 2; sie erstreckt ihren Anwendungsrahmen jedoch nur auf die Güterversicherung. E contrario spräche das für die Pflicht, bei Kaskoversicherungen den wahren Versicherten oder mindestens präzise anzugeben, ob für eigene oder für fremde Rechnung versichert werde. Zu differenzieren ist hier zwischen der von Kühl vorgelegten Güterpolice, deren Klausel „für Schwedische Rechnung" das Admiralitätsgericht in Übereinstimmung mit AHO I, 4 Nr. 1/2 als hinreichende Konkretisierung des Ladungsinteressenten bewertet, und der Kaskopolice mit identischer Klausel, bei der das Gericht trotz des Wortlauts in AHO I, 4 Nr. 2 auf die Angabe des wahren Versicherten verzichtet; diese Handhabung kennzeichnet auch die Verfahren J.S. c. Scheel[2] und Rendtorff c. Brandt[3], in denen das Gericht in Kaskopolicen sogar die generalisierenden Klauseln „für eigene oder fremde / Freunde Rechnung" für zulässig erklärt.

Der Normzweck einer Offenbarung des wahren Kasko-Versicherten[4] wirkt sich primär im Bereich der zahlreichen Versicherungen von Schiffsparten darin aus, daß dem Assecuradeur — besonders bei fehlender Personenidentität zwischen Ladungs- und Schiffseigner — die Identifizierung der versicherten Part ermöglicht bzw. erleichtert wird[5]. Die Anzeige des wahren Inhabers des versicherten Interesses verlangen für Kasko- und Güterversicherungen[6] die Genuesischen Statuten 1610[7], die Ord. de la marine 1681[8] und die Dänischen Assecuranzbedingungen von 1746, Art. 4[9]. Dem erhöhten Schutzbedürfnis der Assecuradeure bei Kaskoversicherungen infolge möglicher falscher Angaben zur Taxation[10], zu den Ei-

---

1 ebenso Genuesische Statuten 1610, lib. 4, cap. 17: „Securitates non possint fieri pro se, neque pro aliis, nisi ..." (Magens, S. 512); Recop. IX, tit. 39, ley 1: „por otra persona, ò por su poder, ò commission" (Magens, S. 426); PreußSeeR 1727, Cap. 6, Art. 3: „als Eigenthümer oder Bevollmächtigter"; vgl. auch Langenbeck, Seerecht, S. 374.
2 Votum bei Klefeker VII, S. 470f.
3 Interlokut v. 3.8.1724, Acta pr. Bl. 102f.
4 auch gefordert von M.L. Schele, S. 35; Langenbeck in Assecuranzordnungsentwurf 1721/ 22, Art. 14; aufgegeben in Langenbeck, Seerecht, S. 374.
5 ebenso Kiesselbach, Seeversicherung, S. 113.
6 Die einschlägigen Gesetze gehen meist noch davon aus, daß Kasko und Ladung in einer Police versichert werden; vgl. auch Sparing, S. 5.
7 lib. 4, cap. 17, § Non possint fieri.
8 Ord. 1681, III, 6, 3/8/19; ebenso Emérigon I, ch. 5, sect. 1; J.P. Sieveking, S. 16.
9 „producerer sin Original Ordre og lader i Policen indföre, for hvem og efter hvis Ordre hand Assecurancen lader effectuere".
10 zu betrügerischen Taxationen bei Veräußerung von Schiffsparten Langenbeck, Seerecht, S. 74; Kuricke, S. 119ff.

gentumsverhältnissen der Schiffsparten und zur Slitage[1] tragen andere ausländische Assecuranzgesetze weniger durch Normen zur exakten Parteibenennung Rechnung, als durch Beschränkung der Kaskoversicherung auf einen bestimmten zulässigen Anteil des Gegenstandswertes: Die Grenze liegt nach der Ordonnantie 1563, VII, 8 bei $1/2$[2], nach der Amsterdam.Ass.O. 1603, Art. 10 bei $2/3$[3], nach der Rotterdam.Ass.O. 1721, Art. 31 bei $7/8$ und nach der Ord. de la marine 1681, III, 6, 19 bei $9/10$ des Wertes. Der jeweilige Restanteil fällt in den Risikobereich des Versicherten.

Ein Vergleich der angeführten Gesetze läßt erkennen, daß die Limitation der Kaskoversicherung in demselben Verhältnis abnimmt, in dem die normativen Anforderungen an eine exakte Parteibenennung steigen. Folgerichtig gestatten die in der Parteibenennung strengsten Assecuranzrechte, die Ordonnance de la marine 1681, die Genuesischen Statuten 1610 und die Dänischen Assecuranzbedingungen 1746 (Art. 1 / 2), die Kaskoversicherung zu $9/10$ des Wertes bzw. zum vollen Wert des versicherten Schiffes[4]. Eine derartige Proportionalität wäre auch zwischen AHO I, 4 Nr. 2 in einer denkbaren e-contrario-Interpretation für Kaskopolicen und der unbeschränkt zulässigen Kaskoversicherung nach AHO III, 3 zu beobachten.

Obwohl eine vergleichbare normative Verpflichtung, den wahren Kasko-Versicherten zu offenbaren, zeitweise in England bestand[5] und in der holländischen Gerichtspraxis befürwortet wurde[6], konnte sich dieser Rechtsgedanke weder im Hamburgischen noch im ausländischen Kaskoversicherungsgeschäft des 18. Jahrhunderts durchsetzen: Ebenso wie vor 1731 in gemischten Assecuranzen auf Güter und bestimmte Schiffsparten[7] und in reinen Kaskoversicherungen die generalisierende Klausel „im tobehoerende oft jemand anders" üblich und von den Gerichten anerkannt war, erscheint in den speziellen, durch die AHO eingeführten Kaskopolicenformularen nach 1731 in der Regel der handschriftliche Zusatz „für eigene oder fremde Rechnung"[8]. In den Kaskopolicenformularen der Kopenhagener Assecuranzkompagnie gehört die Formel „forsikere Eder ... eller hvem det

---

1   vgl. dazu Pöhls, a.a.O., S. 81, 83; Benecke I, S, 59f., 70.
2   ebenso Middelburg.Ass.O. 1689, Art. 4.
3   ebenso Recop. tom. 4, lib. 9, tit. 39, ley 5.
4   Ord. de la marine 1681, III, 6, 19; Genuesische Statuten 1610, a.a.O., § Securitates non possint; zu italienischen Policen mit unbeschränkter Kaskoversicherung vgl. auch Baldasseroni I, part. 3, tit. 7, §§ 27, 28 / tit. 8, § 3.
5   Benecke II, S. 7ff.; Pöhls, a.a.O., S. 154ff., 155 Fn. 17–20.
6   Kracht, S. 87.
7   in einer (!) Police $7/8$ Ladung und $1/2$ Casco in Berenberg c. Janßen, Lit. C, prod. 27.9. 1641; $1/1$ Ladung und $2/3$ Casco in Schotte c. Dortmund, StAH, RKG, D 19, Q 3, Acta pr., Anlage A.
8   Beispiel: Stolle c. Rothaer, Kaskopolice v. 20.9.1752, Q 6.

ellers skulle matte vedkomme til deels eller altsamen, Ven eller Fiende"[1] sogar zum vorgedruckten Standarttext; dasselbe gilt für die schwedischen sowie für die Amsterdamer und Rotterdamer Kaskopolicenformulare[2].

Die Entscheidung des Admiralitätsgerichts in Thornton c. Kühl sowie in den Kaskoversicherungsprozessen J.S. c. Scheel und Rendtorff c. Brandt, die für Güterpolicen geltende Bestimmung AHO I, 4 Nr. 2 gegen den Gesetzeswortlaut uneingeschränkt auch auf Kaskopolicen anzuwenden[3], ist ein Beweis für die Flexibilität, mit der das Gericht eine Rechtsnorm in Relation zur ständigen Handelspraxis des 18. Jahrhunderts auslegt.

Das Interlokut in Thornton c. Kühl dokumentiert ferner die gegenüber der AHO und anderen Assecuranzgesetzen[4] dezidierte Auffassung des Admiralitätsgerichts, daß der Kommissionär die Versicherung für fremde Rechnung im eigenen Namen, nicht als Stellvertreter des wahren Interessenten[5], abschließt und daß er über dessen Rechte im eigenen Namen verfügen kann. Dies ergibt sich einmal aus der Prämienzahlung Kühls an die Beklagten, die entgegen der zivilrechtlichen Regel[6], daß ein als Mandatar Handelnder in der Regel nicht persönlich verpflichtet wird, für einen Vertragsschluß im eigenen Namen spricht[7]. Darüberhinaus wertet das Admiralitätsgericht den Besitz der Police als hinreichenden Beweis für die Ordre des Kommittenten an den Kommissionär, ohne erneute Sondervollmacht die Rechte aus dem Versicherungsvertrag im eigenen Namen auch klageweise geltend zu machen. Diese Bedeutung der Police, die in HGB § 887, Abs. 2 die Gestalt einer gesetzlichen Vermutung annimmt, hebt das Hamburgische Obergericht unter Bestätigung des Admiralitätsurteils hervor[8]. Der Ansicht des Admiralitätsgerichts entspricht auch die Meinung in der späteren Assecuranzliteratur[9], daß der Kommissionär für die gesamte Besorgung und Abwicklung des Assecuranzgeschäfts *eine* umfassende Ermächtigung erhält, die Verfügungen im eigenen Namen, insbesondere das Recht des Abandon und der Einforderung der Versiche-

1 „an Euch ... oder wen es sonst zum Teil oder ganz angehen mag, Freunde oder Feinde", Art. 38 des Vergleichs v. 1.7.1746 für die Kopenhagener Assecuranzcompagnie, Magens, S. 973ff., 1025.
2 vgl. Kaskopolicen in Schwed.Ass.O. 1750, Tit. Vom Prozeß, § 24, Nr. 5 (Magens, S. 949f.), Amsterdam.Ass.O. 1744, Art. 61, Nr. 1 (Magens, S. 650ff.); Rotterdamer Kaskopolice bei Kracht, S. 223ff.
3 ebenso Emérigon I, ch. 5, sect. 1 / ch. 11, sect. 4; vgl. auch Büsch, Darstellung, S. 327.
4 Ausnahme: Recop. tom 4, lib. 9, tit. 39, ley 62 kommt mit abweichender Begründung zur gleichen Entscheidung wie hier das Admiralitätsgericht.
5 so noch Straccha, gl. 8, n. 3 und M.L. Schele, S. 35.
6 J.P. Sieveking, § 39 m.w.N.
7 ebenso Emérigon I, ch. 5, sect. 5; Valin, S. 451; Benecke I, S. 396. Die Prämienzahlung ist vertragliche Hauptpflicht des Versicherungs-Kommissionärs, Poppe, S. 43, Valin, S. 450.
8 Thornton c. Kühl, Q 25, P. Super. 10.11.1762.
9 Emérigon I, ch. 5, sect. 4, § 2 / ch. 5, sect. 1; Valin, S. 450; Benecke I, S. 396; Pöhls AssecR II, S. 740f.

rungssumme einschließt. Lediglich J.P. Sieveking[1] beurteilt den Versicherungsabschluß und das Schadensinkasso als getrennte Geschäfte des Kommissionärs, die jeweils einer gesonderten Ordre des Kommittenten bedürfen.

Anders als in Fällen einer ersichtlichen Assecuranzbesorgung für Dritte vertritt das Gericht eine restriktive Tendenz, wenn der Kommissionär de facto für fremde Rechnung versichert, in der Police jedoch nur seinen eigenen Namen ohne Hinweis auf das Kommissionsverhältnis nennt.

Die im Verfahren **Hettling c. Lavezari** eingeklagte Güterpolice vom 17.11.1753[2] bezeichnet als Versicherten den Hamburger Johann Heinrich August Hettling. Inhaber des versicherten Interesses ist aber der Lübecker Kaufmann Magnus Behring[3], der in der Police verschwiegen wird. Benecke[4] und Pöhls[5] zitieren eine Handelsusance, die wahrscheinlich aus Genua stammt[6], derzufolge solche Policen gleichwohl auf den ungenannten Dritten zu beziehen seien, weil jeder Assecuradeur bei Zeichnung der Police eine Versicherung für fremde Rechnung voraussetzen müsse. Das Admiralitätsgericht verurteilt dagegen ohne Ermittlung des wahren Interessierten Behring[7] die Assecuradeure zur Zahlung der eingeklagten Versicherungssummen[8], indem es von der (im Reconventionsverfahren widerlegbaren) Vermutung ausgeht, daß bei unterlassener Anzeige des Kommissionsverhältnisses die Police den wahren Versicherten kennzeichnet und die Assecuranz als für eigene Rechnung geschlossen gilt[9]. Eine andere Auslegung würde alle normativen Abgrenzungen bei den ausdrücklichen Kommissionsklauseln in der Police entbehrlich machen; diese Erkenntnis wirkt sich auch noch in HGB § 781, Abs. 3 aus.

Gleichwohl meint Benecke unter Hinweis auf ein von ihm mitgeteiltes Admiralitätsurteil in Sachen Parish & Thomsen c. Flemmich[10], in diesem Fall habe das Gericht eine Police ohne Kommissionsklausel auch auf Dritte bezogen. Zu Unrecht: Die Police enthielt dort außer dem Namen des Kommissionärs eine Notiz über die Versicherungsordre des russischen Auftraggebers, die die Assecuranz für fremde Rechnung indizierte und für die Vermutung einer Assecuranz für eigene Rechnung keinen Raum ließ.

1 J.P. Sieveking, S. 54, 94f.
2 in Boetefeur c. Kellinghusen, Q 10.
3 Boetefeur c. Kellinghusen, P. Super., Bl. 461ff.; vgl. auch Klefeker VII, S. 362.
4 Benecke II, S. 55.
5 Pöhls, AssecR I, S. 151.
6 so Emérigon I, ch. 5, sect. 4, § 4 / ch. 11, sect. 4, § 4.
7 Das geschieht im Parallelverfahren Boetefeur c. Kellinghusen, vgl. dort Acta pr. passim.
8 Urteil bei Klefeker VII, S. 365, bestätigt durch das Obergericht, vgl. Boetefeur c. Kellinghusen, Acta pr. Bl. 1237f. und Bericht des Rates ans RKG v. 2.7.1760, o.Q.
9 ebenso Baldasseroni I, part. 2, tit. 5, n. 6; Emérigon I, ch. 5, sect. 1; Pöhls, AssecR I, S. 148, 151f.; Valin, S. 449f.
10 Benecke II, S. 55ff.; ders. I, S. 383ff.

Die Intention der Admiralitätsjudikatur, den Assecuradeur nur insoweit zu schützen, als er das Kommissionsverhältnis aus der Police objektiv nicht erkennen kann, wird in der Auslegung von Policen mit der Formel „für Rechnung wen es angeht" deutlich.

In Otte c. Paschen klagt ein Hamburger Kaufmann aus einer Police vom 13.11. 1797 auf eine Ladung Segeltuch und Talglichter, die von Kronstadt nach Amsterdam verschifft werden sollte[1]. Auftraggeber der Assecuranz ist der Petersburger Kaufmann Wittneben, der dem Kläger Ordre gab, für Rechnung der Amsterdamer Kaufleute Abraham Clemens & Sohn zu versichern, ihm aber die Kosten der Versicherung in Rechnung zu stellen[2]. Das Konnossement ist auf Abraham Clemens & Sohn ausgestellt[3], die Police hingegen auf den Kläger „für Rechnung wen es angeht". Nachdem Schiff und Güter von englischen Kapern aufgebracht[4] und Reclameversuche gescheitert sind, weil angesichts des Konnossementinhalts neutrales russisches Eigentum an den versicherten Waren nicht bewiesen werden konnte, wenden die Beklagten gegen die eingeklagte Police ein, sie hätten nur auf neutrales Eigentum zeichnen wollen; wenn ihnen die wahre Nationalität der Versicherten bekannt gewesen wäre, hätten sie im Hinblick auf den Kaperkrieg im Englischen Kanal die Prämie nicht auf 8 %, sondern mindestens auf 30 % festgesetzt[5]. Der Kläger erstreckt die Klausel „für Rechnung wen es angeht" dagegen nicht nur auf neutrales, sondern auf „Freundes und Feindes Gut"[6]. Das Admiralitätsgericht verurteilt die Assecuradeure zur ungekürzten Zahlung der Versicherungssummen[7].

Die AHO schweigt zu der Frage, ob die in der Hamburgischen Versicherungspraxis übliche[8] Policenklausel „für Rechnung wen es angeht" in Kriegszeiten — wie die beklagten Assecuradeure unter Hinweis auf mehrere kaufmännische Gutachten vortragen[9] — ohne Anzeige der Nationalität des Versicherten nur auf neutrale Versicherte zu beziehen sei. Eine ausdrücklich für Kriegszeiten geltende Offenbarungspflicht normieren AHO IV, 10/11 für bestimmte Versicherungs*objekte*, für Contrebande und gekaufte Prisen, die häufig Beschlagnahmen ausgesetzt sind. Die eingeklagte Police hält sich mit präzisen Warenbezeichnungen und Mengenangaben im Rahmen des AHO IV, 10, denn die versicherten Segeltuchballen ge-

---

1 Otte c. Paschen, Libell. Appell., Anlage 1.
2 Libell. Gravaminum, o.Q. Anlage 8.
3 Libell. Gravaminum, o.Q. Anlage 7.
4 Im Vorfeld des 2. Koalitionskrieges gegen Frankreich (1799–1802) führte England auch gegen das von Frankreich teilweise eroberte Holland einen scharfen Kaperkrieg, Wohlwill, in: Hamburg 1800, S. 94f.; Plötz, S. 818; Kresse, S. 33.
5 Libell. Gravaminum, a.a.O.
6 Ulterior Gravaminum deductio, o.Q.
7 Urteil v. 24.11.1803, Libell. Appell., Anlage 9.
8 vgl. dazu Pöhls, a.a.O., S. 160f.
9 Otte c. Paschen, Libell. Appell., Anlagen 12, 19, 20.

hörten nach damaligem Kriegsvölkerrecht und ständiger englischer Admiralitätsrechtsprechung zu den contrebanden Artikeln[1].

Die Fiktion des AHO IV, 7, das Risiko des Assecuradeurs in Kriegszeiten lediglich auf Seegefahren zu beschränken, war auf die eingeklagte Police nicht anwendbar, weil sie dem Prinzip der Allgefahrendeckung[2] (AHO V, 1) entsprechend auch auf Kriegsgefahr und feindliche Konfiskation lautete[3].

Eine generelle Aufklärungspflicht normiert allerdings AHO IV, 13 für den Vertragsgegner des Assecuradeurs, die alle Nachrichten von seinem „Correspondenten" – in diesem Zusammenhang gleichbedeutend mit dem Kommittenten[4] – und primär solche Umstände umfaßt, die erhöhtes Risiko begründen und damit eine erhöhte Prämie rechtfertigen[5]; die Prämienfestsetzung wird erheblich beeinflußt durch die Nationalität des Versicherten und die Zugehörigkeit des Bestimmungshafens zu einem neutralen oder kriegführenden Staat[6]. Deshalb betonen Klefeker[7], Magens[8] und Pöhls[9], daß der Assecuradeur im Zweifel davon ausgehe, der wahre Interessierte sei Bürger eines neutralen Staates, so daß Verstöße gegen den insoweit für die *Subjekte* des Versicherungsvertrages extensiv zu interpretierenden AHO IV, 13 und alle Auslegungsunklarheiten bei generalisierenden Policenklauseln zu Lasten des Versicherten gehen müßten. In der Tat sind die nicht individuell vereinbarten, wöchentlich veröffentlichten Hamburgischen Normalprämien auf Versicherungen für neutrale Rechnung ausgerichtet[10].

Einen allgemeinen Hinweis auf Versicherungen für nicht-neutrale Rechnung enthält die in mehreren Hamburgischen Policen[11] verwendete Klausel „vry oder un vry" / „Freund oder Feind", die aber die präzise Individualisierung des wahren Versicherten ebenfalls nicht ermöglicht; Langenbeck verlangt sowohl in sei-

---

1   F.J. Jacobsen, Practisches Seerecht II, S. 54, 76. Für Talglichter war die Rechtsnatur als „instrumenta belli" umstritten, F.J. Jacobsen, a.a.O., S. 53.
2   Kellinghusen, S. 58. Vgl. ferner Sparing, S. 7f., mit der Abgrenzung zu den „named perils" in England.
3   Wortlaut der Police in Libell. Appell., Anlage 1.
4   Pöhls AssecR, S. 588 dehnt den Begriff des „Correspondenten" auf den Ablader und jeden Geschäftsfreund aus.
5   M.L. Schele, S. 19; Magens, S. 90, 102f.; Weskett, Bd. I, S. 131; Langenbeck, Seerecht, S. 399; Poppe, S. 45. Im englischen Versicherungsrecht heißen diese Umstände „materials to the risk".
6   Büsch, Übersicht über Assecuranzwesen, S. 9; Glashoff, H. 2, S. 32f.; Emérigon I, ch. 3, sect. 4; Valin S. 451.
7   Klefeker VII, S. 313, 409, 403f.
8   Magens, a.a.O.
9   Pöhls, AssecR., S. 141ff., 563.
10 Prämienlisten bei Poppe, S. 16, Plaß, S. 175f. für die Jahre 1750 / 1751 / 1768; vgl. auch Pöhls, a.a.O., S. 467ff.
11 z.B. die Policen in Berenberg c. Janßen, Lit. C, prod. 27.9.1641; Kruse c. van Santen, StAH, RKG, K 74, Q 18 a.

nem Assecuranzordnungsentwurf als auch in seinem Kommentar[1], hier entweder den Status des Kommissionärs auf den des ungenannten Kommittenten zu beziehen („ebenso frey und nicht unfreyer, als die Persohn, die die Versicherung thun laßet") oder die Nationalität des Kommittenten in der Police anzugeben. Die zweite Variante und ein Verbot der Klausel „frey oder unfrey" legen die Hamburger Assecuradeure ihren Versicherungsbedingungen von 1679, 1704 (Abschnitt II) und 1800 (Cap. III, §§ 24, 31) zugrunde[2].

Die Auffassung des Klägers in Otte c. Paschen hat andererseits für sich, daß nach der Struktur der Assecuranz als eines gegenseitigen Vertrages auch den Assecuradeur bestimmte auf die Prämienhöhe bezogene Erkundigungspflichten treffen. Deren Versäumung verlagert Straccha[3] eindeutig in den Gefahrenkreis des Assecuradeurs: „Merito Assecuranti imputandum est, qui temporis, rei et personarum qualitates non perquisierit". Das impliziert, daß eine mit Einverständnis des Assecuradeurs gewählte Kommissionsformel, die wie die hier umstrittene Klausel ohne Einschränkung der bewußten Erweiterung des Interessentenkreises dient, auch nicht-neutrale Versicherte bzw. Kommittenten einschließt[4]. Die im Verhältnis zu den speziellen Anzeigepflichten für Kriegszeiten in AHO IV, 7 / 10 / 11 offene Normstruktur des AHO IV, 13 stützt diese Schlußfolgerung.

Das Admiralitätsgericht differenziert offensichtlich noch weiter, denn in Hamburg war in Kriegszeiten neben der Klausel „für Rechnung wen es angeht" die Klausel „für neutrale Rechnung wen es angeht" üblich[5]. Ebenso wie die französische (Gerichts-)Praxis die „Assurance pour compte de qui il appartient"[6] wertet das Admiralitätsgericht die erstgenannte Klausel als Formel für die Verschleierung nicht-neutraler Versicherter in Spannungsfällen, die mit Rücksicht auf die Nationalität des Subjekts des Versicherungsvertrages oder die Gefährlichkeit der Reiseroute eine erhebliche Prämiensteigerung gestattet.

Diese Auslegung erkennen die beklagten Assecuradeure im Parallelprozeß Willinck c. Otte[7] an; dort hatten sie gegen eine von 4 1/2 % auf 10 % erhöhte Prämie ausdrücklich nicht-neutrales Eigentum „für Rechnung wen es angeht" versichert.

---

1 Assecuranzordnungsentwurf in StAH, Senat Cl. VII, Lit. Lb, No. 2, Vol. 3, Art. 20; Langenbeck, Seerecht, S. 381.
2 zur Anzeige der Nationalität des wahren Versicherten in Kriegszeiten vgl. auch: Seeversicherungsanstalten in Hamburg, S. 95, Nr. 24.
3 Straccha, de assecurat. gl. 20, n. 2.
4 ebenso Straccha, a.a.O., gl. 10, n. 9 / 15ff; J.P. Sieveking, S. 28ff, 33ff.; Benecke II, S. 48ff., 52; Benecke III, S. 69ff.; vgl. ferner die bei Baldasseroni I, part. 2, tit. 6, § 18 zitierten Urteile der Seegerichte in Pisa und Florenz.
5 so in Boué c. Stenglin, Wybrandt c. Schlüter; ebenso Büsch, Darstellung, S. 329.
6 Emérigon I, ch. 11, sect. 4, § 3.
7 in Otte c. Paschen, Libell. Appell., Anlage 15.

Insofern entspricht das Admiralitätsurteil nicht nur der Hamburgischen Usance, die durch das Obergericht als einschlägige Entscheidungsgrundlage bestätigt wird[1], sondern auch dem grundsätzlichen Verbot des „venire contra factum proprium".

II. Der Gegenstand des Versicherungsvertrages

Das Interesse, das darin besteht, daß der versicherte Gegenstand einer bestimmten Gefahr ausgesetzt wird und der Versicherte infolge eines durch diese Gefahr verursachten Untergangs oder einer Beschädigung des Gegenstandes einen unmittelbaren Vermögensschaden erleidet[2], ist in der AHO positiv im Katalog der versicherbaren Interessen in AHO I, 3 konkretisiert und negativ in AHO II, 3 als Voraussetzung der Assecuranz definiert.

Ein Beispiel dafür, daß dieses Verständnis des abstrakten Begriffes „Interesse" im 17. Jahrhundert in Hamburg noch nicht so scharf konturiert war, zeigt das Verfahren **Hübner c. von der Krentze.** Hübner klagt aus einer Police auf das Kasko eines bereits in See gegangenen Schiffes, die am 1.4.1655 gegen eine Prämie von 75% und mit der Klausel „mit oder ohne Interesse" sowie der Bedingung geschlossen worden war, drei Tage nach erwiesenem Schiffsuntergang die volle Versicherungssumme von 100 Talern Flämisch auszuzahlen[3]. Der Beklagte wendet ein, die Nachricht vom Schiffsuntergang sei am 4.4.1655 an der Hamburgischen Börse eingetroffen und erst danach habe der Kläger die Prämie von 75% an ihn gezahlt, die er sofort an den Kläger zurücküberwiesen habe[4]. Das Admiralitätsgericht verurteilt den Kläger zu beweisen, daß er die vereinbarte Prämie einen Tag vor der Ankunft der Schadensmeldung dem Beklagten gezahlt habe[5].

Die Entscheidung dokumentiert nicht nur, daß das Gericht den Versicherungsvertrag erst mit der Prämienentrichtung als geschlossen ansieht; diese Rechtsauffassung kennzeichnet auch einige zeitgenössische Assecuranzgesetze, die den Vertragsschluß und die Prämienzahlung als einheitlichen Rechtsakt werten (Ordonnantie 1563, VII, 2 / Ord. de la marine 1681, III, 6, 6) oder, wie die Recopilation tom. 4, lib. 9, tit. 39, ley 11, ausdrücklich die vertragliche Risikoübernahme von der Prämienzahlung abhängig machen: „Que el premio del seguro se pague dentro de tres meses, y si no, no corra el riesgo"[6].

1 Urt. des Obergerichts v. 20.1.1804, Otte c. Paschen, Libell. Appell., Nr. 10; Bericht des Rates ans RKG v. 6.2.1805, o.Q.
2 vgl. dazu Pöhls, AssecR I, S. 66.
3 Hübner c. v.d. Krentze, P. Adm. 6.9.1655/17.1.1656.
4 P.Adm. 17.1.1656 mit Banco-Hauptbuchauszug zum Beweis der Rücküberweisung.
5 Urteil v. 7.2.1656, P. Adm. ibid.
6 ebenso Kuricke, de assecurat., Abschnitt XV; a.A. Poppe, S. 48; J. Sluter, S. 29f.; Pöhls, a.a.O., S. 471ff.; Büsch, Darstellung, S. 337ff.; vgl. auch Langenbeck, Seerecht, S. 421ff. Nach dieser − später herrschenden − Meinung begründet der Mangel der Prämienzahlung nicht Vertragsunwirksamkeit, sondern nur den Verzug des Versicherten und während des Verzugs ein Rücktrittsrecht des Assecuradeurs.

Durch den Verzicht auf eine Klagabweisung a limine zeigt das Urteil auch, daß das Admiralitätsgericht eine Versicherung auf Non-Interesse bzw. eine Wettassecuranz nicht a priori für unzulässig hält. Eine Wettassecuranz besteht darin, daß der Versicherte ein fremdes Objekt versichert, dessen Untergang ihm keinen persönlichen unmittelbaren Vermögensschaden zufügt[1]; er versichert also kein tatsächliches Interesse gegen Verlustgefahr, sondern will durch den Verlust des Objekts einen Gewinn erzielen. Merkmale der Wettassecuranz sind die Klausel „mit oder ohne Interesse" / „ohne Beweis des Interesses", eine sehr hohe Prämie (bis zu 90%), der Verzicht auf ordnungsgemäße Dispachierung des Schadens[2] und die Verpflichtung des Assecuradeurs, im Schadensfall die Versicherungssumme ungekürzt zu zahlen.

Die von Hübner eingeklagte Police repräsentiert eine der ganz seltenen Hamburgischen Wettassecuranzen[3], deren Mangel eines legalen versicherten Interesses 1655 noch kein Hamburgisches Gesetz kritisch behandelt. Die ausländischen Assecuranzgesetze, die die Wettassecuranz verbieten[4], knüpfen dabei weniger an das fehlende versicherbare Interesse an, als vielmehr an die Unzulässigkeit von Spielen und Wetten („weddingschappen" / „op Weddinge van Rysen") in einem Vertrag, der der Sicherung gegen Seegefahren und -verluste dient. In Hamburg wurden die Unverbindlichkeit von Wetten und die Unzulässigkeit von Klagen aus Spiel- und Wettforderungen erst im 18. Jahrhundert für die verschiedenen Vertragstypen normiert[5].

Den dogmatisch einleuchtenderen Ansatz für das Wettassecuranzverbot bieten die Genuesischen Statuten 1610: „Securitates non possint fieri pro se, neque pro aliis, *nisi extet risicum* ... vel mediate vel immediate, principaliter vel indirecte". Obwohl hier der terminus technicus „Interesse" noch mit dem Begriff des Risikos umschrieben wird, ist erkennbar, daß der Versicherungsvertrag ein bereits bestehendes direktes oder indirektes Sicherungsinteresse voraussetzt, daß aber ein erst durch den Vertrag begründetes Interesse dem Zweck der Assecuranz zuwiderläuft[6]. Diese Abgrenzung ist in der Rechtsprechung des Admiralitätsgerichts erst am Beginn des 18. Jahrhunderts festzustellen, indem nicht nur – in Vorwegnahme des AHO II, 3 und in Parallele zu Langenbecks Forderung nach „effecten, Interesse oder Risigo ... bei dem Schiff"[7] – ein „würkliches Interes-

---

1 Pöhls, AssecR, S. 68.
2 Pöhls, a.a.O., S. 68; Benecke I, S. 303; Büsch, a.a.O., S. 361.
3 Benecke I, S. 291f., zitiert einen vergleichbaren Fall von 1799, der nicht zu Gericht kam.
4 Ordonnantie 1563, VII, 4; Middelburg.Ass.O. 1689, Art. 2; Genuesische Statuten 1610, Lib. 4, cap. 17, § Securitates non possint; für Frankreich vgl. Emérigon I, ch. 1, sect. 1, § 1. Im beginnenden 18. Jhdt.: Rotterdam.Ass.O. 1721, Art. 28; Amsterdam.Ass.O. 1744, Art. 13; PreußSeeR 1727, Cap. 6, Art. 10; SchwedAss.O. 1750, Tit. Von Assecuranz, Art. 3, § 7.
5 Mandat v. 22.10.1759 in Blank, Bd. IV, S. 2157ff., 2161ff.
6 vgl. dazu Pöhls, AssecR I, S. 67; Poppe, S. 51f.
7 Langenbecks Assecuranzordnungsentwurf 1721/22, Art. 9.

se"[1] als essentiale einer gültigen Assecuranz bezeichnet wird, sondern auch durch Richterrecht die Beweismittel für ein direktes oder indirektes Interesse (Konnossemente, Rechnungen, Zollregister) konkretisiert werden[2].

Zu den versicherbaren Interessen gehören gemäß AHO I, 3 Nr. 2 und AHO I, 4 Nr. 2 Ladung und Güter, vom Gesetz generell auch als „Kaufmannschaften" bezeichnet. In **Brouker c. Jenisch** geht es um die Frage, wie präzise die Parteien die „Kaufmannschaften" in der Police bezeichnen müssen.

Im Rahmen des um 1765 sehr lebhaften Leinenhandels Hamburgs mit Spanien, vornehmlich mit dem Hafen Bilbao[3], versichert der Kläger im August 1764 eine „Kiste Leinen" von Hamburg nach Bilbao[4]; auch das Konnossement ist auf „Leinwand" gezeichnet. Nachdem englische Seeräuber das Schiff im Kanal angegriffen und dabei die versicherte Kiste teilweise geplündert haben, stellt sich im Prozeß gegen den Assecuradeur heraus, daß die versicherten Waren aus Leinentüchern, gestickten Manschetten („Broderien") und „Canefas" bestanden. Der Beklagte wendet ein, er habe nur auf Leinen gezeichnet, nicht auf Manschetten und „Canefas"; diese Tuche seien außerdem nicht so schwer wie Leinen und hätten daher leichter geraubt werden können[5]. Das Admiralitätsgericht verurteilt den Assecuradeur, den auf die geplünderten Tuchwaren bezogenen Anteil der Versicherungssumme zu bezahlen[6].

Das Votum zu diesem Fall zeigt, daß das Gericht die Bezeichnungen „Canefas", Cattun und gestickte Manschetten („Broderien") als Synonyme bzw. als Benennungen verschiedener Verarbeitungsformen des in der Police verwendeten Begriffs „Leinen" versteht. Diese Wertung steht im Einklang mit der AHO, die den Grundsatz der allgemeinen Benennung der „Kaufmannschaften" nur bei der Versicherung verderblicher Waren (AHO IV, 8) und contrebander Artikel (AHO IV, 10) zugunsten einer speziellen Namhaftmachung aufgibt. Damit geht die AHO bei der Benennung der Güter als Versicherungsobjekte, anknüpfend an Langenbeck und holländisches Assecuranzrecht[7] und gegen die Auffassung M.L. Scheles[8] und Kurickes[9] von einem Gattungsbegriff aus. Das bedeutet positiv, daß bei der Versicherung von Warengattungen – z.B. Leinen – jeder Artikel dieser Gat-

1 Schrack c. Halsey, Interlokut v. 25.4.1726.
2 Beispiel: Peinhorst c. Meckenhauset, Interlokut v. 28.8.1721, P. Adm. ibid.
3 Kresse, Materialien, S. 25.
4 Brouker c. Jenisch, Klefeker VII, S. 314.
5 Klefeker VII, S. 316, 322.
6 Urteil v. 29.7.1767, Klefeker VII, S. 327. Von der zu zahlenden Summe zieht das Gericht den Wert der „Broderien" ab, denn deren Einladung in das Schiff konnte nicht erwiesen werden; Klefeker VII, S. 327.
7 Langenbeck, Assecuranzordnungsentwurf 1721/22, Art. 3, 12; Rotterdam.Ass.O. 1721, Art. 41 („generale benaminge van Waren").
8 M.L. Schele, S. 35: „designatio mercium, quae, quales et quantae illae sint".
9 Kuricke, de assecurat., S. 10.

tung auch in verarbeiteter Form in den Schutzbereich der Assecuranz gezogen werden kann, weil er gegenüber der versicherten Gattung kein „aliud" darstellt[1]; dies gilt jedoch nicht, wenn Waren einer anderen als der versicherten Gattung[2] oder bei spezieller Güterbezeichnung andere Waren geladen werden[3].

Dafür ist der Fall **Wybrandt c. Schlüter** exemplarisch: Die Hamburger Assecuradeure Schlüter, Burmester und Gerkens zeichnen in einer Police von 1745 6.000 Mk. auf eine Ladung Leinen. Das Schiff segelt aber nicht mit Leinen, sondern mit Korn beladen ab und verunglückt[4]. Im Prozeß verweisen die Assecuradeure auf AHO I, 4 und verweigern die Zahlung, weil der untergegangene Gegenstand nicht der versicherte gewesen sei. Das Admiralitätsgericht weist die Klage ab, wobei dem Kläger die Prämie ristorniert wird[5].

Entscheidungsgrundlage dieses Urteils ist AHO V, 16, der die Aufhebung der Assecuranz anordnet, wenn die „versicherten Güter" nicht ins Schiff geladen wurden. Die Tatsache, daß hier eine andere Warengattung als das gemäß AHO I, 4 Nr. 2 in der Police ausgewiesene Leinen der Seegefahr ausgesetzt wurde, bewirkt, daß insoweit „d'asseureurs gheen peryckell, oft risicquen loopen"[6]. Die Ursache für diese Beschränkung liegt vor allem darin, daß bei der Verladung eines „aliud" gegenüber dem Policeninhalt das Risiko des Assecuradeurs ohne dessen Kenntnis steigen kann[7]; so gehört das von Wybrandt verladene Korn zu den leccagegefährdeten Versicherungsobjekten gemäß AHO IV, 8; die Beklagten wären bei dessen Versicherung entweder zu einer höheren Prämienfestsetzung oder zu einer vertraglichen Haftungsbegrenzung („frei von 10% Leccage / Beschädigung") berechtigt gewesen.

III. Die Taxation des versicherten Gegenstandes

Die vorgedruckten Hamburgischen Policenformulare enthalten eine Rubrik für die Schätzung des versicherten Gegenstandes als Basis der Berechnung der Versicherungssumme. Diese Taxation ist im Prozeß häufig umstritten.

Im Verfahren **Hettlings c. diverse Assecuradeure** war in einer Kaskopolice für ein von St. Ubes nach Uddevalla/Schweden bestimmtes Schiff dessen Wert auf 16.000

---

1   ebenso Emérigon I, ch. 10, sect. 1; Benecke II, S. 77.
2   Poppe, S. 47.
3   Baldasseroni I, part 3, tit. 1, § 20.
4   Wybrandt c. Schlüter, Klefeker VII, S. 360.
5   Urteil v. 22.6.1747, Klefeker VII, S. 360.
6   Ordonnantie 1563, VII, 16; Baldasseroni I, part. 3, tit. 1, § 20; Stevens, S. 141.
7   Pöhls, AssecR, S. 169; zu eng Benecke II, S. 76 und Emérigon I, ch. 10, sect. 1, die nur auf die unkontrollierte Ausdehnung des Schutzbereichs der Assecuranz hinweisen.

Mk. taxiert worden[1]. Das Schiff geriet in schweren Sturm, lief beschädigt einen norwegischen Nothafen an und wurde zu Reparaturzwecken von einem Beauftragten der Assecuradeure in einen Nachbarhafen verholt, wo ein aus ungeklärter Ursache entstandener Brand es weitgehend zerstörte[2]. Der Klage Hettlings' halten die Assecuradeure unter anderem entgegen, daß das Schiff in der Police um etwa 50% zu hoch taxiert worden sei, weil es aus „Föhrenholz" gebaut gewesen sei[3]. Gleichwohl verurteilt das Gericht die Beklagten zur Zahlung der eingeklagten 16.000 Mk.[4].

In den normativen Vorbildern der AHO, in Ordonnantie 1563, VII, 10 und Ord. de la marine 1681, III, 6, 8, ist die Taxation für Kaskopolicen noch obligatorisch, während AHO I, 5 die Taxation sowohl bei Schiffs- als auch bei Warenversicherungen in das Belieben des Versicherten stellt[5]. Damit sind taxierte Policen grundsätzlich ebenso zulässig wie „offene" Policen. In gleicher Weise hat die AHO nicht die Verbote einer Überversicherung aus Ordonnantie 1563, VII, 12 („sal niemand ... moghen taxeeren, over de ghemeyne weerde ende valeur") und Ord. de la marine 1681, III, 6, 22 („defendons de faire assurer ... des effets au de là de leur valeur") übernommen. Langenbeck[6] sieht für ein derartiges Verbotsgesetz bei Gutgläubigkeit beider Parteien kein Bedürfnis, da der Assecuradeur die Prämie proportional zur erhöhten Werttaxe berechnen könne[7]. Für den Fall der betrügerischen Überversicherung, der den Assecuradeur nach Ordonnantie 1563, VII, 10, Ord. de la marine 1681, III, 6, 8 und Rotterdam.Ass.O. 1721, Art. 70 zur Neutaxation des versicherten Schiffes berechtigt, legt AHO I, 5 in Verbindung mit AHO VI, 1 S. 2 dagegen den Schluß nahe, daß der Assecuradeur an die ursprüngliche Taxation in der Police gebunden bleibt[8].

Diese Gesetzesinterpretation liegt ersichtlich der uneingeschränkt verurteilenden Entscheidung des Admiralitätsgerichts zugrunde.

Bei genauer Betrachtung des Gesetzeskontextes normiert AHO VI, 1 S. 2 jedoch nur die Bindung des *Versicherten* an die einmal abgegebene Taxation, denn die Ristornoklage ist eine Klage des Versicherten[9], die ihm die Aufhebung des Vertrages, aber nicht nachträglich eine Herabsetzung der Werttaxe ermöglichen soll[10].

---

1 Hettlings c. div. Assecuradeure, Klefeker VII, S. 493.
2 Klefeker VII, S. 494.
3 Klefeker, VII, S. 495, 498.
4 Urteil v. 22.12.1753, Klefeker VII, S. 498.
5 ebenfalls für Taxationsfreiheit Poppe, S. 19; Straccha, gl. 6, n. 5; Langenbeck, Seerecht, S. 383; Emérigon I, ch. 9, sect. 3; a.A. noch Kuricke, de assecurat., S. 11.
6 Langenbeck, a.a.O., S. 383; kritisch schon 1707 M.L. Schele, S. 15.
7 ebenso der Referent des Obergerichts, Klefeker VII, S. 502.
8 so ausdrücklich Poppe, S. 29, Fn. s.
9 Poppe, S. 44.
10 Pöhls, AssecR, S. 246.

Im Umkehrschluß ist daher nach AHO VI, 1 S. 2 — wie bei jedem behaupteten Versicherungsbetrug unter Umkehr der Beweislast — dem Assecuradeur die Darlegung einer betrügerischen Überversicherung nicht benommen[1]. Diese Auffassung prägt das Appellationsurteil des Obergerichts, das nur die gerichtliche Hinterlegung der Versicherungssumme und die Verweisung der Sache ins Reconventionsverfahren bestimmt[2].

Die Tatsache, daß das versicherte Schiff nicht aus Eichenholz, sondern aus dem weitaus kurzlebigeren, feuergefährdeten Fichtenholz gebaut war, würde den Assecuradeur sowohl in Holland[3] als auch in Dänemark[4] berechtigen, wenn dieser Umstand in der Police verschwiegen wird, nur 50% der vereinbarten Versicherungssumme zu bezahlen. Eine entsprechende Klausel enthalten die Bedingungen einiger Bremischer und Lübischer Assecuranzcompagnien[5] sowie der meisten Hamburgischen Seeversicherungsgesellschaften[6]. Allerdings berichtet Glashoff[7], daß die Hamburgische Gesetzespraxis mit Rücksicht auf fehlende gesetzliche Ermäßigungsvorschriften auch bei Totalschäden von Fichtenholzschiffen eine uneingeschränkte Zahlungspflicht der Assecuradeure bejaht hat[8]. Der Vorschlag der Commerzdeputation, nach dem Vorbild der Amsterdam.Ass.O. 1744, Art. 8, eine besondere Aufklärungspflicht über das Baumaterial des versicherten Schiffes[9] und eine Minderung der Erstattungspflicht auf die Hälfte des Versicherungswertes in der AHO zu normieren, wurde nicht verwirklicht.

Die Neigung des Admiralitätsgerichts, angesichts der Taxationsfreiheit und der Konsensformel in den Policen („mit unserem, der Assecuradeurs, Consens ... taxiret auf ... Mk.") nur in Ausnahmefällen eine Revision der Wertbestimmung zuzulassen, zeigt das Verfahren **J.S. c. Scheel**. Aus einer untaxierten Police auf 1/4 Kasko eines Schiffes wird die gezeichnete Versicherungssumme von 2.700 Mk. eingeklagt[10]; dagegen wendet der beklagte Assecuradeur ein, das Schiff sei überversichert gewesen. Das Admiralitätsgericht verwirft diesen Vortrag[11], weil die Versicherungssumme nicht vom Versicherungskommissionär bzw. seinem Auftraggeber vorgeschlagen, sondern vom Beklagten selbst festgesetzt worden sei. Sofern kein Anhaltspunkt für Betrug des Versicherten vorliegt, wertet das Gericht

---

1 ähnlich Pöhls, a.a.O., S. 221; wie das Obergericht entscheiden Baldasseroni I, part. 4, tit. 1, §§ 16, 19; Emérigon I, ch. 9, sect. 5, § 3; Straccha, gl. 6, n. 5; Valin, S. 469.
2 Klefeker VII, S. 502f.
3 Amsterdam.Ass.O. 1744, Art. 8.
4 Dänische Assecuranzbedingungen 1746, Art. 1; Benecke I, S. 80.
5 Pöhls, a.a.O., S. 316; Kiesselbach, Seeversicherung, S. 149f.
6 Pöhls, a.a.O., S. 372, Fn. 22; Benecke III, S. 45; ebenso Bedingungen der Hamburgischen Assecuradeure 1800, Cap. I, Art. 7.
7 Glashoff, H. 1, S. 148ff., 150.
8 vgl. auch Büsch, Darstellung, S. 329.
9 Klefeker VII, S. 329.
10 J.S. c. Scheel, Klefeker VII, S. 458.
11 Votum bei Klefeker VII, S. 471f.

die gezeichnete Summe wie eine ausdrückliche Taxe, deren Übereinstimmung mit dem wahren Kaskowert vermutet wird, und es verweist den Assecuradeur lediglich auf die mögliche Schiffstaxation durch die Reepschläger und Segelmacher im Dispacheverfahren (AHO XII, 1)[1].

Diese Auslegung bedeutet eine Art Selbstbindung des Assecuradeurs, die den ausländischen Assecuranzgesetzen fremd ist. Diese gehen nicht nur bei den (seltenen)[2] offenen, sondern auch bei taxierten Kaskopolicen davon aus, daß der Versicherte nicht gänzlich vom Beweis des wirklichen Kaskowertes befreit ist[3], vor allem, weil der Kaskowert sich während der Reise durch Slitage verringert. Allein in Frankreich ist die Policenklausel zulässig, „que l'estimation du Navire tiendra lieu de capital en tout *temps* et en tout *lieu, pendant le voyage*"[4].

Bei Verdacht des Versicherungsbetruges vertritt das Admiralitätsgericht dagegen eine andere Auffassung:

In **Boetefeur c. Kellinghusen** wird aus einer untaxierten Police auf contrebande Waren, die vor der dänischen Küste untergehen, eine Versicherungssumme von 20.000 Mk. eingeklagt[5]. Da der Frachtbrief des Schiffers[6] eine dieser Versicherungssumme nicht adäquate Ladungsquantität ausweist, verlangen die beklagten Assecuradeure wegen Betrugsverdachts, die Übereinstimmung zwischen dem Ladungswert und der Versicherungssumme durch Vorlage von Konnossementen, Einkaufsrechnungen und „Fakturen" zu beweisen[7]. Diesem Antrag entspricht das Gericht im Interlokut vom 5.12.1754[8].

Die Entscheidung beruht auf AHO XII, 4 (Absatz 2), dessen Rechtsgedanke für offene Güterpolicen von AHO XXI, 14 wieder aufgenommen wird: Danach ist der wahre Wert der versicherten Waren nach der Einkaufsrechnung zu ermitteln[9], wobei unterstellt wird, daß der Versicherte sich zum vollen Einkaufspreis hat versichern wollen[10]. Die vom Gericht gewünschte Wertermittlung nach der Einkaufsrechnung am Einkaufs- bzw. Messeort[11] schließt andere Berechnungsarten

---

1 Auf diese präjudizierende Wirkung der Versicherungssumme in offenen Kaskopolicen verweist auch Stevens, S. 133f.
2 Benecke I, S. 502.
3 Pöhls, AssecR, S. 221 m.w.N., S. 231f.; Valin, S. 469; Baldasseroni I, part. 4, tit. 1, § 16; Magens, S. 38f.; vgl. auch Amsterdam.Ass.O. 1744, Art. 7.
4 Emérigon I, ch. 9, sect. 5, § 5; Valin, S. 469f., 566.
5 Boetefeur c. Kellinghusen, Policen v. 13.11.1753, Q 8 / Q 9, Verklarungsprotokoll v. 18. 12.1753, Acta pr. Bl. 118ff.
6 Q 56; Konnossement v. 16.11.1753, Acta pr. Bl. 205ff.
7 Acta pr. Bl. 173ff., 214ff.
8 Acta pr. Bl. 253ff.
9 ebenso Langenbeck, Seerecht, S. 414.
10 Benecke I, S. 497f.; zweifelnd Pöhls, AssecR., S. 231.
11 Boetefeur c. Kellinghusen, Acta pr. Bl. 504ff.

aus: Der Börsenpreis des Abgangsortes[1] würde konjunkturelle Veränderungen des Warenwertes zwischen Einkaufs- und Einladungstermin berücksichtigen; diese Differenz kennzeichnet die Subsidiaritätsregelung in Ord. de la marine 1681, III, 6, 64, die Langenbeck in Art. 44 seines Assecuranzordnungsentwurfes 1721/22 übernahm. Der in Holland generell[2] und in Italien nach Reiseabschnitten differenziert[3] für die Taxation maßgebliche Warenpreis am Bestimmungsort umfaßt auch den imaginären Gewinn bei glücklicher Ankunft; beide Wertsteigerungen läßt das Admiralitätsurteil – übereinstimmend mit AHO XII, 4 am Ende[4] – unbeachtet, um eine weitgehende Kongruenz zwischen Werttaxe und dem Umfang des ursprünglich versicherten Interesses sicherzustellen. Diesen Zweck betont unter den zeitgenössischen Seerechten am deutlichsten PreußSeeR 1727, Cap. 6, Art. 7 mit der Regelung der Taxation „der Güter ... nach derselben Einkauf sammt Zöllen und Unkosten *bis zur Einschiffung*" und der ausdrücklichen Anzeige einer Versicherung „nach dem currenten Preise".

IV. Die Benennung des Schiffers in der Police

Die Bedeutung des in der Police als Transportperson genannten Schiffers für das Versicherungsrisiko des Assecuradeurs dokumentiert das Verfahren **Thornton c. P.P.**:

In einer Warenpolice ist als Schiffer für die Route London – Fiume[5] der Holländer Jakob Veer „oder ein anderer" bezeichnet[6]. Er erkrankt auf der Reise und stirbt in dem englischen Hafen Falmouth, wo als neuer Kapitän der bisherige Steuermann Vanitzer eingesetzt wird. Im Mittelmeer bringen französische Kaper Schiff und Ladung auf; die Admiralität in Paris bestätigt die Konfiskation im wesentlichen mit der Begründung, daß Vanitzer nicht auf seinen Namen lautende Personalreisepapiere als Schiffer besaß[7]. Im Prozeß lehnen die Assecuradeure eine Zahlungspflicht ab, weil der Wechsel des Schiffers, der offensichtlich die Konfiskation verursacht habe, gegen die Police und AHO I, 4 Nr. 5 verstoße und

---

1 Klefeker VII, S. 569; Seeversicherungsanstalten in Hamburg, S. 63, § 20.
2 Amsterdam.Ass.O. 1744, Art. 35 („ter plaatse kunner destinatie").
3 Genuesische Statuten 1610, Lib. 4, cap. 17, § Si inter partes; Baldasseroni I, part. 4, tit. 2, § 4.
4 für die Mitberücksichtigung des imaginären Gewinns bei der Taxation Magens, S. 36, und Stevens, S. 127, 129; dafür spricht auch die Zulässigkeit der Versicherung auf imaginären Gewinn in AHO III, 2. Ordonnantie 1563, VII, 20 hatte die Versicherung auf imaginären Gewinn noch untersagt.
5 in Jugoslawien, heute Rijeka.
6 Thornton c. PP., Klefeker VII, S. 433.
7 Klefeker, VII, S. 434f. Zur Bedeutung der Schiffsreise-, Personalreise- und Ladungsreisepapiere im prisengerichtlichen Verfahren vgl. F.J. Jacobsen, Practisches Seerecht II, S. 275ff., 318ff., 347ff.

ihnen auch nicht angezeigt worden sei[1]. Das Admiralitätsgericht erlegt dem Kläger den Beweis auf, daß er die Veränderung in der Schiffsführung vor Auslaufen aus Falmouth den Assecuradeuren nicht rechtzeitig mitteilen konnte[2].

Ausgangspunkt der Entscheidung ist die einschränkende Interpretation der Police, daß der Assecuradeur nur für die „bedachten oder unbedachten Fälle oder Schäden" eintritt, die sich ohne Wissen und Willen des Versicherten ereignen. Das Gericht verlangt in analoger Anwendung der Anzeigebestimmungen in AHO I, 5 und AHO IV, 6 Abs. 2 die Benachrichtigung des Assecuradeurs von einer dem Versicherten bekannt gewordenen Änderung des Schiffers, wenn die Assecuranz nicht erlöschen soll[3]. Dabei folgt das Gericht der älteren, auch im Seefrachtrecht (HambStR 1603, II, 14, 9) dominierenden Auffassung, daß der durch Notfälle erzwungene Wechsel des vertraglich in Aussicht genommenen Schiffers der Zustimmung der Reeder bzw. der Assecuradeure bedarf. Obwohl dieses Erfordernis schon in Florentinischen Policen von 1523 („padroneggiata per tale, ò per chi altri la padroneggiassi")[4] und in Ordonnantie 1563, VII, 2 („daer meester af is ... oft andere") sowie mit der hier verwendeten Klausel „oder ein anderer" abgeschwächt werden soll, gilt die Ersetzung des Schiffers wegen möglicher personeller Qualifikationsunterschiede in der Praxis als risikoerhöhender Umstand, der grundsätzlich dem Assecuradeur anzuzeigen ist[5]. Bemerkenswert ist, daß sich die von Poppe[6] beobachtete Abhängigkeit der Prämie von der Segelerfahrung und Qualifikation der Schiffer auch am Beginn des 20. Jahrhunderts noch in Prämienrabatten von $5/16\%$ bis $1/4\%$ für Reedereien mit besonders zuverlässigen Kapitänen ausdrückt[7]. Im 18. Jahrhundert bleibt es in Hamburg bei der Anzeigepflicht[8], obwohl schon Langenbeck[9] den Wechsel des Schiffers in Notfällen nicht mehr als „das Wesen des Contracts" verändernden Gesichtspunkt wertet. In Fortentwicklung dieser Auffassung meinen Emérigon[10] und Baldasseroni[11], die Policenklauseln „ou autre pour lui" oder „ò chi per esso" legitimierten den Versicherten grundsätzlich, auch ohne Wissen und Zustimmung des Assecuradeurs den in der Police genannten Schiffer auszuwechseln.

1 Klefeker VII, S. 436, 440.
2 Interlokut v. 7.11.1766, Klefeker VII, S. 446.
3 Votum bei Klefeker VII, S. 443ff.
4 Magens, S. 374.
5 M.L. Schele, S. 34; Klefeker VII, S. 432f.; Büsch, Darstellung, S. 335; zur Qualifikation des Schiffers vgl. Klefeker VII, S. 78.
6 Poppe, S. 14.
7 Verein Hamburger Assecuradeure, Salpeter-Tarif für Segler 1916 mit Prämienrabatten für die Reedereien Laeisz und Bordes; vgl. ferner Plaß, S. 325f.
8 Pöhls, AssecR, S. 206, 215f.; Benecke II, S. 197.
9 Langenbeck, Seerecht, S. 392.
10 Emérigon I, ch. 7, sect. 1.
11 Baldasseroni I, part. 2, tit. 4.

Im Verfahren **Stolle c. Rothaer** wird dieselbe Frage, die Ersetzung des in der Police ausgewiesenen Schiffers Martin Lange[1] durch Dietrich Conrad Balleur[2], über die allgemeine Anzeigepflicht aus AHO IV, 13 gelöst[3].

Beide Verfahren lassen erkennen, daß das Admiralitätsgericht Veränderungen in der Person des in der Police genannten Schiffers — anders als die Benennung des Versicherten — restriktiv behandelt, weil Qualifikation und Erfahrung eines bestimmten Schiffers das Versicherungsrisiko stärker beeinflussen als die Person des Versicherten.

V. Zusätzliche Klauseln und Bedingungen des Versicherungsvertrages

Eine der über den notwendigen Policeninhalt hinausgehenden, frei zu vereinbarenden Bedingungen der Police stellt die Verpflichtung dar, die versicherte Reise „mit Convoy" durchzuführen.

In **de Vlieger c. Thomas** wird die Versicherungssumme aus sechs Warenpolicen eingeklagt, nach deren Wortlaut die Reise „van Hamborg met Convoy naer London" durchzuführen war[4]. Der Schiffer schließt sich nicht der geplanten englischen Convoy, sondern einer holländischen Convoy an, von der er vor Wangerooge durch Sturm getrennt wird; dort bringt ein französischer Kaper das allein segelnde Schiff auf[5]. Die beklagten Assecuradeure wenden im Prozeß ein, das Schiff sei nicht mit der vertraglich bestimmten englischen Convoy ausgelaufen und im Schadenszeitpunkt ohne Convoy gesegelt[6]. Das Admiralitätsgericht spricht dem Kläger gleichwohl die volle Versicherungssumme zu[7].

In historischer Hinsicht ist der Fall ein Beispiel für den 1695 aus finanziellen Gründen auftretenden Mangel an Hamburgischen Convoyen nach England und Spanien; Hamburgische Schiffe mußten deshalb versuchen, sich den Convoyen fremder Staaten anzuschließen, wobei englische und holländische Convoyen eine Vorrangstellung einnahmen[8].

Die Klausel, „mit Convoy" zu fahren, bedeutet, daß sich das Risiko einer Versicherung gegen Kriegsgefahr vermindert; Assecuranzen auf Schiffe unter besonde-

1 Stolle c. Rothaer, Police v. 20.9.1752, Q 6.
2 Acta pr. Bl. 766ff.
3 Acta pr. Bl. 692ff.
4 de Vlieger c. Thomas, Policen v. 24./25./28./30.10.1695, P.Adm. 16.4.1696.
5 Verklarung v. 8.7.1696, P. Adm. 13.8.1696.
6 P.Adm. 30.7./27.8.1696.
7 Urteil v. 7.1.1697, P.Adm. ibid.; bestätigt vom Obergericht, Urt. v. 18.8.1697, P. Super. ibid.
8 Baasch, Convoywesen, S. 307ff., 313ff., 351, 358ff.; Knittel, S. 22.

rem Convoyschutz weisen um bis zu 7 $^1/_2$% niedrigere Prämien auf als Versicherungen auf allein segelnde Schiffe[1]. Die Entscheidung des Gerichts bestätigt zunächst den Charakter der Klausel „mit Convoy" als einer echten Vertragsbedingung („conditio")[2], bei deren Nichterfüllung die Verbindlichkeit des Assecuradeurs entfällt; diese Bewertung nimmt teilweise den Normgehalt des AHO IV, 6 vorweg und konkretisiert unter Abkehr von den Bedingungs- und Klauselverboten in Ordonnantie 1563, VII, 2 („sonder eenighe meerdere clausulen"), Middelburg.Ass.O. 1689, Art. 1 und Rotterdam.Ass.O. 1721, Art. 75 die Bestimmungen der Ord. de la marine 1681, III, 6, 3/7 über allgemeine Policenbedingungen und die Versicherungen von bewaffneten Schiffsgemeinschaften.

Das Gericht berücksichtigt aber, daß angesichts langer Wartezeiten auf bestimmte Convoyen[3] die Police dem Schiffer in der Regel das Auslaufen mit der nächsten erreichbaren Convoy ermöglichen muß; die einfache Klausel „met Convoy naer London" wird daher nicht als Vereinbarung über den Anschluß an eine bestimmte englische Convoy ausgelegt. Aus den Rationes decidendi des Obergerichts ist zu ersehen, daß nur die präzisierende Zusatzbedingung, die später die Schwed. Ass.O. 1750[4] fordert, unter *welcher* Convoy das Schiff abgehen soll, bei Versäumung dieser Convoy die Assecuradeure befreit[5]. Die weitere Differenzierung, ob das Schiff mit Convoy vom Ladungsort abgehen oder einen außerhalb des Abgangshafens liegenden Convoyverband aufsuchen soll — eine Abgrenzung aus dem französischen Seeversicherungsrecht[6] —, ist in dieser Entscheidung noch nicht zu erkennen; sie prägt aber die gesetzliche Folgepflicht des Schiffers in AHO IV, 4 Nr. 3 („entweder im Gesichte der Convoye mitzugehen, oder ... derselben zu folgen und sie zu erreichen").

Darüberhinaus wertet das Gericht in Vorwegnahme des Regelungsgehalts in AHO IV, 4 Nr. 2 — möglicherweise in Anlehnung an die in § 10 Admiralschaftsordnung fixierten Wirkungen des Admiralschaftsbriefes — die Übergabe des „Seyn-Briefes"[7] an den Schiffer[8] als Indiz für den tatsächlichen, der Policenbedingung

---

1 Baasch, a.a.O., S. 330; Kiesselbach, a.a.O., S. 41; Plaß, S. 72.
2 vgl. dazu Rationes decidendi des Obergerichts v. 18.8.1697. P. Super., ibid.; Poppe, S. 48.
3 vgl. dazu Ebel, HGBl. 70 (1951), S. 96. Auch für eine bereits terminierte Convoy konnten Abfahrtsverzögerungen auftreten; vgl. den Convoyzettel des Rates v. 2.10.1711, in dem der Abgang des Hamburgischen Convoyschiffes „das Admiralitaets-Wapen von Hamburg" vom 2.10.1711 auf den 9.10.1711 verlegt wird (StAH, Senat Cl. VII, Lit. Ca. No. 3, Vol. 2, Nr. 15).
4 Tit. Von Assecuranz, Art. 5, § 14.
5 Rationes decidendi, a.a.O., Nr. 2-4; vgl. auch Pöhls, AssecR, S. 267; Weskett, Bd. I, S. 210.
6 „pour aller avec convoi / pour aller joindre le convoi à Toulon", Emérigon I, ch. 6, sect. 4, § 2. Aus Emérigons Darstellung ist ersichtlich, daß die Entwicklung der Bedingung „mit Convoy" allein auf case law und nicht auf dem Einfluß der Literatur beruht.
7 des Schutzdokuments des Convoykommandanten; zu Inhalt und Bedeutung des Seyn-Briefes Surland, S. 33f.; Vasmer, S. 19; Benecke III, S. 427.
8 hier an Schiffer Feicke Intjes, P. Adm. 13.8.1696.

entsprechenden Anschluß an eine Convoy[1]. Die einmalige Erfüllung der conditio essentialis „mit Convoy" begründet die Haftung des Assecuradeurs, die nicht dadurch erlischt, daß im Zeitpunkt des Schadenseintritts die Bedingung nicht mehr eingehalten wird. Insofern zeigt das Urteil einen Vorgriff auf AHO IV, 5, indem es die nachträgliche Trennung des versicherten Schiffes vom Convoyverband durch Zufall oder höhere Gewalt nicht dem Gefahrenkreis des Versicherten, sondern als „onbedachten Schaden of Ongelukken" der Risikosphäre des Assecuradeurs zurechnet[2]. Den zeitlichen Gesichtspunkt dieser Haftungsverteilung betont Emérigon[3], indem er den Versicherten nach termingerechter Absendung des Schiffes zum Convoyverband von der Verantwortung für spätere Reiseänderungen durch vis major befreit.

Die Diskrepanz zwischen echten Vertragsbedingungen, deren Nichterfüllung die Assecuranz vernichtet, und bestimmten Anzeigen in der Police, deren Unterlassung den Assecuradeur gegebenenfalls nur von dem nicht angezeigten Risiko freistellt[4], kennzeichnet den Prozeß **Stolle c. Rothaer**.

Ein Hamburger Kaufmann klagt aus zwei Policen auf Kasko und Güter eines schwedischen Schiffes, das − zu einer Prämie von 3 $1/2$% versichert − nach einer in beiden Policen vermerkten Nachricht des Schiffers vom 26.8.1752 „in vier Tagen" segelfertig sein sollte[5]. Tatsächlicher Reisebeginn war jedoch der 23.9.1752[6]. Auf der Fahrt von Trondheim nach Le Havre verunglückt das Schiff im Oktober 1752 im Sturm vor der dänischen Küste[7]. Vor dem Admiralitätsgericht bezeichnen die beklagten Assecuradeure den Abreisevermerk in der Police als Vertragsbedingung, die für die niedrige Sommerprämie maßgeblich gewesen sei; das durch die verspätete Abfahrt erhöhte Risiko einer Herbstreise hätten sie nicht für 3 $1/2$% versichern wollen[8]. Im Urteil vom 16.2.1758[9] verwirft das Gericht diese Einrede gegen die Police und fordert nur noch die Vorlage einer in Hamburg aufgemachten Dispache.

Die vom Gericht damit abgelehnte Meinung der Assecuradeure, die Anzeige der Reiseabsicht (nicht des tatsächlichen Abgangs oder „Vertreckens") stelle eine

1   ebenso Langenbeck, Seerecht, S. 394; Klefeker VII, S. 479f.
2   vgl. Langenbeck, a.a.O., S. 397; Klefeker VII, S. 480; Benecke III, S. 437f.; Pöhls, AssecR, S. 459.
3   Emérigon I, ch. 6, sect. 4, § 2.
4   Baldasseroni II, part. 6, tit. 11, § 13; Benecke III, S. 11.
5   Stolle c. Rothaer, Policen v. 20.9.1752, Q 6 / Q 7.
6   Acta pr. Bl. 623ff.; vgl. ferner Auszug aus dem Trondheimer Schiffszollbuch, Acta pr. Bl. 862ff.
7   Steuermannsjournal und Verklarung Acta pr. Bl. 209ff., 266ff.
8   Acta pr. Bl. 623ff., 692ff.; Bescheinigung Hamburger Mäkler über übliche Herbstprämien in Q 34.
9   P. Adm. 16.2.1758.

förmliche, die Gültigkeit des gesamten Vertrages beeinflussende Bedingung dar, könnte sich auf die englische Rechtsprechung zu den versicherungsrechtlichen „warranties" stützen[1]. Aber auch dort haben nur ausdrückliche Verpflichtungsklauseln wie *„warranted to sail on or before the … of August"*[2] eine über eine Anzeige („representation") hinausgehende Bindungswirkung als Vertragsbedingung. Die in der Police als „Meldung" bezeichnete Anzeige der geplanten Segelfertigkeit in Trondheim entspricht der Angabe aller „Nachrichten" gemäß AHO IV, 12/13, insbesondere der Anzeige, ob das Schiff noch am Ladungsort liegt, aber nicht dem präzisen Begriff einer außerordentlichen Verpflichtung im Sinne des AHO IV, 1. Die Bestimmung der Prämie nach Winterpreisen, die je nach Reiseroute um $1/4\%$ bis $5\ 1/2\%$ höher als die Sommerprämien liegen[3], weist das Gericht ähnlich wie die Florentiner Assecuranzartikel 1523[4] in den Risikobereich des Assecuradeurs[5].

Die Auslegung der Anzeige der Reiseabsicht dokumentiert außerdem den Einfluß des Seehandelsrechts auf die Assecuranzrechtsprechung des Admiralitätsgerichts:

Während nach Römischem Recht[6] und nach den Hanserezessen des 14. und 15. Jahrhunderts[7] jegliche Seeschiffahrt auf die Zeit „ex Calendis Aprilibus, in diem Calendarum Octobrium" bzw. zwischen Petri (Februar) und Martini (November) beschränkt war, hielt man bald das Aussegeln zu jeder Jahreszeit für zulässig[8]. Gleichzeitig wuchs die Bedeutung des richtigen Segelwetters: Sowohl die älteren Seerechte − Rôles d'Oléron, cap. 2 und WisbySR Art. 14 − als auch die Hansische Schiffsordnung 1591, Art. 11 und HansSR 1614, V, 4 verpflichten den Schiffer, bei günstigem Wind abzusegeln und nach der ausdrücklichen Anordnung in HambStR 1603, II, 14, 5 „keinen guten Wind (zu) verliegen"[9]. Die Prüfung des Wetters sowie die Entscheidung über den Reisebeginn und die bei Sturmwetter gerechtfertigte Verschiebung des Auslaufens[10] obliegen dem Schiffer als besondere persönliche Sorgfaltspflichten, die ein „muthwillig wider Wetter und Wind … ebentheuren"[11] und „culpâ … navem adverso tempore navigatum mitte-

1   vgl. Benecke III, S. 21ff.; Pöhls, AssecR, S. 525f.
2   Als echte Vertragsbedingung gelten auch noch Klauseln wie „warranted to sail after the 12th of January and on or before the 1st of August", Benecke III, S. 22.
3   Hamburgische Prämienlisten Febr. 1750 / Nov. 1750 / Juli 1751 bei Poppe, S. 16; ähnlich die Winter- und Sommerprämien des VHA 1915 für Segelschiffe nach Großbritannien und Frankreich; Plaß, S. 160f.; Kiesselbach, Seeversicherung, S. 32, 51f.
4   „con pezzi giusti secondo li Temporali", Magens, S. 370.
5   vgl. dazu Büsch, Darstellung, S. 346f.
6   L. 3 C. de naufragiis (11.6).
7   Pöhls, Seerecht I, S. 162; Stypmann, part. 3, cap. 7, n. 11−13.
8   Emérigon I, ch. 12, sect. 11, § 1 m.w.N.
9   dazu Langenbeck, Seerecht, S. 33; Klefeker VII, S. 92f.; Kuricke, S. 163f.; Pöhls, a.a.O., S. 162f., 238f.; Ebel, Gewerbliches Arbeitsvertragsrecht, S. 57
10 Emérigon I, ch. 12, sect. 11, § 3; vgl. auch Rademin, S. 29. Sturm und witterungsbedingter Besatzungsmangel sind die Verzögerungsgründe in Stolle c. Rothaer, Acta pr. Bl. 811ff.
11 J. Schele, S. 16.

re"[1] ausschließen sollen; damit ist dem Schiffer ein selbständiger Ermessensspielraum eingeräumt, der sich umso mehr erweitert, als das paritätische Mitspracherecht des Schiffsrates (HambStR 1603, II, 14, 6) in der Praxis zurückgeht[2]. Dieser Entscheidungsspielraum äußert sich auch in HambStR 1603, II, 14, 11, der die Verhinderung der Abfahrt infolge plötzlicher „Eyses-Noth" regelt, mit einer objektiven und subjektiven Komponente: Der Schiffer darf die Ladung löschen und auflegen, wenn er „nicht *könte* oder *möchte* segeln"[3].

Aufgrund dieser Rechtslage ist die Abfahrts*absicht* nicht nur durch höhere Gewalt mitbestimmt, sie liegt auch außerhalb der Beurteilungssphäre des Versicherten; das Merkmal einer zusätzlichen unmittelbaren Verpflichtung der Vertragsparteien, wie es M.L. Schele[4] und Valin[5] für eine echte Policenbedingung fordern, hält das Gericht deshalb offenbar nicht für erfüllt.

Eine ähnliche Bewertung der Anzeige der Segelfertigkeit erweist das Verfahren **Otte c. de Voss**[6] mit der Besonderheit, daß zwischen der Einladung der versicherten Güter am 13.11.1798 in Malaga[7] und dem Abschluß des Versicherungsvertrages am 4.1.1799 in Hamburg[8] dem Versicherten in Hamburg am 19.12.1798 die Anzeige der Segelfertigkeit zuging[9], die er den Assecuradeuren bei Zeichnung der Police nicht übermittelte.

Auch hier wird der Anzeige der Segelfertigkeit Bedingungscharakter abgesprochen, außerdem aber die von M.L. Schele[10] und Magens[11] vertretene und von den Hamburger Assecuradeuren in den Vergleichen 1697 und 1704 übernommene Auffassung abgelehnt, Segelfertigkeit und Liegezeit des Schiffes im Ladungshafen seien grundsätzlich in der Police anzuzeigen[12]; dafür knüpft das Gericht an AHO IV, 12 S. 3 an, der die Position des Schiffes im Ladungshafen unterstellt, wenn präzise Positionsangaben in der Police fehlen; diese gesetzliche Vermutung der Position im Ladungshafen soll — unabhängig von der Frage der Segelfertig-

---

1 Emérigon I, ch. 12, sect. 11, § 1.
2 Pöhls, Seerecht I, S. 164; Wagner, S. 416. Kellinghusen, S. 16, spricht schon vom „officium naucleri", während Stypmann, a.a.O., n. 28, noch das „iudicium nautarum" entscheiden läßt. In Burmester c. Höckel (Q 22, Bl. 30ff.) wird 1729 noch der Schiffsrat befragt, in Stolle c. Rothaer 1752 (Acta pr. Bl. 766ff., 811ff.) offensichtlich nicht mehr.
3 Auch Langenbeck, Seerecht, S. 42, weist dem Schiffer zunächst ein autonomes Beurteilungsrecht zu.
4 M.L. Schele, S. 43.
5 Valin, S. 460f.
6 Otte c. de Voss, Bericht des Rates ans RKG v. 6.2.1805, Q 25.
7 Konnossement v. 13.11.1798, Q 11.
8 Police v. 4.1.1799, Q 10.
9 Brief der Ablader in Malaga, Q 12.
10 M.L. Schele, S. 37.
11 Magens, S. 102.
12 Bericht des Rates a.a.O., Q 25.

keit – nur durch Nachrichten, die den erfolgten Abgang des Schiffes und die dadurch bedingte zwingende Risikoerhöhung für den Assecuradeur (AHO IV, 12 S. 4) betreffen, widerlegt werden können. Die Anzeige des Liegeortes in AHO IV, 12 S. 2 versteht das Gericht lediglich als Sollvorschrift.

Normgehalt und richterliche Interpretation des AHO IV, 12 markieren den Übergang von der auf den tatsächlichen Abgangstermin beschränkten Anzeigepflicht in Rotterdam.Ass.O. 1721, Art. 34, 32[1] und PreußSeeR 1727, Cap. 6, Art. 13 zur zwingenden Anzeige des beabsichtigten Segeltermins in Schwed.Ass.O. 1750[2] sowie in den Dänischen Assecuranzbedingungen 1746, Art. 1; diese Verschärfung der Anzeigepflicht bestätigen Emérigon[3] und Benecke[4]; sie dokumentiert die Tendenz, ungebührliche Verzögerungen des Reiseantritts im Hinblick auf eine witterungsbedingte Steigerung der Seegefahr nicht in den Gefahrenbereich des Versicherers zu übernehmen.

VI. Umfang des Risikos des Assecuradeurs

Der Umfang der Gefahr der Assecuradeure, insbesondere der Beginn der Gefahr in örtlicher Hinsicht hat das Admiralitätsgericht in mehreren Prozessen beschäftigt, weil die AHO keine präzise Definition der versicherten Reise enthält[5].

In **Burmester c. Höckel** klagt der Hamburgische Kaufmann Peter Höckel aus einer Police auf Weizen, bestimmt von Hamburg nach Barcelona[6]; Schiff und Ladung gehen im Sturm vor Texel/Holland unter[7]. Im Prozeß stellt sich durch Vergleich des Konnossements[8] und der Einkaufsrechnung[9] mit einem Hamburgischen Zollregisterauszug[10] heraus, daß von den versicherten 136 Last Weizen[11] nur 112 Last in Hamburg und 24 Last in Glückstadt eingeladen und verzollt wurden. Die beklagten Versicherer berufen sich auf den in der Police vereinbarten Ladungsort Hamburg und lehnen die Zahlung des auf die in Glückstadt geladenen Weizenpartien entfallenden Anteils der Versicherungssumme ab[12]. Das Ad-

---

1 Auch Langenbeck verlangt in seinem Assecuranzordnungsentwurf 1721/22, Art. 14 nur die Anzeige der „Nachricht vom Vertreck" (vertrecken=auslaufen).
2 Tit. Von Assecuranz, Art. 4, § 2, Nr. 5 / Art. 5, § 21.
3 Emérigon I, ch. 12, sect. 11, § 3.
4 Benecke II, S. 266f.; ebenso auch G. Sieveking, S. 57.
5 vgl. aber Baldasseroni I, part. 5, tit. 5, n. 4/5 zur Definition „viaggio".
6 Burmester c. Höckel, Police v. 18.10.1729, Q 22, Bl. 54ff.
7 Verklarung, Q 22, Bl. 30ff.
8 Konnossement, Q 22, Bl. 86ff.
9 Q 22, Bl. 93ff.
10 Q 22, Bl. 154ff.
11 1 Last = 18 Tonnen, Ebel, HGBl. 70 (1951), S. 97, Fn. 10.
12 Q 22, Bl. 154ff., 176ff.

miralitätsgericht spricht dem Kläger gleichwohl die ungekürzte eingeklagte Versicherungssumme zu[1].

Aus AHO I, 4 Nr. 4 und AHO V, 11/12 ergibt sich, daß das Risiko des Assecuradeurs in räumlicher Hinsicht am „Ort der Ladung" beginnt; unklar bleibt die Erstreckung des Ladungsortes. Das Gericht versteht unter dem Ladungsort auch die elbeabwärts gelegenen Ladungshäfen bzw. Elbreeden bis nach Cuxhaven[2], weil in diesen Häfen die größere Stromtiefe und die verkürzten Transportwege der Frachtgüter das Risiko für beide Parteien reduzieren.

Die Entscheidung markiert unmittelbar den Einfluß holländischer Assecuranzpraxis: Anknüpfend an alte italienische Policenformulare[3] schreibt Ordonnantie 1563, VII, 2 die Bezeichnung von „poort, haven oft reede" des Ladungsortes in der Police vor. In den holländischen Policen — auch in den Policen, in denen Höckel einen Teil der Weizenladung zusätzlich in Holland versichern ließ[4] — erscheint aber nur die Klausel „van (Hamborg) en alle de circumjacentien van diem nach (N.N.)"; zu dieser Klausel erklärt die Amsterdamer Assecuranzkammer in einem Urteil vom 23.1.1699[5], „circumjacentien" umfaßten die Binnen- und die Seehäfen des Ladungsortes bis zur betonnten Seemündung. Die Amsterdam.Ass. O. 1744 Art. 4 definiert später die „circumjacentien" sehr exakt als „niet alleen de Plaats der Ladinge, maar ook de Zeegaten en Zeehavens, en voorts alle de Tonnen, Bakens, of diegelyke Teekenen, zoo daar eenige moghen zyn, tot dat de Scheepen dezelve sullen zyn gepassert".

Die Erstreckung des versicherungsrechtlichen Begriffs des Ladungsortes auf das gesamte Fluß- und Seerevier des in der Police benannten Ladungshafens — weder im Ausland[6] noch in Hamburg für die Auslegung des AHO I, 4 Nr. 4 in der Literatur[7] umstritten — kennzeichnet auch andere Entscheidungen des Admiralitätsgerichts: In Clamer c. Schnittler bezieht es den Hafen Cuxhaven in den Begriff des Ladungsortes Hamburg ein und verdeutlicht mit der vollen Verurteilung der Assecuradeure[8], die einen Verstoß gegen AHO IV, 12 moniert hatten, daß der Versicherte die sukzessive Einladung der versicherten Güter in mehreren Häfen

---

1 Urteil v. 27.9.1731, P. Adm. ibid.
2 Interventio publica, Q 27, S. 30; vgl. ferner Rationes decidendi des Obergerichts, o.Q., prod. Wetzlar, 13.4.1733.
3 „al tal Porto, ò Spiaggia" (Florentiner Police 1523, Magens, S. 373f.), „al porto, ovvero spiaggia" (Livorneser Police, Magens, S. 393); vgl. auch Pöhls, AssecR, S. 384, Fn. 4 mit Hinweis auf Regeln im Guidon de la mer.
4 Amsterdamer Policen v. 15.11./26.11.1729, Burmester c. Höckel, Q 22, Bl. 102ff., 112ff., 124ff.
5 Langenbecks Assecuranzordnungsentwurf, Anhang Nr. 7.
6 Straccha, gl. 14, n. 3; Emérigon II, ch. 13, sect. 6, §§ 1, 2.
7 Poppe, S. 48; Magens, S. 53f.; Klefeker VII, S. 455; Benecke II, S. 215; Pöhls, AssecR. S. 458.
8 Clamer c. Schnittler, Urt. v. 11.7.1748, P. Adm. ibid.

des Hamburgischen Flußreviers nicht in der Police anzuzeigen braucht. In Benekke c. Schröder wird Brake als der übliche Einladungs- und Löschhafen für Bremen anerkannt[1]. Im Verfahren de Vlieger c. Thomas werden die Häfen Freiburg, Glückstadt und Cuxhaven und die entsprechenden Elbreeden nicht nur nach Hamburgischer Usance als Einladungsorte innerhalb des Hamburgischen Reviers, sondern auch als die „gewöhnlichen und sicheren Liege- und Warthe-Orthe" für die Convoyverbände qualifiziert, auf die sich ohne gesonderte Ortsbenennung in der Police die Assecuranz miterstreckt[2]. Glashoff[3] berichtet, daß in der Hamburgischen Gerichtspraxis die Ladungsorte Amsterdam bis zur Insel Texel, Stettin bis Swinemünde, Lübeck bis Travemünde, Nantes bis Paimbœuf, Bordeaux bis Pley (=Blaye) und St. Petersburg bis Kronstadt reviermäßig ausgedehnt wurden.

Die Grenzen dieser Auslegung dokumentiert das Verfahren **J.S. c. Scheel**: Versichert ist 1/4 Kasko eines Schiffes für die Rückreise von „Ahus als dem Hafen von Christianstadt in Schonen nach Stralsund"[4]. Das Schiff gelangt wegen stürmischen Wetters nicht bis Ahus, sondern läuft das entferntere Landöhafen an, von wo es nach Stralsund wieder ausläuft, aber wegen widriger Strömung auf ein Riff vor Landö läuft und sinkt[5]. Im Prozeß beweisen die beklagten Assecuradeure, daß Landöhafen nicht zum Seerevier von Ahus bzw. Christianstadt gehört, sondern eine Meile nordöstlich von Ahus einen unabhängigen Hafen darstellt[6]. Das Admiralitätsgericht weist die Klage daraufhin ab[7].

Die Entscheidung beweist nicht nur die geographisch konsequente Handhabung des Begriffs der Reede bzw. des Reviers des Abgangshafens[8], sondern auch die unausgesprochene Anknüpfung an den Grundsatz der Seeassecuranz, daß die versicherte Reise verkürzt, aber nicht verlängert werden darf. Dieser Grundsatz findet sich als spezielle Ausformung des Verbots, die in der Police bezeichnete Reiseroute willkürlich zu ändern[9], in Ord. de la marine 1681, III, 6, 36, in AHO VII, 5 und in Schwed.Ass.O. 1750, Tit. Von Assecuranz, Art. 5 § 12. Während die ge-

---

1 Benecke c. Schröder, Supplicatio, prod. 28.3.1806, o.Q.; ebenso Benecke II, S. 217.
2 de Vlieger c. Thomas, Except. Appellatoriae, prod. 14.5.1697, Rationes decidendi des Obergerichts, prod. Wetzlar 15.4.1701.
3 Glashoff, H. 1, S. 9ff., 12.
4 J.S. c. Scheel, Klefeker VII, S. 458.
5 Journal des Schiffers, Klefeker VII, S. 459.
6 Klefeker, VII, S. 464f.
7 Urteil v. 14.11.1765, Klefeker VII, S. 476.
8 vgl. dazu auch Benecke II, S. 219; Pöhls, AssecR, S. 458f.
9 Benecke II, S. 344ff., 387f.; Pöhls, a.a.O., S. 400ff. Derselbe Grundsatz gilt auch im Bodmereirecht: HambStR 1603, II, 18, 7. Ordonnantie 1563, VII, 6 verbietet nicht nur die Verlängerung, sondern auch die Verkürzung der versicherten Reise: „Niemant en sal ... moghen veranderen ... zyn gedestineerde voyage, tzy he meerderde oft mindere zyn roete".

nannten Normen und die meisten Autoren[1] – teilweise unter dem Einfluß der seefrachtrechtlichen Bestimmungen in Consolato del mare, cap. 99, WisbySR Art. 53, HambStR 1603, II, 14, 32 und HansSR 1614, III, 15[2] – eine Verkürzung der versicherten Reise[3] nur für den Fall behandeln, daß der Schiffer einen anderen, nähergelegenen Hafen als den *Bestimmungshafen* anläuft, wendet das Admiralitätsgericht den Gesichtspunkt der zulässigen Verkürzung auch auf das Verhalten des Schiffers im *Abgangshafen* an: Einladung der versicherten Güter und Reisebeginn in einem Hafen desselben Reviers mit größerer Stromtiefe, großzügigeren Kaianlagen und kürzeren Wegen für die Leichter bedeuten nach Auffassung des Gerichts eine erhebliche Risikoverminderung für den Assecuradeur[4], die in Gesamtbeurteilung der Rechtsprechung zu den „circumjacentien" nur bei Häfen gegeben ist, die der offenen See näher liegen als der in der Police nominierte Abgangshafen[5].

Ein häufiger Streitpunkt in der Frage der Ausdehnung des Versicherungsrisikos ist die Assecuranz auf bereits untergegangene Schiffe und Güter.

In **Rendtorff c. Brandt** klagt ein Eckernförder Kaufmann aus zwei am 5.6. und 8.6. 1722 in Hamburg gezeichneten Policen auf ein von Narwa nach St. Petersburg bestimmtes Schiff[6]. Aus der Verklarung[7] ergibt sich, daß Schiff und Ladung schon am 24.4.1722 bei der Insel Lavezari (=Lavensari) vor Narwa verunglückten; die Policen enthalten aber den Vermerk, daß das Schiff nach einem Brief des Steuermanns vom 2.5.1722 noch in Narwa läge. Wegen dieser Widersprüche behaupten die Assecuradeure eine Versicherung auf bekannten Untergang, zumal der Versicherte seinen Kommissionär mit Ordrebriefen vom 3.6. und 5.6.1722[8] angewiesen habe, die Versicherung um jeden Preis („libre ordre zur premie") entweder in Hamburg oder in Amsterdam abzuschließen. Das Admiralitätsgericht verurteilt den klagenden Versicherten zur Vorlage sämtlicher Ordrebriefe zum Beweis, daß er bei Vertragsschluß über den Schiffsuntergang nicht informiert war[9].

Die Entscheidung – vor Verabschiedung der AHO ergangen – beweist erstaunliche Eigenständigkeit gegenüber dem zeitgenössischen Assecuranzrecht. Entgegen

1   Magens, S. 55; Klefeker VII, S. 476; Langenbeck, Seerecht, S. 407; Poppe, S. 48; Emérigon II, ch. 13, sect. 3, § 12; Valin, S. 508f.; Benecke II, S. 387; Pöhls, AssecR, S. 401ff.
2   vgl. ferner Emérigon II, ch. 13, sect. 5, § 2; Valin, S. 277f.
3   zur begrifflichen Abgrenzung zwischen Veränderungen der beabsichtigten Reise (viaggio/voyage) und der bereits angetretenen Fahrt (rotta/route/deroutement) vgl. Baldasseroni I, part. 4, tit. 6; Emérigon II, ch. 13, sect. 5/6; Valin, S. 492, 496; Pöhls, AssecR, S. 401.
4   Burmester c. Höckel, Q 27, Bl. 30; Rationes decidendi des Obergerichts, o.Q., prod. Wetzlar 13.4.1733.
5   ebenso Pöhls, AssecR, S. 458.
6   Rendtorff c. Brandt, Q 11, Q 12.
7   P. Adm. 9.11.1724 (Protokoll des Rates von Narwa).
8   Acta pr. Bl. 208ff., 284ff.
9   Urteil v. 15.2.1725, Acta pr. Bl. 246.

dem uneingeschränkten Verbot in Ordonnantie 1563, VII, 4 („gheen asseuran-
tien ... op schepen, goeden ..., niet uitghesondert, die ten tyde van der asseurantie sullen wesen ghepericliteert") wird die Versicherung auf ein bei Vertragsschluß untergegangenes Schiff nicht a priori als ungültig beurteilt. Das bedeutet
eine Differenzierung des Gefahrbegriffs, der in der älteren Literatur[1] noch das
objektive „periculum futurum" als essentiale der Assecuranz voraussetzt: „Re
deperdita aut salva non adest Subjectum, super quod assecuratio fieri potest.
Suscipiunt (assecuratores) in se periculum futurum non praeteritum, quandoqui-
dem Contractus assecurationis est contractus conditionis, at natura conditionis
est inspicere futurum casum non praeteritum"[2]. Nunmehr genügt die subjektive
Unkenntnis der Vertragsparteien von dem Versicherungsfall, so daß die übernommene Gefahr in diesem Verhältnis bei Vertragsschluß noch als zukünftig gilt[3]
und zu den „onbedachten Schaden of Ongelukken" gehört.

So gestatten die meisten Assecuranzgesetze des 17. und 18. Jahrhunderts die
Versicherung eines bereits in See verunglückten Gegenstandes unter der Voraussetzung beiderseitiger Gutgläubigkeit, aber mit zwei Besonderheiten, die das Admiralitätsgericht ausdrücklich ablehnt:

Der Nachweis, daß der Versicherte den Eintritt des Schadensfalles kannte oder
hätte kennen können, obliegt nicht dem Assecuradeur, sondern wird durch die
unwiderlegliche gesetzliche Vermutung ersetzt, daß die Nachricht mit einer Ge-
schwindigkeit von 3 Meilen auf 2 Stunden[4] bzw. 1 1/2 Meilen auf 1 Stunde[5] oder
1 Meile[6] / 2 Meilen[7] auf 1 Stunde vom Unglücksort zum Ort des Versicherungs-
abschlusses gelangt[8].

Diese „praesumtio iuris", die die Versicherer selbst dann von einer Haftpflicht
befreit, wenn die klagenden Versicherten beweisen, daß das Eintreffen der Unglücksnachricht zur Zeit des Vertragsschlusses objektiv unmöglich war[9], lehnen
die beiden Hamburgischen Instanzgerichte ab.

1   Marquard I, lib. 2, cap. 13, § 7; Grotius, lib. 2, cap. 12, § 23; M.L. Schele, S. 12 m.w.N.;
    Kuricke, de assecurat. S. 8.
2   Rota Genuensis, decis. 36, n. 9, zitiert nach Emérigon II, ch. 15, sect. 2; Langenbeck,
    Seerecht, S. 393f.; Loccenius, lib. 2., cap. 5, § 8.
3   so Straccha, gl. 27, n. 2; Kellinghusen, S. 54; Poppe, S. 44; Emérigon II, ch. 15, sect. 2
    (S. 121), m.w.N.
4   Middelburg.Ass.O. 1689, Art. 23; Rotterdam.Ass.O. 1721, Art. 35; Amsterdam.Ass.O.
    1603, Art. 21.
5   Ord. de la marine 1681, III, 6, 39.
6   Recopilation, a.a.O., ley 7.
7   Genuesische Statuten 1610, a.a.O., § Securitates factae.
8   zur Berechnung der Luftlinie „recht aen soo eenen vogel vliegen can" vgl. Kiesselbach, See-
    versicherung, S. 114; zur Bestimmung des Fristbeginns vgl. Pöhls, AssecR, S. 324 m.w.N.
9   Beispiele für derartige Seegerichtsurteile bei Emérigon II, ch. 15, sect. 4, § 2 nach dem
    Grundsatz: „Les présomptions juris et de jure ne peuvent être détruites, et la partie
    contre qui elles militent, n'est pas admise à prouver le contraire".

Offensichtlich unter dem Einfluß Langenbecks, der die gesetzliche Vermutung als „maxime fallax" bezeichnet[1] und in seinem Assecuranzordnungsentwurf 1721/22, Art. 10 den sachlichen Gegenbeweis des Versicherten vorgeschlagen hatte, differenziert das Admiralitätsgericht danach, ob die Wahrscheinlichkeit nach dem Parteivortrag eher gegen oder für den Mangel der Kenntnis des Versicherten bzw. des Versicherungskommissionärs spricht. In Rendtorff c. Brandt neigt es der ersten Variante zu und erlegt dem Kläger den Gegenbeweis auf; das Obergericht verlangt dagegen den vollen Beweis der behaupteten Kenntnis vom beklagten Assecuradeur[2] und läßt nach dessen Mißlingen den Kläger zum Reinigungseid zu, „daß er zur Zeit der erteilten ordre zur Assecurance von der Verunglükkung des Schiffes ‚die Hoffnung' genannt, nicht gewußt"[3].

Die Flexibilität des Admiralitätsgerichts in der Wahrscheinlichkeitprüfung zeigen die Verfahren Jantzen c. Watkinson[4] und de Hertoghe & Dropp c. Amsinck[5], in denen es zum Teil den Versicherten den Reinigungseid, zum Teil auch den Versicherern den primären Beweis der behaupteten Versicherung auf bekannten Untergang auferlegt. Wenn die Kenntnis des Versicherten nach dem Sachverhalt praktisch ausgeschlossen ist — Strandung des Schiffs am 7.9.1746 nachmittags vor der holländischen Küste, Zeichnung der Police am 8.9.1746 vormittags in Hamburg[6] —, verzichtet das Gericht gänzlich auf weitere Beweiserhebung und verurteilt die Assecuradeure uneingeschränkt zur Zahlung[7].

Die Abstufung des erforderlichen Beweises nach der Wahrscheinlichkeit der Kenntnis des Versicherten, die sich auch in der ausländischen Gerichtspraxis an Stelle der gesetzlichen Vermutung durchsetzt[8], ist in den neueren Gesetzen, die ebenfalls auf die praesumtio iuris verzichten, schwächer konturiert: Die Amsterdam. Ass.O. 1744, Art. 12 normiert nur den Reinigungseid des Versicherten; demgegenüber stellen AHO V, 9 („*allenfalls* eydlich erhärten") und PreußSeeR 1727 Cap. 6 Art. 14 („bey Ermangelung *anderen* Beweises mittelst körperlichen Eides") ein Subsidiaritätsverhältnis zwischen dem Reinigungseid und dem vollen Gegenbeweis her[9], das ansatzweise an das Gemeine Prozeßrecht erinnert[10].

1 Langenbeck, Seerecht, S. 387; kritisch auch Poppe, S. 45; Magens, S. 103f.; später Pöhls, AssecR, S. 323.
2 Rendtorff c. Brandt, P. Super. 24.9.1728/27.8.1732.
3 Urteil des Obergerichts, P. Super. 27.8.1732; Rationes decidendi der Juristenfakultät Frankfurt/Oder, o.Q.
4 Urteil v. 17.1.1726, Klefeker VII, S. 405f.
5 Urteil v. 22.6.1747, Klefeker VII, S. 406f.
6 Clamer c. Schnittler, P. Adm. 15.2.1748/28.3.1748.
7 so in Clamer c. Schnittler, Urt. v. 11.7.1748, P. Adm. ibid.
8 Beispiele bei Emérigon II, ch. 15, sect. 3, § 2; Baldasseroni I, part. 5, tit. 10, § 21.
9 vgl. dazu auch Benecke III, S. 165f.; Klefeker VII, S. 404f.
10 und zwar durch Zulassung des Reinigungseides bei „probatio semiplena" und des sachlichen Gegenbeweises bei „probatio plena" des Assecuradeurs; vgl. auch Carpzov, Processus Iuris, Tit. 12, art. 2, n. 1–4; Pöhls, AssecR, S. 735.

Die zweite Besonderheit des zeitgenössischen Assecuranzrechts liegt darin, daß die gesetzliche Vermutung (nur dann) entfällt, wenn die Police „op goede ende quade tyding / lost or not lost / auf gute oder schlechte Nachrichten"[1] gezeichnet ist; diese Klausel verlagert bei behaupteter Kenntnis vom Schadenseintritt die Beweislast uneingeschränkt auf den Assecuradeur[2]. Auch diese Konnexität und die nicht einzelfallbezogene Beweislastverteilung lehnt das Admiralitätsgericht in den genannten Urteilen[3] sowie in Sachen **Peinhorst c. Meckenhauser** ab:

Dort war in Hamburg am 3./4.10.1718 eine Eisenladung von Stockholm nach Königsberg versichert worden, die bereits am 8.9.1718 vor Pillau russischen Kapern zum Opfer gefallen war[4]. Die beklagten Assecuradeure berufen sich auf die Bestimmungen in Amsterdam.Ass.O. 1603, Art. 21 und Middelburg.Ass.O. 1689, Art. 23; nach deren gesetzlicher Vermutung hätte der in Lübeck ansässige Auftraggeber der Versicherung am 16. oder 17.9.1718 die Unglücksnachricht erhalten müssen; da nicht „auf gute oder schlechte Nachrichten" gezeichnet sei, könne diese Vermutung nicht widerlegt werden[5]. Das Gericht erklärt mit Rücksicht auf die Unkenntnis des Versicherungskommissionärs am Ort des Vertragsschlusses in Hamburg im Interlokut vom 28.8.1721[6] die Assecuranz für gültig und fordert lediglich Vorlage der Konnossemente zum Beweis des erlittenen Schadens.

Hier wird aus einem anderen Blickwinkel noch einmal die in Thornton c. Kühl erklärte Wertung der Versicherungskommission als Handeln im eigenen Namen betont; bei Annahme eines Vertretungsverhältnisses mit Handeln in fremdem Namen hätte das Gericht die Kenntnis des Versicherten auf den Kommissionär beziehen können.

Die Tendenz der Admiralitätsjudikatur, den Umfang des versicherten Risikos nach Informations- und Gefahrenkreisen der Vertragsparteien abzugrenzen, tritt vor allem in den Fällen des behaupteten Versicherungsbetruges hervor.

In **Jencquel c. von Vinnen** werden Policen auf zwei portugiesische Schiffe, bestimmt von Lissabon nach Brasilien, eingeklagt[7]; im Rahmen der erlaubten Rou-

---

1   Amsterdam.Ass.O. 1603, Art. 21; Middelburg.Ass.O. 1689, Art 23; Ord. de la marine 1681, III, 6, 40; Straccha, gl. 27, n. 2; Langenbeck, a.a.O., S. 393; Benecke III, S. 162ff. m.w.N.; Pöhls, AssecR, S. 324f.

2   Kiesselbach, Seeversicherung, S. 114f.

3   besonders deutlich in Rendtorff c. Brandt, vgl. die Rationes decidendi, a.a.O.

4   Peinhorst c. Meckenhauser, P. Adm. 12.9.1720; P. Super. 15.3.1723 (Protokoll der Admiralität St. Petersburg). Im Nordischen Krieg 1700–1721 bildeten Dänemark, Sachsen-Polen und Rußland eine Koalition gegen Schweden, 1719 erreichten die Kämpfe der russischen und schwedischen Marinen im Großen Belt einen Höhepunkt; vgl. Plötz, S. 775, 777; Voltaire, Geschichte Karls XII., S. 238f., 241.

5   Peinhorst c. Meckenhauser, P. Adm. 21.11.1720/26.4.1721.

6   P. Adm. 28.8.1721.

7   Jencquel c. v. Vinnen, Klefeker VII, S. 410.

tenabweichung hatten die Schiffe vor dem Hafen Ajuda gekreuzt, wo sie von holländischen Galeeren beraubt bzw. gesprengt worden waren. Die Assecuradeure verweigern die Zahlung der Versicherungssummen, weil die Schiffer völkervertragswidrig den zwischen Holland und Portugal vereinbarten Schiffszoll nicht entrichtet hätten[1]; im übrigen hätten die Versicherten in der Police anzeigen müssen, daß sie auf einen von den Holländern gegenüber Portugal bestrittenen Handel versichern wollten. Das Admiralitätsgericht gibt der Klage statt[2], weil den Assecuradeuren die ständigen Übergriffe holländischer Schiffe gegen Portugal trotz des bestehenden Handelsvertrages als börsenkundige Tatsache bekannt sein mußten; darüberhinaus enthalten die in diesem Fall gezeichneten Policen auch die erweiterte Haftungsklausel für „enig ongeval of confiscatie het soude mogen procedeeren, het sy van Vianden of Vrienden"[3].

Das Gericht knüpft damit — ohne direktes normatives Vorbild — an schon im Römischen Recht bekannte Grundsätze an, daß Umstände, die „omnes in civitate sciant quod ille solus ignorat", trotzdem wie bekannte Tatsachen behandelt werden müssen und keiner besonderen Anzeigepflicht unterliegen[4]. Das Gericht bezeichnet als Ort der Kenntnisnahmemöglichkeit die Börse, den Ort aller Versicherungsvertragsabschlüsse in Hamburg; zum Vergleich: Die Genuesischen Statuten 1610[5] lassen für die Kenntnis die „notitia ... *per famam* legitime probatam" genügen, während Emérigon[6] präzisiert, „qu'on n'est pas censé ignorer ce qui est manifesté *par affiches publiques* (dans le lieu ou l'Assurance a été faite)". Mit dem Hinweis auf börsenkundige Tatsachen enthält die Admiralitätsentscheidung den Ansatz, ein bestimmtes berufsbezogenes Sonderwissen des Assecuradeurs abzugrenzen von den Tatsachen, die in der Informationssphäre des Versicherten liegen.

Während der Versicherungsbetrug hier entfällt, findet er ein bezeichnendes Beispiel in **Boetefeur c. Kellinghusen**: Versichert sind contrebande Waren für eine Versicherungssumme von insgesamt 20.000 Mk., bestimmt von Lübeck nach Randers/Dänemark; die beiden Policen[7] enthalten die Klausel: „Sollte dieses Schiff auf der Dänischen Küste verunglücken, und die Wahre geborgen werden, sind gleichwohl Herren Assecuradeure gehalten, den Schaden mit 98% zu bezahlen". Prompt strandet das Schiff bei Asnis/Dänemark, als Unglücksursache vermutet der Lotse, „die Ratzen müßten ein Loch in das Fahrzeug gemacht haben"[8]. Gegenüber der Klage, die mit Rücksicht auf die Policenklausel von einem Totalschaden (ohne Dispache und Bewertung der geborgenen Güter) ausgeht, wenden

1   Klefeker VII, S. 415.
2   Urteil v. 10.9.1728, Klefeker VII, S. 424.
3   Votum bei Klefeker VII, S. 422f.
4   Poppe, S. 46; Pöhls, a.a.O., S. 565, 571, 592; Benecke III, S. 103, 131, 169.
5   a.a.O., § Securitates factae post.
6   Emérigon II, ch. 15, sect. 3, § 4.
7   Boetefeur c. Kellinghusen (Greve), Q 8, Q 9.
8   Verklarung v. 18.12.1753, Acta pr. Bl. 118ff.

die Assecuradeure die erhebliche Differenz zwischen der hohen Versicherungssumme und der im Frachtbrief ausgewiesenen geringwertigen Ladung[1] sowie die Tatsache der „absichtlichen Setzung" durch Anbohren des Schiffsrumpfes ein[2]. Das Admiralitätsgericht verlangt, wie erwähnt[3], den Beweis der tatsächlich eingeladenen Warenquantität durch Vorlage der Einkaufsrechnungen; es sieht den Betrug also auf der Ebene des versicherten Interesses. Erst das Obergericht reagiert auf den Verdacht der vorsätzlichen Herbeiführung des Versicherungsfalles, indem es dem Versicherten den Beweis auferlegt, „daß dasselbe Schiff nach der Situation des Orts und der Beschaffenheit der Witterung auch Jahreszeit aus unabhältlichen äußerlichen Ursachen, eigentlich nach Verstand der Assecuranz-Rechte, verunglücket"[4].

Die Bezugnahme auf die „Assecuranz-Rechte" betrifft das generelle Verbot von „Vorsatz, Arglistigkeit oder Muthwillen entweder in dem Assecuranz-Contract selbst ... oder bey den versicherten Schiffen, Gütern und Ladung" in AHO XX, 1. Dahinter steht der Grundsatz der Seeversicherung, daß der Assecuradeur nur für zufällige Seeschäden mit Einschluß feindlicher Beschlagnahmen („à tempestate vel ab hostibus ortum") haftet[5], die nicht auf Fehlern oder Absicht des Versicherten beruhen. Die Formulierung „äußerliche Ursachen" verweist insoweit auf Ursachen außerhalb der Einfluß- und Risikosphäre des Versicherten. Straccha's Regel[6] „Si casus evenit culpâ assecurati, non tenentur assecuratores", beherrscht die Assecuranzliteratur[7] sowohl für die Konstellation, daß der Schaden unmittelbar kausal auf Fehler oder Absicht des Versicherten zurückgeht, als auch für den Fall der nur möglichen Verursachung durch Verschulden des Versicherten[8]: „Non est necessarium, quod culpa sit precise ordinata ad casum, sed sufficere quod secundum possibilitatem actus, dicatur ordinata".

In Abgrenzung zum Verschulden des Versicherten definieren Straccha[9] und Santerna[10] den hier mit den „äußerlichen Ursachen" umschriebenen Zufallsschaden: „Fortuitus casus est cui non potest resisti et cui praecaveri non potest; ubi autem diligentissimus praecavisset et providisset, non dicitur propriè casus fortuitus".

1 s.o. S. 151; Acta pr. Bl. 214ff.
2 Acta pr. Bl. 591ff.; Zeugenverhör über die absichtliche Setzung Acta pr. Bl. 860ff., 906ff.
3 s.o. S. 151.
4 Urteil des Obergerichts v. 5.5.1758, Boetefeur c. Kellinghusen, Q 14; vgl. auch Responsa Juris der Juristenfakultät Rostock v. 17.4.1758/25.8.1759, o.Q.
5 Kellinghusen, S. 7, 58 m.w.N.; M.L. Schele, S. 12; Kiesselbach, Seeversicherung, S. 115; Langenbeck, Seerecht, S. 399 („es möge der Zufall sein wie er wolle").
6 Straccha, gl. 31, n. 4.
7 Poppe, S. 44; Emérigon I, ch. 12, sect. 2, § 1 m.w.N.; Valin S. 494 m.w.N.
8 Emérigon, a.a.O., § 3; Baldasseroni I, part. 5, tit. 8, § 21; kritisch Pöhls, a.a.O., S. 314, der die mögliche Verursachung des Schadens nur bei Verletzung von ausdrücklichen Vertragspflichten akzeptiert.
9 Straccha, gl. 22.
10 Santerna, part. 3, n. 65.

Die weitestgehende normative Umsetzung dieser Rechtsgrundsätze zeigt Ord. de la marine 1681, III, 5, 12 / III, 6, 27, wo Schäden durch Veranlassung oder Versehen des Versicherten („dommages ... par le fait ou la faute des Assurés") nicht als „cas fortuit" im Haftungsbereich des Assecuradeurs gewertet werden[1].

Bemerkenswert ist, daß beide Instanzgerichte, das Admiralitätsgericht besonders deutlich auch in **Glüer c. Büsch**[2], bei der Abgrenzung zum „casus fortuitus" nicht nach verschiedenen Verschuldensformen beim Versicherten differenzieren, obwohl in der zeitgenössischen Literatur eine Sublimierung des Verschuldensbegriffs von „culpa", „fraus" und „dolus"[3] über „négligence", „faute" und „fait"[4] zum „Vorsatz", „Mutwillen" und „Versehen"[5] zu beobachten ist. Es ist daher nicht sicher zu ermitteln, ob das Admiralitätsgericht den Assecuradeur auch dann von der Haftpflicht befreit, wenn dem Versicherten nicht Vorsatz, sondern grobe oder nur leichte Fahrlässigkeit bei Verursachung des Schadens zur Last fällt. Der Wortlaut des AHO XX, 1 („mit Vorsatz, Arglistigkeit oder Muthwillen .. bey den versicherten Gütern gefährlich verfahren ...") spricht dafür, daß möglicherweise die leichte Fahrlässigkeit des Versicherten vom Assecuradeur zu übernehmen ist; dies hatte M.L. Schele 1707[6] für die „culpa levis" noch ausdrücklich abgelehnt[7].

Die Tatsache, daß beide Gerichte dem Versicherten den Gegenbeweis gegen den behaupteten Betrug auferlegen, dokumentiert andererseits auf der Ebene der Beweiswürdigung eine Abkehr von der „praesumtio bonitatis" zugunsten des Versicherten[8] und der generellen Beweislast des Assecuradeurs[9]; wie bei der Versicherung auf ein verlorenes Schiff neigen die Gerichte zu einer flexiblen Prüfung der Wahrscheinlichkeit des Betruges und der Verteilung der Darlegungs- und Beweislast nach dem festgestellten Wahrscheinlichkeitsgrad[10].

Schließlich zeigt die Entscheidung des Obergerichts in Boetefeur c. Kellinghusen und in dem Parallelprozeß Hettling c. Lavezari[11], daß zur Entkräftung eines

1 ähnlich PreußSeeR 1727 Cap. 6, Art. 32 und 28 e contrario; in AHO XX fehlt die Abgrenzung zum „Zufall".
2 Glüer c. Büsch, Klefeker VII, S. 400ff.
3 Straccha, gl. 31, n. 4; Poppe, S. 46; Santerna, part. 5, n. 11; Kellinghusen, S. 55; M.L. Schele, S. 19.
4 Emérigon I, ch. 12, sect. 2.
5 Pöhls AssecR, S. 313ff.; Benecke III, S. 196ff.
6 M.L. Schele, S. 19.
7 Benecke III, S. 196, und Pöhls, a.a.O., S. 313f., befreien den Assecuradeur ohne weitere Differenzierung vom Versehen des Versicherten.
8 Responsum Juris Rostock v. 17.4.1758, o.Q.
9 so noch Emérigon I, ch. 12, sect. 2, § 4 m.w.N.; Benecke III, S. 200; AHO XX: „wann er eines bösen Vorsatzes *überführet* werden kann".
10 ebenso Responsum Juris Rostock v. 25.8.1759 in Boetefeur c. Kellinghusen, o.Q.; bestätigend Klefeker VII, S. 391.
11 Klefeker VII, S. 365ff.

Betrugsverdachts die regulären Beweismittel für die Einladung der versicherten Gegenstände und den Unglücksverlauf – die Konnossemente und die Verklarung[1] – nicht genügen, sondern durch Zeugenaussagen, und zwar von unmittelbaren Zeugen sowie von Zeugen vom Hörensagen, ergänzt werden müssen[2].

Nach der Entscheidung des Admiralitätsgerichts in Glüer c. Büsch[3] kann im Einzelfall die eidliche Vernehmung der gesamten Schiffsbesatzung als derartiges ergänzendes Beweismittel gelten, wenn der Schiffer, der im Verdacht des absichtlichen Setzens steht, die Verklarung allein erklärt hat. Entgegen den Hanseatischen Seerechten und Gewohnheiten, die die Verklarung stets als gemeinsamen Rechtsakt von Schiffer und Schiffsleuten verstehen[4], übernimmt das Gericht hier die das französische Seerecht beherrschende Trennung zwischen der Aussage des Kapitäns und den Depositionen der Schiffsbesatzung (Ord. de la marine 1681, I, 10, 7)[5]; diese Trennung ermöglicht im Verhältnis zum Schiffer, der bei der Verklarung bzw. dem Seeprotest einen Eid in eigener Sache leistet[6], die Würdigung der Aussage der Besatzung als Zeugnis in fremder Sache[7].

VII. Haftung des Assecuradeurs für schuldhaftes Verhalten des Schiffers und der Besatzung

In Boetefeur c. Kellinghusen, Hettling c. Lavezari und Glüer c. Büsch steht trotz der Beteiligung des Schiffers an der vorsätzlichen Herbeiführung des Versicherungsfalles die Beurteilung des Verschuldens des Versicherten im Vordergrund.

Inwieweit sich die Haftpflicht des Assecuradeurs nach Meinung des Admiralitätsgerichts auf das alleinige Verschulden des Schiffers und des Schiffsvolks erstreckt, demonstrieren folgende Verfahren:

In **de Vlieger c. Thomas** hatte der Versicherte den Schiffer rechtzeitig zum Sammelplatz für den nächsten Convoyabgang entsandt. Der Schiffer versäumt die in Aussicht genommene englische Convoy, weil er das Schiff in dem Wartehafen Glückstadt zu dicht neben einem anderen Schiff vertäut hatte, so daß sich beim Auslaufen „Ancker und Thaue verhedderten"[8]. In **Hettling c. Kähler** kann der

1   vgl. AHO XIII, 2; Meyersieck, S. 31ff.
2   Hettling c. Lavezari, Votum bei Klefeker VII, S. 375f., 385; Boetefeur c. Kellinghusen, Responsa Juris, a.a.O., Zeugenverhör in Burg/Fehmarn, Acta pr. Bl. 860ff., 906ff.
3   Votum und Urteil v. 29.8.1767, Klefeker VII, S. 400ff.
4   Meyersieck, S. 36, 38, Fn. 5, 49ff., 80; Wagner, S. 398f.; vgl. auch HambStR 1603, II, 16, 8; WisbySR Art. 20.
5   vgl. dazu Valin, S. 192; Emérigon II, ch. 14, sect. 2, § 3; Meyersieck, S. 35.
6   im Sinne eines Unschuldseides, vgl. Behrend, ZRG, GA, 19 (1898), S. 52ff., 55; Meyersieck, S. 14.
7   Valin, a.a.O.; Emérigon, a.a.O.; kritisch dazu Meyersieck, S. 38, Fn. 6.
8   de Vlieger c. Thomas, Attestat des Schiffers, P. Adm. 13.8.1696.

Schiffer wegen Niedrigwassers einen Hafen auf Öland nicht verlassen und verlädt deshalb einen Teil der versicherten Ladung (Hanf und Flachs) in offene Boote; dort wird die Ladung durch starke Regenfälle durchnäßt und beschädigt[1]. In **Rendtorff c. Brandt** segelt das für die Route Narwa – St. Petersburg versicherte Schiff unter dem Kommando des Steuermanns, der nicht auf den Kapitän gewartet und eigenmächtig das Auslaufen befohlen hatte; um einen Zwischenhafen auf der Insel Lavezari (=Lavensari) zu erreichen, ordnet der Steuermann an, durch ein Feld treibenden Eises zu laufen; das Schiff wird am Vorschiff aufgerissen und sinkt[2].

Die Entscheidungen des Gerichts in diesen Fällen zeigen, daß es ausdrücklich[3] oder stillschweigend[4] den Haftungsbereich des Assecuradeurs auf Verschulden des Schiffers und der Besatzung, auch des Steuermanns allein, ausdehnt.

Dabei fällt wieder die mangelnde Differenzierung des Gerichts nach den Verschuldensgraden auf, die sowohl in den holländischen Policen vor Inkrafttreten der AHO („allen Schaden ... door foute of versuymnisse van de Schipper of syn Volck") als auch in den Policen nach 1731 („Versehen, Versäumnis und Muthwillen des Schiffers oder seines Schiffsvolkes")[5] von einander abgegrenzt sind. Die Begriffe „faute"/„Versehen" und „Versäumnis" werden teilweise synonym verstanden und auf Dienst- und Sorgfaltspflichtverletzungen des Schiffers gegenüber dem versicherten Reeder oder Befrachter bezogen[6]; die Rationes decidendi des Obergerichts und der Klägervortrag in de Vlieger c. Thomas[7] lassen jedoch einen Gegensatz erkennen zwischen dem Versäumnis („neglegentia") als pflichtwidriger Vertragsverletzung und dem Versehen („faute") als augenblicklicher Unachtsamkeit unabhängig von spezifischen reederei-[8] und frachtrechtlichen[9] Vertragspflichten, einen Gegensatz, den man in Fahrlässigkeit im vertraglichen und im deliktischen Bereich übersetzen könnte.

1 Hettling c. Kähler, Klefeker VII, S. 522.
2 Rendtorff c. Brandt, Verklarungsprotokoll vor dem Rat von Narwa, P. Adm. 9.11.1724.
3 de Vlieger c. Thomas, Urt. v. 7.1.1697, P.Adm. ibid.; Rationes decidendi des Obergerichts, o.Q., prod. Wetzlar 15.4.1701 (Ziffer 6, 7 zur Haftung des Assecuradeurs für „culpa" und „neglegentia" des Schiffers).
4 in Rendtorff c. Brandt und Hettling c. Kähler; vgl. aber Votum des Obergerichts, Klefeker VII, S. 530f.
5 vgl. Güterpolicenformulare bei Klefeker I, S. 78ff. und in allen Güterversicherungsprozessen nach 1731. In Kaskopolicen fehlt das Wort „Versäumnis", so in Stolle c. Rothaer, Thornton c. Kühl; vgl. Formular bei Klefeker I, S. 77.
6 Pöhls, AssecR, S. 313 / Seerecht I, S. 161f.; Klefeker VII, S. 515; Kellinghusen, S. 54ff. zum Oberbegriff „culpa".
7 de Vlieger c. Thomas, P. Adm. 13.8.1696.
8 s. dazu Kellinghusen, S. 8; Lau, S. 134f.
9 HambStR 1603, II, 14, 34–36; Lau, S. 158ff.

Auch HambStR 1603, II, 14, 34 bezeichnet die Verletzung der frachtvertraglichen Garnierungspflicht als „Versäumnis"[1].

Daß diese Beobachtung nicht verallgemeinerungsfähig ist, ergibt sich aus der Qualifikation der unsorgfältigen Ladungsstauung in Leichtern, einer typischen Vertragspflichtverletzung, als „Versehen" des Schiffers im Votum des Gerichts zu Hettling c. Kähler[2]. Emérigons Verständnis der beiden Begriffe – Leichtfertigkeit („nequitia") und Sorgfaltswidrigkeit („incuria")[3] – spricht andererseits eher für eine Abstufung zwischen grober und leichter Fahrlässigkeit.

Aus diesen heterogenen Wertungen ist zu schließen, daß „Versehen" und „Versäumnis" in der Rechtsprechungsperiode des Admiralitätsgerichts nicht als eindeutig konturierte termini technici für bestimmte verschiedene Fahrlässigkeitsformen gelten[4].

Nachweisbar ist aber, daß das Gericht nicht nur Versehen und Versäumnis, sondern auch „Muthwillen" – häufig gleichgesetzt mit „Schelmerey", Baratterie und Betrug[5] – des Schiffers (und der Besatzung) zu den „pericula suscepta" des Assecuradeurs rechnet[6], weil der Versicherte nicht mehr persönlich oder durch einen Bevollmächtigten die Reise begleitet und Kontrollfunktionen gegenüber dem Schiffer wahrnehmen kann[7]. Da der Vorsatz bzw. „dolus" als schärfste Verschuldensform in den Haftungsbereich einbezogen wird, verzichtet das Gericht auf eine präzise Abgrenzung zu den einzelnen Fahrlässigkeitsstufen[8].

1   vgl. auch in HambStR 1603, II, 14, 44 die „Versäumung" der Verteidigungspflicht gegen Freibeuter, die bei Privatadmiralschaften eine Vertragspflicht gegenüber Reedern und Befrachtern darstellte, Vasmer, S. 13.
2   Klefeker VII, S. 530f.; vgl. auch AHO VII, 3.
3   Emérigon I, ch. 12, sect. 3, § 2 zur Hamburger Rechtslage.
4   PreußSeeR 1727, Cap. 6, Art. 28 stellt „Versehen" und „Nachlässigkeit" nebeneinander. HGB § 820 II, S. 2, Nr. 6 spricht nur noch vom „Verschulden".
5   Langenbeck, Assecuranzordnungsentwurf 1721/22, Art. 16; ders., Seerecht, S. 384; Baldasseroni II, part. 1, tit. 2, § 3; Benecke III, S. 210f.
6   so die eigenmächtige Schädigung in Rendtorff c. Brandt, P. Adm. 9.11.1724; die Schelmerei im Responsum Juris v. 17.4.1758 (Boetefeur c. Kellinghusen, o.Q.); die dolose Brandstiftung in Hettlings c. diverse Assecuradeurs, Votum, Klefeker VII, S. 501f.
7   Die Reisebegleitungen durch Oloff Rotmann für die Versicherten Gebrüder Peinhorst und durch M. Waatz für den Versicherten Behring (Peinhorst c. Meckenhauser, Obligation v. 9.10.1719, P. Adm. 21.11.1720; Boetefeur c. Kellinghusen, Acta pr. Bl. 591ff.) sind Ausnahmen und in den Prozessen als solche gekennzeichnet. Die reguläre Reisebegleitung durch Reeder bzw. Befrachter dokumentieren zuletzt Rôles d'Oléron Art. 9, WisbySR Art. 21, Ordonnantie 1563 (Tit. Van Schipbrekinghe), Art. 4 und schon als Ausnahmeregelung Ord. de la marine 1681, III, 6, 19; vgl. ferner Rehme, S. 34.
8   ausdrücklich Rationes decidendi Nr. 7, in de Vlieger c. Thomas (18.8.1697).

Überwunden ist damit die Kontroverse, ob der Begriff der Baratterie nur vorsätzliches, arglistiges Verhalten zum Nachteil des Versicherten[1] oder auch, wie Ordonnantie 1563, VII, 4 („barratterye, dieverye oft eenich misbruyck van den schipper oft schiplieden") und Ord. de la marine 1681, III, 6, 28 in der Parallelität von „faute des Maîtres" und „baraterie de Patron" unterstellen, ein Versehen des Schiffers einschließt[2]. Überwunden sind damit ferner sowohl das gänzliche Verbot der Versicherung gegen Versehen *und* Betrug des Schiffers[3], das noch die Police von 1638 in Berenberg c. Janßen kennzeichnet[4], als auch die Einschränkung, nur das Versehen des Schiffers dem Assecuradeur zur Last zu bringen[5].

Das Gericht lehnt ferner Langenbecks Vorschlag in seinem Assecuranzordnungsentwurf[6] ab, „des Schiffers versehen zu limitiren, weil aller Eigennutz und böser Vorsatz offt dahin gezogen wird, zum Schaden der Assecuratoren". Langenbeck befürwortete nach französischem Vorbild[7] eine Haftung des Assecuradeurs für Vorsatz bzw. Mutwillen des Schiffers nur bei ausdrücklicher Vereinbarung in der Police[8]. Derartige Individualabreden „ende vonn *bedroch* van den Patronn Schippern ende Boetsvolgk"[9] oder „van Veranderinge offt anderssints van Meesters, Schippers"[10] waren in Hamburg bereits um 1600 üblich, um das Verbot der Versicherung gegen Baratterie in Ordonnantie 1563, VII, 4 und den Coutumen von Antwerpen 1609[11] zu unterlaufen.

Die Rechtsprechung zugunsten einer extensiven, unbedingten Haftung des Assecuradeurs auch für Vorsatz des Schiffers nimmt die Haftungsnorm in AHO VII, 1 („für Schuld, Versehen, Versäumnis und Mißhandlung") vorweg, wobei „Mißhandlung" die Begriffe „Schelmerey und Diebstall" zusammenfaßt[12].

---

1 Straccha, gl. 31, n. 1; Casaregis, disc. I, n. 77; Baldasseroni II, part. 1, tit. 2, n. 3; Langenbeck, Seerecht, S. 384f.; auch Weskett, Bd. II, S. 36.
2 Emérigon I, ch. 12, sect. 3, § 1; Valin, S. 496f.; Kuricke, de assecurat. S. 6; Kellinghusen, S. 54f. m.w.N.; vgl. auch Pöhls, AssecR, S. 310; Kiesselbach, Seeversicherung, S. 141.
3 Ordonnantie 1563, VII, 4.
4 Berenberg c. Janßen, Lit. C, prod. 27.9.1641.
5 Genuesische Statuten 1610, a.a.O., § Assecuratores non teneantur; Recopilation a.a.O., ley 42; restriktiv auch Santerna, part. 3, n. 48 / part. 4, n. 24.
6 Anhang Nr. 4.
7 Ord. de la marine 1681 III, 6, 28: „... si par la police ils ne sont chargés de la baraterie de Patron"; Emérigon I, ch. 12. sect. 3, § 2; sehr restriktiv auch Casaregis, disc. I, n. 72, 73.
8 Langenbeck, Seerecht, S. 384f.; a.A. Poppe, S. 46, 51.
9 Coymans c. della Rocha, StAH, RKG, K 62, Police v. 20.11.1591, Acta pr. Bl. 118ff.
10 Kruse c. van Santen, StAH, RKG, K 74, Police von 1628, Q 18a; ebenso v. Dortmund c. Schotte, StAH, RKG, D 19, Police v. 31.1.1590, Q 3, Anlage A.
11 Kiesselbach, Seeversicherung, S. 115, Fn. 2.
12 Langenbeck, Assecuranzordnungsentwurf 1721/22, Art. 16; Thesaurus Iuris, Bd. I, 1, S. 1079, Fn. c.

Dieser Begünstigung des Prinzips der Allgefahrendeckung (AHO V, 1)[1] entspricht es, daß das Gericht in den genannten Verfahren[2] das Verschulden des Schiffers bei Güter- *und* Kaskoversicherungen gleichmäßig in den Haftungsbereich des Assecuradeurs einbezieht[3]. Eine Unterscheidung würde sich daraus rechtfertigen, daß bei Kaskoversicherungen der versicherte Reeder mehr Einfluß auf die Auswahl des Schiffers hat und ihn in der Regel als Bevollmächtigten („Faktor")[4] einsetzt; ein Verschulden dieses Schiffers müßte dem Kaskoversicherten zugerechnet werden, und insofern den Assecuradeur von der Haftpflicht befreien[5]. Bei Güterversicherungen fehlt für den versicherten Ladungsinteressenten eine vergleichbare Auswahlmöglichkeit, wenn er den Frachtvertrag nicht mit dem Schiffer, sondern mit dem Reeder abschließt[6]; für ihn stellt sich daher ein Verschulden des Kapitäns als „cas fortuit" dar, für den der Assecuradeur eintritt[7].

Genau diese Abgrenzung dokumentiert die Haftpflichtbegrenzung auf das Versehen des Kapitäns (ohne Barratterie) bei Kaskoversicherungen in den Dänischen Policen von 1746[8] sowie ansatzweise in Amsterdam.Ass.O. 1744, Art. 19. Auch Rotterdam. Ass.O. 1721, Art. 42 läßt die Versicherung gegen Barratterie und Unachtsamkeit des Schiffers nur bei Güterversicherungen uneingeschränkt zu; für Kaskoversicherungen normiert dagegen Art. 43 den Ausschluß der Haftung des Assecuradeurs für „schelmerye" eines vom Versicherten selbst ausgewählten Schiffers im Gegensatz zu Schiffern, die „zonder kennisse van den Reeders op de Schepen mogten werden gestelt".

Die AHO weist dazu eine systematisch andersgeartete Differenzierung im Bereich des Regreßvorbehalts in AHO VII, 1 S. 2 auf, der das Korrektiv für die Barratteriehaftung des Assecuradeurs bildet: Bei Schäden infolge ungenügender Ladungsgarnierung bzw. -stauung und mangelhafter Abdichtung des Schiffsrumpfes ist der Assecuradeur nur subsidiär verpflichtet (AHO VII, 2/3), bei Bruch des Ladegeschirrs und dadurch bedingten Güterschäden haftet er dagegen primär mit Regreßanspruch gegen den Schiffer (AHO VII, 4). Priorität der Haftung und Subsidiarität des Regresses sind hier weniger durch den Unterschied zwischen Kasko- und Güterversicherung bestimmt als vielmehr durch die verschiedenen Adressa-

1 besonders betont von Kellinghusen, S. 56; ebenso Klefeker VII, S. 515f.; Loccenius, lib. 2, cap. 5, § 13; Magens, S. 88f.
2 anders in dem 1765 entschiedenen Prozeß C.M. c. Thornton.
3 zustimmend auch Büsch, Darstellung, S. 356f.
4 Pöhls, Seerecht I, S. 150, 237; Surland, S. 5; Rademin, S. 40.
5 Emérigon I, ch. 12, sect. 2, § 2; Baldasseroni I, part. 4, tit. 8, §§ 20f.; Pöhls, AssecR, S. 309, 314f.
6 Als Verfrachter treten sowohl Reeder als auch Schiffer auf, vgl. Langenbeck, Seerecht, S. 142; Ladehoff, S. 6; Lau, S. 149. Die im Text genannte Einschränkung gilt nur für den Setzschiffer, nicht für den Reederschiffer oder Partenschiffer.
7 Pöhls, AssecR, S. 309.
8 Vergleich Kopenhagener Assecuranzkompagnie 1746, Art. 38, Magens, S. 1017ff., 1022, 1028.

ten der Ersatzpflicht: AHO VII, 2/3 sehen für die dort genannten Schäden nicht nur die in den entsprechenden seefrachtrechtlichen Bestimmungen HambStR 1603, II, 14, 34/35 festgelegte Haftung des Schiffers, sondern ersatzweise die des Schiffes und der Frachtgelder, d.h. die auf Schiff und Frachtgelder beschränkte Haftung der Reeder vor[1]. Demgegenüber haften für Schäden im Zusammenhang mit dem Ein- und Auswinden der Ladung nach AHO VII, 4 der Schiffer persönlich und gegebenenfalls auch die Schiffsleute (HambStR 1603, II, 14, 36)[2]. Daraus ergibt sich eine systematische Verknüpfung zwischen der — bei vermuteter größerer Finanzkraft der Reeder — stärkeren Sicherung des Schadensersatzanspruchs und der Sekundärhaftung des Assecuradeurs einerseits (AHO VII, 2/3) sowie der Primärhaftung des Assecuradeurs und einem — bei vermuteter geringer Finanzkraft des Schiffers bzw. erschwerter Vollstreckungsmöglichkeit — gefährdeteren Ersatzanspruch andererseits (AHO VII, 4).

Das Admiralitätsgericht wendet ähnlich differenzierte Regreßregelungen vor Inkrafttreten der AHO nicht innerhalb der Verschuldenshaftung des Assecuradeurs, sondern nur im Recht der Bodmerei an[3].

Im Bereich des Verschuldens der Besatzung erstreckt das Admiralitätsgericht die Haftpflicht des Assecuradeurs sowohl auf Versehen als auch auf Vorsatz des Schiffsvolkes[4], eine Auffassung, die sich normativ in Rotterdam.Ass.O. 1721, Art. 42 und dann in AHO VII, 1 / V, 1 ausdrückt und in der Literatur geteilt wird[5].

VIII. An- und Übersegelung

Das Recht der Schiffskollision oder in der hansischen Rechtsterminologie das Recht der An- und Übersegelung, das bereits im 17. Jahrhundert eines der dogmatisch weit entwickelten Institute der Hanseatischen Seerechte bildet[6], ist nur in einem überlieferten Prozeß Streitgegenstand, in **Petersen c. Töpp.**

1 Zur Haftung der Reeder für Verschulden des Schiffers vgl. Rehme, S. 130ff., 163f. m. w.N.; Pöhls, Seerecht I, S. 157; Langenbeck, Seerecht, S. 24, 79, 406f.; Lau, S. 103ff., 108f.; Ordonnantie 1563, IV, 8; PreußSeeR 1727, Cap. 3, Art. 53; Rotterdam.Ass.O. 1721, Art. 161ff.
2 zur Frage der Direkthaftung der Besatzung den Ladungsinteressenten gegenüber vgl. Lau, S. 163f.; Langenbeck, Seerecht, S. 78f.; Surland, S. 8f.; vgl. auch Klefeker VII, S. 516.
3 Urteil von 1656 in Berenberg c. Hardorp (Rademin, S. 43); ähnlich Urteil von 1656 in Dorvill c. Reddeling.
4 so in Rendtorff c. Brandt. Zum Schiffsvolk gehören auch die Steuerleute, Lau, S. 119.
5 Langenbeck, Assecuranzordnungsentwurf 1721/22, Art. 16; Emérigon I, ch. 12, sect. 3, § 2 m.w.N.; Pöhls AssecR, S. 312f., auch für den Fall, daß das Verschulden des Schiffers von der Haftpflicht ausgenommen ist, weil der Versicherte in der Regel nicht die mit der Besatzung abgeschlossenen Heuerverträge beeinflussen kann.
6 vgl. dazu Harder, Lehre von der Ansegelung; Wolter, S. 156ff.; Langenbeck, Seerecht, S. 240ff.; Benecke III, S. 440ff.; Behrend, ZRG, GA 19 (1898), S. 52ff., 58ff.; Rehme, S. 88ff., 136ff.; Lau, S. 235ff.

Auf der Elbe begegnen sich in Höhe Altonaer Sand das Schiff des Klägers, elbeabwärts gegen den Nordwestwind segelnd, und das Schiff des Beklagten, elbeauf-
wärts vor dem Wind laufend[1]. Beim Aufkreuzen fährt der Kläger ein Steuerbord-
Wendemanöver aus dem Fahrwasser in Richtung Norden, um dem Beklagten auszuweichen; der Beklagte wendet ebenfalls nach Norden, so daß sein Schiff vom
Kläger angesegelt wird und Mast und Bordwand teilweise brechen[2]. Ein vom Kläger vorgelegter Riß des Kgl. Dänischen Loots-Capitäns zeigt, daß das Unglück
hätte vermieden werden können, wenn der Beklagte im Fahrwasser geblieben
oder nach Süden (Steuerbord) ausgewichen wäre[3]. Das Gericht verlangt, der
Kläger solle seinen behaupteten Warnruf an den Beklagten und dessen ungehin-
derte Ausweichmöglichkeit nach Süden im förmlichen Beweisartikelverfahren beweisen, ferner, daß der Beklagte durch sein regelwidriges Ausweichmanöver nach
Norden „dem Kläger, wo nicht vorsetzlich, jedoch ganz unvorsichtigerweise,
Schaden verursachet habe"[4].

Im Votum des Referenten wird für diesen Fall nicht AHO VIII, 1, die Ansegelung „von ohngefehr", sondern AHO VIII, 2, die „mit Fleiß oder vorsetzlich"
bewirkte Ansegelung in Bezug genommen.

Ausgangspunkt ist der mit dem vorgelegten Riß glaubhaft gemachte Verstoß des
Beklagten gegen die Seefahrtsregeln und Wegerechte auf der Elbe. Der Beklagte
war mit vor dem Wind laufendem Schiff unter Segeln ausweichpflichtig, hatte
aber durch sein parallel zum Kläger ausgeführtes Wendemanöver aus dem Fahrwasser nach Norden gegen die eherne Seeschiffahrtsregel, niemals nach Backbord
auszuweichen, verstoßen[5] und damit die Kollision verursacht.

Im Gegensatz zum Beweis der kausalen Schadensverursachung[6], den AHO VIII,
1 ebenso wie HambStR 1603, II, 17, 6 voraussetzt, obwohl diese Norm das
Zeugnis der „Ansegelung oder Drift" nicht mehr ausdrücklich erwähnt, liegt die
Besonderheit des AHO VIII, 1, wie sich aus AHO VIII, 2 ergibt, darin, daß das Gericht das Vorliegen eines Ungefährwerks von Amts wegen prüfen muß und die Schadensverteilung dann ohne Parteieid ipso iure über beide Schiffe sowie deren Frachtgelder und Ladung erfolgt; dagegen war noch in HambStR 1603, II, 17, 6, in
HambStR 1497 P 47 und in LübStR 1586, IV, 3 die hälftige Schadensteilung
bei einer Ansegelung „von ohngefähr" durch den Eid des Ansegelnden bedingt,
das Unglück sei „ohne seinen Willen / ane synen danck" geschehen. Dieser Eid

1 Petersen. c. Töpp, Klefeker VII, S. 197, 202.
2 Klefeker VII, S. 197, 201, 205.
3 Klefeker VII, S. 203, 205f.
4 Interlokut v. 21.11.1766, Klefeker VII, S. 207f.
5 vgl. dazu Wagner, S. 434. Das Backbord-Ausweichverbot ist altes Seegewohnheitsrecht
  und gilt uneingeschränkt in der Seeschiffahrtsstraßenordnung, vgl. § 24a/c SeeSchStr.O.
  v. 3.5.1971 in der Fassung v. 15.7.1977.
6 der hier bereits geführt ist.

erscheint in AHO VIII, 2 als Unschuldseid gegenüber dem vom Geschädigten geführten Beweis der vorsätzlichen Verursachung der Kollision. Obwohl das Gericht dem Kläger diesen Beweis des Vorsatzes[1] auferlegt, läßt es im Rahmen des AHO VIII, 2 auch die Schadensverursachung „ganz unvorsichtigerweise" genügen.

Wenn man diese Formulierung als Umschreibung einer besonderen Sorgfaltspflichtverletzung über „culpa quae ex neglegentia aut imperitia nautae oritur"[2] hinaus versteht, verstärkt sich der Eindruck, daß das Gericht den Anwendungsbereich des AHO VIII, 2 auf grobe Fahrlässigkeit ausdehnt.

Eine korrigierende Auslegung des AHO VIII, 2 im Sinne einer Gleichsetzung von vorsätzlicher und grob fahrlässiger Ansegelung liegt in der Tat nahe, wenn man sich klarmacht, welche Verschuldensgrade der ansegelnde Schiffer mit seinem Unschuldseid ausschließt. Mit den Formulierungen „ohne seinen Willen" (HambStR 1603, II, 17, 6), „myt ungherade ane synen danck" (HambStR 1497 P 47), „sine suo consensu"[3] bezieht sich der Eid – unabhängig vom Zufall[4] – primär auf unvorsätzliches, unabsichtliches Handeln[5]. Diese ausschließlich am Willenselement orientierte Wortlautinterpretation führt bei Gries[6] und Rehme[7] zur Ablehnung einer Parallele zwischen Vorsatz („argem Willen") und grober Fahrlässigkeit, weil grobe Fahrlässigkeit nicht durch willentliches Handeln bedingt ist.

Schon Möller[8] und Soltau[9] sowie später Harder[10] erstrecken den Ungefähreid aber auch auf grobe Fahrlässigkeit, indem böser Wille (=Vorsatz) und Mangel an gutem Willen (=grobe Fahrlässigkeit) gleichgesetzt werden. Ein ähnlicher Rechtsgedanke erscheint in den holländischen Seerechten – möglicherweise durch Vermittlung der Rôles d'Oléron Art. 15[11] – in dem Unschuldseid, daß nicht „met wille oft by schulde" (Ordonnantie 1563, V, 1) bzw. noch präziser: nicht „met opset of by merkelyke schuld" (Rotterdam.Ass.O. 1721, Art. 256) angesegelt wurde[12]; der Ungefähreid bezieht sich danach auf Vorsatz und grobes Verschul-

---

1   „mit Fleiß" = Vorsatz, Langenbeck, Seerecht, S. 244; Harder, S. 2; Klefeker VII, S. 196; Soltau, S. 15.
2   Soltau, S. 15.
3   Hamburger Rechtsweisung an Lübeck 1259, in Lappenberg, Rechtsaltertümer, Bd. I, S. CXXXVII.
4   den der Begriff des Ungefährwerks jedenfalls einschließt, Langenbeck, Seerecht, S. 241; Soltau, S. 14; Emérigon I, ch. 12, sect. 14, § 1.
5   Harder, S. 5ff., 7ff.; vgl. auch Wolter, S. 162.
6   Gries ad St. 1603, II, 17, 6, Ausgabe 1842, S. 396.
7   Rehme, S. 89.
8   Möller ad St. 1603, II, 17, 7, Ausgabe 1842, S. 397f.
9   Soltau, S. 15f.
10   Harder, S. 7ff., 11, 21.
11   „le mestre ... est tenu à jurer li et ses compaignons, qils ne le feisoient mye de gre" (Th. Kiesselbach, HGBl. 33 [1906], S. 54); Pardessus I, S. 334 übersetzt mit „sans leur faute et volonté".
12   vgl. dazu Harder, S. 19, weitere Nachweise S. 13ff.

den, klammert aber ein leichtes Versehen, leichte Fahrlässigkeit aus[1]. Wenn man den Unschuldseid in AHO VIII, 2, der nach dem Gesetzestext nicht mehr allein an das Willenselement anknüpft, analog zu diesen ausländischen Normen auslegt, dient er der Widerlegung des bewiesenen Vorsatzes *und* der bewiesenen groben Fahrlässigkeit.

Die Ausdehnung des AHO VIII, 2 auf grobe Fahrlässigkeit stützt sich außerdem auf die nachklassische römischrechtliche Haftungslehre mit der Gleichsetzung des ,,dolus'' und der ,,culpa lata'', die als Haftungsmaßstab für den Mandatar, den Vormund und den Verwahrer entwickelt worden war[2]. Die Gleichbehandlung von ,,dolus'' und ,,culpa lata'' übernehmen M.L. Schele[3] für den Bereich des persönlichen Verschuldens des Versicherten in Verbindung mit dem Haftungsausschluß für den Assecuradeur, Winckel[4] und Langenbeck[5] für das Recht der dolosen Ansegelung. Langenbecks Auffassung und die hier durch das Admiralitätsgericht entschiedene extensive Auslegung des AHO VIII, 2 bestätigen später Benekke[6], Harder[7] und Pöhls[8].

Fragen der Haftungsfolgen, insbesondere der Haftungsreihenfolge zwischen Schiffer und Reeder[9] und der Beitragspflichten zur Schadensverteilung[10] haben das Admiralitätsgericht in diesem Fall nicht beschäftigt.

IX. Bodmerei und Versicherung auf Bodmereigelder

Das Verfahren **Berenberg c. Janßen**[11] dokumentiert in mehrfacher Hinsicht die eigenständige Handhabung des Bodmereirechts durch das Admiralitätsgericht.

Der Hamburgische Schiffer Simon Wilmsen gerät 1638 mit seinem Schiff ,,St. Johannes Evangelista'' in Lissabon in eine Reisenotlage und nimmt deshalb ,,upt

1 Harder, S. 10ff.
2 Kaser, Römisches Privatrecht, 2. Abschnitt, S. 355ff.; vgl. i.e. L. 7.2 D. de administratione (26.7), D. mandati vel contra, 29 pr. (17.1).
3 M.L. Schele, S. 19.
4 Winckel ad St. 1603, II, 17, 7.
5 Langenbeck, Seerecht, S. 244, 248.
6 Benecke III, S. 444.
7 Harder, S. 26, vgl. auch S. 35.
8 Pöhls, Seerecht III, S. 810f.
9 vgl. dazu Kellinghusen, S. 37; Pöhls, Seerecht III, S. 791f.
10 vgl. dazu Soltau, S. 16ff.; Harder, S. 28ff.; Langenbeck, Seerecht, S. 241ff., 247f.; Kuricke, S. 222ff.; Baldasseroni II, part. 5, tit. 6, § 19; Magens, S. 65f.; Benecke III, S. 446; Wolter, S. 166ff.
11 Beklagter ist Paul Berenberg d. Ä. (1566−1645), der mit seinem Bruder Hans um 1590 von Antwerpen nach Hamburg kam und ein Vorfahr des späteren Admiralitätsbürgers Johann Berenberg (1674−1749) war; Hauschild-Thiessen, Hamburgische Geschichtsu. Heimatblätter, Bd. 10, H. 8 (1979), S. 183ff., 185.

min Schip" und die darin befindliche „Salt-Ladung" ein Bodmereidarlehen auf, das der spanische Bevollmächtigte[1] der in Hamburg ansässigen Kläger an ihn auszahlt[2]. Kurz darauf werden Schiff und Ladung für die Rückreise von Lissabon[3] nach Hamburg für Rechnung des Sohnes des Beklagten in Hamburg versichert[4]. Nach 12 Monaten, in denen keine Nachrichten vom Schiff mehr eintreffen, werden Schiff und Ladung an die Assecuradeure abandoniert.

Im Prozeß klagen die Kaufleute Janßen, Wrede und Martens gegen Berenberg einen Schadensersatz in Höhe der von ihnen geleisteten Bodmereidarlehen ein, weil sie von den Assecuradeuren keine Zahlung erlangen könnten, obwohl der Beklagte ihnen zugesichert hätte, die Assecuranz auf Schiff und Salzladung erstrecke sich auch auf ihre Bodmereigelder[5]. Auf das Bestreiten des Beklagten erlegt ihm das Admiralitätsgericht den Beweis durch Parteieid auf, daß er zur Zeit der Zusicherung der Assecuranz und „vorher rund zu der Zeit wie der Polic aufgerichtet und von allen assecuradoren unterschrieben, gar keine Wissenschaft gehabt habe, daß die Gelder auf Bodmerei aufgenommen, ... auch daß man die Prämia, wann das Schiff in Salvo wäre ankommen, von der Kläger Gelder einzubehalten nicht gesinnet gewesen"[6]. Das Obergericht bestätigt diese Entscheidung mit dem Zusatz, daß der Beklagte andernfalls den Klägern Schadensersatz in Höhe der Bodmereigelder zu leisten habe[7].

Das Vorgehen der Kläger erklärt sich daraus, daß ihr Rückzahlungsanspruch aus dem Bodmereivertrag durch den (hier vermuteten) Untergang des verbodmeten Schiffes mit der Ladung erloschen war, denn bei Verpfändung von Schiff und Ladung für ein Seedarlehen haften allein die verbodmeten Gegenstände bei glücklicher Ankunft für die Rückzahlung des Kapitals und der Bodmereiprämie[8]; die Kläger konnten sich also nur durch die Einbeziehung ihrer Bodmereigelder in den Versicherungsvertrag sichern. Der Unterschied in den Haftungsfolgen[9] macht deutlich, daß Knittels Bemerkung[10], die Bodmerei sei die Zwillingsschwester der Assecuranz mit dem Recht der Erstgeburt, so allgemein nicht − allenfalls im Hinblick auf die historische Entwicklung der beiden Institute[11] − zutrifft.

1 Jürgen von Kauen, der seit 1623 als Faktor für verschiedene Hamburgische Kaufleute in Lissabon tätig war, vgl. Baasch, Schiffahrt 16./17. Jhdt., S. 21, Fn.
2 3 Obligationen des Schiffers v. 8.9.1638, Berenberg c. Janßen, Acta pr. o. Bl., prod. 8. 10.1641.
3 zum damals intensiven Salzhandel zwischen Hamburg und Portugal vgl. Baasch, a.a.O., S. 103f.
4 Police von 1638, Acta pr., Lit. C, prod. 27.9.1641.
5 Notwendige Anzeige v. 5.6.1641, Acta pr., prod. 27.9.1641.
6 Interlokut v. 17.6.1641, Berenberg c. Janßen, Q Nr. 1.
7 Urt. des Obergerichts v. 2.12.1642, P. Super. ibid.
8 Surland, S. 30f.; Rademin, S. 3f.; Langenbeck, Seerecht, S. 272; Benecke IV, S. 423.
9 vgl. dazu Benecke IV, S. 110f.; Pöhls, Seerecht III, S. 830; Matthiass, S. 90ff.; Rademin, S. 3, 18ff.; Langenbeck, a.a.O.
10 Knittel, S. 26.
11 vgl. dazu H. Sieveking, S. 46; Matthiass, S. 106f.

Zunächst fällt auf, daß das Admiralitätsgericht die drei Verträge zwischen dem Schiffer und dem Bevollmächtigten der Kläger ohne weiteres als Bodmereibriefe wertet, obwohl sie weder im Titel („Obligation") so bezeichnet sind, noch im Text die Klauseln „ende dat op Bodmerie ende rechte Avanture van der See" und „ende de Bodmerie daer van verscheenen"[1] enthalten. Das Gericht verzichtet damit auf die ausdrückliche Kennzeichnung des Vertrages als Bodmereiabrede, die eigentlich notwendig wäre, um diese „Obligation" vom einfachen Darlehen, von der Verpfändung und vom Wechsel oder See-Wechsel (Cambio Marino) abzugrenzen. Denn dies sind die Alternativen einer Geldbeschaffung bei Reisenotlagen im Ausland, für deren Anwendbarkeit spätestens seit HansSR 1591 Art. 58 und HansSR 1614, VI, 2 im Hanseatischen Seerechtskreis eine zwingende Reihenfolge gilt:

Zunächst muß der Schiffer versuchen, ein einfaches Darlehen möglichst ohne Sicherheitsleistung aufzunehmen[2] oder Wechsel auf seine Reeder zu zeichnen, um die erheblichen Bodmereiprämien und -zinsen[3] zu sparen. Wenn diese Möglichkeiten entfallen, darf er „zu des Schiffes Besten" Ladungsteile oder die gesamte Ladung im Nothafen verkaufen und insoweit, wie HambStR 1603, II, 14, 7 gegenüber den beiden hansischen Quellen präzisiert, den Ladungseignern zur Sicherung ihres Rückforderungsanspruchs das Schiff verpfänden; dies meint die Wendung „Gut zu verkaufen auf den Boden"[4]. Der Schiffer verpflichtet sich beim Ladungsnotverkauf zwar nur zur Erstattung eines mittleren Preises „zwischen dem minsten und meisten" des Wertes der Güter am Bestimmungsort und nicht zur Rückzahlung einer dem vollen Wert entsprechenden Bodmereisumme sowie zur Leistung der bodmereispezifischen Prämie und Zinsen[5]. Dem Normcharakter des HambStR 1603, II, 14, 7 als „Bodmerei kraft Gesetzes"[6] entspricht es aber, daß der Ladungseigentümer wie ein Bodmereigläubiger die Gefahr des zufälligen Schiffsunterganges trägt — dies zeigt die als Bedingung verschlüsselte Gefahrtragungsregel „indem der Boden so viel zu Lande bringet"[7] — und sich wegen seines

---

1 Bodmereiformulare bei Langenbeck, Seerecht, S. 292ff.; Rademin, S. 49f.
2 Rademin, S. 31f.; Lau, S. 127.
3 s. dazu Rademin, S. 32; Langenbeck, a.a.O., S. 273; Klefeker VII, S. 273, 278f.; Pöhls, Seerecht III, S. 816.
4 ebenso schon HambStR 1497 P 10; vgl. Langenbeck, a.a.O., S. 35f. Der Ladungsnotverkauf entfällt, wenn der Wert der Güter die Kosten der Bodmereiaufnahme deutlich übersteigt, Rademin, S. 32; Kuricke, S. 176f.; Klefeker VII, S. 273f. Rotterdam.Ass.O. 1721, Art. 133 verlangt präzise den Verkauf von Gütern der Reeder vor den Gütern fremder Befrachter.
5 Lau, S. 128; Bluhme ad St. 1603, II, 18 rubrum, Ausgabe 1842, S. 399; Benecke IV, S. 422f.
6 so Lau, S. 211; vgl. auch Langenbeck, a.a.O., S. 35ff.; Rademin S. 14, 32; Landwehr, in: 1667 ars sjölag ..., S. 95; a.A. Gries ad St. 1603, II, 14, 7, Ausgabe 1842, S. 366; Matthiass, S. 78, Fn. 1. HambStR 1603, II, 14, 7 ist ein Fall der „stillschweigenden Verpfändung" gemäß HambStR 1603, II, 4, 14, vgl. dazu auch Kuricke, Quaestio XIII.
7 Langenbeck, Seerecht, S. 36; Kuricke, S. 177; Surland, S. 32. Zu ähnlichen Gefahrtragungsformulierungen in älteren Seerechten vgl. Matthiass, S. 62f., 78.

Ersatzanspruchs nur bei glücklicher Ankunft des besitzlos[1] an ihn verpfändeten Schiffes an den Schiffer, an dessen Reeder[2] oder an die Güter des Schiffers halten kann.

Nach Meinung von Rademin[3], Rehme[4] und Lau[5] konkurriert mit dem Ladungsnotverkauf die Verpfändung der „Taue und Takel" in HambStR 1603, II, 14, 8. Der Hinweis auf schwere Nachteile für Besatzung und Schiff, die Gefahr des (verbotenen) Schiffsverkaufs ohne Einwilligung der Reeder und die Anhörung des Schiffsrates[6], von der der (Setz-)Schiffer bei anderen Geldbeschaffungsmaßnahmen, insbesondere bei der Bodmereiaufnahme, befreit ist[7], legen indessen den Schluß nahe, daß HambStR 1603, II, 14, 8 erst als letztes Rettungsmittel eingreift, wenn Ladungsverkäufe nicht möglich und Bodmereidarlehen nicht zu erlangen sind[8]. Diese absolute Subsidiarität der Verpfändung notwendigen Schiffszubehörs kennzeichnet noch deutlich HansSR 1591 Art. 58 und HansSR 1614, VI, 2[9], sowie ansatzweise die Beschränkung der zulässigen Bodmerei in HambStR 1603, II, 18, 3[10]; sie ist deshalb auch anzunehmen gegenüber der dritten Behelfsmöglichkeit des Schiffers, der Aufnahme des förmlichen Bodmereidarlehens[11].

Die Heterogenität der angesprochenen abgestuften Maßnahmen bei Reisenotlagen hinsichtlich ihrer Voraussetzungen und Rechtsfolgen führt erst im 18. Jahrhundert zu der Konsequenz, aus Gründen der Rechtssicherheit und gegebenenfalls der Beweissicherung die ausdrückliche Verwendung der Begriffe „Bodmerei" im Bodmereibrief[12] bzw. „Wechsel" im Wechselbrief[13] zu verlangen und den einfachen Wechsel[14] vom Seewechsel auf Güter, der auf der Rückseite des Konnossements mit Bodmereiklausel gezeichnet wird, abzugrenzen[15]. Zum Vergleich: Or-

1 Das Anspracherecht des Kaufmanns binnen Jahr und Tag indiziert die mangelnde Besitzeinräumung zugunsten des Pfandgläubigers, vgl. Rehme, S. 76; Matthiass, S. 91; Wolter, S. 95f. Zum Befriedigungsrecht des Gläubigers gegenüber Dritterwerbern des Schiffes nach dessen Verkauf durch den Schiffer vgl. Matthiass, S. 97f.; Gries ad St. 1603, II, 14, 7, Ausgabe 1842, S. 367.
2 Rehme, S. 119ff. m.w.N.
3 Rademin, S. 32.
4 Rehme, S. 75.
5 Lau, S. 212, 127.
6 vgl. dazu Rôles d'Oléron, Art. 1; Cleirac, S. 9; WisbySR Art. 13, 15; HambStR 1497 P 11.
7 vgl. Rehme, S. 116ff. m.w.N.
8 so Langenbeck, Seerecht, S. 38; s. auch Matthiass, S. 80, Fn. 1.
9 Das Bodmereidarlehen dient der Reparatur der Schäden an der „Schiffs-Reitschaft", d. h. an Tauen, Takeln, Zubehör.
10 Langenbeck, Seerecht, S. 283.
11 vgl. dazu Rademin, S. 12f.; Lau, S. 208ff.
12 Rademin, S. 16; Langenbeck, a.a.O., S. 274; Klefeker VII, S. 268; Benecke IV, S. 413.
13 Klefeker VI, S. 533; vgl. auch B. Schaffshausen, S. 17f.
14 zu dessen Entwicklung im Seerecht Matthiass, S. 70ff.
15 Klefeker VII, S. 269; Langenbeck, a.a.O., S. 274f.; Baldasseroni III, tit. 1, § 12; Lau, S. 178, spricht von einem Bodmereiindossament.

donnantie 1563, VII, 19 formuliert mit der Definition „gheld op schips bodem, dat men ghemeenelicken *bomerie ofte wissel* opt hol ofte kiele van den schepen namende is" noch die deutliche Anknüpfung der verschiedenen Obligationen an einen einheitliche Oberbegriff.

Das Admiralitätsgericht markiert gewissermaßen die Mitte zwischen diesen Auffassungen, indem es nicht formalistisch die Gültigkeit der Abrede als Bodmereivertrag von der ausdrücklichen Bezeichnung des Bodmereizwecks abhängig macht[1], während es andererseits offensichtlich solche Obligationen als Bodmereibriefe wertet, die – wie die hier vorliegenden Verträge – alle sonstigen, in der späteren Literatur zwingend vorausgesetzten Bodmereimerkmale[2] aufweisen: die Namen des Schiffers als Bodmereinehmer, des Schiffes und des Bodmereigebers, die Bezeichnung der verbodmeten Gegenstände („min Schip und Salt Ladungh"), die Reiseroute, die Bodmereisumme („661 1/2 / 400 / 500 Riall von Achten"), die Nebenleistungen (Prämie: 46 sh. Lübisch von jeder Riall von Achten, Zinsen: 5%), Bezeichnung des Ortes und der Zeit der Rückzahlung („tho betallen in Hamborch, vertein dage na min ankompt mit min Schip in Salvo"), Gefahrtragung des Gläubigers („dar vor he de Risico lopt")[3], Sicherheit für die Rückzahlung („vor binde hie mit min schip und ladung umb hie von gode batalung tho doende"), und die für Bodmereibriefe typische dreifache Zeichnung („und hie von drey von einen inhalt mit meinen Egen Handt onder geteekent, de een Vol daen de ander van keiner geweerde")[4].

Diese Haltung des Gerichts ist damit zu erklären, daß – trotz fehlender entsprechender Normen in Hamburg – für den Abschluß schriftlicher Seedarlehensverträge[5] die zur inhaltlichen Abgrenzung gegenüber Wechseln und anderen Obligationen erforderlichen Vertragsbedingungen gewohnheitsrechtlich anerkannt waren, so daß die ausdrückliche Benennung als „Bodmereibrief" mit Angabe des Bodmereizwecks entbehrlich erschien. Dementsprechend schreibt Jürgen von Kauen, der Bevollmächtigte der Kläger, über die drei Obligationen, er habe „einige Gelder ... auf solche Condition wie andere Schiffe Geld aufnehmen", nämlich „auf Bodmerei" dem Schiffer Wilmsen gezahlt[6]. Andere Urteile in Bodmereisa-

---

1   Pöhls, Seerecht III, S. 824ff., lehnt die Vermutung der Eigenschaft als Bodmereibrief ab und wertet die Abrede hilfsweise als einfaches Darlehen.
2   Langenbeck, a.a.O., S. 274, 292ff.; Lau, S. 210f.; Surland, S. 32; Benecke IV, S. 413.
3   an Stelle der Gefahrtragungsformel „auf Bodmerei und rechte Avanture zur See".
4   vgl. die drei Obligationen oben S. 178, Fn. 2
5   Schriftliche Seedarlehensverträge waren zur Zeit der Entscheidung nicht unüblich, vgl. die Urteile des Admiralitätsgerichts über schriftliche Bodmereiverträge in Wroede c. Schröder (1655), Dorvill c. Reddeling (1656), Berenberg c. Hardorp (1656), Berenberg c. Schröder (1656), Schleuer c. Röver (1656), vgl. Rademin, S. 43f., 48. Schriftform verlangen später Blanck, S. 8f.; Surland, S. 31; a.A. Benecke IV, S. 411; Pöhls, Seerecht III, S. 827.
6   Brief an Steffan Orth v. 24.2.1639, o.Q.

chen, z.B. in Dorvill c. Reddeling und Berenberg c. Hardorp[1], lassen erkennen, daß das Gericht die Einhaltung der essentiellen Vertragskonditionen bei jeder Bodmereiobligation — unabhängig vom Parteivortrag[2] — von Amts wegen prüft und den Sachurteilstenor mit der Feststellung einleitet, „daß die producirte Bodmerey=Brieffe bey Würden".

Die Entscheidung in Berenberg c. Janßen dokumentiert außerdem, daß das Gericht die Verbodmung der Salzladung für zulässig erachtet, obwohl HambStR 1603, II, 18, 3 die Bodmerei auf das Schiff, die Fracht[3] und die „Schiffs=Geräthschaft" begrenzt. Auch AHO IX, 3 scheint noch die Verbodmung der Ladung zu verbieten und nur die Zeichnung eines Seewechsels auf die Güter zuzulassen[4]. Erst die Literatur des 18. Jahrhunderts[5] akzeptiert die Ladungsbodmerei ohne Einschränkung.

Selbst wenn man[6] die stillschweigende Ausdehnung der Bodmerei auf ein Schiff auch auf dessen Ladung für zulässig hält, können damit allein Tatsache und gerichtliche Anerkennung einer Bodmerei auf die Ladung bereits im 17. Jahrhundert nicht erklärt werden, denn die Voraussetzung dieser Ausdehnung — Identität des Schiffs- und Ladungseigners — ist in der Regel nicht erfüllt. In Berenberg c. Janßen ist der Sohn des Beklagten der Schiffsreeder, Ladungseigner zu 7/8 dagegen der Hamburger Kaufmann Steffan Orth.

Näherliegende Ursache ist vielmehr das stärkere Interesse der Schiffer an einer Verbodmung der Ladung an Stelle des Warennotverkaufs, denn der Frachtlohnanspruch und das gesetzliche Pfandrecht an der Ladung zur Sicherung dieses Anspruchs (HambStR 1603, II, 15, 27) bestehen ungeschmälert nur bei Beförderung der Güter an den Bestimmungsort[8]. Die Regelung in WisbySR Art. 35/41, daß dem Schiffer auch bei Ladungsverkauf *vor* Ankunft im Bestimmungshafen der volle Frachtanspruch erhalten bleibt, hat das Hamburgische Seerecht nicht übernommen[9].

---

1   Rademin, S. 43.
2   vgl. Dorvill c. Reddeling, P. Adm. 21.8.1656.
3   d.h. den Frachtlohnanspruch des Schiffers, Landwehr, in: 1667 ars sjölag ..., S. 95. HambStR 1497 kennt nur den Ladungsnotverkauf, nicht die Bodmerei; Langenbeck, a. a.O., S. 271f.
4   so noch Surland, S. 30f.
5   Rademin, S. 3, 14f.; Langenbeck, Seerecht, S. 273; Klefeker VII, S. 268; Benecke IV, S. 443f.; Pöhls, Seerecht III, S. 819f.; Baldasseroni III, tit. 4; Lau, S. 211ff.; Landwehr, a.a.O., S. 95; a.A. Gries ad St. 1603, II, 14, 7, Ausgabe 1842, S. 366f., 400.
6   wie Lau, S. 212f.; in der Sache grundsätzlich a.A. Benecke IV, S. 419.
7   vgl. dazu Marquard I, lib. 2, cap. 2, §§ 3ff. / lib. 2, cap. 10, § 38; Rentzel, S. 23; Pöhls, Seerecht III, S. 581, 619.
8   Klefeker VII, S. 162; Pöhls, a.a.O., S. 619; Lau, S. 168, 188ff.
9   Langenbeck, Seerecht, S. 34.

Außerdem ist die Haftung des Reeders beim Warenverkauf in HambStR 1603, II, 14, 7 für den Schiffer ungünstig geregelt, da sie unter dem Vorbehalt der Verwendung des Erlöses „zu des Schiffes Besten" steht[1]; diese Einschränkung fehlt bei der Reederhaftung für das Bodmereidarlehen, das nur die Reisenotlage voraussetzt[2].

Ein weiterer Gesichtspunkt für die Priorität der Ladungsbodmerei ist die Fixierung der Darlehensschuld, die in Höhe der vereinbarten Bodmereisumme bereits bei Vertragsabschluß für den Schiffer feststeht, während sie beim Warennotverkauf erst durch den Vergleich mit dem durchschnittlichen Marktwert im Bestimmungshafen ermittelt wird[3].

Schließlich kollidierte in der Rechtswirklichkeit des 17. Jahrhunderts zunehmend die Forderung des HansSR 1614, VI, 2, den Warennotverkauf nur vorzunehmen, wenn und soweit der Warenwert geringer ist als die voraussichtlichen Bodmereikosten[4], mit der Wertsteigerung der verfrachteten Güter:

Beispielsweise beträgt der Ladungswert in Berenberg c. Janßen (1638) 1.400 Rth., in Juncker c. Schnitker (1652) 30.000 Rth., in Heckstetter c. Meybohm (1662) 702 Mk., in Heckstetter c. Hachtmann (1661) 6.000 Mk. und in Thomsen c. Porten (1680) 15.145 Mk.[5]. Dem Risiko, hochwertige Waren ohne Zustimmung des Befrachters[6] zu veräußern, zog man offensichtlich die Verbodmung der Ladung vor.

Mit der uneingeschränkten Anerkennung der Ladungsbodmerei befreit sich das Admiralitätsgericht von den Restriktionen in Ordonnantie 1563, VII, 19 („en sal ... niet moghen ter vente stellen, oft vervremden eenighe goeden wesende in sulcken schepe, soo lange hy sal vinden wissel oft bodmerye op den bodem van den Schepe") und bereitet Regelungen zur Ladungsbodmerei wie in Ord. de la marine 1681, III, 5, 2 und in PreußSeeR 1727, Cap. 7, Art. 1 den Boden.

---

1 Langenbeck, Seerecht, S. 37, hält dies für eine „harte Condition".
2 Gries ad St. 1603, II, 18, 2, Ausgabe 1842, S. 402; ders. ad St. 1603, II, 14, 7, Ausgabe 1842, S. 367; Rehme, S. 119ff.; Langenbeck, Seerecht, S. 286f.
3 Im Gegensatz zu Consolato del Mare, cap. 105, das von einem Darlehen aus dem Warenverkaufserlös spricht, ist HambStR 1603, II, 14, 7 allenfalls als Zwangsdarlehen anzusehen, denn die „traditio" zum Zwecke des Darlehens fehlt hier, Matthias, S. 78, Fn. 1. Benecke IV, S. 443, plädiert für ein freies Wahlrecht des Schiffers zwischen Warennotverkauf und Ladungsbodmerei.
4 Klefeker VII, S. 273f.; Rademin, S. 32.
5 1 Rth. = 3 Mk., vgl. dazu Klefeker I, S. 528ff. und StAH, Senat Cl. VII, Lit. Cb, No. 4, Vol. 9, Fasc. 46, Nr. 76. Ausführlich zum Ladungswert Hamburgischer Schiffe im 17. Jahrhundert, Reißmann, S. 94ff.
6 der in der Regel nicht mehr mitreiste, wovon HambStR 1603, II, 14, 7 noch ausgeht, Rademin, S. 32f.; Langenbeck, Seerecht, S. 36; Gries, a.a.O., Ausgabe 1842, S. 367.

Die Entscheidung des Gerichts läßt ferner hinsichtlich der geltendgemachten Versicherung der Bodmereigelder erkennen, daß es die Meinung der Assecuradeure teilt, die den gesonderten Abschluß eines Versicherungsvertrages auf Bodmereigelder verlangen; der 1638 noch amtierende Dispacheur Peter Heusch hatte dagegen die Prämienzahlung der Kläger an die Assecuradeure ohne schriftliche Erweiterung der Police auf die Bodmereigelder für hinreichend gehalten[1]. Das Gericht trennt präzise zwischen den einzelnen versicherbaren Interessen und lehnt die stillschweigende Erstreckung der Sachversicherung auf die Kapitalversicherung ab. Dieses Ziel, aus Gründen der Rechtssicherheit die wechselseitige stillschweigende Beziehung verschiedener versicherbarer Interessen aufeinander zu verbieten, verfolgt schon die ältere Assecuranzliteratur[2] im Bereich der Versicherung auf Kasko und Ladung: „Assecuratio facta de navi simpliciter, in dubio intelligitur de corpore navis, et non de mercibus in eam invectis; et e contra assecuratis mercibus, non venit navis, nisi ex conjecturis aliter intelligatur". Diese Abgrenzung ist für die Bodmereigelder umso notwendiger, als die generelle Zulässigkeit der Versicherung von Bodmereigeldern vor 1731 teilweise bestritten war, weil dem Bodmereigeber nicht die Abwälzung *der* Gefahr auf Dritte erlaubt sein sollte, für die er erhöhte Prämien und Zinsen beansprucht[3]. Dies vertraten in Hamburg M.L. Schele[4] und Langenbeck in seinem Assecuranzordnungsentwurf, Art. 5: „Es wird hiemit verboten zu versichern ... auff Gelder die auff den Boden des Schiffs gegeben sind, Boddemereye genandt, oder auff die Premie so vor das vorgeschoßene geld bedungen ist, umb den Wucher vorzukommen der damit getrieben wird"[5]. AHO IX, 1/3 gestatten aber später dem Bodmereigeber die Assecuranz auf Bodmereikapital und -prämie[6], in Übereinstimmung mit der Auffassung des Admiralitätsgerichts ordnen AHO I, 1/3, Nr. 3 die gesonderte Versicherung der Bodmereigelder an.

Da der Beklagte irrtümlich den Klägern die Einbeziehung ihrer Bodmereigelder in die Assecuranz zugesichert hat, halten ihn beide Instanzgerichte für schadensersatzpflichtig. Sie gehen damit offenbar von einer Haftung für falsche Auskunft im Handelsverkehr aus, die man mit der kaufmännischen Vertrauenshaftung für Auskünfte und Empfehlungen im geltenden Handelsrecht vergleichen könnte[7].

1   Sachbericht in Notwendige Anzeige v. 5.6.1641, Berenberg c. Janßen, o. Q., prod. 27. 9. 1641.
2   Santerna, part. 4, n. 69, 72; Marquard I, lib. 2, cap. 13, n. 20; Surland, S. 30f.; vgl. auch Benecke IV, S. 419 für Bodmerei.
3   Diese Gefahr umfaßt den Verlust von Kapital und Prämie bei Schiffsuntergang, Pöhls, AssecR, S. 96f. m.w.N.; Benecke I, S. 133f. Die Bodmereiprämie ist in der Regel doppelt so hoch wie die entsprechende Versicherungsprämie für Schiff und Ladung, Langenbeck, Seerecht, S. 273; extremes Beispiel bei Wolter, S. 111.
4   M.L. Schele, S. 15f.
5   aufgegeben in Langenbeck, Seerecht, S. 391, 409.
6   ebenso Poppe, S. 9 m.w.N.; Pöhls, a.a.O.; Benecke I, S. 132 m.w.N.; Magens, S. 22ff. Der Bodmereinehmer hat kein versicherbares Interesse, vgl. später HGB § 803, Abs. 1.
7   Baumbach / Duden, Handelsgesetzbuch, § 347, 4 D/F.

Für eine derartige Haftung fehlen unmittelbare Rechtsgrundlagen im Hamburger Stadtrecht, allenfalls lassen sich Analogien zur Bürgenhaftung in HambStR 1603, II, 6, 6 ziehen[1]; Pöhls[2] macht die Haftung des Kaufmanns für eine Empfehlung von seinem Verpflichtungswillen sowie davon abhängig, daß die Empfehlung Ursache für eine selbstschädigende Handlung oder Unterlassung des Gegners (hier für den Verzicht auf gesonderte Versicherung der Bodmereigelder) war. In Berenberg c. Janßen knüpfen die Gerichte bei der Bemessung des Schadensersatzes nicht an die entgangene Versicherungssumme, sondern nur an die Höhe der geleisteten Bodmereisummen an. Damit liegt die Orientierung der Entscheidungen an HambStR 1603, II, 6, 5 nahe, denn auch der Bürge haftet primär nur für die Hauptschuld, nicht aber für entgangenen Gewinn oder Folgeschäden[3].

Beweisfragen zur Reisenotlage beschäftigen das Gericht in **Dorvill c. Reddeling**:

Auf die Klage aus einem Bodmereibrief erwidern die beklagten Reeder, sie seien dem Darlehensgeber nicht zur Erstattung der Bodmereisumme verpflichtet, weil der (aus Hamburg geflüchtete) Schiffer die Gelder ohne Not nur zur Verschwendung aufgenommen habe[4]. Gleichwohl werden sie uneingeschränkt zur Zahlung (nicht nur zur gerichtlichen Hinterlegung !) der Bodmereigelder verurteilt und mit ihrer Einwendung ins Reconventionsverfahren verwiesen[5].

Ausgangspunkt ist die ,,vorhergehende'' / ,,dringende'' Not, die HambStR 1603, II, 14, 32 und II, 18, 4/5 als Voraussetzung der Bodmereiaufnahme formulieren und die das Bodmereipfandrecht entstehen läßt. Das Gericht wertet den Bodmereibrief als eine Beweisurkunde für die Reisenotlage; die Tatsache der Bodmereiaufnahme gilt als Indiz für die ,,vorhergehende Not''[6], denn das Gericht erklärt die Bodmereiobligation für gültig, obwohl ihr Inhalt die Reisenotlage nicht konkretisiert[7]. Verbunden ist damit eine Beweislastumkehr, denn das Gericht verpflichtet nicht den Bodmereigläubiger, sondern den Reeder zum Beweis, daß keine Notlage gegeben gewesen sei. Genau entgegengesetzt hatte eine ältere Auffassung[8] in Parallele zum besitzlosen Werkmeisterpfandrecht bei notwendigen[9] Schiffsreparaturen aus HambStR 1603, II, 4, 14 / II, 5, 9 dem Bodmereigeber wie dem Werkunternehmer den Beweis der ,,nothwendigen'' Darlehenshingabe

---

1   HambStR 1603, II, 12, 2/7 betreffen zwar Empfehlungen des Mandatars, begründen aber keine Haftung, Pöhls, Handelsrecht I, Allg. Teil, S. 208f.
2   Pöhls, Handelsrecht I, Allg. Teil, S. 206f.
3   sofern er deren Erstattung nicht ausdrücklich übernimmt, Winckel ad St. 1603, II, 6, 5.
4   Dorvill c. Reddeling, P. Adm. 21.8.1656.
5   Urteil v. 21.8.1656, P. Adm. ibid.
6   ähnlich Langenbeck, Seerecht, S. 286f.; Rademin, S. 23.
7   Langenbeck, a.a.O., S. 280, nennt exemplarische Fälle der Notlage.
8   Müller ad St. 1603, II, 5, 8, Ausgabe 1842, S. 288; später Pöhls, Seerecht I, S. 95f.; Lau, S. 130, 208.
9   für eine restriktive Auslegung v. d. Fecht ad St. 1603, II, 5, 9.

auferlegt; ihre Argumentation knüpft aber — besonders deutlich bei Müller und Pöhls — an eine Sachlage an, die in Dorvill c. Reddeling nicht vorliegt, nämlich die Konkurrenz mehrerer Pfandrechtsgläubiger aus dem gleichen Rechtsgrund und die Abhängigkeit des Vorrangs eines Gläubigers vom Beweis der „Nothdurft" bei Darlehenshingabe; hier regeln HambStR 1603, II, 5, 8 und der Rezeß 1618 zu HambStR 1603, II, 18, 2 eindeutig eine Beweislast für den (späteren) Bodmereigeber[1], die das Admiralitätsgericht in zwei Verfahren 1659 bestätigt[2]. Im Verhältnis *eines* Bodmereigebers zu den Reedern weist das Gericht dagegen nicht dem ersteren die Verantwortung für die Beurteilung der Reisenotlage und der Möglichkeit anderweitiger Geldbeschaffung zu, sondern läßt insoweit mißbräuchliches Handeln des Schiffers zu Lasten der Reeder gehen, die den Schiffer auswählen und als Bevollmächtigten bestellen; der daraus folgenden Beweislastverteilung zugunsten des Bodmereigebers stimmen Rademin[3], Gries[4] und Benecke[5] ausdrücklich zu. Für diese Beweislastentscheidung spricht auch die primäre Haftung der Reeder gegenüber dem Bodmereigläubiger mit der nachträglichen Regreßmöglichkeit an den Schiffer in HambStR 1603, II, 14, 32[6].

In gleicher Weise verlagert das Admiralitätsgericht in deutlicher Abkehr vom Römischen Recht, das bei von vornherein beabsichtigter Zweckentfremdung des Darlehens dem Gläubiger keine Klage gegen die Reeder zubilligte[7], auch den Beweis der mißbräuchlichen Darlehensverwendung oder Unterschlagung in den Gefahrenkreis der Reeder; diese Meinung wird von Rademin[8], Klefeker[9], Langenbeck[10] und Benecke[11] geteilt. Sie verwischt die ursprüngliche Abgrenzung der beiden essentiellen Bedingungen der Bodmerei, einerseits des Bedürfnisses für die Darlehensaufnahme und andererseits der Verwendung des Darlehens für das Schiff. Das Römische Recht differenziert noch präzise zwischen der Bedürfnisprüfung durch den Seedarlehensgläubiger und der Gefahr der Verwendung zum Besten des Schiffs[12]. Das Hamburgische Seerecht 1603 fordert für die Reederhaftung bei Warennotverkäufen in HambStR 1603, II, 14, 7 sowohl die Verwen-

---

1 ebenso Langenbeck, Seerecht, S. 280; Klefeker VII, S. 280f.; Gries ad Rezeß 1618, Ausgabe 1842, S. 402; Rademin, S. 37f.; generell zum Rangverhältnis mehrerer Bodmereigläubiger: Langenbeck, a.a.O., S. 277ff.; Lau, S. 213f.; Landwehr, a.a.O., S. 95f.; Surland, S. 31; Benecke IV, S. 508ff.
2 Rademin, S. 38.
3 Rademin, S. 22f.; ähnlich Surland, S. 31.
4 Gries ad St. 1603, II, 18, 5, Ausgabe 1842, S. 404.
5 Benecke IV, S. 452ff.
6 vgl. dazu Gries ad St. 1603, II, 14, 32 / II, 18, 3, Ausgabe 1842, S. 379, 403; Rademin, S. 44f.; Rehme, S. 123. Vgl. ferner HansSR 1591, Art. 55; Ordonanntie 1563, VII, 19.
7 L. 1, § 9 D. de exercit. actione (14.1).
8 Rademin, S. 23.
9 Klefeker VII, S. 274f.; vgl. auch Kusserow, S. 196f.
10 Langenbeck, Seerecht, S. 286f.
11 Benecke IV, S. 453f.
12 L. 1, § 9 D. de exercit. actione (14.1), L. 7 D. de exercit. actione (14.1). Zur Verwendungsgefahr im Sonderfall der „merces comparatae" vgl. Matthiass, S. 17ff., 19.

dung des Verkaufserlöses „Zu des Schiffes Besten"[1] als auch eine Reisenotlage („wird der Schiffer genöthiget"), während es in HambStR 1603, II, 18, 3/4 lediglich auf die Notlage und auf die Berechnung der Bodmereisumme nach dem realen Pfandgegenstandswert ankommt[2].

Die Entscheidung des Gerichts beruht darauf, daß der Bodmereigeber bzw. sein Bevollmächtigter die bestimmungsgemäße Verwendung der Darlehenssumme in der Regel noch weniger als das Darlehensbedürfnis beurteilen und kontrollieren können, weil sie nicht mehr die Reise des Schiffers begleiten[3]. Auch in Berenberg c. Janßen (1638) läuft der Schiffer ohne den Bevollmächtigten der Bodmereigeber aus Lissabon aus.

X. Vertragsaufhebung und Ristorno

Der Ristorno, die Rückerstattung der Versicherungsprämie abzüglich der üblichen Ristornogebühr von $1/2\%$ im Fall der Unwirksamkeit oder Aufhebung der Assecuranz, ist in der Regel dadurch bedingt, daß der Assecuradeur noch kein Risiko zu tragen hatte[4]. Inwieweit der Ristorno der Disposition der Parteien unterliegt, dokumentiert das Verfahren **Hübner c. Paulsen**:

Am 31.10. 1655 versichert der Kläger 50 Last Hafer zu 1.500 Mk. für die Reise von Hamburg nach London. Im November wird geladen, der Reiseantritt unterbleibt jedoch wegen Wintereinbruchs; der Kläger läßt deshalb einen Leichter neben das versicherte Schiff legen und die Hälfte des Hafers umladen, um ihn wenden und kühlen zu können. Am 23.1.1656 bringt ein im Hafen losgerissenes fremdes Schiff den Leichter zum Kentern[5]. Auf die Klage, mit der der auf den verlorenen Hafer entfallende Anteil der Versicherungssumme geltend gemacht wird, antwortet der beklagte Assecuradeur, bereits am 31.12.1655 habe ihm der Kläger die Prämienrechnung mit der Bemerkung zurückgeschickt, er wolle den Vertrag ristornieren und „ihm das Risiko erlassen"; im übrigen bestehe keine Zahlungspflicht, weil ihm die Umladung der versicherten Güter in ein anderes Schiff nicht angezeigt worden sei[6]. Das Admiralitätsgericht legt dem Kläger den Beweis auf, „daß, wie Joh. J. Hübner (Bekl.) wegen assecurirten Hafern die premie von ihm abgefordert, er dabei nicht geantwortet, daß es ristorno wäre"[7].

1 PreußSeeR 1727, Cap. 7, Art. 4: „zu des Schiffes *oder* der Ladung Behuf und Nutzen".
2 Gries ad St. 1603, II, 14, 7, Ausgabe 1842, S. 367.
3 Consolato del Mare cap. 105 verknüpft ausdrücklich die Prüfung der bestimmungsgemäßen Darlehensverwendung „zu Beförderung der Reise und zu den Bedürfnissen des Schiffes" mit der Anwesenheit der Kaufleute an Bord.
4 Pöhls, AssecR, S. 478; Benecke IV, S. 260f.; Poppe, S. 28, 44; Emérigon II, ch. 16, sect. 1, § 2.
5 Hübner c. Paulsen, P. Adm. 10.7.1656.
6 P. Adm. 12.3.1657/1.4.1658.
7 Interlokut v. 29.4.1658, P. Adm. ibid.

Eigentlich läßt sich der Vortrag des Beklagten in Haupt- und Hilfsvorbringen gliedern, denn die Frage der Zulässigkeit einer Umladung ohne Zustimmung des Assecuradeurs stellt sich nur bei festgestelltem Fortbestand des Assecuranzverhältnisses; deshalb fordert die Entscheidung zunächst den Beweis, daß kein Ristorno vorliegt.

Dabei wertet das Gericht das Recht der Vertragsaufhebung und des Ristorno grundsätzlich als Dispositionsrecht der Parteien; der Ristorno ist nicht nur dann zulässig, wenn der Versicherte durch Zufall oder Handlungen Dritter[1], also in Fällen „objektiver Unmöglichkeit"[2] an der Erfüllung des Versicherungsvertrages gehindert wird[3], sondern auch dann, wenn die versicherte Reise auf Veranlassung des Versicherten selbst nicht angetreten wird[4]. Dieser dispositive Charakter − in Ordonnantie 1563, VII, 16 in Gestalt der viermonatigen Verjährungsfrist für die Erklärung des Ristorno nur angedeutet, in Ord. de la marine 1681, III, 6, 37 sowie in Middel.Ass.O. 1689, Art. 24 und Rotterdam.Ass.O. 1721, Art. 56 im Grundsatz anerkannt − drückt sich später präzise in AHO V, 16 unter Hinweis auf HambStR 1603, II, 14, 11 aus, der eine Verzögerung des Reisebeginns durch Eisgang oder Frostwetter nicht zwingend als Vertragsaufhebungsgrund normiert, sondern den Parteien einen Beurteilungsspielraum hinsichtlich der Einstellung der Reise aus „triftigen Ursachen" einräumt[5] und den Ristorno nur bei willkürlicher Reiseeinstellung zum Vorteil des Versicherten verbietet[6].

Das Gericht läßt insoweit eine nachträgliche Vereinbarung über den Ristorno zu[7], und zwar auch dann, wenn das Risiko für den Assecuradeur bereits begonnen hat. Sobald das Risiko, „l'essence de l'Assurance"[8], zu laufen beginnt, hat der Assecuradeur in der Regel die Prämie ohne Abzug verdient, eine Rückforderung ist ausgeschlossen[9]. Diese Rechtsfolge entspricht dem Assecuranzgrundsatz von der Unteilbarkeit der Gefahr[10].

In Hübner c. Paulsen waren die versicherten Güter schon in das in der Police bezeichnete Schiff geladen; sowohl nach Ordonnantie 1563, VII, 2, die „ure ende daghe dat de voorschreven goeden ende coopmanschepen ghebracht ... syn ter

---

1 Büsch, Darstellung, S. 353; Pöhls, AssecR, S. 479.
2 so Stevens, S. 141; Emérigon II, ch. 16, sect. 1, § 1.
3 so auch noch Straccha, gl. 6; Loccenius, lib. 2, cap. 5, n. 16; Santerna, part. 3, n. 19f.; Baldasseroni II, part. 6, tit. 5, § 8; vgl. auch Benecke IV, S. 261f.
4 Benecke II, S. 274f.
5 Benecke II, S. 278, 281f.; Pöhls, AssecR, S. 460f.
6 vgl. dazu Benecke IV, S. 284f.
7 ebenso Benecke II, S. 297f.; vgl. Pöhls, AssecR, S. 479, 490ff. zu besonderen Ristornoabreden in der Police.
8 Emérigon I, ch. 9 ad rubrum; Stevens, S. 141.
9 Stevens, S. 142; Pöhls, AssecR, S. 481; Benecke II, S. 275; Poppe, a.a.O.; M.L. Schele, S. 22; Magens, S. 91f.; Emérigon II, ch. 16, sect. 2.
10 Kracht, S. 128.

voorschreven poort ..., *om te laden* in 'tvoorschreven ship, oft die te doene in booten, oft schuyten ... om ghevoert ende gheladen te wesen in tselve schip" als Gefahrbeginn definiert[1], als auch später nach AHO V, 11, der den Zeitpunkt, „da das Gut vom Lande scheidet" für maßgeblich erklärt, lief demzufolge das Risiko des Assecuradeurs[2] für die versicherten Güter spätestens ab der Einladung an Bord unabhängig vom Zeitpunkt des tatsächlichen Auslaufens. Offensichtlich hält das Gericht einen Ristorno dann für statthaft, wenn das Risiko des Assecuradeurs vor Einstellung der Reise in räumlicher oder zeitlicher Hinsicht noch nicht sehr umfangreich war, so daß eine Gleichstellung mit dem Fall, in dem das Versicherungsrisiko noch gar nicht begonnen hat, gerechtfertigt erscheint[3]. So liegt es hier, denn einerseits hatten die versicherten Güter das geschützte Hafengebiet nicht verlassen – diesen räumlichen Aspekt der Riskioverminderung erweitert später AHO V, 17 auf die erzwungene Rückkehr des Schiffs in den Hafen[4]; außerdem bedingt die Qualität der Ladung eine Reduzierung der Gefahr des Assecuradeurs: Bei Korn als leicht verderblichem Gut erstreckt sich das Risiko nicht auf dessen natürlichen inneren Verderb („damna ex vitio rei et intrinseca eius natura")[5], sondern nur auf dessen Mängel oder Verluste infolge äußerer Seeschäden oder Sturmeinwirkungen, auf die sogenannte Extra-Leccage[6]; diese Rechtsfolge erscheint bereits im Guidon de la Mer[7] sowie in Ord. de la marine 1681, III, 6, 29/31 und dann differenziert in AHO V, 7/8[8].

Die Frage der Umladung in den Leichter ist nicht Gegenstand des Urteils, aber im Prozeß sehr umstritten; die von beiden Parteien vorgelegten Parere beurteilen die Ausdehnung des Versicherungsrisikos auf den Ladungsanteil im Leichter kontrovers[9]. Ausgangspunkt ist hier nicht die Umladung in ein Schiff, das an Stelle des in der Police genannten Schiffs die versicherte Reise durchführen soll – dies wäre als Veränderung einer Vertragsbedingung zu erörtern –, sondern die Sicherungsmaßnahme, das Korn während der erzwungenen Hafenliegezeit außerhalb des Transportschiffes zu kühlen. Die Teilumladung in den Leichter und die Haftungserweiterung für den Assecuradeur wird man von der Zustimmung des Assecuradeurs abhängig machen müssen, wenn man die erhöhte Kentergefahr der

1 Bei Versicherung „von Hafen zu Hafen" gemäß Ordonnantie 1563, VII, 13 beginnt die Gefahr mit der tatsächlichen Einladung der Güter.
2 zu den verschiedenen Zeitpunkten des Gefahrbeginns vgl. Benecke II, S. 205ff, 221ff.; Loccenius, lib. 2, cap. 5, § 9; Pöhls, a.a.O., S. 304ff.; Stypmann, part. 4, cap. 7, n. 407ff.
3 Casaregis, disc. I, n. 50; Pöhls, a.a.O., S. 482; Benecke IV, S. 278f. Die Berechnung der Ristornogebühr nach Proporz der bereits gelaufenen Gefahr – wie später in AHO V, 17 – ist hier noch nicht angesprochen.
4 Büsch, Darstellung, S. 355; Langenbeck, Seerecht, S. 404; Poppe, S. 29f.; Casaregis, a.a.O.
5 Stypmann, part. 4, cap. 7, n. 319.
6 Pöhls, AssecR, S. 320f., 330f.; Benecke III, S. 236ff.
7 ch. 5, art. 8.
8 vgl. auch Baldasseroni I, part. 3, tit. 2, §§ 4, 7; Emérigon I, ch. 12, sect. 9, §§ 1, 4; Valin, S. 500f.; Pöhls, a.a.O., S. 318ff.
9 Hübner c. Paulsen, Parere v. 11.3.1657 / 30.4. 1657, o.Q.

Leichter berücksichtigt; auch im Seefrachtrecht ist der Schiffer nicht zu längerer Lagerung des Frachtgutes in Leichtern berechtigt, sondern muß es nach Unterrichtung des Befrachters in Packhäusern an Land auflegen[1]. Dieser Gesichtspunkt beherrscht ebenso AHO, V, 13, der für den Zeitraum einer verzögerten Löschung sowie e contrario für den Zeitraum zwischen Ladungsbeginn und verzögerter Abfahrt[2] die Benutzung des Transportschiffs als „Packraum im Haven" gestattet, aber das Risiko für Ladungsschäden in dieser Zeitspanne dem Befrachter, nicht dem Assecuradeur zuweist[3]. In seinem Parere betont Jürgen Schrötteringk außerdem die allgemeine Regel, daß Veränderungen an den versicherten Gütern vor Reisebeginn jedenfalls der Zustimmung des Assecuradeurs bedürfen, wenn dieser am Abgangsort ansässig ist[4].

Das Admiralitätsgericht beschäftigt sich mit der Umladung versicherter Waren ausführlich in **Benecke c. Schröder**:

Versichert ist eine Partie Weizen und Bohnen für die Route Bremen – Barcelona in dem Schiff „Der junge Heinrich", das beladen und segelfertig bei Schweiburg liegt. Dort wird es durch Sturm vom Anker gerissen und so stark beschädigt, daß erhebliche Kosten zur Rettung von Schiff und Gut entstehen und eine Umladung des Gutes erforderlich ist. Diese erfolgt durch Einladung in das Schiff „Freundschaft", das die Reise fortsetzt, aber vor Lissabon von einem französischen Kaper aufgebracht wird. Eingeklagt werden die Kosten der dispachierten Avarie grosse über den „jungen Heinrich" sowie die Ranzionskosten für die Freimachung der „Freundschaft"[5]. Die beklagte Assecuranzcompagnie lehnt die Haftung für das Risiko in der „Freundschaft" ab, weil sie der Umladung nur unter der Bedingung zugestimmt habe, daß der Kläger die Abgeltung aller Versicherungsansprüche durch eine einmalige Zahlung von 150 Rth. akzeptiere. Hinweis: Die Versicherungssumme für die Ladung im „jungen Heinrich" beträgt 20.000 Mk. ≙ 6.666 Rth. Der klagende Versicherte bestreitet diese Bedingung und verweist auf AHO V, 18, der allein die Anzeige der Umladung an den Assecuradeur für die Übertragung des Haftungsrisikos auf das zweite Schiff genügen lasse. Das Admiralitätsgericht spricht dem Kläger nur die Havariekosten für den „jungen Heinrich" zu und weist die Klage im übrigen ab, unter Vorbehalt des Beweises für den Kläger, „daß die Beklagte in die Transportierung und Übernehmung des auf Waizen und Boh-

1 HambStR 1603, II, 14, 3/4; Langenbeck, Seerecht, S. 30.
2 so Pöhls, AssecR, S. 377f.
3 Klefeker VII, S. 428, Fn. 2. Langenbeck, Seerecht, S. 403, merkt an, daß bei Hin- und Rückreisen mit verzögerter Löschung / Ladung unversicherte Perioden auftreten; ebenso Pöhls, AssecR, S. 303f.; vgl. AHO V, 14. Rademin, S. 19, läßt die Haftung des Assecuradeurs für Seegefahr mit der Segelfertigkeit zur Rückreise, Magens, S. 52ff., bereits dann beginnen, wenn das Schiff im Ballast liegt und auf Rückfracht wartet.
4 ebenso Benecke II, S. 182; Glashoff, H. 1, S. 105f.
5 Benecke c. Schröder, Sachverhalt in Supplicatio, prod. Wetzlar 28.3.1806; Police von 1798, o.Q., Nr. 1; Havarieattest v. 25.5.1799, o.Q., Nr. 9; Vergleich mit dem Agenten des französischen Kapers, Isaac Israel, v. 7.8.1799, o.Q. Nr. 10.

nen im Schiffe „der junge Heinrich" gezeichneten Risiko auf das Schiff „Freundschaft" consentiret hätte". In der Appellationsinstanz hat die Klage dagegen in vollem Umfang Erfolg[1].

Beide Instanzgerichte lehnen erkennbar die von der Beklagten anfangs geäußerte Meinung ab, für den „jungen Heinrich" sei gemäß AHO V, 17 die Assecuranz erloschen, weil dieses Schiff von Schweiburg nicht mehr habe auslaufen können. Grundlage ist der systematische Unterschied zwischen AHO V, 16/17 und AHO V, 18: Vertragsaufhebung und Ristorno sollen stattfinden, wenn die Umladung nicht zwingend geboten ist, weil das ursprüngliche Schiff bei besserem Wetter noch auslaufen könnte und die Erfüllung der Transportverpflichtung theoretisch möglich bleibt. AHO V, 18 bestimmt dagegen die Fortdauer der Assecuranz auch für die versicherten Güter in einem Ersatzschiff, wenn die Umladung erforderlich ist, weil das ursprüngliche Schiff weder die Reise vollenden noch in den Ausgangshafen zurückkehren kann. Dies korrespondiert mit dem aus AHO V, 11 erkennbaren Begriff der versicherten Reise bei Kargoversicherungen, der nicht auf die Identität des Transportschiffs während der gesamten Reisedauer abstellt[2]. Ein ähnlicher Rechtsgedanke kennzeichnet für den Gütertransport die Regelung des HambStR 1603, II, 14, 3, die den Frachtvertrag auch nach notwendiger Umladung in ein anderes Schiff fortbestehen läßt und den vollen Frachtlohnanspruch des Schiffers aufrechterhält, wenn die Güter den Bestimmungsort erreichen. Die Umladung der versicherten Güter ohne Aufhebung der Assecuranz setzt Strandung des ersten Transportschiffes oder einen ähnlichen Unglücksfall nach Beginn des Versicherungsrisikos voraus[3], mit den Worten des AHO V, 18 eine seeschadensbedingte Seguntauglichkeit des ersten Schiffes. In diesem Sinne wenden beide Instanzgerichte AHO V, 18 auf die hier gegebene Güterversicherung an und bejahen die Haftung der Beklagten für die vor der Umladung in die „Freundschaft" entstandenen Havariekosten.

Wenn die Assecuranz auf die Beförderung der Güter im Ersatzschiff ausgedehnt werden soll, verlangt AHO V, 18 die Benachrichtigung der Assecuradeure von der Umladung. Nach dem Gesetzeswortlaut hat diese Nachricht den Rechtscharakter einer nachträglichen Anzeige: so verstehen sie auch Glashoff[4], Langenbeck[5] und

---

1   Urteil des Admiralitätsgerichts v. 7.9.1805, Urteil des Obergerichts v. 10.6.1806, in Supplication, prod. 28.3.1806.
2   zum unterschiedlichen „Reisebegriff" bei Kasko- und Kargoversicherungen, Kracht, S. 104f.; Pöhls, AssecR, S. 381f., 300ff.
3   Stypmann, part. 4, cap. 7, n. 334; Emérigon I, ch. 12, sect. 16, § 6; Pöhls, AssecR, S. 207f.
4   Glashoff, H. 1, S. 98ff., 101.
5   Langenbeck, Seerecht, S. 416.

Pöhls[1], während Poppe[2] und Benecke[3] zusätzlich den „Consens", die Zustimmung des Assecuradeurs fordern. Sie bewerten die Veränderung des in der Police genannten Transportschiffes als echte Änderung einer Vertragsbedingung, die einer zweiseitigen Vereinbarung oder mindestens — wie der Schiffswechsel im Seefrachtrecht (HambStR 1603, II, 14, 4)[4] — einer Vollmacht der Assecuradeure bedarf. Diese Meinung teilen beide Instanzgerichte mit der weiteren Einschränkung, daß die Risikoübernahme für das Ersatzschiff von einem *un*bedingten Konsens des Assecuradeurs abhängt. Die unterschiedliche Behandlung der Ranzionskosten für die „Freundschaft" in beiden Instanzen beruht darauf, daß erst im Appellationsverfahren dem Obergericht ein Brief der Beklagten an den Versicherten vorliegt, in dem sie die Umladung ohne Nebenkosten genehmigt hatte[5].

Diese restriktive Auslegung des AHO V, 18 stimmt mit der differenzierten Meinung Baldasseronis[6] überein, der die Einholung einer unbedingten Genehmigung vor der Umladung jedenfalls dann fordert, wenn Zeit und Entfernung zum Wohnort der Assecuradeure dies gestatten[7].

Im Vergleich zum Verfahren Thornton c. P.P. fällt auf, daß das Admiralitätsgericht beim Wechsel des in der Police genannten Schiffers die Anzeige an die Assecuradeure genügen läßt[8]. Diese Abstufung der Anforderungen an die Beteiligung der Assecuradeure bei Vertragsänderungen ergibt sich daraus, daß der Assecuradeur mit dem Wechsel des Schiffers rechnen muß, wenn die Police — wie in Thornton c. P.P. — die Klausel „oder ein anderer" enthält; der Personenwechsel ist dann eine vorhersehbare Vertragsänderung, die nur der Anzeige bedarf. Demgegenüber kann der Assecuradeur nach dem Policeninhalt einen Schiffswechsel nicht erwarten, weil entsprechende Änderungsklauseln für Schiffe nicht üblich sind und er sich die Erstreckung des Versicherungsrisikos auf ein möglicherweise weniger seetüchtiges Schiff nicht vorstellt. Diese Abgrenzung beherrscht noch die ältere Assecuranzliteratur[9], die aufgrund der Bewertung der Lex Rhodia de iactu (L. 10, § 1 D. de Lege Rhodia de iactu [14.2.]) zur Umladung „in navem deterio-

1 Pöhls, AssecR, S. 216.
2 Poppe, S. 47
3 Benecke II, S. 167, 180f., verlangt im Regelfall die vorherige Genehmigung, im Notfall nachträgliche Anzeige der Umladung, eine nach der AHO unzulässige Differenzierung, da die Umladung stets einen Notfall voraussetzt.
4 vgl. dazu Langenbeck, Seerecht, S. 31f.; Landwehr, 1667 ars sjölag ..., S. 92.
5 Schreiben v. 4.6.1801, Supplicatio, prod. 28.3.1806.
6 Baldasseroni I, part. 2, tit. 3, § 18.
7 Straccha, gl. 8, n. 4; Santerna, part. 3, n. 35 und Emérigon I, ch. 12, sect. 16, § 2, lassen die Anzeige genügen, wenn die Umladung nach Gefahrbeginn durch Seeschäden erzwungen wird.
8 Auch Büsch, Darstellung, S. 335, differenziert bei Schiffs- und Schifferwechsel.
9 Roccus, n. 57; Straccha, de naut., part. 3, n. 10, zitiert nach Emérigon I, ch. 12, sect. 16, § 3; vgl. ferner Casaregis, disc. 1, n. 27ff.

rem" die Einwilligung des Assecuradeurs in den Schiffswechsel für entbehrlich hält, wenn der Schiffer in ein qualitativ besseres Schiff umlädt.

Dem typischen Fall des Ristorno wegen mangelnden Interesses[1] begegnet man in **Wybrandt c. Schlüter.**

Das versicherte Interesse bestand in Leinen, geladen wurde Korn[2]. Die Prämie wird ristorniert, weil der Assecuradeur hinsichtlich des versicherten Gegenstandes kein Risiko gelaufen ist und weil die Assecuranz auf ein aliud des Versicherungsobjekts nicht bezogen werden kann[3].

Die Besonderheit dieses Falles liegt darin, daß das Admiralitätsgericht die Erklärung des Ristorno als Einwendung des Assecuradeurs zuläßt. In der Regel wird der Ristorno als eine Klage des Versicherten[4] auf Rückerstattung der Prämie qualifiziert; die Voraussetzungen für den Ristorno hat der Versicherte zu beweisen[5]. Hier klagt der Versicherte jedoch die volle Versicherungssumme ein; dann darf nach Auffassung des Gerichts der Assecuradeur „excipiendo" den Ristorno mit dem Klagabweisungsantrag verbinden[6] und trägt die Beweislast für die ristornobegründenden Tatsachen[7].

Auf derselben Linie liegt die Entscheidung in dem erörterten Fall Hübner c. Paulsen; dort erhebt der Assecuradeur auf die Schadensklage des Versicherten die Einrede des Ristorno. Für den Fall, daß dem Kläger der Beweis des Fortbestandes der Assecuranz mißlingt, erlegt das Gericht dem Assecuradeur den Gegenbeweis des erklärten Ristorno auf[8]. Damit entfernt sich das Gericht auf dem Weg der Darlegungs- und Beweislastverteilung von dem starren, abschließenden Katalog der zulässigen Klagen für die Parteien des Versicherungsvertrages, den Stypmann[9] und später noch M.L. Schele[10], Poppe[11] und Klefeker[12] für verbindlich halten: Dem Assecuradeur steht die Klage auf die Prämie und, wie M.L. Schele betont, bei Zahlungsverzug die Klage auf Ersatz des Vermögensschadens zu, außerdem die condictio indebiti bei Zahlung einer überhöhten Versicherungssumme. Die Klagen des Versicherten beziehen sich auf Rückgabe der Prämie (Ristorno) oder auf Lei-

1 vgl. dazu Pöhls, AssecR, S. 483f.; Benecke IV, S. 273ff.; Stevens, S. 144f.
2 Klefeker VII, S. 360; s.o. S. 148.
3 Benecke IV, S. 324; Poppe, S. 28f.
4 Pöhls, a.a.O., S. 495; M.L. Schele, S. 22; Poppe, S. 44; Straccha, gl. 6; Santerna, part. 3, n. 19; Weskett, Bd. II, S. 111.
5 Pöhls, a.a.O.; Benecke IV, S. 265; Büsch, a.a.O., S. 353.
6 ebenso Pöhls, a.a.O., S. 516 mit Hinweis auf dieses Urteil.
7 so offenbar auch Magens, S. 91.
8 Interlokut v. 29.4.1658, P. Adm. ibid.
9 Stypmann, part. 4, cap. 7, n. 468ff., 484ff.
10 M.L. Schele, S. 21f.
11 Poppe, S. 43f.
12 Klefeker VII, S. 355ff., 359f.

stung der Versicherungssumme. Schele fordert zusätzlich eine Klage auf Kautionsleistung bei Verdacht der bevorstehenden Insolvenz des Assecuradeurs[1].

XI. Abandon

Gegenüber dem Abandon, der Übertragung des versicherten Gegenstandes im
Fall eines Totalschadens mit allen dem Versicherten zustehenden Rechten an
den Assecuradeur gegen Zahlung der Versicherungssumme[2], nimmt das Admiralitätsgericht — wie noch zu zeigen sein wird — eine zurückhaltende Position ein.

Einen Fall, in dem auch das Gesetz den Abandon einschränkt, stellen AHO XI,
5/6 dar, Normen, die für das Verfahren **Hettling c. Kähler** entscheidend sind. Im
Dezember 1753 wird eine Partie Hanf und Flachs für die Reise von St. Petersburg nach Stockholm versichert; das Schiff läuft wegen starken Sturmes Öland
an und hält dort Winterlager. Bei der Ankunft in Stockholm im Juli 1754 ist die
Ladung infolge schwerer Wassereinbrüche vor und während des Winterlagers völlig verdorben und wird dort verkauft[3]. Den zur Hälfte über Schiff und Ladung
dispachierten Schaden aus der „Extraleccage"[4] klagt Hettling bei den Assecuradeuren ein, die unter anderem einwenden, der Schaden sei ihnen nicht angezeigt
und der Notverkauf ohne ihre Einwilligung vorgenommen worden[5]. Der Kläger
legt dagegen ein Mäkler-Attest über die Schadensanzeige und über die Ladungs-
besichtigung durch öffentlich bestellte Sachverständige in Stockholm vor, dessen
Beeidigung ihm das Admiralitätsgericht durch Interlokut[6] auferlegt.

Die Entscheidung entspricht AHO XI, 5, der eine Anzeigepflicht bei Schäden an
verderblichen Gütern vorsieht und den Versicherten zur Konsultation des Assecuradeurs verpflichtet. Diese Verpflichtung ist schärfer als die Parallelvorschriften
AHO XV, 5 und XI, 4, denenzufolge der Versicherte schon vor Benachrichtigung
der Assecuradeure selbst über Hilfsmaßnahmen entscheiden kann[7]. Der Kläger
hatte den Schaden den Assecuradeuren angezeigt und die Antwort erhalten, „er
möge nur für das Beste der Assecuradeurs sorgen"[8]. Auf diese Absprache wendet
das Gericht AHO XI, 6 analog an, der Rechtsfolgen nur für die *fehlende* Einigung
anordnet[9]; danach kann der Versicherte wahlweise nach der Ladungsbesichti-

---

1 in Anlehnung an Loccenius, lib. 2, cap. 5, § 8.
2 Pöhls, AssecR, S. 594ff., 601, 629ff.; Benecke III, S. 485.
3 Klefeker VII, S. 522f.
4 Die andere Hälfte tragen die Ladungseigner allein.
5 Klefeker VII, S. 523f.
6 Interlokut v. 27.4.1758, Klefeker VII, S. 526.
7 ebenso Pöhls, AssecR, S. 661.
8 Klefeker VII, S. 524.
9 argumentum a maiore ad minus, deutlich im Votum des Obergerichts, Klefeker VII, S.
   530.

gung die Güter öffentlich verkaufen und die Differenz zwischen Einkaufs- und Notverkaufspreis bei dem Assecuradeur liquidieren oder gegen Abtretung der Güter an den Assecuradeur Zahlung der Versicherungssumme verlangen[1]. Zum Vergleich: Emérigon[2] befürwortet bei völligem Verderb der Ladung uneingeschränkt den Abandon. Zeitgenössische Assecuranzgesetze — PreußSeeR 1727, Cap. 6, Art. 26, Amsterdam.Ass.O. 1744, Art. 27/28 und Schwed.Ass.O. 1750 (Tit. Von Assecuranz), Art. 11, §§ 4, 7 — gestatten dagegen das Abandonnieren verderblicher Waren nur insoweit, als die Waren noch in tauglichem, verwertbarem Zustand sind; mit der Alternative der Zession der bereits verdorbenen Waren in AHO XI, 6 (am Ende) nimmt das Hamburgische Recht eine den Versicherten begünstigende Stellung ein, da ihm in diesem Fall der Nachweis des beim Notverkauf entstandenen Schadens erspart wird[3].

XII. Beweis des Schadens

Konkretisierung und Abgrenzung des in AHO XIII, 1 fixierten Grundsatzes „Wer Schaden fodert, muß beweisen, daß er Schaden gelitten habe" beschäftigen das Admiralitätsgericht in mehreren, teilweise vor 1731 anhängigen Verfahren.

In **Peinhorst c. Meckenhauser** hatten sich die Gebrüder Peinhorst in Hamburg für ein Darlehen über 5.376 Rth. an den Lübischen Kaufmann Brasche drei für Brasches Rechnung von Lübeck nach Stockholm verfrachtete Schiffsladungen „zur Sicherheit verpfänden und cediren" lassen[4]. Brasche fällt in Konkurs; andere in Stockholm ansässige Gläubiger Brasches lassen auf die an Peinhorst verpfändeten Schiffsladungen Arreste ausbringen[5]. Daraufhin klagen die Gebrüder Peinhorst die Versicherungssumme für die Eisenladung des 1718 von russischen Kapern aufgebrachten Schiffes „Eva Catharina" ein[6]; diese Ladung, die ihnen nicht verpfändet war, hatten sie für Rechnung Brasches in Hamburg versichern lassen. Das Gericht spricht ihnen die Klagebefugnis zu, da sie sich als Kommissionäre im Besitz der Police befinden[7], erlegt ihnen aber zum Beweis des von den Assecuradeuren bestrittenen Interesses die Vorlage der „Connossementen und der Documenta facta confiscationis" auf[8]. Das Konnossement ist gefälscht, es lautet auf den schwedischen Kaufmann Strömberg[9]; die wirklich berechtigten Ladungsempfänger sind

1 Pöhls, a.a.O., S. 662; Langenbeck, Seerecht, S. 412; Büsch, Darstellung, S. 349f.
2 Emérigon II, ch. 17, sect. 2, § 6.
3 „was er sodann Schaden leidet, von den Assecuradeurs ersetzen lassen ..."
4 Peinhorst c. Meckenhauser, Obligation v. 9.10.1719, P. Adm. 21.11.1720.
5 P. Adm. 26.4.1721 (Duplik).
6 Police v. 3./4.10.1718, P. Adm. 12.9.1720; Konfiskationsprotokoll der Admiralität St. Petersburg, P. Super. 15.3.1723.
7 ebenso die Entscheidung in Thornton c. Kühl, s.o. S. 140.
8 Interlokut v. 28.8.1721, P. Adm. ibid.
9 Peinhorst c. Meckenhauser, Q 12.

der Bruder des Falliten Brasche und der Königsberger Kaufmann Wilcken[1]. Da die Kläger im Appellationsverfahren ein eigenes Interesse nicht nachweisen können, weist das Obergericht die Klage ab[2].

In tatsächlicher Hinsicht konnten die Kläger kein eigenes Interesse geltend machen, weil sie zwei mögliche Wege ihrer Sicherung nicht beschritten hatten: Sie hätten sich das Konnossement über die versicherte Eisenladung abtreten lassen[3] oder die Eisenladung für ihre Rechnung wegen ihrer Darlehensforderung an Brasche versichern lassen können[4].

In versicherungsrechtlicher Hinsicht zeigt die Entscheidung des Admiralitätsgerichts nicht nur inzident, daß das Versicherungsinteresse als Voraussetzung einer gültigen Assecuranz nach der Person des Versicherten und der Höhe nach bestimmbar sein muß[5], sondern ausdrücklich, daß der Beweis dieses Interesses nicht allein durch Vorlage der Police geführt werden kann. Das auch in der eingeklagten Police enthaltene Verbot, „in cas van Schade ... eenig ander Bewys ofte Document dann alleenigh dese Police te produceeren", versteht das Gericht nicht als zulässige vertragliche Befreiung vom Beweis des Interesses[6]. Im Vorgriff auf die entsprechende Regelung in AHO XIII, 2 knüpft das Gericht damit an die Forderung des französischen Assecuranzrechts nach „actes justificatifs du chargement et de la perte des effets assurés" außerhalb der Police an[7]. Die Notwendigkeit anderer Beweismittel als der Police ergibt sich daraus, daß die Police bei Vertragsabschluß durch einen Kommissionär in der Regel den Inhaber des versicherten Interesses nicht angibt[8]. Als taugliche Beweisurkunde zur Ermittlung des versicherten Ladungsinteressenten bewertet das Gericht das Konnossement[9], das im Gegensatz zur frachtrechtlichen Chertepartie nicht nur den Namen des Befrachters bzw. des Abladers[10], sondern auch den des Ladungsempfängers[11] ausweist. Der Ladungsempfänger kann nach Zusendung eines der drei zu zeichnenden Kon-

1 Bescheinigung des Rates Stockholm, P. Super. 7.7.1724.
2 Urteil v. 28.5.1723, P. Super. ibid.; vgl. auch Rationes decidendi v. 30.4.1726 für das Revisionsurteil.
3 vgl. dazu Rentzel, S. 31; Benecke I, S. 217f.; Lau. S. 177f.
4 Muster einer Police bei dieser Fallkonstellation bei Benecke I, S. 223f.; vgl. auch ders., I, S. 245f.
5 Pöhls, AssecR, S. 712ff.; Benecke IV, S. 329ff.; Emérigon I, ch. 11, sect. 2/3; vgl. auch oben Hübner c. v.d. Krentze.
6 so später Pöhls, a.a.O., S. 722f.; a.A. und in Übereinstimmung mit dem Admiralitätsgericht: Langenbeck, Seerecht, S. 383f.
7 vgl. dazu Valin, S. 557; Emérigon I, ch. 11, sect. 8; Langenbeck, Seerecht, S. 414.
8 s.o. S. 136ff.
9 zu dessen Rechtsnatur vgl. Rentzel, S. 4; Surland, S. 12f.; Steetz, S. 5.
10 Surland, S. 25, 28; Blanck, S. 50ff.; vgl. auch Reglement für die Hamburgische Handlung und Schiffahrt v. 18.9.1778, Art. 9 (CoBi S/599, 16 rot).
11 Surland, a.a.O.; Blanck, a.a.O.; zur Abgrenzung der Chertepartie vom Konnossement Surland, S. 2ff., 24ff.; F.J. Jacobsen, Practisches Seerecht II, S. 347f., 387f.; Emérigon I, ch. 11, sect. 3, § 1; Lau, S. 153ff., 171ff.

nossementformulare[1] infolge der Traditionswirkung des Konnossements[2] wie der ursprüngliche Ladungseigentümer oder der Befrachter eine Kargoversicherung auf eigenes Interesse abschließen (lassen)[3].

Daneben erklärt das Gericht auswärtige Konfiskationsurteile zu Beweisurkunden über den wahren Versicherten[4], weil auswärtige Prisengerichte im Konfiskationsverfahren nach der Aufbringung eines Schiffes nicht nur dessen Schiffsstammpapiere[5] und Personalreisepapiere[6], sondern auch die Ladungsreisepapiere, also Konnossemente, Einkaufsrechnungen und Chertepartien, auf ihre Richtigkeit und Übereinstimmung prüfen; dabei liegt der Akzent auf der Ermittlung des Ladungseigners bzw. des berechtigten Interessenten und seiner Zugehörigkeit zu einer neutralen Nation. Das Ergebnis dieser Untersuchung wird in England, Frankreich[7], Spanien und Rußland in gesonderten Entscheidungsgründen der Prisengerichte mitgeteilt[8] und kann nach der auch in Boué c. Stenglin bestätigten Auffassung des Admiralitätsgerichts in Gestalt beglaubigter Urteilsabschriften in den Admiralitätsprozeß eingeführt werden.

Der für die Schadensliquidation außerdem erforderliche Nachweis der tatsächlichen Einladung der versicherten Güter soll nach Ansicht des Gerichts ebenfalls durch das Konnossement geführt werden, denn das Konnossement enthält die Bestätigung des Schiffers, eine bestimmte Warenquantität an Bord empfangen zu haben[9]. Diese Bestätigung bezieht sich aber nur auf die „Fustage und Emballage"[10], also auf die Anzahl der verpackten Ladungsgüter ohne Garantie des Schiffers für den quantifizierbaren Verpackungsinhalt; die deshalb oft den Konnossementen beigefügte Klausel des Schiffers „Gewicht und Inhalt mir unbekannt"[11] dient

1 J.D. Sluter, S. 11; Rentzel, S. 5; Blanck, S. 48.
2 vgl. dazu Benecke I, S. 215ff.; Klefeker VII, S. 162; Lau, S. 177ff m.w.N.
3 zur Akzessorietät der Güterversicherung zur Verfrachtung als Hauptgeschäft Pöhls, AssecR, S. 714; Langenbeck, Seerecht, S. 382.
4 nicht nur über „das Unglück", wie Benecke IV, S. 349, zu Unrecht annimmt.
5 z.B. Schiffspässe. Vgl. den lateinischen Schiffspaß des dänischen Königs Christian V. (1670–1699) v. 28.6.1692 in Rohde c. Stoltenberg, P. Adm. 27.2.1696, Quadruplik, Beilage 12.
6 z.B. Bürgerbrief des Kapitäns, Gesundheitspaß, Musterrolle, F.J. Jacobsen, a.a.O., S. 318ff.
7 zum Prisengerichtsverfahren in England und Frankreich vgl. F.J. Jacobsen, a.a.O., Bd. I, S. 19ff., 23ff.
8 vgl. die Konfiskationsurteile mit Gründen in Boué c. Stenglin (High Court of Admiralty of Ireland, Q 11, prod. Wetzlar 23.9.1761), in Otte c. Paschen (Englisches Admiralitätsgericht London, Anlage Nr. 2 zum Appell. Libell.), in Hupping c. Hübner (Urteil des Madrider Prisengerichts v. 13.2.1677, H 181, Lit. X), in Boué c. Stenglin (Admiralitätsgericht Marseille, Acta pr. Bl. 265ff., Admiralitätsgericht Aix en Provence, Acta pr. Bl. 280ff.), in Peinhorst c. Meckenhauser (Admiralität St. Petersburg, P. Super. 15.3.1723).
9 Pöhls, AssecR, S. 717; s.o. S. 196, Fn. 11.
10 Verordnung für Schiffer und Schiffsvolk in der Fassung vom 23.3.1786, Art. 1 (Anderson, Sammlung Mandate II, S. 117ff.).
11 so auch im Konnossement in Peinhorst c. Meckenhauser v. 18.8.1718, Q 12.

seiner Freizeichnung von der Haftung für eine bestimmte Gütermenge[1]. Sie schmä-
lert nach Ansicht des Gerichts nicht den Beweiswert des Konnossements für die
Tatsache der Einladung.

Für den Beweis der Quantität der eingeladenen Waren verlangt das Gericht dagegen die zusätzliche Vorlage der Einkaufsrechnung und ihre Übereinstimmung mit
den Mengenangaben des Konnossements[2]. Ersatzweise ist der Beweis durch Vorlage der Handelsbücher zu führen[3], jedoch nicht, wie die Entscheidung in Burmester c. Höckel zeigt, allein durch einen Auszug aus dem Hamburgischen Zollregister; der Beweiswert des Zollregisters ist in Hamburg gering, weil die Zolltaxe nach
den Angaben des Schiffers und nicht, wie in Spanien, nach einem von den Zollre-
gistratoren selbständig erstellten Warenbestandsverzeichnis berechnet wird[4].

Mit dieser Abstufung der Beweismittel konkretisiert das Gericht den Schadensbeweis klarer als später AHO XIII, 2 („auf andere rechtliche Art zu beweisen")[5].

Die restriktive Haltung des Gerichts gegenüber Klauseln, die der Befreiung vom
Beweis des Interesses dienen, zeigt das Verfahren **Schrack c. Halsey**: Für 5.300
Mk. waren dort Güter versichert mit der Policenklausel „Siende of Goederen, die
geassecureerde an een of meer Matros gefideert, en also by Cas van Schade (dat
Gott verhoude) *geen Reekning of Connossement* vertoont worden"[6]. Das Schiff
verunglückt. Im Prozeß um die Auszahlung der Versicherungssumme sagten die
vier als Zeugen vernommenen Matrosen unter Eid aus, daß Waren im Wert dieser
Summe weder eingeladen noch der Besatzung anvertraut worden waren[7]. Unter
Übergehung der Befreiungsklausel in der Police verlangt das Admiralitätsgericht
im Interlokut vom 25.4.1726[8] den förmlichen Beweis des versicherten Interesses.

Das bedeutet, daß das eigene Interesse des Versicherten in Fällen wie dem vorliegenden, in denen keine Konnossemente gezeichnet wurden, mit anderen Beweisurkunden nachzuweisen ist. Der Eid der Besatzung ist insoweit kein taugliches
Beweismittel; er genügt zur Glaubhaftmachung des Interesses — insoweit in Übereinstimmung mit Ord. de la marine 1681, III, 6, 62/63 und Art. 43 des Langenbeck'

1   Blanck, S. 54; Klefeker VII, S. 551; Pöhls, a.a.O., S. 718; Benecke IV, S. 331f.; Eméri-
     gon I, ch. 11, sect. 5, §§ 1, 2.
2   so in Burmester c. Höckel, P. Adm. 27.9.1731/ Q 22, Bl. 86ff., 93ff.;Rationes deciden-
     di des Obergerichts v. 28.1.1733; ebenso Pöhls, AssecR, S. 718; Benecke IV, S. 329f.;
     Magens, S. 97f.
3   s.o. S. 96; vgl. auch Valin, S. 566.
4   Magens, S. 97; Burmester c. Höckel, Interventio publica des Rates, Q 27, S. 27ff.; Re-
     copilation 1681, a.a.O., ley 26.
5   ähnlich verallgemeinernd formuliert AHO XVI, (am Ende).
6   Schrack c. Halsey, Klefeker VII, S. 553.
7   Klefeker VII, S. 554.
8   Klefeker VII, S. 555.

schen Assecuranzordnungsentwurfes 1721/22[1] – lediglich in Prozessen, in denen die Schiffsleute eigene Güter haben versichern lassen, ohne Konnossemente zu zeichnen[2]. Daß der Kläger in Schrack c. Halsey das Eigentum an den eingeladenen Gütern an die Besatzung abgetreten hatte, legt der Sachverhalt nicht nahe. Andererseits hält das Gericht den Beweis durch Konnossement und Einkaufsfaktur nicht für unwiderleglich: In **Franck c. Amsinck** hatte der Versicherte mit diesen Beweisurkunden die Höhe des versicherten Interesses glaubhaft gemacht; das Gericht verlangt aber[3] die Beweisführung mit anderen Beweismitteln „besser als geschehen", weil die beklagten Assecuradeure mit zwei Originalbriefen darlegen, daß der tatsächliche Ladungswert weniger als 1/8 der vereinbarten Versicherungssumme betrug. Das Konnossement ist demnach widerlegbar, wenn der Assecuradeur seine inhaltliche Unrichtigkeit mit anderen gleichwertigen Beweisurkunden beweist; diese Schlußfolgerung hat in AHO XIII keine unmittelbare Stütze, sondern stammt ersichtlich aus dem französischen Assecuranzrecht[4].

Die Form des Beweises der „Verunglückung des Schiffs" durch Vorlage der beeidigten Verklarung des Schiffers und des Volks[5] ist in keinem der untersuchten Prozesse umstritten. Das Admiralitätsgericht besteht in allen Assecuranz- und Havarieprozessen auf der Einführung des Seeprotestes, der entweder auf der Beeidigung eines Auszuges des Steuermannsjournals[6] vor dem Seegericht, im Einzelfall auch vor einem Notar[7] des nach der Havarie angelaufenen Nothafens[8] oder auf dem beglaubigten Protokoll eines mündlichen Sachberichts beruht[9].

Obwohl erst durch Beschluß der Admiralität vom 13.1.1729[10] die Aufnahme des Seeprotestes mit der gesamten volljährigen Besatzung – anders als die Verklarung des Schiffers mit zwei oder drei Besatzungsmitgliedern gemäß HambStR 1603, II, 16, 1/8[11] – angeordnet wurde, scheint nach den Seeprotesten in den

---

1   vgl. auch Langenbeck, Seerecht, S. 414.
2   so auch später AHO XIII, 3. Vgl. dazu i.e. Pöhls, AssecR, S. 753, 732ff.; Benecke IV, S. 334f.
3   Franck c. Amsinck, Klefeker VII, S. 557, Interlokut v. 10.7.1738.
4   Ord. de la marine 1681, III, 6, 61; Emérigon I, ch. 11, sect. 3, § 5; Valin, S. 563f.; Benecke IV, S. 332.
5   dazu i.e. Pöhls, a.a.O., S. 727ff.; Benecke IV, S. 336ff.; F.M. Klefeker, S. 48ff.
6   Beispiel: Boetefeur c. Kellinghusen, Acta pr. Bl. 118ff.
7   Beispiel: Burmester c. Höckel, Q 22, Bl. 30ff.
8   vgl. dazu Stolle c. Rothaer, Q 25, Bl. 182ff., 209ff.; Meyersieck, S. 71f.
9   Beispiel für einen mündlichen Seeprotest ohne Vorlage des Steuermannsjournals in de Vlieger c. Thomas, P. Adm. 13.8.1696; zum Seeprotest-Verfahren in Hamburg vgl. ferner Langenbeck, Seerecht, S. 185ff.; Meyersieck, S. 52f.
10   abgedruckt in Baasch, Quellen, S. 673; bestätigt durch das Mandat v. 6.4.1729, Blank, Bd. II, S. 1088.
11   vgl. dazu Meyersieck, S. 80ff. m.w.N.

untersuchten Verfahren vor 1729 der Eid der gesamten Besatzung einschließlich minderjähriger Matrosen[1] aufgrund einer Usance der See üblich und anerkannt gewesen zu sein[2].

XIII. Strandung

Die Admiralitätsjudikatur und AHO V, 1 stellen zwar die Allgefahrendeckung als Regelfall des Seeassecuranzvertrages dar; die Parteien haben jedoch bei Vertragsschluß die Möglichkeit, in der Police die Übernahme bestimmter Risiken ganz oder teilweise auszuschließen. Dies geschieht durch positive[3] oder negative Freizeichnungsklauseln[4].

Eine derartige Klausel ist in **Dunker c. Rodde** umstritten: Am 1.4.1795, dem Tag der Abfahrt, wird in Hamburg eine Ladung Leinsaat für die Route Altona – Lissabon mit der Bedingung „frei von Beschädigung, ausgenommen im Strandungsfall und Havarie grosse" versichert. Am 5.4. gerät das Schiff im Sturm auf den Strand von Terschelling/Holland und wird beschädigt; man muß zur Leichterung die Ladung teilweise werfen. Das Schiff wird notdürftig seeklar gemacht und zur Reparatur nach Amsterdam geschleppt[5]. Der nach Aufmachung der Dispache auf Ersatz des Güterschadens gerichteten Klage antworten die Assecuradeure mit dem Hinweis auf die Freizeichnungsklausel in der Police; sie bezeichnen den Güterschaden als „particulaire Avarie", für die sie nicht haften, und beziehen die Klausel nur auf den Fall des Untergangs von Schiff und Ladung. Trotzdem hat die Klage vor dem Admiralitätsgericht uneingeschränkt Erfolg[6].

Die Klausel „frei von Beschädigung" oder in der älteren Form „frei von Havarie" stammt aus den Amsterdamer Coutumen 1609[7] und hat vornehmlich bei Güterversicherungen den Zweck, den Assecuradeur ungeachtet der generellen Befreiung von der Avarie ordinaire[8] und geringfügigen Schäden bis zu 3 % des Gegen-

---

1   so in de Vlieger c. Thomas, P. Adm. 13.8.1696, wo ein 17jähriger Matrose die Verklarung beschwört. F.M. Klefeker, S. 48, verlangt mit Rücksicht auf das Erfordernis der Eidesmündigkeit ein Mindestalter von 18 Jahren.
2   ebenso Meyersieck, S. 80; Ausnahme ist das Verfahren Glüer c. Büsch, s.o. S. 168f.
3   „nur für Seegefahr" / „nur für Türkengefahr"; Pöhls, AssecR, S. 326.
4   „frei von Havarie"/„frei von Leccage"/„frei von Kriegsgefahr"; Pöhls, AssecR, S. 327ff., 333f.
5   Dunker c. Rohde, Bericht des Obergerichts ans RKG v. 29.6.1799, o.Q.
6   Bericht des Obergerichts, a.a.O.
7   Kiesselbach, Seeversicherung, S. 146.
8   auch „kleine/commune Avarie" genannt, die sich auf notwendige Schiffahrtsaufwendungen wie Hafenabgaben, Loots-, Feuer-, Leichter- und Quarantainegelder bezieht; vgl. i.e. Langenbeck, Seerecht, S. 161, 163f.; v. Bostell, S. 15f.; Gerckens, S. 2; Ladehoff, S. 24ff.; Soltau, S. 11f.; Kettler, S. 7; Targa, S. 255f.; Klefeker VII, S. 175f.

standswertes[1] nur für die Gefahr des gänzlichen Untergangs haften zu lassen[2], weil bei bestimmten empfindlichen Warengattungen oft schwer zu rekonstruieren ist, ob die Beschädigung Folge eines Seeunfalls oder der gewöhnlichen Transporteinwirkungen ist. Da diese umfassende Haftungsausschlußklausel den Versicherten erheblich benachteiligt, weil sie einer extensiven Auslegung unzugänglich ist und deshalb auch bei umfangreichen Beschädigungen, die kostenmäßig dem Totalverlust nahekommen[3], den Assecuradeur freistellt[4], wird sie in Hamburgischen Policen selten vereinbart[5]; in den untersuchten Prozessen erscheint sie nur in Otte c. de Voss bei einer Assecuranz auf Wein und Rosinen[6].

Häufiger ist dagegen die prozentuale Haftungsbeschränkung bei empfindlichen oder leicht verderblichen Gegenständen: „Segeltuch frei von 10 % Beschädigung an der Ware"[7], „Waitzen und Bohnen, frey von 10 % Beschädigung"[8]. Auch diese Teilfreizeichnungsklausel benachteiligt den Versicherten, weil sie an die Vermutung anknüpft, daß die versicherten Gegenstände primär wegen ihrer natürlichen Beschaffenheit Schaden leiden, so daß der Versicherte im Hinblick auf die unterschiedlichen Rechtsfolgen in AHO V, 7/8 in Beweisnot geraten kann[9].

Die um 1780 aus Londoner Versicherungsbedingungen in das Hamburgische Assecuranzgeschäft übernommene[10] und von Dunker hier verwendete Formel hat dagegen zwei den Versicherten begünstigende Wirkungen: Der Assecuradeur haftet für Beschädigungen über 3 % des Gegenstandswertes, wenn und soweit sie durch eine Strandung des Schiffs verursacht sind[11]. Daneben haftet der Assecudeur für die Kosten einer durch andere Seeunfälle bedingten Avarie grosse, denn diese Aufwendungen beruhen nicht unmittelbar auf einer Beschädigung, sondern auf der Kontributionspflicht, die nach Grund und Höhe in der Dispache konkretisiert ist[12].

1 grundlegende Franchiseklausel „met Conditie vry van drie pro Cento Avery", die in Hamburgischen Policen auch in den untersuchten Prozessen erst Ende des 17. Jhdts. auftaucht. Vgl. Vergleich der Assecuradeure 1677, Art. 2; später AHO XXI, 7 und Assecuranzbedingungen 1800, Art. 2; vgl. ferner M.L. Schele, S. 20; Langenbeck, a.a.O., S. 388; Klefeker VII, S. 486, 545; Benecke III, S. 36f.; Pöhls, AssecR, S. 325f., 367f. Nur 1 % Befreiung in Ord. de la marine 1681, III, 6, 47 und Middel.Ass.O. 1689, Art. 18; s. Valin, S. 526ff.; Kuricke, de assecurat., S. 13; Loccenius, lib. 2, cap. 5, § 15.
2 Pöhls, a.a.O. S. 327f.; Benecke III, S. 290ff.
3 vgl. dazu Pöhls, AssecR, S. 600.
4 Emérigon I, ch. 12, sect. 46 m.w.N.; Valin, S. 532ff.; Pöhls, a.a.O., S. 328.
5 Kiesselbach, Seeversicherung, S. 146.
6 Otte c. de Voss, Police v. 4.1.1799, Q 10.
7 Otte c. Paschen, Police v. 13.11.1797, Libell. Appell., Anlage Nr. 1.
8 Benecke c. Schröder, Police v. 30.3.1798, o.Q., Nr. 1.
9 bei der Frage, inwieweit der Schaden auf innerem Verderb beruht, für den der Assecuradeur – abgesehen von Reiseverzögerungen ohne Verschulden des Versicherten – nicht haftet, und inwieweit auf Seeschäden.
10 Benecke III, S. 78ff., 308f.; Kiesselbach, a.a.O., S. 146f.
11 Pöhls, a.a.O., S. 328ff.; Benecke III, S. 288; Glashoff, H. 1, S. 152ff.; G. Sieveking, S. 151.
12 G. Sieveking, S. 127f., 151; Benecke III, S. 65; Casaregis, disc. 47; Assecuranzbedingungen 1800, § 22.

Bei der Feststellung der beiden Klauselbestandteile brauchte das Gericht in Dunker c. Rodde bezüglich der Strandung nicht die alte Streitfrage zu klären, ob eine Strandung erst und nur dann vorliegt, wenn das Schiff auf das flache Festlandsufer gerät (Strandung im engeren Sinne), oder auch, wenn es auf einer Untiefe oder Sandbank im Meer den Grund berührt und sitzenbleibt (Strandung im weiteren Sinne)[1]. AHO XIV, 1 vollzieht diese Differenzierung explizit nach[2] und entscheidet für den extensiven Strandungsbegriff[3].

Geprüft und abgelehnt hat das Gericht dagegen die Meinung der beklagten Assecuradeure, Strandung setze die Unmöglichkeit der Reisefortsetzung und die Zerstörung des Schiffes voraus[4]. Diese Meinung folgt der älteren Dispachepraxis, nach der ein Strandungsfall vorlag, wenn das Schiff durch gewaltsame Umstände – nicht durch Tidenhub – auf Grund gerät und überhaupt nicht oder nur als Wrack wieder abgebracht werden kann[5]. Diese Auslegung ist aber mit der hier verwendeten Freizeichnungsklausel unvereinbar, weil sie begrifflich fast identisch mit dem Schiffbruch ist, für den der Assecuradeur jedenfalls trotz Haftungsbeschränkung einzutreten hat[6].

Das Gericht meint vielmehr, daß ein Strandungsfall vorliegt, wenn das Schiff – wie hier – nach Festsitzen mit fremder Hilfe und in leckem Zustand vom Grund abgebracht werden kann[7]; denn die Möglichkeit der Abbringung und das Fehlen der Wrackeigenschaft stellen die Abgrenzungskriterien zwischen Strandung und Schiffbruch dar[8]. Von diesem Strandungsbegriff gehen auch die seehandelsrechtlichen Normen in HambStR 1603, II, 16, 8/9 aus[9], die die Kosten der Leichterung zum Zweck der Abbringung in Avarie grosse rechnen. Eine Vermengung mit den Schiffbruchsvoraussetzungen zeigen andererseits die Hamburgischen Assecuranzbedingungen 1800, § 22[10], die den Strandungsfall nur annehmen, wenn das Schiff „entweder *gar nicht*, oder nur, mittelst Entlöschung der Ladung durch fremde Hülfe wieder abgebracht werden kann".

1 vgl. dazu Pöhls, AssecR, S. 252ff.; Benecke III, S. 282ff., 294f.; Emérigon I, ch. 12, sect. 13, § 1 mit der Abgrenzung „échouement sur la côte"/„échouement"; Baldasseroni II, part. 5, tit. 7, § 1; Glashoff, H. 2, S. 26ff. / H. 3, S. 18ff.
2 sowohl für die unbeabsichtigte als auch für die freiwillige Strandung, Pöhls, a.a.O., S. 252; Benecke III, S. 283f.; Langenbeck, Seerecht, S. 169, 185.
3 Benecke III, S. 283, 298f.
4 Dunker c. Rodde, Gegenbericht v. 14.10.1799, o.Q.
5 Benecke III, S. 300f.; für die englische Praxis Stevens, S. 175.
6 zur Abgrenzung zwischen Schiffbruch, Scheitern nach Strandung und Strandung, vgl. Pöhls, a.a.O., S. 256; Benecke III, S. 281f.; Emérigon I, ch. 12, sect. 12, § 1.
7 zustimmend Pöhls, AssecR, S. 368; Benecke III, S. 296ff.; Glashoff, a.a.O.; Kiesselbach, Seeversicherung, S. 147.
8 Benecke III, S. 284, 296ff.; Pöhls, AssecR, S. 256; Emérigon, a.a.O.
9 Langenbeck, Seerecht, S. 185ff.
10 und die Bedingungen der 3. und 4. Assecuranzcompagnie in Hamburg, Benecke III, S. 65f.

Darüberhinaus läßt sich an Hand des französischen Assecuranzrechts nachweisen, daß bei einer Güterversicherung die Wrackeigenschaft für den Strandungsbegriff nicht erforderlich ist: Die Ordonnance du roi de france 17 Aôut 1779, Art. 5[1] verlangt „l'innavigabilité“, also Wrackeigenschaft für die Strandung nur dann, wenn innerhalb der *Kasko*versicherung das Schiff abandonniert werden soll[2]. Ohne auf diese Quelle zu verweisen, betont das Obergericht diesen Unterschied zugunsten des Kargoversicherten auch für das Hamburgische Assecuranzrecht[3].

Bei der rechtlichen Einordnung der Güterschäden in die Avarie grosse knüpft das Admiralitätsgericht an die drei klassischen Voraussetzungen der großen Havarei an:

- daß der Schaden „an Schiff und Gut zu Verhütung eines größeren mit reifer Überlegung und mit Wissen und Willen des Schiffers und seiner Leute“ verursacht wurde,

- daß die Aufopferung „in der Zeit der äußersten Not, um Schiff und Gut zu salviren“ erfolgte,

- daß dadurch „Schiff und Gut wirklich gerettet und salviret“ wurden[4].

Diese Bedingungen der Avarie grosse haben AHO XXII, 2/3/6 im Grundsatz übernommen. Zu den auf solche Weise eingetretenen und über Schiff, Gut und Fracht zu verteilenden Schäden gehört der Seewurf (HambStR 1603, II, 16, 1/2), denn der dabei den Gütern absichtlich zugefügte Schaden dient der gemeinsamen Rettung von Schiff und Gut[5]. Zu diesem Zweck wurden auch die Güter Roddes geworfen, so daß deren Verlust entgegen der Meinung der Beklagten nicht als Avarie particulière zu werten war[6].

XIV. Reclame

Obwohl der Hamburgische Rat in zahlreichen Mandaten[7] und Verordnungen[8] die Kaufleute und Schiffer der Stadt „zu conservirung der Neutralitaet“ anhielt,

---

1   abgedruckt bei Emérigon I, ch. 12, sect. 13, § 2.
2   vgl. dazu Emérigon II, ch. 17, sect. 2, § 5; Pöhls, a.a.O., S. 255, 617; Magens, S. 63.
3   Bericht des Obergerichts an das RKG v. 29.6.1799, o.Q.
4   Langenbeck, Seerecht, S. 163; Gerckens, S. 2; Klefeker VII, S. 176f.; Büsch, Darstellung, S. 311ff.; Weytsen, § 1; Targa, S. 255; Helm, These 9, § 14; ausführlich auch F.M. Klefeker, S. 26ff., 32ff.
5   Kellinghusen, S. 45ff.
6   zur partikulären Havarie vgl. Landwehr, in: 1667 ars sjölag ..., S. 100ff.; Ladehoff, S. 5f., 22ff.; Soltau insgesamt; Klefeker VII, S. 193.
7   z.B. Mandat v. 26.4.1672 (StAH, Senat Cl. VII, Lit. Ca, No. 1, Vol. 4b, fol. 185ff.), Mandat v. 24.10.1673 (StAH, Senat Cl. VII, a.a.O., fol. 191ff.).
8   z.B. Reglement in Ansehung der Hamburgischen Handlung und Schiffarth, während Krieges v. 18.9.1778 (in CoBi S/599, 16 rot); weitere Verordnungen ab 1739 (in CoBi S/599, 46, 1 rot); vgl. ferner Circular des Spanischen Staatsministers an alle auswärtigen Ambassadeurs und Minister v. 26.10.1779 (in CoBi S/599, 12 rot, Nr. 7).

waren Hamburgische Schiffe häufig Opfer auswärtiger Konfiskationen nach der Aufbringung durch Kaperschiffe. Bei deren Kapitänen handelte es sich nicht um freie unprivilegierte Seeräuber, sondern um „Privatpersonen, welche in Kriegszeiten mit besonderer Erlaubnis einer kriegführenden Macht ein oder mehrere Schiffe auf eigene Kosten in der Hauptabsicht ausrüsten, dem Feinde Abbruch zu thun, und denjenigen Handel neutraler oder freundschaftlicher Staaten mit dem Feinde zu verhindern, der im Kriege als unerlaubt angesehen wird"[1]. Dieser Begriff des staatlich kontrollierten, mit einer Bestallung (lettre de marque)[2] versehenen Kapers, dessen Aufbringungen im gerichtlichen Konfiskationsverfahren überprüft wurden[3], taucht in den untersuchten Prozessen erstmals 1652 auf[4].

Wenn ein Hamburgisches Schiff aufgebracht und diese „Nehmung" im Konfiskationsurteil (der sogenannten Condemnation) eines ausländischen Prisengerichts als völkerrechtsgemäß bestätigt worden war[5], stellte sich die Frage, ob im Fall einer Versicherung des betroffenen Schiffes bzw. seiner Ladung der Schaden aus der Konfiskation in den vom Assecuradeur übernommenen Risikobereich fiel.

„Si navis etiamsi ab amicis injustè capta fuit, praecipuè ob pacta in apochâ apponi consueta, nempè, tam ab amicis, quam inimicis *justè vel injustè* occuparetur: assecuratores tenentur"[6]; diesen Rechtsgedanken übernehmen M.L. Schele[7], Langenbeck[8] und dann AHO V, 1 für das Hamburgische Assecuranzrecht. Er entspricht der schon im niederländischen Assecuranzrecht anerkannten Haftung des Assecuradeurs für Kriegs- und Arrestgefahr[9], die nur durch Policenklauseln

1   v. Martens, S. 17; vgl. auch Weskett, Bd. I, S. 332.

2   zu diesem Rechtsinstitut und seiner Entstehung aus mittelalterlichen Kaperbriefen Böhringer, S. 44ff. m.w.N.

3   „Toute prise doit être jugée". Die Prüfung erstreckte sich auf die völkerrechtsgemäße Aufbringung; für den Fall völkerrechtswidriger Aufbringung hatten die französischen Kaper Kaution zu stellen, Ord. de la marine 1681, III, 9, 2; F.J. Jacobsen, Practisches Seerecht I, S. 181f.

4   „englischer Caper" in Hambrock c. Gehrdes, Libell. Appell., o.Q.; dann 1655 „englischer Caper" in Hagen c. Fincks, Attestat des Rates von Bergen v. 28.8.1655; dann 1660 „Ostender Caper" in Heckstetter c. Hachtmann, P. Adm. 31.1.1661. Böhringer, S. 41, datiert das erste Auftreten dieses Begriffes „Caper" im Neuniederländischen auf 1652, im neuhochdeutschen Schrifttum um 1665; in der Hamburgischen Praxis scheint er also schon vorher bekannt gewesen zu sein. Im Verfahren Blume c. Holzen 1629 bezeichnen das Admiralitätsgericht und der Rat von Stettin den fallrelevanten dänischen Kaper allerdings noch als Freibeuter. Zusammenfassend Anderson, ad St. 1603, II, 14, 42: „Freybeuter = olim pirata, hodie Caper".

5   dazu i.e. Emérigon I, ch. 12, sect. 18, § 1; Baldasseroni II, part. 5, tit. 12, § 8; Büsch, Völkerseerecht, S. 49ff.; Benecke III, S. 362; Pöhls, AssecR, S. 257ff.; v. Martens, S. 89ff., Fn. r.

6   Casaregis, disc. 1, n. 118; Santerna, part. 4, n. 49.

7   M.L. Schele, S. 36, 40.

8   Assecuranzordnungsentwurf, Art. 16; Seerecht, S. 399.

9   Kellinghusen, S. 58; Stypmann, part. 4, cap. 7, n. 335ff.; Loccenius, lib. 2, cap. 5, § 5.

wie „frei von Kriegsgefahr", „frei von Molest" generell oder zeitlich und räumlich beschränkt ausgeschlossen werden konnte[1].

Allerdings formulieren AHO XV, 1/5 für den Regelfall, daß die Police keine derartige Bedingung enthält, einen Vorbehalt der Reclame, d.h. des „Process(es), der vor den Admiralitaeten oder See=Gerichten wegen Wieder=Erhaltung der Freyheit eines saisirten und aufgebrachten Schiffes und Ladung geführet wird"[2]. Umfang und Voraussetzungen dieses Reclamevorbehalts sowie die Einschußpflicht des Assecuradeurs zum Reclameverfahren beschäftigen das Admiralitätsgericht in **Berndes & Bülau c. Otte**:

„Für Rechnung wen es angeht" sind 8 Faß Wein für die Route Bordeaux – Hamburg versichert[3]. Das Konnossement lautet „gaande voor neutraale Reckening"[4]. Schiff und Ladung werden von einem englischen Kaper aufgebracht[5]. Ohne den Reclameprozeß zu beginnen, behandeln die Kläger die „Nehmung" als Totalverlust und verlangen vorläufig Zahlung von 75 % der Versicherungssumme[6]. Die beklagte Assecuranzcompagnie fordert dagegen einen vorgängigen Reclameversuch der Kläger, der auch Erfolgsaussicht biete, weil das Konnossement auf neutrale Ladungseigner hinweise und in der Police ausdrücklich in Bezug genommen sei; erst bei laufendem Reclameverfahren treffe den Assecuradeur eine sukzessive Einschußpflicht zu den Verfahrenskosten[7]. Das Admiralitätsgericht weist die Klage ab[8].

Das Gericht qualifiziert also Aufbringung und Nehmung nicht schlechthin als Totalverlust; diese Auffassung entspricht nicht nur der überwiegenden Literaturmeinung in Hamburg[9], die für ein neutrales Schiff erst nach prisengerichtlicher Condemnation den Eigentumsverlust und damit einen Totalschaden zu Lasten des

1 Stypmann, a.a.O., n. 339ff., 425, mit dem Beispiel der beschränkten Freizeichnung „van de arrest van syn Maytt. van Dennemarken in de Sont dragen wy asseuradeurs geen pericul" in einer Hamburgischen Police von 1637; zu den militärischen und politischen Auseinandersetzungen Hamburgs mit Christian IV. von Dänemark 1629 bis 1645 vgl. Gallois, S. 293ff., 304f.
2 Langenbeck, Seerecht, S. 305.
3 Berndes c. Otte, Police v. 27.7.1796, P. Adm. 13.5.1797. Seit dem Handelsvertrag mit Frankreich v. 1.4.1769 entwickelt sich Bordeaux zum wichtigsten französischen Exporthafen für Hamburg, Kresse, S. 24; Baasch, Schiffahrt 18. Jhdt., S. 160.
4 Konnossement v. 8.7.1796, P. Adm. 9.9.1797.
5 Im 1. Koalitionskrieg 1792–1797 tritt England der preußisch-österreichischen Koalition gegen Frankreich bei und führt einen scharfen Kaperkrieg gegen neutrale Schiffe im Frankreich-Handel, vgl. dazu Kresse, Materialien, S. 33; Wohlwill, in: Hamburg um 1800, S. 94f.; Plötz, S. 815ff.
6 P.Adm. 13.5.1797.
7 P.Adm. 14.8./.25.11.1797.
8 Urteil v. 24.2.1798, P. Adm. ibid. (rechtskräftig).
9 Pöhls, AssecR, S. 601, Fn. 5, 621f. m.w.N.; Benecke III, S. 343, 362f.; Poppe, S. 50; Klefeker VII, S. 508; vgl. auch v. Martens, S. 80f.

versicherten Interessenten annimmt[1]; die AHO folgt ebenfalls dieser Tendenz mit dem Dispositionsrecht des Schiffers zur Ranzion (AHO XV, 2–4)[2] und mit der Schadensminderungspflicht in AHO XV, 5, die den Versicherten auch ohne vorherige Konsultation des Assecuradeurs zur Reclame verpflichtet. Ferner ergibt sich aus AHO XV, 1 in Verbindung mit AHO XIV, 2, daß die Rechtsfolgen eines Totalverlusts[3] – die ungekürzte Zahlung der Versicherungssumme – nur eintreten sollen, wenn der Assecuradeur sein Wahlrecht gegen einen Reclameversuch ausübt.

In umgekehrter Argumentation setzt AHO XVI, 1 für den Totalschaden voraus, daß „ein Schiff ... als eine *unstreitige* Priese aufgebracht worden, und die versicherte Nachricht eingelaufen, daß ... *keine Hoffnung zu Wieder=Freymachung* des Schiffs und der Güter vorhanden sey". Der Reclameversuch ist demnach obligatorisch, wenn Hoffnung für den Beweis neutralen Interesses in Schiff und Ladung besteht. Das Gericht übernimmt offensichtlich den differenzierten Begriff Poppe's von der „spes probabilis"[4], einer Wahrscheinlichkeitsprüfung hinsichtlich einer erfolgreichen Reclame, denn der Wortlaut des Konnossements in Berndes & Bülau c. Otte macht die Neutralität des Ladungsinteressenten glaubhaft[5].

Daß das Gericht die „spes probabilis" nur unter rechtlichen, nicht unter tatsächlichen Gesichtspunkten würdigt, zeigt seine Entscheidung in B. Rosen & J. Jansen c. N. Hudtwalcker & N. Boode vom 24.3.1800[6]: Dort waren die Livorneser Versicherten wegen einer Blockade des Hafens von Genua auf unbestimmte Zeit verhindert, die Reclame des nach Genua aufgebrachten versicherten Schiffes zu betreiben; da aus Rechtsgründen Erfolgsaussicht für die Reclame bestand, wies das Admiralitätsgericht die Klage auf Zahlung der Versicherungssumme ab.

Beide Urteile zeigen die auffallende Eigenständigkeit des Hamburgischen Rechts der Reclame gegenüber den normativen Vorbildern der AHO und die schon angedeutete Abneigung gegen den Abandon. Nach französischem Recht ist der Abandon im Falle der Aufbringung ohne Reclame stets und auch dann zulässig, wenn für eine Reclame Erfolgsaussicht besteht: „l'espérance de la restitution, dans le cas d'une prise injuste, n'est point une raison pour exclure ou retarder l'abandon"[7]. Baldasseroni[8] zitiert mehrere Entscheidungen italienischer Seegerichte,

1 Langenbeck, Seerecht, S. 305, stellt nicht auf die Condemnation, sondern auf den Zeitpunkt des Weiterverkaufs der Prisen ab. Zur Rechtslage im Spätmittelalter Böhringer, S. 54ff.; vgl. ferner Böckermann, S. 1.
2 ebenso schon Langenbecks Assecuranzordnungsentwurf 1721/22 Art. 46; vgl. ferner Benecke III, S. 465ff., 482f.
3 dazu i.e. Pöhls, AssecR, S. 596ff.
4 Poppe, S. 50; ebenso Klefeker VII, S. 508.
5 zur Notwendigkeit der Übereinstimmung von Police und Konnossement zur Ermittlung des versicherten Interessenten Langenbeck, a.a.O., S. 382; Emérigon I, ch. 11, sect. 4, § 2; Valin, S. 450.
6 in: Otte c. Paschen, Libell. Gravaminum, o.Q.
7 Valin, S. 518; Emérigon I, ch. 12, sect. 18, § 4 m.w.N.
8 Baldasseroni II, part. 5, tit. 11, §§ 21, 29.

die den Abandon trotz Wahrscheinlichkeit eines Reclameerfolges bereits innerhalb der ersten drei Tage nach der Aufbringung gestatten. Die übereinstimmende Regelung in Middel.Ass.O. 1689, Art. 15, in Rotterdam.Ass.O. 1721, Art. 60ff. und in Amsterdam.Ass.O. 1744, Art 26/27 über den nach sechs Monaten zulässigen Abandon in Aufbringungsfällen mit ungewissen Reclameerfolgen modifiziert AHO XV, 6, indem das Recht des Abandon durch eine Abschlagszahlung des Assecuradeurs auf bereits entstandene Ladungsschäden und Unkosten ersetzt wird.

Darüberhinaus lassen beide Urteile erkennen, daß das Gericht die Einschußpflicht des Assecuradeurs gemäß AHO XV, 1 nicht auf die voraussichtlich erforderlichen, sondern auf die tatsächlich entstandenen, „erforderten" Reclamekosten erstreckt und insoweit eine nachträgliche sukzessive Einschußpflicht des Assecuradeurs befürwortet[1]; anderenfalls hätte es die beklagten Assecuradeure nach der teilweise geübten Praxis[2] zur Leistung von 50 % des vorab zu schätzenden Reclameaufwandes verurteilen können. Diese restriktive Auslegung des AHO XV, 1 ist bemerkenswert, weil die Hamburgischen Assecuradeure zur Zeit des Erlasses dieser Entscheidungen eine neue Assecuranzbedingung für Kriegszeiten vereinbarten, derzufolge bei Versicherungen „für Rechnung wen es angeht" der Versicherte erst *nach* vollständiger Leistung der Versicherungssumme zur Reclame verpflichtet sein sollte[3].

Während es also vor dem Reclameversuch konsequent eine vertragliche Leistungspflicht der Assecuradeure − auch in Gestalt der sogenannten Caution de nantissement[4] − ablehnt, beweist das Gericht Flexibilität, wenn der Versicherte den Reclameprozeß angestrengt und ihn vor dem auswärtigen Prisengericht in erster Instanz verloren hat: In **Boué c. Stenglin** bestätigen die Admitalitäten von Dublin und Marseille in Konfiskationsurteilen 1757 und 1758 die Aufbringung eines Hamburgischen Schiffes durch englische und französische Kaper[5]. In **Otte c. Paschen** ergeht ein Prisengerichtsurteil der Londoner Admiralität[6], in **Peinhorst c. Meckenhauser** ein Konfiskationsurteil der Admiralität St. Petersburg[7] über gekaperte Hamburgische Schiffe. In allen Fällen erheben die Assecuradeure im Admiralitätsprozeß in Hamburg die Einrede der Rechtshängigkeit und verweigern die

1   vgl. auch Berndes c. Otte, P. Adm. 14.8.1797; ähnlich Langenbeck, Seerecht, S. 417.
2   Glashoff, H. 3, S. 126ff.
3   Bedingungen der Hamburgischen Assecuradeure 1800, Art. 31; Seeversicherungsanstalten in Hamburg, S. 98.
4   s.o. S. 134. Die Caution de nantissement aus Amsterdam.Ass.O. 1603, Art. 33 übernimmt Langenbeck in seinen Assecuranzordnungsentwurf, Art. 55 und in den Seerechtskommentar (S. 417); das Gericht lehnt sie ab in Boué c. Stenglin, Acta pr. Bl. 449ff.; zustimmend M.L. Schele, S. 13. In der AHO ist die Caution de nantissement nicht vorgesehen.
5   Boué c. Stenglin, Q 11, Acta pr. Bl. 265ff.
6   Otte c. Paschen, Urt. v. 13.6.1800, Libell. Gravam. Anlage Nr. 2.
7   Urteil v. 2.4.1719, P. Super. 15.3.1723.

Leistung der Versicherungssumme. solange das Reclameverfahren nicht rechtskräftig mit einer Appellationsentscheidung des jeweiligen oberen nationalen Admiralitäts- oder Prisengerichts abgeschlossen sei.

Das Admiralitätsgericht verwirft diese Einrede und wertet grundsätzlich die erstinstanzliche Condemnation zur Prise als Totalschaden, der die Haftpflicht der Assecuradeure auslöst[1]. Das bedeutet zweierlei:

Der Versicherte ist nicht verpflichtet, den Reclameprozeß in der Appellationsinstanz fortzusetzen; das vertritt das Admiralitätsgericht durchgehend trotz entgegengesetzter Auffassung des Hamburgischen Obergerichts[2] und Benecke's[3]. Darüberhinaus entscheidet sich das Admiralitätsgericht für eine vorbehaltlose Anerkennung ausländischer Konfiskationsurteile; es verlangt lediglich Vorlage der „Documenta facta confiscationis in originali aut probandi forma"[4]. Sowohl die sonst für Hamburg vorbildhafte französische Assecuranzpraxis[5] als auch Benecke[6] wenden sich ausdrücklich gegen eine derartige Anerkennung. Die Haltung des Admiralitätsgerichts erklärt sich aus der Notwendigkeit eines Korrektivs für den in Hamburg nicht üblichen Abandon in Aufbringungsfällen und der Verfahrensbeschleunigung. Der Prozeß Boué c. Stenglin zeigt, daß allein ein Reclame-Appellationsverfahren vor der Londoner Admiralität über 2 1/2 Jahre (Dezember 1757 bis Juli 1760)[7] dauern kann.

XV. Avarie grosse

Das Hamburgische Seerecht 1603 enthält einen Katalog bestimmter Seenotlagen, die schadensrechtlich der Avarie grosse / großen Havarei zugeordnet sind:

- den Seewurf (HambStR 1603, II, 16, 1/2/4/5; AHO XXI, 9 Nr. 8)
- das Kappen von Masten, Segeln, Tauen (HambStR 1603, II, 16, 2; AHO XXI, 9 Nr. 7)
- die Leichterung des Schiffs bei Strandung bzw. Strandungsgefahr (HambStR 1603, II, 16, 8/9; AHO XXI, 9 Nr. 3)
- die Lotsengebühren beim Anlaufen eines unbekannten Nothafens (HambStR 1603, II, 16, 10; AHO XXI, 9 Nr. 2)

---

1   Boué c. Stenglin, Urt. v. 1.5.1760, Q 10; Otte c. Paschen, Urt. v. 24.11.1803, Libell. Appell. Anlage Nr. 9.
2   Boué c. Stenglin, Bericht des Obergerichts ans RKG v. 19.9.1761, o Q.
3   Benecke IV, S. 390; ebenso Glashoff, H. 3, S. 126ff.
4   Peinhorst c. Meckenhauser, P. Adm. 28.8.1721.
5   Emérigon I, ch. 12, sect. 20, § 1 m. zahlreichen Nachweisen.
6   Benecke IV, S. 90; III, S. 376ff.
7   Boué c. Stenglin, Q 28.

- die Kosten der Ranzion, des Lösegeldvergleichs mit Seeräubern zur Befreiung des gekaperten Schiffs und Gutes (HambStR 1603, II, 19, 1; AHO XXI, 9 Nr. 4)
- die Heilungskosten für Besatzungsmitglieder nach Kämpfen mit Seeräubern (HambStR 1603, II, 14, 42; AHO XXI, 9 Nr. 5/6)
- die Schäden aus übermäßigem Segeln (Prangen) (HambStR 1603, II, 14, 35)
- die Schäden aus dem Zerbrechen der Kohbrügge und „unter Wasser verursacht(e)" Ladungsschäden gemäß HambStR 1603, II, 14, 35, modifiziert durch den Rezeß vom 13.2.1618[1].

Von den drei bereits genannten generellen Voraussetzungen der Avarie grosse[2], die diesen Reisenotlagenkatalog unmittelbar bzw. mittelbar kennzeichnen und die gleichzeitig Abgrenzungskriterien zur Avarie particulière darstellen, sind die absichtliche Schadenszufügung „deliberato animo"[3] und die Gefahrengemeinschaft von Schiff, Gut und Fracht im Rahmen der Kontribution[4] Gegenstand einer Rechtsauskunft, die das Admiralitätsgericht 1629 dem Rat von Stettin erteilt[5]:

Ein Schiffer aus Stettin heuert für die Hin- und Rücktour Stettin — Königsberg drei Bootsleute, darunter den Kläger, und zahlt ihnen bei Ankunft in Königsberg die gesamte Reiseheuer[6]. Der Kläger setzt seine Gage in Seife, Flachs und holländischen Käse um und führt diese Waren im Schiff mit. Schiff und Ladung werden auf der Rückreise von einem dänischen Kaper aufgebracht; der Reclameprozeß vor der Kopenhagener Admiralität hat wegen erwiesener Neutralität des Schiffers Erfolg; nur die Waren des Klägers werden konfisziert.

Auf die Urteilsfragen, ob
- die in Dänemark aufgelaufenen Gerichtskosten,
- die während der Reclame für die Besatzung aufgewandten Verpflegungskosten und
- der Schaden des Klägers aus der Konfiskation „vor Averei zue achten und die salvirte Schiff und Güeter etlichen Schaden tragen helfen müssen",
antwortet das Admiralitätsgericht differenzierend:

1 vgl. Ausgabe 1842, S. 381f. Zu den Einzelfällen vgl. v. Bostell, S. 28ff.; Gerckens, S. 3; Ladehoff, S. 29ff.; Soltau, S. 10f.; Langenbeck, Seerecht, S. 168f.; Klefeker VII, S. 177ff.; Stevens, S. 6ff., 25ff.; Lau, S. 222ff.
2 s.o. S. 203.
3 Gerckens, S. 2; Langenbeck, Seerecht, S. 163.
4 Langenbeck, a.a.O., S. 162; Ladehoff, S. 6ff.
5 Blume c. Holzen. 1629 und 1695 erbat der Rat von Stettin Gutachten der Hamburgischen Admiralität; Ursache waren offenbar die Unentgeltlichkeit der Auskünfte in Hamburg und die seerechtliche Fachkunde der Admiralität [s.o. S. 32, m.w.N.]. 1672 hatte das Segelhaus (=Seegericht) von Stettin den Lübecker Rat um Auskunft über die Zuständigkeit des Lübischen Seegerichts gebeten, das aber schon 1664 aufgelöst worden war (Stadtarchiv Lübeck, Interna S, Konvolut 9 [Seegericht], Nr. 4; Wehrmann, a.a.O., S. 645.) Zum förmlichen Rechtszugverfahren auch Ebel, HGBl. 85 [1967] S. 11; Kroeschell, Bd. I, S. 255 / Bd. II, S. 113ff.; Ebel, Lübsches Recht im Ostseeraum, S. 41.
6 keine Zeitheuer; vgl. dazu i.e. Rohde c. Stoltenberg.

Die Reclameprozeß- und zusätzlichen Verpflegungskosten sollen als „Avarei über Schiff und Gut gehen"; den Schaden aus dem Verlust seiner Güter soll der Kläger „für sich alleine tragen", wenn sie durch den Freibeuter geraubt worden seien; anderenfalls soll der Kläger „zu der proportionablen participation aller geborgenen insignirten Güter befugt" sein[1].

Urteilsfrage und Entscheidungsvorschlag lassen zunächst eine terminologische Besonderheit erkennen: Die Avarie grosse erscheint nur in der Bezeichnung „(H)Averei", während die Avarie particulière noch ohne terminus technicus umschrieben wird („für sich alleine tragen").

Diese Handhabung entspricht der Terminologie des Hamburgischen Seerechts 1603 zum Beispiel in HambStR 1603, II, 14, 35 oder in HambStR 1603, II, 16, 4, wonach sich die Formulierung „für Haverey rechnen" ausschließlich auf Avarie grosse bezieht[2]. In den untersuchten Prozessen spiegelt sich diese Praxis durchgehend bis 1682[3]; die begriffliche Scheidung in Avarie grosse und Avarie particulière ist erstmalig — möglicherweise in Anlehnung an die Legaldefinition in Ord. de la marine 1681, III, 7, 2 — in einem Amsterdamer Rechtsgutachten von 1688 und in einem Hamburgischen Privatgutachten von 1689 für die Parteien des Verfahrens Hupping c. Hübner[4] zu beobachten. Das Vokabular im Havarieprozeß orientiert sich bis dahin erkennbar an der Hamburgischen Gesetzesterminologie und nicht an dem in der zeitgenössischen Literatur[5] anerkannten präzisierenden Begriff der „havaria grossa" / „avaria grandis"; erst AHO XXI, 2/7/9 bewirken insoweit eine Rechts- und Begriffsvereinheitlichung[6] und führen auch Definition und terminus technicus der „particulairen Haverey" (AHO XXI, 2/11) ein, die in Langenbecks Assecuranzordnungsentwurf 1721/22, Art. 28 noch nicht ausformuliert sind[7].

Ferner ist etymologisch bemerkenswert, daß das Admiralitätsgericht in Havarieprozessen für den Vorgang der Schadensschätzung (vor der eigentlichen Schadensverteilung oder Repartition[8]) die termini „Moderation" oder „Taxation" verwendet[9], nicht aber den Begriff der „Wardierung". Diesen terminus „Wardie-

---

1 Auskunft vom 25.7.1629, Blume c. Holzen, StAH, Senat, a.a.O., Nr. 18.
2 Gries ad St. 1603, II, 14, 35, Ausgabe 1842, S. 381; Langenbeck, Seerecht, S. 180.
3 Beispiele: Hambrock c. Stampeel, P. Adm. 13.9.1655; Hardorp c. de Pina, P. Adm. 22. 5.1656 (Haverey-Rechnung); Thomsen c. Porten, P. Adm. 25.1.1683 (Beilage Nr. 2 zu Exceptiones).
4 Hupping c. Hübner, H 181, Lit. S, Lit. R, prod. 23.8.1689.
5 vgl. nur Loccenius, lib. 2, cap. 8, n. 3; Weytsen, §§ 6, 3; Kuricke, S. 180; Soltau, S. 10ff.; Kettler, S. 7; später Langenbeck, Assecuranzordnungsentwurf, Art. 27–30; T.B. Jacobsen, S. 19f.; Emérigon I, ch. 12, sect. 39 m.w.N.
6 vgl. Thornton c. C.M., Klefeker VII, S. 537f., 543.
7 vgl. aber dann Langenbeck, Seerecht, S. 162, 196.
8 Langenbeck, Seerecht, S. 172.
9 Beispiel: Hupping c. Hübner, H 181, Urt. v. 20.6.1689, P. Adm. ibid.

210

rung" verwendet aber das Obergericht[1], das damit dem Vokabular des Gesetzes in LübStR 1586, II, 3 und in HansSR 1614, VIII, 3 folgt; in der hamburgischen Parallelnorm HambStR 1603, II, 16, 2 taucht die „Wardierung" nicht auf.

Der Urteilsvorschlag des Admiralitätsgerichts in Blume c. Holzen, die Kosten des Reclameprozesses und der zusätzlichen Verpflegung für die Besatzung in Avarie grosse zu rechnen, bedeutet eine Rechtsfortbildung gegenüber dem skizzierten Katalog der Avarie-grosse-Schäden im Hamburgischen Seerecht 1603.

Ausgangspunkt ist der bereits in der Lex Rhodia und in Consolato del mare, Cap. 227[2] anerkannte Grundsatz, daß die Kosten eines Vergleichs oder Lösegeldvertrages mit einem Kaper als Avarie grosse zu behandeln sind, ein Grundsatz, den HambStR 1603, II, 19, 1, S. 1 — ohne unmittelbare Vorbilder im hansischen Seerechtskreis[3] — übernimmt.

HambStR 1603, II, 19, 1, S. 1 unterstreicht zwei essentialia der Avarie grosse: die Freiwilligkeit des Seeverlustes („mit Composition oder ... Vertrag") und die tatsächliche Rettung des aufgebrachten Schiffs und Gutes aus einer Notlage („entfreyet"); die dritte Komponente, die gemeinsame Schädigung von Schiff und Gut, scheint der Halbsatz „mit genanntem übergebenen Gute" zu vernachlässigen; Langenbeck[4] weist aber in korrigierender Auslegung auf die persönliche Haftung des Schiffers in Vertretung der Reeder („ der Schiffer wegen des Schiffs") als Bürge für die Ranzion hin, so daß mittelbar auch das Schiff dem Schadensrisiko unterliegt.

Diese drei Kriterien sind nach Ansicht des Gerichts entsprechend auf die Kosten eines erfolgreichen Reclameprozesses anwendbar. Das Gericht erweist sich damit als Wegbereiter einer Auffassung, die erst Ende des 18. Jahrhunderts in der Literatur vorbehaltlose Zustimmung findet[5]. Gegen die Qualifikation als Avarie-grosse-Schaden wird zum Teil eingewandt, daß die Aufwendungen im Reclameprozeß nur der Ladung zugute kämen und deshalb von den Befrachtern als Avarie particulière zu übernehmen seien[6]. In der Aufbringungspraxis bezieht sich jedoch das Verlustrisiko sowohl auf die Ladung als auch auf das Schiff — dies ist

---

1   so in Hambrock c. Gehrdes, Urt. des Obergerichts v. 23.1.1657.
2   ebenso Weytsen, § 15; Kuricke, S. 188ff.; Loccenius, lib. 2, cap. 8, n. 5; Emérigon I, ch. 12, sect. 41, § 9; Benecke IV, S. 77.
3   nur in HambStR 1497 P 50; nicht in Rôles d'Oléron Art. 9; WisbySR Art. 12, 20, 21; LübStR 1586, V, 1; HansSR 1614, VIII, 4.
4   Langenbeck, Seerecht, S. 298, 169.
5   Benecke IV, S. 89; Emérigon I, ch. 12, sect. 41, § 9; Stevens, S. 23; noch nicht bei Soltau, S. 24f., und Klefeker VII, S. 189f.; angedeutet bei Langenbeck, a.a.O., S. 198, für Advocaturkosten in Reclamefällen und bei Klefeker VII, S. 510, für den Fall eines nachträglichen Totalverlusts des Schiffs.
6   Benecke IV, S. 89 m.w.N.; Stevens, S. 23 m.w.N.

eine Nachwirkung des Systems der „infection hostile"[1] –, im Reclameprozeß wird grundsätzlich auch die Neutralität des Schiffs und der Besatzung geprüft[2]. Beispielhaft sei auf die getrennte Würdigung der Neutralität von Schiff und Gut im Urteil des Madrider Prisengerichts vom 13.2.1677 im Verfahren Hupping c. Hübner[3] sowie auf die erheblichen Aufwendungen verwiesen, die im Verfahren Thomsen c. Porten[4] vor den Admiralitäten Brüssel und Ostende ungeachtet der Ladung zur Reclamierung des aufgebrachten Schiffes erforderlich waren.

Die erfolgreiche Reclame begünstigt also wie die erfolgreiche Ranzion Schiff und Ladung: „commune est periculum et communis utilitas"[5]; insofern beruht das Votum des Gerichts auf einem Analogieschluß aus HambStR 1603, II, 19, 1, S. 1. An dieser Analogie ist beachtlich, daß in den klassischen Fällen der Avarie grosse zwischen der absichtlichen Schädigung bzw. Aufwendung und der tatsächlichen „Salvirung" von Schiff und Ladung ein unmittelbarer Kausalzusammenhang besteht, der allenfalls durch vis maior[6], aber nicht durch gezielte obrigkeitliche Einwirkung unterbrochen werden kann; im Fall der Reclameaufwendungen wird die „Salvirung" hingegen durch eine richterliche Entscheidung bestimmt und bedingt. Das bedeutet für die Interpretation des Avarie-grosse-Begriffs, daß Schiff und Gut (und Fracht) nicht mehr nur hinsichtlich aller Risiken der Seefahrt, sondern auch hinsichtlich prozessualer Risiken[7] eine Gefahrengemeinschaft bilden.

Die vom Gericht befürwortete Einbeziehung der während der Reclame zusätzlich erforderlichen Verpflegungskosten für die Besatzung in Avarie grosse entspricht dem Prinzip, daß unmittelbare Folgeschäden und -kosten eines Avarie-grosse-Falles ebenfalls von der Gefahrengemeinschaft getragen werden[8]. Dieses Prinzip realisiert schon HamStR 1603, II, 16, 4 in zeitlicher Dimension (Vernichtung „etliche(r) Güter *über* der Werffung") und HambStR 1603, II, 16, 10 bzw. II, 14, 42 in funktionaler Dimension (Kosten im Nothafen und Heilungskosten nach Kämfen mit Seeräubern). Langenbeck[9] rechnet ausdrücklich „alle Unkosten und Liegetage durch Aufbringung causiret" und „Kost-Geld des Schiffs-Volcks", wenn die Besatzung zur Schiffssicherung in Aufbringungsfällen an Bord bleibt, in Avarie grosse[10].

1 dazu Böhringer, S. 11ff. Dieses System beschäftigt den Hamburgischen Rat noch im Mandat von 1673 zur Reclame (in: StAH, Senat Cl. VII, Lit. Ca, No. 1, Vol.4b, fol. 191ff.).
2 F.J. Jacobsen, Practisches Seerecht II, S. 250ff., 265.
3 Hupping c. Hübner, H 181, Lit. X.
4 Thomsen c. Porten, Reclame-Rechnung, P. Adm. 4.1.1683, Summarische Anzeige, Beilage B.
5 Loccenius, lib. 2, cap. 8, n. 5.
6 vgl. dazu generell Emérigon I, ch. 12 ad rubrum.
7 z.B. auch im Beweisrecht, denn die Beweislast für die Neutralität trägt im Reclameprozeß der Neuzeit der Genommene, nicht mehr – wie im Mittelalter – der Nehmer; vgl. dazu F.J. Jacobsen, a.a.O., S. 265; Böhringer, S. 58ff.
8 vgl. dazu Wolter, S. 127f.
9 Langenbeck, Seerecht, S. 169f., 199.
10 ebenso Glashoff, H. 1, S. 92ff., 96 (für einen 20 Monate dauernden Reclameprozeß), Benecke IV, S. 89, 201; Stevens, S. 32.

Über die Zuweisung der genannten Aufwendungen in Avarie grosse hinaus zeigt der Entscheidungsvorschlag, daß das Gericht die Kontributionspflicht auf das Schiff sowie auf geborgene *und* verlorene Güter erstreckt; darin liegt eine Klarstellung der Rechtslage gegenüber dem Auskunftsersuchen des Rates von Stettin, der nur von der Kontribution der „salvirten Güter" spricht.

In Literatur und Seegesetzen ist die Beitragspflicht des Schiffes[1] und der geretteten Güter dem Grunde nach unumstritten: Differenzierungen bestehen allein in der Beitragshöhe[2]. Mit der Betonung der Beitragspflicht auch der verlorenen – untergegangenen oder geworfenen – Güter folgt das Admiralitätsgericht der schon im römischen Recht und im Consolato del mare statuierten sowie auch in Hamb StR 1603, II, 16, 2 zugrundegelegten Kontribution des „Gut(es) geworffen und ungeworffen"[3]. Das Hamburgische Seerecht formuliert insoweit präziser als die Parallelnormen LübStR 1586, II, 1 und das in Stettin geltende HansSR 1614, VIII, 1, aus denen sich die Kontribution der verlorenen Güter lediglich durch den Hinweis auf die Quote der Beteiligung an Schiff und Ladung vor der Werfung ergibt. Der Beitrag der verlorenen Güter rechtfertigt sich daraus, daß der Eigner der geretteten Güter nicht gegenüber dem Eigner der verlorenen Güter benachteiligt werden soll, denn ohne diesen Beitrag müßte der erstere den gesamten, über die Güter berechneten Schaden allein tragen[4]. Um diesem Gesichtspunkt nicht nur beim Seewurf, sondern in allen Avarie-grosse-Fällen Geltung zu verschaffen, formulierte man zeitweise auch eine Beitragspflicht des „Wert(es) der Waren, in dem Schiffe *eingeladen*"[5]. Die Klarstellung der Rechtslage hinsichtlich der verlorenen Güter unterstreicht das Gericht dadurch, daß er seinen Entscheidungsvorschlag ausdrücklich als „den Seerechten und algemeinen See gebreuchen gemeß" bezeichnet.

Schließlich ist festzuhalten, daß das Gericht die Beitragspflicht nicht ausdrücklich auf die Fracht erstreckt.

---

1 Langenbeck, a.a.O., S. 171, 173; Gerckens, S. 6; Ladehoff, S. 28f.; Kettler, S. 7; T.B. Jacobsen, S. 8.

2 der Beitragswert der geretteten Güter kann nach dem Marktpreis am Bestimmungsort (HambStR 1603, II, 16, 2), nach Einkaufspreis zuzüglich Unkosten an Bord ohne Versicherungsprämie und ohne imaginären Gewinn (AHO XXI, 8) oder nach der Taxa in der Police (Conclusum des Admiralitätsgerichts v. 25.5.1782, Anhang B), bestimmt werden; vgl. dazu Kuricke, S. 184 m.w.N.; Loccenius, lib. 2, cap. 8, n. 8; Magens, S. 72; v. Bostell S. 34f.; Emérigon I, ch. 12, sect. 43, § 5; Stevens, S, 37ff.; Benecke IV, S. 134ff.

3 L. 1, § 1/2, § 5 D. de Lege Rhodia de iactu (14.2); Consolato del mare Cap. 94–96. Vgl. ferner Loccenius, lib. 2, cap. 8, n. 8; Langenbeck, Seerecht, S. 168, 173; J.L. Stein, S. 109ff.; Klefeker VII, S. 180; Gerckens, S. 5; T.B. Jacobsen, S. 7; v. Bostell, S. 21ff.; später AHO XXII, 1.

4 Lau, S. 232; ähnlich Loccenius, lib. 2, cap. 8, n. 7.

5 so Langenbeck in Assecuranzordnungsentwurf 1721/22, Art. 30 und die englische Admiralitätspraxis, Stevens, S. 38; ebenso F.M. Klefeker, S. 55.

Die Kontribution der Fracht zur Avarie grosse erscheint in den älteren Seerechten des romanischen Rechtskreises als Alternative zum Beitrag des Schiffes[1], und zwar bedingt durch ein Wahlrecht des Ladungseigners[2] bzw. des Schiffers[3]. In den frühen hansischen Seerechten fehlt überwiegend der Beitrag der Fracht[4]; er setzt sich erst in den Regeln über die „Wardierung" in LübStR 1586, II, 3 und HansSR 1614, VIII, 3 durch; die eigentlichen Repartitionsnormen LübStR 1586, II, 1 und HansSR 1614, VIII, 1 beschränken sich noch auf „Schiff und Gut"[5]. Das Hamburgische Seerecht 1603 läßt grundsätzlich Schiff *und* Fracht[6], und zwar die Nettofracht nach Abzug der Heuer für die Besatzung und der Unkosten (Ordinäre Havarie)[7], kontribuieren[8]. In den meisten Fällen der Avarie grosse, in HambStR 1603, II, 16, 4/8/9/10 und II, 17, 8, wird dies ausdrücklich bestimmt; nur in HambStR 1603, II, 16, 2 (Seewurf), II, 19, 1 (Ranzion) und II, 14, 42 (Heilungskosten) ist die Fracht nicht erwähnt. Ein systematischer Unterschied zwischen diesen Avarie-grosse-Fällen und den Normen, die den Beitrag der Fracht expressis verbis aufnehmen, ist hinsichtlich der Kontributionsgründe nicht erkennbar. Vielmehr stellt die Auslassung der Fracht an den drei zitierten Stellen offensichtlich ein Redaktionsversehen dar, denn auch HambStR 1603, II, 16, 2 verweist mit dem Zusatz „beneben der Fracht" auf deren Kontributionspflicht[9]. Das Gericht hat also in Anlehnung an den überlieferten generalisierenden Repartitionsgrundsatz „Den schaden soll man rechnen über schiff und gut" ersichtlich stillschweigend die Fracht mit in die Schadensverteilung einbezogen. Eine bewußte Auslassung der Fracht käme nur in Betracht, wenn diese dem Schiffer im voraus bezahlt worden und deshalb im Rahmen der Einkaufsrechnung als Bestandteil des Ladungswertes am Ladungsort anzusetzen wäre[10]; diese Möglichkeit ist aus dem Sachbericht nicht abzuleiten. Für die konkludente Mitberücksichtigung der Fracht trotz Verwendung des verkürzten Kontributionssatzes

1 erstmalig im Constitutum usus von Pisa 1161, cap. 14 (Pardessus IV, S. 569ff.) und in Consolato del mare Cap. 96. Vgl. dazu Rehme, S. 58ff., 94ff., 135 m.w.N.; Ladehoff, S. 31f.; Weytsen, § 31; Emérigon I, ch. 12, sect. 42, § 12.
2 Ordonnantie 1563, Van Zeewerping, Art. 6; WisbySR Art. 38.
3 Rôles d'Oléron Art. 8.
4 Der Beitrag der Fracht neben Schiff und Ladung erscheint im Recht der Stadt Kampen aus dem 14. Jhdt. (Rehme, S. 94, 96). WisbySR Art. 38 ist niederländisches, nicht nordisches Recht, Telting, S. 26ff.; Landwehr, in: 1667 ars sjölag ..., S. 83; Rehme, S. 94f.
5 zur Entwicklung des Beitrages der Fracht in den hansischen Seerechten des 17. Jhdt. Rehme, S. 135 m.w.N. in Fn. 8; Kuricke, S. 184f., 187f.
6 so ausdrücklich Weytsen, § 31; Gerckens, S. 6.
7 Langenbeck, Seerecht, S. 173, 176f.
8 Spätere Seegesetze ließen die Fracht zu 1/1 (Genuesische Statuten 1610, Cap. 16, § Omnia iacta; Recopilation, a.a.O., Ley 10), zu 1/2 (Ord. de la marine 1681, III, 8, 7/19) oder zu 1/3 (Livorneser Dispachenpraxis, Benecke IV, S, 148; 1/3 der Fracht erwägt auch Langenbeck in: Assecuranzordnungsentwurf Art. 30; anders dann AHO XXI, 8) kontribuieren. Vgl. dazu auch Stevens, S. 48 m.w.N.; Benecke IV, S. 145ff. m.w.N.
9 Ebenso Langenbeck, Seerecht, S. 173, 176f., 188; v. Bostell, S. 39f.; Ladehoff, S. 31f.
10 Stevens, S. 48. Im Regelfall wird die Fracht am Bestimmungsort gezahlt und ist dann ein in den *Schiff*swert einzurechnender Posten; vgl. ferner Langenbeck, a.a.O., S. 173; Lau, S. 231.

spricht generell auch das Conclusum des Gerichts vom 25.5.1782[1], in dem es die „über Schiff und Ladung zu verteilende Havarie grosse" behandelt und dafür AHO XXI, 8 heranzieht, der ausdrücklich die Beitragspflicht der Fracht normiert.

Das Votum des Gerichts in Blume c. Holzen zum Verlust der Güter des Klägers beruht in seiner ersten Lösungsalternative (Seeraub) auf HambStR 1603, II, 19, 1, S. 2: Dem Raub einzelner Ladungsteile fehlt das Merkmal der freiwilligen Weggabe „deliberato animo"[2] zur Rettung von Schiff und Gut, der Schaden fällt also als Avarie particulière dem Eigentümer zur Last[3].

Das Gericht wendet diese Vorschrift, deren Haftungsregel primär auf die Befrachter zugeschnitten ist[4], auch auf die Führung eines Besatzungsmitgliedes an — der betroffene Ladungsanteil war die Führung des Klägers —, obwohl der die Führung einladende Schiffsmann in der Regel nicht die Rechtsstellung eines Befrachters innehat[5]: Die Führung, auch „voringhe"[6] oder „Volckesföhrung"[7] genannt, stellt das Recht der Besatzung gegenüber dem Schiffer dar, unabhängig vom Heueranspruch[8] bestimmte Warenmengen für eigene Rechnung im Schiff mitzuführen[9].

Die wesentlichen Unterschiede zum regulären Frachtgut ergeben sich daraus, daß die Führung als ursprünglich sachlicher Bestandteil des Entgelts für geleistete Schiffsdienste[10] fracht- und zollfrei befördert wird[11] und bis zu einem bestimmten Anteil vom Beitrag zur Avarie grosse befreit ist[12]. Diesen Aspekten der Privilegierung steht gegenüber, daß der Schiffer der Besatzung nicht für den Trans-

---

1 abgedruckt in Anhang B.
2 Soltau, S. 24f.; Loccenius, lib. 2, cap. 8, n. 16; Kuricke, S. 189; Langenbeck, a.a.O., S. 169, 299; F.M. Klefeker, S. 26ff., 43.
3 1713 scheint das Gericht Schäden aus Seeraub in einem Prozeß, dessen Falldetails nicht zu ermitteln sind, als Avarie grosse behandelt zu haben, vgl. Schele ad St. 1603, II, 19, 1, Ausgabe 1842, S. 405.
4 Dies zeigen deutlich die Parallelnormen LübStR 1586, V 1 / HansSR 1614, VIII, 4; ebenso Soltau, S. 13, 25; Kuricke, S. 189f.
5 Wagner, S. 19; Ebel, Gewerbliches Arbeitsvertragsrecht, S. 68.
6 HambStR 1497 P 38; HansSR 1591, Art. 53.
7 Stypmann, part. 3, cap. 6, n. 25, 26.
8 Winde- und Kühlgeld sowie Bergelohn sind Ansprüche des Volkes gegen den Befrachter. Zu den sich hier überschneidenden Leistungsbeziehungen im Heuer- und Frachtvertrag vgl. Ebel, a.a.O., S. 63ff., 68; Abel, S. 29f.; Landwehr, a.a.O., S. 92f., 110f.
9 Pöhls, Seerecht I, S. 274f. m.w.N.; Abel, S. 17; Ebel, a.a.O., S. 68.
10 dazu i.e. Ebel, Gewerbliches Arbeitsvertragsrecht, S. 65ff.; Abel, S. 33ff. Zu den zugelassenen Warenmengen vgl. HansSR 1614, XIII, 6; Ebel, a.a.O., S. 68, Fn. 4; Langenbeck, a.a.O., S. 49.
11 Klefeker VII, S. 123; Langenbeck, a.a.O., S. 48f.; Wagner, S. 30.
12 vgl. dazu HambStR 1603, II, 16, 7; HambStR 1497 P 38; LübStR 1586, II, 2; Langenbeck, a.a.O., S. 184f.; Pöhls, Seerecht III, S. 718; Stevens, S. 32ff., 51f. m.w.N.; F.M. Klefeker S. 64; Cleirac, S. 38; J.L. Stein, S. 108.

port und für gute Stauung der Führung haftet[1], während er dafür den Befrachtern hinsichtlich ihres Frachtgutes aus HambStR 1603, II, 14, 34/35/36 und aus dem Konnossement[2] verpflichtet ist.

Parallelen zwischen Führung und Frachtgut und insofern Argumente für eine entsprechende Anwendung des HambStR 1603, II, 19, 1, S. 2 auf den Raub der Führung ergeben sich daraus, daß die Wurzel der Führung auch in einem partiellen Selbstbefrachtungsrecht der Schiffsleute liegt, das besonders deutlich in Rôles d'Oléron Art. 18/19 sowie in WisbySR Art. 30 zum Ausdruck kommt[3] und sich fortsetzt in den Regeln über die entgeltliche Abtretung bzw. den Verkauf dieses Rechts an Dritte in HansSR 1591 Art. 53 und HansSR 1614, XIII, 5[4]. Ferner bildet die Führung ebenso wie das eingeladene Frachtgut − im Gegensatz zur Heuer − ein versicherbares Interesse[5]; dies normieren später AHO II, 4 und AHO XIII, 3 für das Hamburgische Assecuranzrecht. Schließlich ist auf den Zeitpunkt hinzuweisen, ab dem der Schiffsmann per legem dem Befrachter gleichgestellt wird: Im älteren Hamburgischen Seerecht[6] trägt die Führung nach dem Werfen einer halben Last der Gesamtschiffsladung uneingeschränkt nach der dispachierten Schadensquote zur Avarie grosse bei; gemäß LübStR 1586, II, 2 und Hamb StR 1603, II, 16, 7 kontribuiert der Schiffsmann mit seinem über „seine bescheidene Führung" eingeladenen Gut, also nur beschränkt zur Avarie grosse.

Die aus diesen Parallelstrukturen abzuleitende Gleichbehandlung von Führung und Frachtgut in der ersten Lösungsalternative spiegelt sich auch in der zweiten, nach dem Sachverhalt einschlägigen Lösungsvariante:

Das Gericht schlägt für den Fall, daß die Waren des Klägers nicht durch Seeraub, sondern durch die Beschlagnahme verloren gingen, eine Befugnis des Klägers „zu der proportionablen participation aller geborgenen insignirten Güter" vor. Die aus dieser Formulierung ersichtliche Einbeziehung des Schadens des Klägers in die Havarierechnung erscheint aus folgenden Überlegungen konsequent:

1   Ebel, a.a.O., S. 66, 68. Sehr deutlich auch Consolato del mare Cap. 128, wonach der Schiffer nicht für Schäden und Verderb der Führung haftet.
2   Zur Frage, ob aus dem Konnossement der Schiffer allein oder subsidiär/alternativ der Reeder verpflichtet ist, vgl. Rentzel, S. 4ff.; Surland, S. 25; Blanck, S. 44ff.; J.D. Sluter, S. 14f.; Cleirac, S. 45; Pöhls, Seerecht I, S. 157f.; Lau, S. 139f., 191ff.; J.L. Stein, S. 64ff. Die offenbar früheste hansische Norm über das Konnossement, HansSR 1591 Art. 51, spricht wegen des 3/4 - Aufgeldes für die Reeder gegen eine Alleinverpflichtung des Schiffers.
3   Ebel, a.a.O., S. 65f.; ders., in: Probleme d. Rechtsgeschichte, S. 13; Abel, S. 32f.; Rehme, S. 126f.; Landwehr, a.a.O., S. 108f.
4   Die Abtretung des Selbstbefrachtungsrechts in der Führung macht die Schiffsleute zu Verfrachtern auf einem fremden Schiff; Abel, S. 17; Lau, S. 150; Landwehr, a.a.O., S.116.
5   vgl. dazu Stevens, S. 50f.; Weskett, Bd. I, S. 309f.; Pöhls, AssecR, S. 104f.; Benecke I, S. 83f.
6   HambStR 1497 P 38; Gries ad St. 1603, II, 16, 7, Ausgabe 1842, S. 392 m.w.N.

Entgegen den Regelungen der Hansischen Rezesse und Seerechte über die Termine der Heuerzahlung[1] hatte der Schiffer in Königsberg die Heuer nicht nur für die Hinreise, sondern auch schon für die Rückreise Königsberg – Stettin an den Kläger vorab ausgezahlt. Diese Gesamtreiseheuer setzte der Kläger ohne Abzug in Waren um. Es ist zweifelhaft, ob die so erworbene Führung noch als „bescheidene Führung" im Sinne des HambStR 1603, II, 16, 7 zu bewerten war; bezeichnenderweise taucht im Urteilsvorschlag des Gerichts dieser terminus technicus für das Warenkontingent des Klägers nicht auf. Anhaltspunkte für die Grenzen einer „bescheidenen Führung" sind aus dem Hamburgischen Seerecht 1603 nicht zu entnehmen. Demgegenüber nennen HansSR 1591 Art. 53 und HansSR 1614, XIII, 6 bestimmte Abstufungen nach Gewichtsklassen (für Bootsleute 4 Tonnen pro Last, davon für Korn 10 Scheffel). Eine andere differenzierte Abgrenzung enthält Consolato del mare Cap. 129: Bei Auszahlung der Gesamtheuer vor Reiseantritt soll der Seemann, der davon Führung im Wert der halben Heuer erwirbt, mit der Führung nicht zur Avarie grosse beitragen müssen. Sofern die Führung den Wert der halben Heuer übersteigt, besteht im Hinblick auf diesen überschießenden Betrag eine uneingeschränkte Kontributionspflicht.

Die Rechtsfolgen in Consolato del mare Cap. 129 korrespondieren exakt mit den Rechtsfolgen in HambStR 1603, II, 16, 7, wonach das Schiffsvolk von dem die „bescheidene Führung" überschreitenden Betrag „Havarey andern gleich" zu zahlen hat und insoweit Befrachtern und Reedern gleichsteht.

Wenn man Consolato del mare Cap. 129 hier auf der Ebene des Gesetzestatbestandes zur Interpretation des HambStR 1603, II, 16, 7 heranzieht, ergibt sich, daß der Kläger mit einer Führung im Wert der Gesamtreiseheuer nicht mehr im privilegierten Bereich des Gesetzes lag. Das bedeutet unter Berücksichtigung der dann gegebenen Gleichstellung des Seemannes mit den übrigen Kontributionspflichtigen, daß der Seemann nicht nur bei Rettung seiner Waren mit der Kontribution zur Avarie grosse belastet wird, sondern bei Verlust seiner Waren von der Kontribution der Gefahrengemeinschaft profitieren muß. Insoweit beruht der Entscheidungsvorschlag des Gerichts auf einem Umkehrschluß aus HambStR 1603, II, 16, 7. Dabei ist das Gericht großzügig verfahren, denn bei strenger Gesetzesanwendung hätte es die Entschädigung des Klägers auf den Wert der Güter beschränken müssen, der den Umfang der „bescheidenen Führung" – hier die halbe Heuer – überstieg.

Die zitierten Bestimmungen zur Abgrenzung der zulässigen Führung dienen unabhängig von dem Verfahren Blume c. Holzen dazu, das Recht der Besatzung auf

---

1   In der Regel erhält der Schiffsmann ein Hand- oder Angeld vor Reiseantritt und dann die Heuer in drei Raten jeweils im Abgangs-, Löschungshafen und nach dem Abschluß der Reise; Abel, S. 36f. m.w.N.; Pöhls, Seerecht I, S. 269f.; J.L. Stein, S. 74ff.; Landwehr, a.a.O., S. 107.

Führung immer mehr zugunsten einer uneingeschränkten Frachtraumnutzung der Reeder zurückzudrängen[1]. Ein Hamburgischer Heuervertrag von 1692[2] illustriert die Restriktionen bei der Befugnis der Kapitäne zur Vorabzahlung der Gesamtreiseheuer bzw. zur Leistung von Heuervorschüssen: „Auch soll der Capitein nicht gehalten (sein), ausserhalb Landes particulier einig Geld ans Volk zu leihen, es sey daß der Capitein aus freiem Willen sich solches belieben lassen wird".

XVI. Avarie particulière

Abgrenzungsfragen zwischen Avarie grosse und Avarie particulière sowie deren Zusammenhang mit dem Assecuranzrecht behandelt das Admiralitätsgericht in **C.M. c. Thornton**:

Versichert ist ein Schiff für die Route Petersan — Livorno, das während der Fahrt durch die Ostsee erhebliche Sturmschäden und Schäden aus übermäßigem Segeln (Prangen) erleidet, die auch die Ladung beeinträchtigen[3]. In Kopenhagen, dem angelaufenen Not- und Reparaturhafen, und in Hamburg werden Dispachen aufgemacht, die den vom Schiff allein zu tragenden Schaden (Avarie particulière) auf 988 Mk. bzw. 979 Mk. festsetzen, die über Schiff, Gut und Fracht zu verteilende Avarie grosse darin aber nur mit 2 11/36 % ansetzen. Die Versicherungssumme betrug 7.200 Mk. Auf die Klage des Versicherten wenden die Assecuradeure ein, die Avarie grosse betrage weniger als 3 % des Versicherungswertes, die Avarie particulière beruhe überwiegend nicht auf Sturmschäden, sondern auf dem schlechten Bau- und Kalfaterungszustand des Schiffes; sie lehnen mit Berufung auf die AHO eine Zahlungspflicht ab[4]. Im Interlokut vom 4.12.1765[5] befreit das Gericht die Assecuradeure von der Zahlung der Avarie grosse und erlegt dem Kläger den Beweis auf, „daß das Schiff einen nach hiesigen Seerechten" von den Assecuradeuren als Avarie particulière zu erstattenden Schaden erlitten habe.

Die Befreiung von der Avarie grosse ergibt sich aus AHO XXI, 7 und dem dort fixierten Grundsatz, daß der Assecuradeur für geringfügige Schäden, deren Ursache aus haftpflichtbegründenden Seeunfällen kostenaufwendig zu ermitteln und in der Regel schwer beweisbar ist, nicht einsteht[6]. Gleichzeitig lehnt das Gericht

1   Pöhls, Seerecht I, S. 274, 353; Langenbeck, Seerecht, S. 49; Klefeker VII, S. 123f.; Hanses, S. 44f., 57f.; Wüstendorfer, S. 186.
2   Rohde c. Stoltenberg, Anlage Nr. 1 zu Exceptiones peremtoriae, P. Adm. 28.11.1695.
3   Klefeker VII, S. 536f. (C.M. c. Thornton).
4   Klefeker VII, S. 539f.
5   Klefeker VII, S. 540.
6   Pöhls, AssecR, S. 325f., 367f.; F.M. Klefeker, S. 74f. Ebenso entscheidet das Admiralitätsgericht in Metkalfe c. Demissy, wo das extraordinäre Lotsgeld zwar in Avarie grosse fällt, aber nicht 3 % des Versicherungswertes erreicht; Metkalfe c. Demissy, Klefeker VII, S. 147f.

die Meinung des Klägers ab, Avarie grosse und Avarie particulière müßten in kumulativer Berechnung 3 % des Versicherungswertes übersteigen, um die Haftpflicht auszulösen. In der zeitgenössischen Literatur und Dispachenpraxis[1] besteht Einigkeit darüber, daß beide Arten der Havarie entweder getrennt mit einer speziellen Particulairdispache aufgemacht oder in einer Generaldispache, aber mit abgesonderten Rechnungen, aufgeschlüsselt werden; eine Kumulation beider Schadensberechnungen zum Zweck der Umgehung der separat zu berücksichtigenden Franchiseklausel ist unzulässig.

Hinsichtlich der Avarie particulière geht das Gericht von AHO XXI, 11 aus; die Sturmschäden am Schiff sind − auch soweit sie über den Rahmen des HambStR 1603, II, 16, 2 / II, 14, 35 hinausgehen − im Falle einer Kaskoversicherung vom Assecuradeur zu übernehmen. Dies gilt jedoch nicht für Schäden aus der reisebedingten Abnutzung des Schiffs, der sogenannten Slitage, die durch einen Abzug „alt für neu" − häufig pauschaliert auf $1/3$ des Schiffsneuwertes − die Berechnung der Avarie particulière zu Lasten des Versicherten beeinflussen[2]. Dagegen gehören die Schäden am Schiff infolge „schlechter Dichtung" des Schiffes, die in C.M. c. Thornton durch ein Augenscheinsprotokoll von zwei dänischen Schiffsbauern und einem Segelmacher[3] glaubhaft gemacht sind, zur Avarie particulière, für die gemäß HambStR 1603, II, 14, 35 zunächst der Schiffer haftet und hinsichtlich deren in der Entscheidung zu klären war, ob den Assecuradeur insoweit eine Sekundärhaftung trifft.

Trotz des ausdrücklichen Hinweises auf die ratio legis in AHO VII, 2/3 im Votum[4] lehnt das Gericht eine Sekundärhaftung des Assecuradeurs hier ab, weil es den zugrundeliegenden Rechtsgedanken, die Übernahme der Seegefahren aus dem Verschulden des Schiffers, in diesem Fall nicht für anwendbar hält. Vielmehr rechnet es die Schäden aus ungenügender Dichtung und Kalfaterung als Aufsichtsverschulden dem versicherten Reeder zu, der seinerseits − da der Assecuradeur für Versäumnisse und Fehler des Versicherten selbst nicht eintritt − seinen Regreß an den Schiffer nehmen soll, der für Seetüchtigkeit und Schiffssicherung aus der Chertepartie[5] sowie aus HambStR 1603, II, 14, 35 persönlich haftet. Erkennbar ist die Intention, das Prinzip des AHO VII, 1, S. 1 im Bereich der Kaskoversicherung einzuschränken und die für den versicherten Reeder − im Gegensatz zum versicherten Ladungseigner − erleichterte Aufsichts*möglichkeit* gegenüber dem Schiffer umzudeuten in eine Aufsichts*pflicht*, deren Versäumung oder Verlet-

---

1 Langenbeck, Seerecht, S. 195f.; Klefeker VII, S. 545f.; Pöhls, AssecR, S. 700; Benecke IV, S. 216.
2 Benecke IV, S, 184; Pöhls, AssecR, S. 316; Kiesselbach, Seeversicherung, S. 143; Valin, S. 498.
3 Klefeker VII, S. 541f.
4 Klefeker VII, S. 544.
5 v. Bostell, S. 47; Soltau, S. 26; Klefeker VII, S. 89ff.; Langenbeck, Seerecht, S. 85f.

zung im Risikobereich des Versicherten verbleibt[1]. Hier ist eine Rechtsfortbildung gegenüber älteren Entscheidungen des Gerichts[2] zu konstatieren, in denen AHO VII, 1 noch nicht im Licht des Gegensatzes zwischen Kasko- und Kargoversicherung interpretiert wurde.

XVII. Havariezeichnung

Auch formelle Fragen des Havarierechts beschäftigen das Admiralitätsgericht:

In **Hambrock c. Stampeel** klagt ein Schiffer Havarieforderungen gegen mehrere Befrachter ein, die einwenden, die „Averey" sei ihnen nicht „angedienet" worden[3]. Im Urteil vom 13.9.1655 erlegt das Gericht dem Kläger den Beweis auf, daß er den Beklagten die Havarie „zu rechter zeit gebührend angedienet" habe, „ehe einig Gut gelöschet"[4].

Die Hinweise des Urteils auf Fristwahrung dokumentieren, daß die Andienung nicht nur die Rechtsnatur einer beweissichernden Anzeige, sondern die Funktion der anspruchssichernden Geltendmachung des Schadens hat[5]. Obwohl eine ausführliche gesetzliche Regelung der Andienung – begriffsidentisch mit der „Havariezeichnung"[6] oder „Andeutung"[7] – in Hamburg erst in der Verordnung für Schiffer und Schiffsvolk vom 5.12.1766, Art. 6/9, erfolgte, bestanden bereits im 17. Jahrhundert gewisse Form- und Fristvorschriften für die Andienung, deren Nichteinhaltung Rechtsverlust bewirkte.

Nach dem Mandat vom 23.3. 1625, Abschnitt II[8], ist die Havarie 24 Stunden nach Einlaufen im Hamburgischen Hafen vom Schiffer persönlich unter Vorlage und Beeidigung aller schadensrelevanten Dokumente bei der Admiralität anzugeben. Aus dem Parteivortrag in Hambrock c. Stampeel[9] geht hervor, daß nicht nur diese 24-Stunden-Frist, sondern auch die erst in der Verordnung für Schiffer und Schiffsvolk 1766, Art. 9, normierte Pflicht zur Andienung vor Lukenöffnung gewohnheitsrechtliche Anerkennung („nach Seerecht") genießt. Zur Zeit der Ent-

---

1   vgl. dazu Pöhls, AssecR, S. 309.
2   s.o. S. 173 m.w.N.
3   Hambrock c. Stampeel, P. Adm. 13.9.1655.
4   s. auch Bescheid des Gerichts v. 24.4.1656, Hambrock c. Stampeel, P. Adm. ibid.
5   Den Zweck der beweissichernden Anzeige hat der Seeprotest aufgrund des beeidigten Schiffsjournals und der Verklarung.
6   Ebel, HGBl. 70 (1951), S. 98f.; Ladehoff, S. 20ff.; Lau, S. 227.
7   Diesen terminus verwendet die AHO in AHO XVI, 1 und XVII, 1; vgl. ferner Pöhls, AssecR, S. 725ff., 753f.
8   abgedruckt bei Langenbeck, Seerecht, S. 294f.; vgl. ferner ders., a.a.O. S. 181; Magens, S. 96.
9   Hambrock c. Stampeel, P. Adm. 24.4.1656.

scheidung ist die Andienung aufgrund des Mandats vom 30.8.1639[1] soweit formalisiert, daß sie nicht mehr der Schiffer persönlich, sondern der Dispacheur — hier Johann Philipp Rademacher — gegenüber den Ladungsinteressenten[2] erklärt, darüber einen als Beweisurkunde im Seeprozeß verwertbaren „Andienungsschein"[3] ausstellt und für die Andienung eine Gebühr von durchschnittlich 4 sh. erhebt[4]. Im 18. Jahrhundert wird die Andienung auch durch beeidigte Makler oder durch Notare wahrgenommen[5].

Der Bedeutung des maßgeblichen Zeitpunktes vor der Ladungslöschung, also vor möglichen Manipulationen des Schiffers an der Ladung, entspricht eine gesonderte Beweiserhebung über den Beginn der Löschungsarbeiten; dazu vernimmt das Gericht in Hambrock c. Stampeel einen Bootsmann der Besatzung[6].

XVIII. Anerkennung ausländischer Havariedispachen

Eine andere formelle Frage betrifft die Anerkennung einer im Ausland dispachierten Avarie grosse, die das Gericht zunächst nicht einheitlich beantwortet.

In **Hupping c. Hübner** geht es um die Erstattung der Kosten, die zur Freimachung eines in Spanien beschlagnahmten Hamburgischen Schiffes mit sehr wertvoller Ladung[7] aufgewendet und in zwei spanischen Dispachen von 1679 und 1680 repartiert worden waren. Das Gericht erklärt 1689[8] die „Spanischen Dispachen nach üblichen Seerechten bei Würden" und verurteilt die Ladungseigner zur Zahlung ihrer Quote der dispachierten Avarie grosse.

Genau entgegengesetzt verlangt das Gericht in mehreren Prozessen der Jahre 1754 bis 1763[9] trotz Vorlage beglaubigter auswärtiger Dispachen über Avaries grosses grundsätzlich eine in Hamburg aufgemachte Dispache als Sachurteilsvoraussetzung.

1   abgedruckt bei Langenbeck, Seerecht, S. 202f.
2   nicht mehr gegenüber der Admiralität, vor der nur noch der Seeprotest zu erklären ist.
3   Hambrock c. Stampeel, Andienungsschein v. 2.1.1655, prod. 18.10.1655.
4   Gebührenbeispiele in Dispachen bei Langenbeck, Seerecht, S. 224; Klefeker VII, S. 136; Plaß, S. 106f.
5   Kiesselbach, Seeversicherung, S. 153; Schultze-v.Lasaulx, S. 22 m.w.N.
6   Hambrock c. Stampeel, Depositio v. 24.8.1657, prod. 3.6.1658.
7   Gold- und Silbermünzen, Schmuck, Goldschmiedearbeiten, Silbergeschirre, Tuche, Edelhölzer; s. Konfiskationsurteil Madrid v. 13.2.1677, Hupping c. Hübner, H 181, Lit. X.
8   Urteil v. 20.6.1689, Hupping c. Hübner, H 181, P. Adm. ibid.
9   Hettling c. Kähler, Klefeker VII, S. 522; Stolle c. Rothaer, Urteil v. 16.2.1758, P. Adm. ibid.; C.M. c. Thornton, Klefeker VII, S. 538; J.S. c. Scheel, Klefeker VII, S. 461. Der Umschwung der Rechtsprechung ist möglicherweise mit einer Umstrukturierung des Dispacheamtes in Hamburg 1754 zu erklären, in deren Folge der Dispacheur ein Dispachenmonopol in Havarieprozessen erwarb; vgl. dazu Plaß, S. 105.

Ähnlich divergierende Positionen kennzeichnen die Literatur, die entweder für die uneingeschränkte Anerkennung ausländischer Dispachen in Hamburg votiert[1] oder sie in modifizierter Form zuläßt[2], sie teilweise auch grundsätzlich ablehnt[3]. Das Hamburgische Seerecht 1603 schweigt zu diesem Problem, wie es überhaupt die gesamte Dispachierung nicht behandelt; die AHO befürwortet inzident eine Anerkennung von Dispachen, die an einem ausländischen (Not-)Löschungsort aufgemacht werden, und zwar in Fällen der Avarie grosse (AHO XXII, 6) *und* der Avarie particulière (AHO XXI, 13), sofern dies „daselbst füglich geschehen kann"; anderenfalls ist der Hamburgische Dispacheur zuständig. Unter der Voraussetzung vergleichbarer Zuständigkeitsbestimmungen und Schadensberechnungsmodalitäten haben damit Seegesetze und Dispachenusancen des (Not-)Löschungshafens Priorität[4] vor denen des Ladeortes[5] oder des Bestimmungsortes[6].

Die Abneigung der Hamburgischen Assecuradeure, sich den im Ausland erheblich variierenden Repartitionsregeln[7] zu unterwerfen, wurde von auswärtigen Handelspartnern unwillig registriert: Auf eine Beschwerde, daß „die in Danzig durch publica auctoritate bestellte Arbitros aufgemachte Avaries grosses von den Hamburger Assecuradeuren nicht für hinlänglich gehalten werden", antworteten die Assecuradeure Hermann Rosen und Lucas Kellinghusen 1763 dem Rat der Stadt Danzig[8], in einem Schadensfall seien „alle Beweismittel und Documente nach Hamburg zu senden, damit der hiesige Dispacheur die Avarie aufmacht. Den Hamburger Assecuradeuren ist nicht zumutbar, nach auswärtiger Aufmachung zu bezahlen".

Das Admiralitätsgericht beendet diese Differenzen durch ein Conclusum vom 25. 5.1782[9], das die Formulierung „füglich" in AHO XXI, 13 / XXII, 6 konkretisiert und die Anerkennung ausländischer Dispachen aufgrund „daselbst wirklich existierenden obrigkeitlichen Verordnungen" festlegt. Nach diesem Conclusum wird

---

1   Magens, S. 74; Benecke IV, S. 153; Pöhls, AssecR, S. 701 mit Vorbehalten; Büsch, Darstellung, S. 314f.
2   nur in einer durch autorisierte Personen (nicht Privatdispacheure) erstellten Form nach den Gesetzen des Nothafens, Pöhls, AssecR, S. 709f.; Glashoff, H. 2, S. 142 (kritisch).
3   Glashoff, H. 2, S. 185f. / H. 3, S. 81ff.
4   so Gerckens, S. 9; F.M. Klefeker, S. 70.
5   Vorschlag von Glashoff, H. 1, S. 86ff.
6   Ladehoff, S. 8; Kuricke, S. 186; Pöhls, Seerecht III, S. 473; Stevens, S. 38ff., 42. Bestimmungsort und Löschungsort sind nicht zwingend identisch, zutreffend Pöhls, AssecR, S. 709f.; ungenau Benecke IV, S. 149f. Die AHO bezieht sich auf den (Not-)Löschungsort.
7   vgl. nur die Unterschiede in der Berechnung des Warenwertes und in der Berücksichtigung des imaginären Gewinns bei Benecke IV, S. 135ff. m.w.N.; Emérigon I, ch. 12, sect. 42.
8   StAH, Senat Cl. VII, Lit. Lb, No. 2, Vol. 7a, fol. 90ff.
9   abgedruckt in Anhang B; bestätigt 1793; vgl. P.E. 1793, fol. 224 R.

zum Beispiel in Benecke c. Schröder[1] eine in Bremen aufgemachte Avarie grosse vom Gericht anerkannt.

Festzuhalten ist, daß es in den völkerrechtlichen Verträgen, die Hamburg im 17. und 18. Jahrhundert als „Commerce- und See-Tractate" mit seinen wichtigsten Handelspartnern schloß[2], nicht das Prinzip der Gegenseitigkeit der Dispachenanerkennung gibt. Das Admiralitätsgericht favorisiert also in den Grenzen des Conclusums von 1782, d.h. gegen den Wortlaut in AHO XXI, 13 nur für Avarie-grosse-Fälle, eine einseitige Anerkennung auswärtiger Dispachen und eine insoweit uneingeschränkte Bindungswirkung für die Hamburger Schiffs- und Ladungsinteressenten, gegebenfalls auch für die Assecuradeure. Diese Auffassung beruht offensichtlich auf einer Anknüpfung an die quasi-richterliche Funktion ausländischer Dispacheure mit ihrer Verpflichtung zu gesetzmäßiger Repartition[3]; dies zeigt exemplarisch die Personalunion zwischen Seegericht und Dispachenamt in den niederländischen Assecuranzkammern, in den italienischen Seegerichten oder in der Person des französischen „Lieutenant de l'Amirauté"[4].

Ebenso wie bei der Anerkennung auswärtiger Konfiskationsentscheidungen erscheint das Gericht hier als Wegbereiter einer grundsätzlichen Anerkennung ausländischer Sachurteile hinsichtlich ihrer vollen Rechtskraftwirkung in Hamburg. Eine Anerkennung, die sich auch auf die Vollstreckbarkeit ausländischer Dispachen in Hamburg bezieht, verwirklichen erst die Geschäftsbedinungen der Hamburgischen Assecuradeure 1800, Art 17/18[5].

XIX. Gute Mannschaft

„Niemand soll einige Assecurantie bey hiesiger admiralitet einklagen, welche nicht zu vor von guten Männern beleuchtiget"[6]. Die in Seeversicherungssachen obligatorische „gute Mannschaft" ist als Institut außergerichtlicher Streiterledigung durch zwei, gegebenenfalls drei Hamburgische kaufmännische Schiedsrichter[7] seit Beginn des 17. Jahrhunderts in der Hamburgischen Assecuranzpraxis ge-

---

1 Benecke c. Schröder, Supplik, o.Q., prod. Wetzlar 28.3.1806. Die Bremischen Dispachen wurden nach holländischem Recht aufgemacht. In Lübeck orientierte sich die Dispachenpraxis am Hamburgischen Recht; Kiesselbach, a.a.O., S. 35.
2 vgl.: o.V., „Aeltere Tractate mit fremden Mächten", besonders Frankreich, Spanien, Schweden und England; vgl. ferner die Verträge in CoBi S/599, 46, 1 rot.
3 so auch Pöhls, AssecR, S. 701; Benecke IV, S. 154.
4 Kracht, S. 38f.; Benecke IV, S. 155; Valin, S. 125f.
5 In der Assecuranzpraxis war die Anerkennung vorher lange umstritten; noch 1790 verweigerten Hamburgische Assecuradeure die Anerkennung von in Bremen aufgemachten Dispachen; Stritzky, S. 11.
6 Langenbecks Assecuranzordnungsentwurf Art. 51.
7 dazu Langenbeck, a.a.O., S. 420; s. auch oben S. 70ff.

wohnheitsrechtlich anerkannt; sie wird bestätigt durch ein Mandat des Rates von 1656, durch ein Conclusum des Admiralitätsgerichts von 1705[1] und als ständige Geschäftsbedingung in den Vergleichen der Hamburgischen Assecuradeure von 1687, 1697 und 1704.

Präzise normative Bestimmungen zum Verfahren der „guten Mannschaft" sowie zur Rechtskrafterstreckung des laudums enthalten erst GO 1711, Tit. 37, Langenbecks Assecuranzordnungsentwurf 1721/22, Art. 48—51 und AHO XIX.

In mehreren Entscheidungen hat das Admiralitätsgericht den Vorrang der „guten Mannschaft" vor dem Judizialverfahren bekräftigt; allerdings fällt auf, daß es die Verweisung zur „guten Mannschaft" durchgehend sowohl im 17. Jahrhundert[2] als auch nach Inkrafttreten der AHO[3] nicht ex officio, sondern nur auf Antrag der beklagten Assecuradeure ausspricht[4]. Diese Handhabung entspricht dem Rechtsgedanken in GO 1711, 37, 1: Verweisung, „wann ein oder anderer Theil" (also nicht nur der Beklagte!) „solche Exceptionem declinatoriam opponiret"; sie widerspricht aber Langenbecks Assecuranzordnungsentwurf Art. 51, der expressis verbis die Verweisung von Amts wegen vorsieht, und AHO XIX, 1[5]. Das Admiralitätsgericht betont damit auch im 18. Jahrhundert noch die vertragliche Komponente der „submission" unter „gute Mannschaft" bzw. die Parteiwillkür bei der Unterwerfung unter ein Schiedsgericht[6].

Allerdings ist einschränkend darauf hinzuweisen, daß nur in Ausnahmefällen[7] überhaupt kein Vorverfahren mit Güteversuch stattfand; in fast allen Assecuranzprozessen, in denen der Beklagte den Verweisungsantrag nicht stellt, ist ein Extrajudizialverfahren vor den Gerichtsverwaltern vorangegangen. In einer Entscheidung von 1747[8] wertet das Admiralitätsgericht das Präturverfahren als gleichwertiges Streitschlichtungsverfahren im Verhältnis zur „guten Mannschaft"[9].

1   P.E. 1705, fol. 163.
2   Juncker c. Schnitker, P. Adm. 16.11.1654; Hagen c. Fincks, P. Adm. 12.6.1656; Heckstetter c. Rull, P. Adm. 19.1.1660.
3   Rothaer c. Göldners, Klefeker VII, S. 582 (1740); Schwartzkopf c. diverse Assecuradeure, Klefeker VII, S. 582 (1742); Havemester c. Schlüter, Klefeker VII, S. 583 (1743).
4   Das Obergericht verfährt ebenso; vgl. die Prozeßurteile 1687, 1686, 1689, 1701 in Thesaurus iuris, Bd. I, 1, S. 1051ff., Nr. 49—53.
5   AHO XIX, 1 ist nach Krieger, Cap. I, § 79 mit Fn., ebenfalls nicht disponibel, sondern zwingenden Rechts und von Amts wegen zu beachten.
6   vgl. noch Vergleich der Hamburgischen Assecuradeure 1687 „vermöge Contracts". Zur Rechtslage im gemeinen Recht vgl. Carpzov, Processus Iuris, Tit. II, Art. 3, 46.
7   z.B. in Kruse c. van Santen.
8   Klefeker VII, S. 585.
9   Zum Vergleich: In Bremen bestand kein Zwang zur „guten Mannschaft" in Assecuranzsachen (StA Bremen, Sign. 2. R. 11. v., Seeassecuranzen), ebensowenig in Frankreich (Ord. de la marine, 1681, III, 6, 3; Valin, S. 460), andererseits aber in Holland und Schweden.

Die generelle Intention des Gerichts, die völlige Unterlassung eines Güteversuchs zu bekämpfen, dokumentiert auch die Entscheidung in **Havemester c. Schlüter**[1], derzufolge ein Streitschlichtungsversuch nicht von seiner Erfolgsaussicht abhängt, d.h. die „gute Mannschaft" ist auch dann obligatorisch, wenn absichtliche Versäumung angesetzter Vergleichsverhandlungen oder die Verweigerung der Sacheinlassung durch den Assecuradeur zu erwarten sind[2].

Materielle Voraussetzungen der „guten Mannschaft", die gesetzlich nicht geregelt sind, hat das Gericht in **Juncker c. Schnitker** zu klären:

Im Verfahren um die Auszahlung der Versicherungssumme für eine verlorene Silberladung im Wert von 30.000 Rth. beantragt der Hamburgische Kaufmann Geronimo Schnitker die Verurteilung der beklagten Assecuradeure, die trotz mehrfacher Bescheidung des Gerichts keinen Schiedsrichter für die „gute Mannschaft" benannt hatten. Daraufhin präsentieren die Beklagten, weil sie „keinen Christen (hätten) bekommen können"[3], Duarte de Lima, einen portugiesischen Kaufmann jüdischen Glaubens. Auf die Rüge des Klägers, „Rei (hätten) keinen unparteilichen Bürger zum guten Mann ernannt"[4], urteilt das Gericht am 16.11.1654, die Beklagten sollten binnen 8 Tagen „vermöge Police und Assecuranz-Verschreibung neutrale Kaufleute zur Börse, die Christen sein, zu guten Männern ernennen". Die Appellation der Beklagten an das Obergericht bleibt erfolglos[5].

Im formellen Verfahren der „guten Mannschaft" bezeichnet diese Entscheidung den Zeitpunkt der Benennung eines „arbiter" *vor* der Unterzeichnung des „compromissum", d.h. der Urkunde, in der sich die Parteien über die allgemeine Schiedsklausel in der Police hinaus auf bestimmte nominierte Schiedsleute einigen[6]. Die Entscheidung dokumentiert die gerichtliche Erzwingbarkeit der Benennung eines „arbiter", die GO 1711, 37, 3 für das Admiralitätsgericht auch normativ festlegt.

Zum Urteilstenor: Die Verpflichtung der Parteien, „to submitteren in Dry *neutrale Kopluden van dieser Borse* (in Hamborg)" ersetzt seit Beginn des 17. Jahrhunderts[7] in Hamburgischen Policen die Klausel, in Streitfällen die Entschei-

1   Havemester c. Schlüter, Klefeker VII, S. 583.
2   vgl. dazu AHO XIX, 5/7; Langenbeck, Seerecht, S. 421.
3   Juncker c. Schnitker, P. Adm. 16.11.1654.
4   P. Adm. 16.11.1654.
5   Confirmatoria des Obergerichts v. 6.7.1655, Acta priora, Protocollum Superioris 6.7. 1655.
6   generell zum „compromissum" Krause, S. 48ff., 52ff., 77f. Beispiel eines „compromissum" von 1658 in van Ellgen c. Funck, StAH, RKG, E 26, o.Q., Lit. B, prod. 17.6.1667. Teilweise heißt das „compromissum" beim Admiralitätsgericht auch „Commissions-Vergleich", so in StAH, Senat Cl. VII, Lit. Ca, No. 1, Vol. 2b, Nr. 5.
7   Beispiel: Police von 1628 in Kruse c. van Santen, StAH, RKG, K 74, Q 18 a.

dungskompetenz der Antwerpener Assecuranzkammer zu akzeptieren[1]. In den Policen werden keine Bedingungen zur Nationalität und Glaubenszugehörigkeit der Schiedsrichter formuliert; dies gilt auch für die später geschlossenen Vergleiche der Hamburgischen Assecuradeure[2] sowie für die eingangs erwähnten Gesetze zur „guten Mannschaft".

Die Restriktion der Schiedsklausel auf neutrale Kaufleute christlichen Glaubens stützt das Gericht einerseits ersichtlich auf Hamburgisches Verfassungsrecht in Verbindung mit einer Börsenusance des 17. Jahrhunderts:

Die seit der Eroberung Antwerpens durch die Spanier 1585[3] nach Hamburg einwandernden Niederländer, darunter zahlreiche portugiesische Juden, standen unter dem sogenannten Fremdennexus, d.h. der Geltung der 1605 und 1612 zuerst mit Senat und Bürgerschaft geschlossenen Fremdenkontrakte[4], die ihnen den Aufenthalt und den Betrieb eines Geldhandelsgeschäfts[5] in der Stadt Hamburg gestatteten. Bis zum Erlaß des Reglements der Judenschaft in Hamburg vom 7.9. 1712[6] besaßen die portugiesischen Juden kein Bürgerrecht; bis Mitte des 19. Jahrhunderts war ihnen auch der Zugang zu den Versammlungen des „Ehrbaren Kaufmanns" verwehrt[7]. Gleichwohl traten sie schon im 17. Jahrhundert als Kaufleute an der Börse auf[8]; seit 1617 waren vier, seit 1648 sechs und seit 1710 fünfzehn Mäkler portugiesischer Nation mit jüdischem Glauben an der Börse zugelassen[9].

Die Befähigung der an der Börse auftretenden portugiesischen Juden, als „arbitri" außergerichtlich zivilrechtliche Streitigkeiten durch einen Schiedsspruch (laudum) zu erledigen, war *vor* den entsprechenden normativen Regelungen im Judenreglement 1712, Art. 23[10] und im Dekret des Hamburgischen Rates vom 21.1.1734,

---

1 Beispiel: Police von 1591 in Coymans c. della Rocha, StAH, RKG, K 62, Acta pr. Bl. 47ff.; vgl. dazu auch S. 286f.
2 vgl. nur Vergleich der Assecuradeure von 1704, Art. 3
3 verbunden mit der Sperrung der Scheldemündung; vgl. dazu Ehrenberg, Hamburg und Antwerpen, S. 8; Dollinger, Hanse, S. 438ff.; Kresse, Materialien, S. 23; Büsch, Geschichte, S. 23ff.
4 dazu i.e. Gallois, S. 188ff.; Kiesselbach, Seeversicherung, S. 12f.; Feilchenfeld, ZHG 10 (1899), S. 199ff.
5 ohne Reederei und Warenhandel, Baasch, Handelskammer I, S. 218ff.; grundsätzlich gegen ein Aufenthaltsrecht portugiesischer Juden in der Stadt die Resolution der Bürgerschaft v. 8./9.12.1603 (Art. 5, Receß 1603, 8./9.12. in CoBi S/599, SH 96).
6 Klefeker II, S. 385ff.
7 Kirchenpauer, S. 29; Krohn, S. 13, 53, 67.
8 ausführlich und insoweit übereinstimmend Exceptiones / Replik v. 16.3./27.4.1655, Juncker c. Schnitker, P. Super. ibid.
9 Gallois, S. 191; Extract Theatrum Europa Pars VI, fol. 639, Anno 1648, 16.8. (CoBi S/599, SH 96); Neues Reglement der Judenschaft v. 7.9.1710, Art. 21 (CoBi, a.a.O.).
10 Klefeker II, S. 385ff., 392; vgl. auch Levy, S. 18ff.

Art. 3[1] nach dem übereinstimmenden Parteivortrag in Juncker c. Schnitker für den Fall gewohnheitsrechtlich anerkannt, daß beide Kontrahenten Juden waren; sobald ein Nichtjude an der Streitigkeit beteiligt war, galten entweder christliche Kaufleute oder die Prätoren/Gerichtsverwalter als berufene Schiedsrichter[2]. Diese als „stylus Mercatorum dieses Ortes" bezeichnete Börsenusance wendet das Gericht hier an, weil sowohl der Kläger als auch einige Beklagte (die Erben des Peter Fink) Christen sind.

Die Entscheidung beruht außerdem auf dem vom Kläger zitierten Grundsatz in Cod. Just. L. 15 de iudaeis et caelicolis (1.9): „Si qua inter Christianos et Judaeos sit contentio, non a senioribus Judaeorum, sed ab ordinariis iudicibus dirimatur." Dieser Satz formuliert die Ausnahme zu der in Cod. Just. L. 8 de iudaeis et caelicolis (1.9) fixierten freiwilligen Unterwerfung zweier *jüdischer* Parteien in Zivilsachen unter die Entscheidung jüdischer Schiedsrichter und der Tolerierung dieser Entscheidung durch die ordentlichen römischen Gerichte[3]. Obwohl die gemeinrechtliche Doktrin und die Rechtsprechung des Reichskammergerichts den staatsrechtlichen Status der Juden an die Rechtsstellung der „cives Romani" annähern[4], wird zur Zeit der Admiralitätsentscheidung eine Befugnis der Juden, als „judices ordinarii" oder „arbitri" in Rechtssachen mit Beteiligung nichtjüdischer Parteien zu entscheiden, nicht anerkannt[5].

Die somit deutlich auch vom Römischen Recht geprägte Rechtsauffassung des Admiralitätsgerichts beeinflußt unmittelbar die im Senat und im Admiralitätskollegium 1656 geführte Beratung über die Gründung einer Assecuranzkammer als Schiedsgericht in Seeversicherungssachen, in der der Vorschlag, mehrere Niederländer und portugiesische Juden zu berufen, keine Zustimmung fand[6].

Mittelbare Auswirkungen dieser Ansicht lassen sich bis zu den Verhandlungen über die Handelsgerichtsordnung 1814 verfolgen; obgleich Syndicus Matsen in seinem Gerichtsordnungsentwurf[7] dafür eintrat, neben Hamburgischen Bürgern „auch diejenigen, die in fremdem Contract stehen, falls sie nur wegen ihrer Einsichten in die Handlung und übrigen guten Verhaltens einen guten Namen haben, so wol (als) directeurs als (als) Beisetzer (ins Gericht zu berufen) ... wobey auf keinen Unterschied in der Religion gesehen werden soll", erklärte das Kollegium der

1 Blank, Bd. III, S. 1229ff., 1231.
2 Juncker c. Schnitker, P. Super. 16.3.1655/27.4.1655.
3 Ausführlich zu den hier entstehenden Fragen der Toleranz sowie zum Vergleich zwischen Cod. Theodosian. II, 1, 10 und Cod. Just. 1. 9. 8 Kisch, ZRG (R) 77 (1960), S. 395ff., 400 m.w.N.
4 Güde, S. 50f., 57f., 63ff. m.w.N.; Kisch, Zasius und Reuchlin, S. 26f., 40f.
5 Kisch, Zasius und Reuchlin, S. 38f.; Güde, S. 53; Scharlowski, S. 8ff., jeweils zur zeitgenössischen Praxis.
6 Protocollum Extrajudicialis Senatus 23.7.1656/29.8.1656 in Richey, Collect., Nr. 47; vgl. ferner S. 287f.
7 Abschnitt I, § 4, in: StAH, Senat Cl. VII, Lit. Ka, No. 1 h.

180er am 9.9.1814[1] die Genehmigung des Handelsgerichtlichen Reglements unter dem Vorbehalt, „daß die Richterstellen nur von Männern, die sich zur christlichen Religion bekennen, bekleidet werden können."

Das weitere Verfahren in Juncker c. Schnitker führt vor dem Obergericht zur Benennung des Gillies Rotenburg als Schiedsmann, der im Urteil des Obergerichts vom 22.8.1656[2] „wegen der nahen Verwandtschaft" zum Beklagten Juncker abgelehnt wird. Die Rationes decidendi des Obergerichts seien hier mitgeteilt, weil sie nicht − wie in den meisten untersuchten Prozessen − von einer auswärtigen Juristenfakultät, sondern von dem Hamburgischen Referenten stammen:

Rationes decidendi 22.8.1656

(1) Ist in facto unleugbar, daß der vorgeschlagene gute Mann Gillies Rotenburg mit des Appellanten Joh. Baptista Junckern Hausfrauen Schwester und Bruder Kinder, und also in secundo gratu mit einander verwandt.

(2) Nun ist aber in dieser Stadt Statuten part. 1 tit. 1 art. 10 klar und deutlich vorgesehen, daß auch diejenigen, so einer dem anderen in tertio gradu vel cognationis vel affinitatis verwandt, Rechtens halber nicht vertreten, sondern, wenn in ihrer Verwandten Sachen gestimmt wird, im Rate aufstehen und sich durch Indicatur enthalten müssen.

(3) Es geschieht aber die computatio graduum nicht in hoc casu secundum jus Civile, sed canonicum, und wird es bei uns täglich unstreitig also gehalten, daß nicht allein Schwester und Bruder Kinder, utpote in secundo gratu, sondern auch diejenige, so in tertio gradu verwandt sein, in ihren Verwandten oder Verschwägerten Sachen zu votieren nicht zugelassen werden.
Weilen dann bekannten unleugbaren Rechtens, quod Compromissam ad formam Judiciorum dirigi et instrui debeant, so haben wir auch aus solchen Ursachen den vorgeschlagenen guten Mann nicht admittieren können.

Die Rationes decidendi dokumentieren zwei Tendenzen:

- Nicht die römischrechtliche Komputation in der Seitenlinie − tot gradus quot generationes[3] −, nach der Geschwisterkinder im 4. Grade miteinander verwandt sind, sondern die den gemeinsamen Stammvater übergehende canonische Komputation (Verwandtschaft 2. Grades) setzt sich gewohnheitsrechtlich allmählich in der Hamburgischen Rechtsprechung des 17. Jahrhunderts[4] durch; ihre allgemeine gesetzliche Verankerung findet sie erst in der GO 1711[5].

1   StAH, Senat Cl. VII, Lit. Ma, No. 10, Vol. 2a, fasc. 4, Inv. 1 (St. 8).
2   Juncker c. Schnitker, P. Super, 22.8.1656.
3   s.o. S. 49; Dernburg, Pandekten, Bd. III, S. 5; Glück, Commentar, Teil 23, Abteilung 1, S. 169ff., 177f.; Weiss, Institutionen, S. 97f.
4   nicht nur für den Bereich des Niedergerichts; vgl. GO 1645, I, 5.
5   vgl. generell Anderson, Privatrecht II, S. 230f.; GO 1711, 9, 1 secundum computationem juris Canonici. GO 1711, 37, 2 scheint Verwandte der Parteien unabhängig von der Gradesnähe grundsätzlich von der guten Mannschaft in Sachen ihrer Verwandten auszuschließen.

- In Anlehnung an den gemeinrechtlichen Grundsatz „compromissum ad similitudinem judiciorum redigitur"[1] werden die „judices ordinarii" und die durch Parteiwillkür bestimmten „arbitri" im Bereich der Inkompatibilität gleichbehandelt. Diese Gleichbehandlung läßt sich ansatzweise aus HambStR 1603, I, 1, 10, S. 3 herleiten („imgleichen ... in allen anderen Fällen ... außerhalb Gerichts").

XX. *Frachtvertragsrecht*

Die überlieferten Urteile des Admiralitätsgerichts zum Frachtvertragsrecht konzentrieren sich einerseits auf Fragen der Leistungsstörungen sowie des Rücktritts vom Vertrag. Diese termini technici, die zum Teil das mittelalterliche Reurecht[2] ablösen, sind dem Hamburger Stadtrecht 1603 im seerechtlichen Teil noch fremd; die Rechtsfolgen derartiger Fallkonstellationen sind aber im HambStR 1603, II, 15, 3/5 und II, 14, 11 behandelt. Danach verbleibt beim Rücktritt des Befrachters vom Frachtvertrag dem Schiffer ein gesetzlicher Anspruch entweder auf den gesamten Frachtlohn[3] oder auf die halbe Fracht (Fautfracht)[4].

Beide Ansprüche versuchten die Hamburger Kaufleute Francisco Pardo und Manuel de Prado durch eine vertragliche Rücktrittsklausel in einer 1650 vereinbarten Chertepartie auszuschließen, die das Gericht in **Pardo c. Meyer** zu prüfen hat:

Pardo und Prado schlossen mit dem Schiffer Heinrich Meyer eine Chertepartie über eine Rückfracht auf 40 Last Öl und 10 Last Sirup von Malaga nach Hamburg[5], als „Abladers in Malaga" sind die Spanier Nicolao de Otero und Simon Rodriges Pardo benannt[6]. Unter dem spanisch/deutsch formulierten Vertragstext folgt ein portugiesisch/deutsch formulierter Zusatz: „Erklären sich gedachte Befrachter, wofern die Abladers in Malaga keine Ladung haben, so sind sie frei von dieser Befrachtung, und der gedachte Schiffer imgleichen ist frei von ihnen, wenn die Abladers sagen, daß sie keine Ladung haben, und hat alsodann der

1   Carpzov, Processus Juris, Tit. II, Art. 3, 46f.
2   dazu Schwegmann, S. 89ff.; Ebel, Kaufmannsrecht, S. 68f.
3   z.B. bei grundlosem Rücktritt eines einzelnen Befrachters vom Stückfrachtvertrag, Hamb StR 1603, II, 15, 5, S. 1; Lau, S. 195; Landwehr, in: 1667 ars sjölag ..., S. 89f., 115.
4   z.B. bei Rücktritt infolge Schlechtwetters/Krieges etc. (HambStR 1603, II, 14, 11) oder bei gemeinsamem Rücktritt aller Raumbefrachter (HambStR 1603, II, 15, 5 am Ende); Landwehr, a.a.O.; nach dem Stand des Ladungsgeschäfts differenzierend Surland, S. 17f.
5   Pardo c. Meyer, Frachtbrief v. 12.11.1650, prod. 22.8.1651.
6   Der Begriff des „Abladers", der – nicht personenidentisch mit dem Befrachter – die Frachtgüter an das Schiff heranliefert und dem Kapitän als Verfrachter zur Beförderung übergibt (Wüstendorfer, S. 214), ist also offensichtlich in der Praxis des 17. Jhdt. bekannt, während er noch entgegen Lau, S. 151, in der Literatur des 18. Jhdt. keine gesonderte Behandlung findet; vgl. Blanck, S. 48; J.D. Sluter, S. 18; Steetz, S. 10; Surland, S. 5f.; Rentzel, S. 5f.; Kuricke, S. 164f.; Langenbeck, Seerecht, S. 142; aber Klefeker VII, S. 132, verbietet dem Schiffer das „abladen".

Schiffer sein Bestes zu suchen". Der Schiffer schreibt nach seiner Ankunft in Malaga an de Otero, der die Einladung des Frachtgutes ankündigt[1]. Trotz mehrfacher Protestationen des Schiffers gegenüber de Otero und Pardo vor spanischen Gerichtsschreibern und Notaren verstreicht die vereinbarte vierwöchige Liegezeit, ohne daß die Ablader nach einer Teilladung von 50 Pipen Öl (= 12 $1/2$ Last[2]) die versprochene Restladung übergeben; der Schiffer muß wegen ihrer Hinhalte-Taktik mehrere ihm angebotene Ersatzfrachten ausschlagen[3]. Mit der Klage verlangt er volle Fracht für 50 Last Öl und Sirup sowie Entschädigung für 5 Wochen Liegezeit. Die Klage hat vor beiden Hamburgischen Instanzgerichten Erfolg[4].

Zunächst beweisen die Entscheidungen die Zulässigkeit von Individualabreden in der Chertepartie, die in Erweiterung des Satzes „Pacta dant legem contractui" auch einzelne Normen des Hamburgischen Seerechts 1603 abbedingen können[5]; die Subsidiarität des Gesetzes gegenüber diesen Abreden betont HambStR 1603, II, 15, 1 für die Begrenzung des Frachtlohnanspruchs mit den Worten „ihre Vorwort seyn dann anders"[6]. So wird die von den Parteien vereinbarte Rücktrittsklausel durch die Gerichte nicht a priori verworfen, obwohl sie den nicht nur bei nachträglicher objektiver Unmöglichkeit[7], sondern auch − verschuldensunabhängig − bei subjektiver Unmöglichkeit der Vertragserfüllung gesetzlich fixierten Mindestanspruch des Schiffers auf die halbe Fracht ganz ausschließt[8]. Ihre Anwendung auf die eingeklagte Chertepartie entfällt aber, weil die spanischen Ablader − gleichzeitig Bevollmächtigte der Beklagten − dem Schiffer gegenüber für die Beklagten nicht definitiv den Rücktritt erklärten, sondern mit Teilladungen und Versprechungen die Erfüllung des Frachtvertrages in Aussicht stellten. Beide Gerichte wenden deshalb die für Teilraum- und Stückfrachten[9] geltende Vorschrift Hamb StR 1603, II, 15, 5 an, derzufolge der Schiffer nach einem Seeprotest[10] gegenüber Beauftragten des Befrachters oder beeidigten Notaren am Ladungsort den vollen Frachtlohnanspruch behält, wenn der Befrachter ohne Rücktrittsgrund innerhalb der Liegezeit gar nicht oder, wie hier in Anlehnung an die Komplementär-

1 Schreiben de Otero an Schiffer Meyer v. 7.2.1651.
2 hier nicht Raummaß.
3 Pardo c. Meyer, Zeugenverhör Bostelmann v.4.4.1651, Acta pr. Nr. 7.
4 Interlokut des Admiralitätsgerichts v. 29.5./3.7.1651, P. Adm. ibid.; Urteil des Obergerichts v. 13.1.1654, P. Super, ibid.
5 Kuricke, S. 164; Surland, S. 17f. stimmen dem zu.
6 vgl. dazu Langenbeck, Seerecht, S. 147.
7 Diese Fälle umschreibt HambStR 1603, II, 14, 11.
8 Ein Beispiel für eine vertraglich garantierte Mindestfracht bei Unsicherheit über die verfrachtete Ladungsmenge gibt der von Techen, HGBl. 54 (1929), S. 174ff., mitgeteilte Wismar'sche Frachtbrief v. 13.10.1684. Zur Rechtslage in Lübeck vgl. Schwegmann, S. 91ff.; Ebel, HGBL 70 (1951), S. 91f.
9 In Pardo c. Meyer geht es um Stückfracht. Für Raumfracht eines ganzen Schiffes gelten HambStR 1603, II, 15, 3/4.
10 vgl. dazu Langenbeck, Seerecht, S. 155; Lau, S. 162.

funktion der Fautfracht (,,Mangelfracht") klargestellt wird, nicht vollständig einladen läßt.

Zwei Besonderheiten sind festzuhalten:
Die aus der aequitas[1] fließende und in HambStR 1603, II, 15, 5 normierte Anrechnung anderweitiger Frachtansprüche des Schiffers auf den eingeklagten Anspruch[2] scheidet aus, weil die Bevollmächtigten der Befrachter die Annahme derartiger Ersatzfrachten verhindert haben; die in die Chertepartie übernommene ,,Rechtswohltat" des HambStR 1603, II, 15, 5 S. 2 kann also verwirkt werden. Darüberhinaus zeigt das Obergerichtsurteil, daß nicht alle Liegetage, sondern nur die Überliegetage entschädigungsfähig sind, ,,die Heinrich Meyer (=Kläger) über vier Wochen gelegen". Bestätigt ist damit Lau's Beobachtung[3], daß die vertraglich vereinbarte ,,beschiedene"[4] Liegezeit für das Ladegeschäft, hier vier Wochen, nicht gesondert zu vergüten ist. Dem stimmt das Admiralitätsgericht in einem Beschluß zu einer anderen Rechtssache 1799 ausdrücklich zu[5]. Anzahl und Bezahlung der *Über*liegetage bedürfen einer vertraglichen Fixierung[6], wenn mehr als die üblichen 15 Überliegetage zu erwarten sind. Obwohl die Chertepartie eine Vergütung der Überliegetage für den Schiffer ausdrücklich ausschließt[7], spricht das Obergericht dem Kläger ,,nach vorhergehender Moderation der Schifferalten" eine Vergütung der Überliegezeit zu, weil die Überliegezeit durch vertragswidriges Verhalten der Ablader verursacht wurde; diese Bewertung knüpft an die schuldhafte, dem Befrachter zuzurechnende Verursachung zusätzlicher Überliegezeiten und die Erstattung des Verzugsschadens in WisbySR Art. 34 und in HambStR 1603, II, 15, 4 an[8].

Die erwähnte Anrechnung anderweitiger Frachtansprüche gemäß HambStR 1603, II, 15, 5 ist Gegenstand des Verfahrens **Kramer c. Suck**[9]: Dort hatte der klagende Schiffer mit dem Beklagten einen Raumfrachtvertrag über sein Schiff für die Rücktour Göteborg — Hamburg geschlossen; die vereinbarte Heringsladung sollte

---

1 Langenbeck, Seerecht, S. 155.
2 Gemeint sind Ersatzfrachtansprüche, die der Schiffer an Stelle der ursprünglich in Aussicht genommenen Fracht tatsächlich verdient oder zu verdienen schuldhaft versäumt hat. Die Anrechnung derartiger Ansprüche ist ein Indiz für die Entwicklung eines Entschädigungsrechts nach Kriterien des individuellen Vermögensschadens; Landwehr, in: 1667 ars sjölag ..., S. 115; Ebel, HGBl. 70 (1951), S. 86f.
3 Lau, S. 161.
4 so HambStR 1603, II, 15, 4; vgl. dazu auch Büsch, Darstellung, S. 285; Surland, S. 17.
5 P.E. 1.8.1799, fol. 173 R.
6 Kuricke, S. 165f.; Surland, S. 18; Pöhls, Seerecht II, S. 409ff.; Lau, S. 160. Beispiel in der Chertepartie in Kramer c. Suck, Klefeker VII, S. 151; vgl. auch HGB § 567 Abs. 4.
7 ,,soll der Schiffer verbunden sein, nach der Zeit der Ankunft 4 Wochen und länger nicht zu liegen und zu warten".
8 vgl. dazu Kuricke, S. 165f.; Cleirac, S. 71; zur Abgrenzung zwischen Verschulden des Befrachters und vis maior bei Verursachung von Überliegezeiten Glashoff, H. 3, S. 137ff.
9 Kramer c. Suck, Klefeker VII, S. 150ff.

der örtliche Bevollmächtigte des beklagten Befrachters, Hans Coopmann, in Göteborg liefern. Dies unterbleibt. Nach Seeprotest und Ablauf von 30 Liegetagen sowie 15 usancemäßigen Überliegetagen verlangt der Kläger volle Frachtzahlung und die vertraglich vereinbarte Vergütung der Überliegezeit. Der Beklagte beruft sich auf anrechenbare Ersatzfrachten. Im Interlokut vom 4.7.1765[1] erlegt das Gericht dem Beklagten den Beweis auf, „daß H. Coopmann in Gothenburg dem klagenden Schiffer, statt der in der Chertepartie bedungenen Befrachtung anhero, eine andere vortheilhaftere Befrachtung nach Danzig verschaffet habe, oder das ... der Schiffer durch diese anderweitige Befrachtung ..., wegen der fehlgeschlagenen Befrachtung anher, gänzlich entschädigt worden; auch, daß ... der Schiffer diese anderweitige Befrachtung angenommen ...".

Das Gericht geht im Votum[2] zunächst von einem ungekürzten Frachtlohnanspruch bei einer „verlorenen Reise" des Schiffers aus, den es nicht wie der Kläger auf HambStR 1603, II, 15, 3, S. 1[3], sondern auf die Chertepartie sowie auf HambStR 1603, II, 15, 5 stützt. Dieser Ansatz ist auch in Pardo c. Meyer festzustellen und zeigt, daß das Gericht in beiden Verfahren die ganze bedungene Fracht für verdient hält, obwohl die Reise im Zeitpunkt des Eintritts der Leistungsstörung bzw. des Rücktritts des Befrachters noch nicht angetreten war. Bei Rücktritt oder Leistungsstörung *vor* Reiseantritt konnte nach den älteren Hamburgischen Seerechten, zuletzt nach HambStR 1497 P 30 in der Regel nur die Fautfracht, also Halbfracht, verlangt werden[4], während erst *nach* Reiseantritt wegen des Rücktrittsverbots[5] der Anspruch auf die volle Fracht entstand. Als Reiseantritt gilt dabei nicht schon der Beginn der Einladung der Waren — die Einladung konnte rückgängig gemacht werden (HambStR 1603, II, 14, 11) —, sondern das Auslaufen aus dem Ladungshafen und das Passieren der Drei-Meilen-Grenze.

Die strenge systematische Abgrenzung zwischen den Ansprüchen auf volle und halbe Fracht an Hand des zeitlichen Kriteriums des Reiseantritts gibt das Hamburgische Seerecht 1603 auf[6]; es differenziert stattdessen bei der Höhe des Frachtlohnanspruchs nach dem Umfang der Teilladung (HambStR, 1603,II, 15, 3, S. 2) bzw. nach dem Umfang anrechenbarer Ersatzfrachten (HambStR 1603, II, 15, 5, S. 2). Das von Landwehr erörterte funktionale Abgrenzungskriterium der beim Rücktritt aller Befrachter und beim Einzelrücktritt eines Befrachters unterschiedlichen Vertragserfüllungspflichten des Schiffers und ihrer Auswirkun-

---

1   Klefeker VII, S. 160.
2   Klefeker VII, S. 157.
3   Klefeker VII, S. 152.
4   dazu Ebel, HGBl. 70 (1951), S. 92 m.w.N.
5   dazu Schwegmann, S. 96.
6   unpräzise Ebel, a.a.O., S. 92, Fn. 8.

gen auf die Höhe des Frachtlohns[1] gilt nur für HambStR 1603, II, 15, 5[2]. Ebensowenig verallgemeinerungsfähig ist das aus Winckel's Anmerkung zu HambStR 1603, II, 14, 11[3] abzuleitende Kriterium einer Zuordnung der Rücktrittsgründe zur Sphäre des Befrachters, die den vollen Frachtanspruch des Schiffers begründen könnte: Dieses Abgrenzungskriterium erklärt nicht die unterschiedliche Frachtlohnregelung beim Einzel- und Gesamtrücktritt der Befrachter in HambStR 1603, II, 15, 5, obwohl in beiden Fällen der Rücktrittsgrund in der Sphäre der Befrachter liegt.

Sowohl Langenbeck[4] als auch Surland[5] sprechen deshalb unter Bestätigung der alten Abgrenzung in HambStR 1497 P 30 und Consolato del mare Cap. 82 erst beim Rücktritt des Befrachters *nach* Reiseantritt dem Schiffer den vollen Frachtlohn zu; diese Auffassung beherrscht auch noch HGB §§ 580, 582. Die entgegengesetzte Regelung in HansSR 1591, Art. 11 und HansSR 1614, V, 5[6], die den Schiffer *vor* Reiseantritt begünstigt[7], setzte sich in der Gerichtspraxis außerhalb Hamburgs nicht durch[8].

Während das Gericht mit dem Votum für volle Fracht gegen die zitierte Literatur entscheidet, wendet es in Übereinstimmung mit Langenbeck[9] den vermögensrechtlichen Ausgleichsgrundsatz der Anrechnung anderweitiger Ersatzfrachten über den Wortlaut des für Teilraum- und Stückfrachten geltenden HambStR 1603, II, 15, 5 hinaus auch auf den vorliegenden Ganzraumfrachtvertrag an[10].

Die Beweislast für Möglichkeit und Annahme[11] anderweitiger Ersatzfrachten schiebt das Gericht dem die Anrechnung beantragenden Befrachter zu. Diese Handhabung entspricht der Beweislastumkehr („es wäre denn") zugunsten des Schiffers in HambStR 1603, II, 15, 5, noch deutlicher in HansSR 1614, V, 5, S. 2. Darüberhinaus zeigt der Hinweis auf „gänzliche Entschädigung für die fehlge-

---

1 Landwehr, a.a.O., S. 89f., weist darauf hin, daß die Reise beim Einzelrücktritt im Interesse der Mitbefrachter noch durchgeführt werden muß, während dies Erfordernis beim Gesamtrücktritt entfällt.
2 Langenbeck, Seerecht, S. 155.
3 Halbe Fracht bei Beschlagnahme von Schiff *und* Gut, volle Fracht bei alleiniger Beschlagnahme oder Konfiskation der Güter.
4 Langenbeck, Seerecht, S. 150f., 156.
5 Surland, S. 17, 18f.
6 von Surland, a.a.O., abgelehnt.
7 Kuricke, S. 166: volle Fracht bei Rücktritt *vor* Reiseantritt.
8 Ebel, HGBl. 70 (1951), S. 92.
9 Langenbeck, Seerecht, S. 151.
10 Wenn das Gericht die Regeln der Fautfracht zugrundegelegt hätte, hätte es die Anrechnung anderweitiger Ersatzfrachten ablehnen müssen. Auf Fautfracht werden anderweitige Frachtansprüche nicht angerechnet; ebenso später HGB § 586, Abs. 1, Satz 1.
11 Pöhls, Seerecht II, S. 494, plädiert für eine Pflicht des Schiffers zur Annahme einer derartigen angebotenen Ersatzfracht.

schlagene Befrachtung" die Anknüpfung an den individuellen Vermögensschaden des Schiffers, den die Ersatzfracht ausgleichen soll.

Der zweite Schwerpunkt der frachtrechtlichen Urteile des Gerichts betrifft Voraussetzungen und Umfang der Minderung des Frachtlohnanspruchs.

In **Havemester c. Hasse**[1] klagt ein Hamburger Schiffer Frachtlohn in Höhe von 393 Mk. für 40 Fässer Zucker (Route Bordeaux – Hamburg) ein; der beklagte Empfänger bestreitet den Anspruch, weil die Zuckerfässer beschädigt worden seien und die Ladung erheblich dezimiert sei. In zwei Verklarungen leisten die gesamte Besatzung sowie der bei den Löscharbeiten anwesende Steuermann des Klägers den Veruntreuungseid, „daß sie ehrlich und redlich bey der Ladung gehandelt" hätten und daß der Gewichtsverlust und die Leccage des Zuckers auf Seestürzungen zurückzuführen seien. Die Klage hat Erfolg[2].

Der Referent[3] bezieht sich zur Begründung nicht auf die hier einschlägigen Vorschriften HambStR 1603, II, 14, 34, S. 4 und II, 15, 1, S. 1, sondern auf Langenbecks Seerechtskommentar[4] und die Verordnung wegen Begünstigung der Frachtgelder 1766. Gesetz und Literatur[5] halten übereinstimmend den ungekürzten Frachtanspruch für gegeben, wenn das angelieferte Gut ohne „Schuld oder Versäumnis" des Schiffers und des Volks auf der Reise verleckt oder verdorben war. Obwohl der Schiffer bereits bei Ladungsübernahme im Konnossement in der Regel seine Haftung für Gewicht, Menge und Güte der verpackten Ladung ausschließt und bei leccagegefährdetem Gut den trockenen Zustand bestätigt, ist damit sein mangelndes Verschulden am Entstehen der sogenannten Minn-Masse noch nicht erwiesen. Dieser Nachweis ist erst mit dem Veruntreuungseid vor dem Sekretär des Admiralitätsgerichts geführt[6], der nach Langenbeck und der Verordnung wegen Begünstigung der Frachtgelder nur im Reconventionsverfahren vom Befrachter widerlegt werden kann. Die Beweislage für den beklagten Befrachter ist dabei ungünstig, wenn er – wie hier – bei Auslieferung der Ladung nicht selbst oder durch seinen Everführer Vollständigkeit und Gewicht der Ladung geprüft und gegebenenfalls Mängel durch einen Seeprotest gerügt hat[7]: HambStR 1603, II, 14, 34, S. 4 fordert das dreimalige Klopfen auf das Faß[8] oder das „Stehenlassen"

---

1 Havemester c. Hasse, Klefeker VII, S. 66ff.
2 Urteil des Admiralitätsgerichts v. 5.11.1767, Klefeker VII, S. 77.
3 Votum, Klefeker VII, S. 73f.
4 Langenbeck, Seerecht, S. 80f.
5 Kuricke, S. 213f.; Surland, S. 10; Kellinghusen, S. 31; Klefeker VII, S. 162f.; Pöhls, Seerecht II, S. 441ff., 576.
6 Anderson ad St. 1603, II, 14, 34, Ausgabe 1842, S. 380; Kellinghusen, a.a.O.; Klefeker VII, S. 105f., 163. Ebel, HGBl. 70 (1951), S. 95, zitiert ein Urteil des Revaler Frachtgerichts, nach dem das Verschulden des Schiffers ohne Eid vermutet wird.
7 vgl. Verordnung für Schiffer und Schiffsvolk 1766, Art. 12; Votum, Klefeker VII, S. 77.
8 s. dazu Langenbeck, Seerecht, S. 80.

des beanstandeten Fasses oder Frachtgutbehältnisses für die Fracht, wenn der Befrachter seine Einreden gegen den vollen Frachtlohnanspruch des Schiffers nicht verlieren soll.

Von der Konstellation, daß das Gut teilweise verleckt oder verdorben an den Bestimmungsort gelangt, ist der Fall zu unterscheiden, daß das Gut durch Schiffbruch teilweise verloren geht: Das verleckte Gut bleibt wegen grundsätzlicher Erfüllung der vereinbarten Warenbeförderung frachtberechtigt, eine Frachtminderung kann sich nur aus der Anrechnung des vom Schiffer zu leistenden Schadensersatzes bei nachgewiesenem Verschulden ergeben[1]. Nicht frachtberechtigt ist dagegen das untergegangene Gut, das den Empfänger nicht erreicht; diese Abgrenzung findet terminologisch präziseren Ausdruck in HambStR 1603, II, 14, 34 und II, 17, 2[2] als in LübStR 1586, III, 2 und HansSR 1614, IX, 2, die die Frachtfreiheit gerade dem „verdorbenen" Gut zuschreiben[3].

Sie kann am Beispiel des Prozesses **Beltgens c. Tamm** verdeutlicht werden:

Der Schiffer Peter Tamm schließt 1672 mit den Beklagten eine Chertepartie für die Route Archangelsk[4] – Livorno, in der er sich besonders zur Einnahme hinreichenden Proviants und Wasservorrats verpflichtet, um möglichst wenige Zwischenhäfen anzulaufen. Er lädt nicht nur die vereinbarte Gütermenge ein, sondern weitere Ladung auf den gesamten Überlauf des Schiffes, „pfropft die Brotkammer mit Gütern voll", stapelt Waren auf die Geschütze und in die Decks der Besatzung, so daß „Volk und Soldaten haben zu ihren Kojen kriechen müssen"[5], dies alles zu Lasten des vereinbarten Wasservorrats. Wegen akuten Wassermangels muß der Schiffer einen irischen Nothafen anlaufen; dort werden Schiff, Gut und Besatzung mit Arrest belegt. Ein in der erzwungenen Liegezeit aufkommender Orkan zerschmettert das Schiff, minimale Ladungsreste werden geborgen. Der Schiffer klagt gegen die Befrachter 3.561 Rth. ein, und zwar 2.262 $^{2}/_{3}$ Rth. Frachtlohn pro rata itineris bis Irland und 1.298 $^{1}/_{3}$ Rth. an Unkosten, die er für Bergungsversuche aufgewandt habe.

Es ist interessant, daß der Kläger das Admiralitätsgericht zunächst umgeht und drei verschiedene Urteile des Hamburgischen Obergerichts erwirkt: Am 19.1.1677 verfügt das Obergericht den Syndicus Vincent Garmers und den Ratsherrn Diet-

1 Ebel, HGBl. 70 (1951), S. 94f., zitiert mehrere Urteile des Revaler Frachtgerichts, die derartige Aufrechnungen gegen den Frachtlohnanspruch betreffen.
2 ganz deutlich Gries ad St. 1603, II, 17, 2, Ausgabe 1842, S. 395: Beschädigte Güter kann man für Fracht liegen lassen; hier wird aber keine Beschädigung vorausgesetzt.
3 zur Auslegung des Wortes „verdorben" in diesen Normen Ebel, a.a.O., S. 94; vgl. auch Kuricke, S. 213f., zum Abgrenzungskriterium „naufragium".
4 Bis 1710, als der Hafen St. Petersburg eröffnet wurde, war Archangelsk der einzige Seehafen Rußlands, über den der Seehandel mit Hamburg abgewickelt wurde; Kresse, Materialien, S. 21; Baasch, Schiffahrt 16./17. Jhdt., S. 14.
5 Beltgens c. Tamm, Libell. Appell. v. 17.1.1680; Rezess v. 12.10.1680, P. Super. ibid.

rich Schellhammer zu Commissarien; am 9.1.1680 erlegt es – ohne Stellungnahme zur Frachtklage – dem Kläger den Beweis auf, daß er die Unkosten tatsächlich zur Bergung der Frachtgüter verwendet habe; am 9.2.1680 verweist es die Sache an das Admiralitätsgericht[1].

Das Admiralitätsgericht entscheidet am 22.4.1680 lapidar, „daß die Beklagten in puncto der Fracht und Schaden von der angestellten Klage absolviret und entbunden" seien[2].

Die vom Kläger verlangte Fracht „pro rata des Weges" im Falle des Schiffsbruches und der Verhinderung, das Frachtgut an den Bestimmungsort zu bringen, ist als Vergütung für die zurückgelegte Distanz[3] („Distanzfracht") in HambStR 1603, II, 14, 3 / II, 17, 2 nach dem Vorbild der Regelungen in Rôles d'Oléron Art. 4 und Consolato del mare Cap. 193[4] sowie in Ordonnantie 1563 (Van Schipbrekinghe) Art. 3 festgelegt. Diese Normen setzen jedoch sämtlich voraus, daß trotz des Schiffbruchs die Ladung ganz oder überwiegend gerettet wurde und dem Empfänger auf Ersatzschiffen noch zugestellt werden kann[5]; Distanzfracht bedeutet damit Kürzung der vollen Fracht nicht nur im Verhältnis zu der nicht zurückgelegten Wegstrecke, sondern auch im Verhältnis zu den untergegangenen Gütern. HambStR 1603, II, 17, 2 sowie HansSR 1614, IX, 1 und LübStR 1586, III, 2 sprechen ausdrücklich nur Distanzfracht „von den geborgenen Gütern" zu, und Kuricke[6] formuliert, „quod naufragio facto, bonisque *servatis*, Nauclero *naulum* debeatur *pro rata itineris*, ... de iis vero, quae *servata non sunt, nullum naulum* solvere teneatur"; also begründen die bis zum Ladungsuntergang gemachten Reiseaufwendungen und zurückgelegten Seemeilen *allein* keinen Frachtanspruch, denn die Fracht bildet auch bei Chertepartien „für die Reise" oder „nach gesegelten Monaten" lediglich die Gegenleistung des Befrachters für den bestimmungsmäßigen Warentransport[7]. Die Entscheidung des Gerichts entspricht mithin Hamb StR 1603, II, 17, 2.

Hinsichtlich der aufgewendeten Bergungskosten scheidet eine Handhabung nach den Regeln der Avarie grosse aus, denn der Kläger hatte nur versucht, eigene La-

---

1 Alle Urteile in: Beltgens c. Tamm, Reichskammergerichtsprotokoll, Instrumentum ulterioris requisitionis actorum et oblationis ad solemnia.
2 wie Fn. 1.
3 Langenbeck, Seerecht, S. 30. In HansSR 1614, IX, 1 und LübStR 1586, III, 1 ist die Distanzfracht auf Halbfracht pauschaliert.
4 Vorbild für die Distanzfracht ist entgegen Langenbeck, a.a.O., S. 29, nicht die Vorschrift WisbySR Art. 16/37, denn dort erhält der Schiffer volle Fracht für die geretteten Güter ungeachtet der zurückgelegten Distanz.
5 deutlich in HansSR 1614, III, 17, S. 2 und in HambStR 1603, II, 14, 3; vgl. auch Ebel, Gewerbliches Arbeitsvertragsrecht S. 67, Fn. 4 m.w.N. zum älteren Seerecht; vgl. ferner die Rechtsprechung bei Kusserow, S. 188ff.
6 Kuricke, S. 212. Hervorhebungen stammen von der Verfasserin.
7 Langenbeck, Seerecht, S. 144f.; Pöhls, Seerecht II, S. 413f., 588; Surland, S. 19.

dungsstücke sowie Anker und Segel zu bergen. Das Gericht leitet die Abweisung der Schadensersatzklage offenbar einerseits aus der Frachtvertragsverletzung her, die den Trinkwassermangel und den Aufenthalt im Nothafen verursachte, andererseits aus dem in der Literatur anerkannten Verbot der Überladung des Schiffes, insbesondere dem Verbot der Beladung des Überlaufs[1] und der Kajüte[2]. Eine präzise Schadensersatznorm für Frachtvertragsverletzungen durch Überladung sieht das Hamburgische Seerecht 1603 nicht vor. Ganz im Gegenteil privilegiert HambStR 1603, II, 14, 24 den Schiffer für den Sonderfall des Seewurfs wegen Überladung, wenn die Überladung von den Befrachtern nicht vor Reiseantritt gerügt worden war; allerdings kann nach der ratio legis allenfalls grobfahrlässige, aber nicht vorsätzliche Überladung im Einzelfall die Privilegierung begründen[3]. An anderer Stelle (HambStR 1603, II, 14, 10) bestimmt das Hamburgische Recht die Verwirkung einer Geldbuße im Wert der zuviel geladenen Güter; der Wortlaut läßt − auch in vergleichender Interpretation der Vorschriften HambStR 1497 P 13 und WisbySR Art. 42 − nicht erkennen, ob die Geldbuße eine an den Befrachter zu leistende Vertragsstrafe darstellt[4].

Demgegenüber kann die Entscheidung auf zwei Normen des Hansischen Seerechts 1614 zurückgeführt werden: Nach HansSR 1614, V, 5 ist der Schiffer bei Frachtverträgen verpflichtet, „der getroffenen Vereinigung unweigerlich nach-(zu)kommen, oder allen Kosten und Schaden, so dem Befrachter aus der Nichthaltung erwachsen, von dem Seinen (zu) erstatten"[5]; und HansSR 1614, II, 2 läßt den Schiffer für fremde *und* eigene Schäden bei Verstoß gegen das Überladungsverbot persönlich haften[6].

Eine Vertragsverletzung ist auch in der Frachtsache **Metkalfe c. Demissy** umstritten[7]; dort hatte sich in einem Ganzraumfrachtvertrag der Kläger verpflichtet, sein Schiff ausschließlich für die Befrachter zu beladen und „nicht das geringste, weder für sich, noch für andere abladen (zu) wollen, bey der ausdrücklichen Strafe zehn Pesos von 8 R.(ealen) für eine jede Fustagie, Colle oder Kiste zu bezahlen, welche er diesem seinem Versprechen zuwider geladen haben sollte". Gleichwohl lädt der Kläger in Italien 20 Kisten Zitronen für sich selbst ein. Die darauf zu berechnende Vertragsstrafe von 200 Pesos von 8 Realen machen die beklagten Befrachter gegenüber der Frachtklage des Schiffers anspruchsmindernd geltend. Mit Erfolg, denn das Admiralitätsgericht wertet die Strafe als „poena conventionalis

---

1 Helm, These 9, § 7; Schele ad St. 1603, II, 14, 35, Ausgabe 1842, S. 380; Surland, S. 10f.; Langenbeck, a.a.O., S. 41, 84f.
2 HansSR 1614, III, 2; Kuricke, S. 98ff.; Klefeker VII, S. 88f.
3 so wohl auch Langenbeck, Seerecht, S. 64.
4 Dagegen spricht HansSR 1614, III, 2: Die Buße ist dort in Höhe der durch Überladung verdienten Mehrfracht an das Hanse-Contor des Bestimmungshafens zu zahlen.
5 dazu i.e. Surland, S. 8f.
6 ebenso Kuricke, S. 103f.
7 Metkalfe c. Demissy, Klefeker VII, S. 133ff.

..., wozu die Contrahenten sich untereinander verglichen"[1], die unabhängig von der hier gegebenen Geringfügigkeit des Vertragsverstoßes mit der Zuwiderhandlung des Schiffers gegen das Verbot der Selbstbefrachtung verwirkt ist und dem Befrachter zusteht. Vereinbarung und richterliche Behandlung der Vertragsstrafe sind ein bestätigendes Indiz für die bereits angesprochene Tendenz einer Einschränkung jeglicher Selbstbefrachtung und Mitnahme von Führungsgut durch die Schiffer[2].

Daneben zeigen Votum und Urteil in dieser Sache, daß der Befrachter nicht berechtigt ist, die vereinbarte Fracht wegen angeblich falscher Schiffsgrößenangaben in der Chertepartie zu kürzen, weil die am Einladungs- und Bestimmungsort geltenden Raummaße für Schiffe (entweder Früchte-Lasten oder Faß-Lasten) differieren. Der Nachweis, daß das in der Chertepartie genannte Raummaß (95 Last) den Schiffsmaßen tatsächlich entspricht, ist durch ein Attestat der Schifferalten zu führen. Diese Wertung ergibt sich aus HambStR 1603, II, 15, 3, S. 2, der bei Ganzraumfracht eine Frachtminderung nur dann gestattet, wenn der Frachtlohn nach tatsächlich eingeladenen Warenmengen gezahlt werden soll[3]. Die Parteien hatten aber den Fall des HambStR 1603, II, 15, 3, S. 1 zugrundegelegt: Anspruch des Schiffers auf „ganze Fracht, ledig für voll, von 95 Last, sowohl ohne als mit Ladung"[4]; weitergehende Einreden gegen die Schiffsgrößenangaben sind ausgeschlossen, wenn diese — wie hier — im Frachtvertrag hinreichend konkretisiert sind[5]: „95 Lasten an Wein- und Oel-Fässer, große und kleine".

Inwieweit der Frachtvertrag einseitige Frachtlohnerhöhungen ermöglicht, dokumentiert das Verfahren **Poppen c. Meyer**[6]:

Der Schiffer Behrens hatte mit dem Befrachter und Ablader Johann Danens für eine Fracht von Gouda nach Hamburg einen bestimmten Frachtlohn von 33 Fl. vereinbart. In Rotterdam übergibt Behrens wegen einer lukrativeren Befrachtung Ladung und Chertepartie mit dem von Danens festgesetzten Frachtlohn an den Kläger, der seinerseits ein Konnossement über den Ladungsempfang zeichnet, in dem er aber abweichend von der Chertepartie einen erhöhten Frachtlohn (nach der Rotterdamer Beurt-Ordnung) einsetzt. Das Konnossement sendet er dem Ablader Danens, der den Frachtbetrag auf die mit Behrens verabredeten 33 Fl. korrigiert und das Konnossement an den Beklagten Meyer indossiert. Von Mey;r verlangt der Kläger nach Warenauslieferung die erhöhte Fracht. Am 4.7.1765[7] urteilt das Gericht, „daß Kläger mit der zu Gouda mit Schiffer W. Behrens bedun-

1   Votum, Klefeker VII, S. 147.
2   s.o. S. 217f.
3   Langenbeck, Seerecht, S. 150f.; Lau, S. 162.
4   Klefeker, VII, S. 135.
5   dazu Klefeker VII, S. 128; Pöhls, Seerecht II, S. 404f.
6   Poppen c. Meyer, Klefeker VII, S. 167ff.
7   Urteil des Admiralitätsgerichts, Klefeker VII, S. 170.

genen Fracht der 33 Fl. zufrieden zu seyn schuldig"; der Regreß gegen Behrens wegen der Mehrfracht wird ihm vorbehalten, „falls er sich seiner Sache getrauet".

Das Votum erklärt die Entscheidung mit einem Kommissionsverhältnis zwischen dem Kläger als Kommissionär und Behrens als Kommittenten, aus dem der Kläger dem Empfänger Meyer die Ladung zu den ursprünglichen Vertragsbedingungen liefern müsse. Dogmatisch richtiger nennt Klefeker[1] dieses Rechtsverhältnis eine „Übertragung" der Fracht mit dem Frachtbrief, aus der ein abgeleiteter Anspruch des Frachtübernehmers auf den Frachtlohn entsteht, der nur mit Zustimmung des Befrachters modifiziert werden kann. Damit bleibt der Inhalt der Chertepartie für den Frachtlohn maßgeblich; das bedeutet, daß das Gericht ähnlich wie Surland[2] die Chertepartie als Beweisurkunde für den Frachtvertrag ansieht, die durch das Konnossement als Zusatzvertrag näher ausgestaltet, aber nicht essentiell abgeändert werden kann[3]. Den Vorrang der Chertepartie für den Beweis der Höhe des vereinbarten Frachtlohns präzisiert Steetz[4]: Naulum vero ex charta partita debetur, non ex instrumento recognitionis. Parallel zur Übertragung des Frachtbriefes bzw. der Chertepartie erwirbt bei Übertragung des Konnossements durch Indossament der Indossatar dieselbe Rechtsposition wie der indossierende Ablader/Befrachter, mit dem der Schiffer ursprünglich kontrahierte[5]; auch auf der Ebene des Konnossements scheidet damit eine einseitige Frachtlohnerhöhung aus.

XXI. Heuervertragsrecht

Seearbeitsrechtliche Streitigkeiten sind in den untersuchten Prozessen im Verhältnis zu den Assecuranz- und Havariesachen unterrepräsentiert. Eine Ursache wird man in der trotz gesetzlicher Zuständigkeitsregelungen[6] weiter geübten Gewohnheit sehen müssen, zur Streitschlichtung vor allem bei Heuerforderungen nicht sofort das Admiralitätsgericht, sondern den Wasserschout oder die Schifferalten[7] anzurufen.

---

1 Klefeker VII, S. 166f. Der Gedanke an eine Zession liegt nahe; das Votum spricht davon, daß der Kläger „in Behrens Stelle trat", Klefeker VII, S. 172f.
2 Surland, S. 26f.; vgl. auch Klefeker VII, S. 126.
3 Zu dem Meinungsstreit zwischen Rentzel und Surland über das Verhältnis zwischen Konnossement und Chertepartie Lau, S. 175f.; vgl. ferner Hanses, S. 78f., zu den Auswirkungen dieses Streits auf Einreden des Schiffers/Verfrachters gegen den Auslieferungsanspruch des Empfängers (dazu auch Lau, S. 183f.).
4 Steetz, S. 110.
5 Pöhls, Seerecht II, S. 453ff., 456; J.D. Sluter, S. 76ff.
6 Reglement des Wasserschouts von 1691, abgedruckt bei Langenbeck, Seerecht, S. 103f.; Revidiertes Reglement von 1766 abgedruckt in Blank, Bd. VI, S. 159ff.
7 Zwei Beispiele für Schlichtungsurteile der Schifferalten von 1788 und 1791 bei Glashoff, H. 1, S. 140ff.

Ein vor dem Admiralitätsgericht verhandeltes seearbeitsrechtliches Verfahren ist die Sache **Rohde c. Stoltenberg**:

Der beklagte Glückstädter Schiffer Rohde heuerte Pfingsten 1692 für eine Fahrt von Amsterdam nach mehreren Häfen der Levante und zurück nach Hamburg 61 Schiffsleute, darunter die 19 Kläger[1]. Man vereinbarte Zeitheuer nach Monaten und ein Handgeld von zwei Monatsgeldern, „die restirende verdienende Monatsgelder sollen nach geendigter Reise auch contentiret werden". Die Rückreise verzögert sich durch Verschulden des Schiffers um fünf Monate Liegezeit in Messina und zwei Monate Liegezeit in Neapel. Deshalb verlangt die Besatzung einen Heuervorschuß; in einem Vergleich vor dem Vizekönig in Neapel verpflichtet sich der Beklagte, in Livorno die bis dahin verdienten Monatsgelder auszuzahlen. In Livorno wird der größte Teil der Ladung („Seidenballen, Camelshaare, Galläpfel") gelöscht. 42 Schiffsleute mustern ab und erhalten volle Heuer (21 Monatsgelder); die an Bord bleibenden Kläger erhalten nur 9 Monatsgelder.

Nach Neuladung und Auslaufen werden Schiff und Gut von französischen Kapern nach Toulon aufgebracht, die Reclame ist erfolglos[2]. Den klageweise geltendgemachten Anspruch auf die restlichen 12 Monatsgelder bis Livorno bestreitet der Beklagte mit dem Hinweis auf die Klausel im Heuervertrag, die HansSR 1614, III, 6 mit der dreigeteilten Heuerzahlung abbedinge und die Reise-„vollendung" voraussetze; im übrigen scheide ein Anspruch nach HansSR 1614, IX, 5 aus, weil Schiff und Ladung konfisziert und damit verloren seien. Das Admiralitätsgericht erkennt im Urteil vom 25.6.1696[3] Klagabweisung, sofern „Kläger nicht besser erweisen würden, daß außer dem errichteten Articulsbrief nachgehends von dem Beklagten ihnen ein mehres freiwillig versprochen". Den Beweis einer derartigen Sondervereinbarung sieht das Obergericht in dem in Neapel geschlossenen Vergleich zwischen den Parteien, der den 42 abgemusterten Schiffsleuten zugute kam; in der Appellationsinstanz hat die Klage daher Erfolg[4].

Ausgangspunkt beider Entscheidungen ist der als „Articulsbrief" bezeichnete Heuervertrag, der die Heuer nicht als Reiselohn, sondern als Zeitlohn nach gesegelten Monaten festlegt. Zeitheuer nach Monaten erscheint bereits im Consolato del mare Cap. 127, Zeitheuer nach Wochen im älteren Hamburgischen Seerecht

---

1   Rohde c. Stoltenberg, P. Adm. 28.11.1695, Heuervertrag v. 17.6.1692, Anlage Nr. 1 zu Exceptiones peremptoriae.
2   Trotz eines Seepasses des dänischen Königs Christian V., der die Neutralität des Schiffes bestätigt, wird das Schiff als Repressalie wegen der Tötung eines französischen Matrosen konfisziert. Der Fall ist vor dem Hintergrund der Auseinandersetzung Ludwigs XIV. von Frankreich mit der Allianz Deutschland, Spanien und England im sog. Pfälzischen Krieg 1688–1697 zu sehen; Plötz, S. 743; Büsch, Geschichte, S. 42f.
3   Rohde c. Stoltenberg, P. Adm. 25.6.1696.
4   Urteil v. 23.5.1698 mit Rationes decidendi, P. Super. ibid.

1301, Art. 6[1]. Die Hanseatischen Seerechte des 16. und 17. Jahhunderts verstehen dagegen unter der „bedingten Häure" eine Reiseheuer, die allein durch Reiseziel und Reiseroute bestimmt ist und abgesehen von Fällen des gesondert zu vergütenden „Versegelns"[2] bei einer zeitlichen Reiseverlängerung ohne Änderung der Route keine Erhöhung rechtfertigt („de vahrt sy kort ofte lang").

In der Schiffahrtspraxis gewinnt demgegenüber die Zeitheuer — ausgehend von Wartegeldern bei verzögerter Abladung der Rückfracht[3], Überwinterungsheuer[4] und Heuerzuschlägen bei überlangen Liegezeiten wegen Reclamierung aufgebrachter Schiffe[5] — zunehmend an Boden, so daß wie im vorliegenden Fall bereits im 17., erst recht im 18. Jahrhundert die Heuerzahlung „monathlich, so lange die Reise währet"[6] als regulärer Vertragsmodus anerkannt ist[7].

In Rohde c. Stoltenberg fällt auf, daß die Höhe der Monatsgelder im Heuervertrag nicht genannt ist; die nach Funktionen abgestuften Beträge

15 Mk. monatlich für den Schiffszimmermann,
12 Mk. monatlich für den Hochbootsmann,
10 Mk. monatlich für den Bootsmann,
 9 Mk. monatlich für den „Budelier" (=Koch),
 7 1/2 Mk. monatlich für den Quartiermeister,
 6 bzw. 4 Mk. für die Matrosen,
 2 1/2 Mk. für den Schiffsjungen,

werden von den Parteien als bekannt vorausgesetzt und vom Beklagten nicht bestritten, so daß anzunehmen ist, daß diese Heuertarife von den Reedern dem Schiffer Rohde für seine sämtlichen Heuerverträge vorgeschrieben worden waren[8]. Staatlich festgelegte Heuertaxen für bestimmte Zeiten und Routen nach dem Vorbild im älteren Hamburgischen Schiffrecht 1301, Art. 6/17 und in Lüb StR 1299, Art. 36 gibt es zur Zeit der Entscheidung in Hamburg nicht.

---

1 mit einer „Grundreisezeit" von 12 Wochen „un dar na to jewelcke Wecke 10 Den. Englis"; vgl. dazu Ebel, Gewerbliches Arbeitsvertragsrecht, S. 67 m.w.N.
2 Dafür sieht HambStR 1603, II, 14, 26 eine „Verbesserung" der Gage vor, ebenso Hans SR 1614, IV, 20/21; vgl. dazu Ebel, a.a.O., S. 67; Langenbeck, Seerecht, S. 68; Ebel, HGBl. 70 (1951), S. 87; Abel, S. 35f. m.w.N.; Pöhls, Seerecht I, S. 273f.
3 HansSR 1614, IV, 23.
4 zugesprochen in einem Urteil des Revaler Frachtgerichts v. 10.3.1725, Ebel, HGBl. 70 (1951), S. 89.
5 Beispielsfall bei Glashoff, H. 1, S. 92ff., 96.
6 Beispiel: Heuervertrag von 1753 in Stolle c. Rothaer, Q 47.
7 Langenbeck, a.a.O., S. 47; Pöhls, a.a.O., S. 252f., 270; Abel, S. 53.
8 vgl. dazu HansSR 1614, II, 2; ebenso schon HansSR 1591, Art. 16, wo aber Reiseheuer nach Fahrwassern gemeint ist, Kuricke, S. 93f. In der Besatzungsliste (auf dieser Seite) fehlt der Steuermann, weil er als Offizier einen gesonderten Heuervertrag mit dem Schiffer schließt; vgl. dazu Pöhls, Seerecht I, S. 248, 250f.

Trotz Fixierung der Monatsheuer setzt der Vertrag die „Vollendung" der Reise für den Gesamtheueranspruch voraus. Mit dieser Klausel sollte die in HansSR 1614, III, 6 vorgesehene Heuerzahlung bei Reisen an „abgelegene Orte" außerhalb des Ost- und Nordseeraums in drei Raten, „da der Schiffer abläuft", nach der Löschung im Bestimmungshafen und nach der Vollendung der Reise abbedungen werden. Unter „Vollendung der Reise" wird dabei in der Regel die Ankunft im Heimathafen sowie die völlige Entladung und Reinigung des Schiffes verstanden[1].

Diesem streng räumlich definierten Vollendungsbegriff folgt auch das Admiralitätsgericht und lehnt deshalb aus dem Articulsbrief einen Heueranspruch ab, weil die Reise in Toulon vorzeitig endete. Das Obergericht bezieht den Vollendungsbegriff dagegen nicht auf den räumlichen Aspekt, sondern auf den abstrakt-funktionalen Aspekt des Frachtverdienstes: Wenn der Schiffer — wie hier — „von einem Hafen zum andern (fährt) und mit dem Schiff Fracht verdienet"[2], gilt das Ende des Reiseabschnitts, an dem der Schiffer Frachtansprüche erwirbt, als Vollendung der Reise. Das Obergericht stützt sich damit nicht nur auf den vom Admiralitätsgericht übersehenen Vergleich der Parteien in Neapel, der als Individualabrede den Heuervertrag teilweise aufhebt und Grundlage der ungekürzten Heuerleistung an 42 Schiffsleute in Livorno war, sondern auch auf den Satz „Fracht ist die Mutter der Gage"[3]; die aus der wertvollen Ladung in Livorno erzielte Fracht soll für die Zeitheuer haften. Im Vordergrund steht also die pfandähnliche Frachthaftung für die Heuer[4]; unbeachtlich wird — logisch korrespondierend mit der Aufteilung der Gesamtreise in frachtberechtigte Reiseabschnitte — die nach dem Erwerb des Frachtlohnanspruchs erfolgte Konfiskation, die der Beklagte hinsichtlich der Rechtsfolgen[5] einem Schiffbruch gleichstellt und nach den Regeln der beschränkten Reederhaftung für die Heuer[6] wegen erfolgloser Reclame als Ausschlußgrund für den Heueranspruch behandeln will. Er berücksichtigt nicht, daß die Kläger nur die bis Livorno verdiente Gage einklagen und daß die nachträgliche Konfiskation den einmal entstandenen Zeitheueranspruch nicht rückwirkend beseitigen kann[7].

1 Pöhls, a.a.O., S. 261, 269, 352; Abel, S. 53f.; Ebel, Gewerbliches Arbeitsvertragsrecht, S. 67f.
2 Rationes decidendi v. 23.5.1698, P. Super, ibid.
3 vgl. dazu Pöhls, Seerecht I, S. 269, 276f., 279; Rehme, S. 128f., 143; Abel, S. 34f.; Ebel, Gewerbliches Arbeitsvertragsrecht, S. 66; Landwehr, in: 1667 ars sjölag ..., S. 108f.
4 die besonders deutlich in Consolato del mare Cap. 135 und in LübStR 1586, I, 13 zum Ausdruck kommt.
5 vgl. dazu nur WisbySR Art. 15 und HansSR 1614, IX, 5.
6 dazu i.e. Rehme, S. 128ff. m.w.N.; Abel, S. 35; Wagner, S. 29.
7 so ausdrücklich Rationes decidendi des Obergerichts v. 23.5.1698, a.a.O., Nr. 6. Vgl. auch Pöhls, Seerecht I, S. 278f.

Die Haltung des Admiralitätsgerichts zur Haftung des Schiffers für Verschulden der Besatzung läßt sich aus dem Verfahren **Henrichsen c. von Lübcken** ableiten:

Ein holländischer Schiffer verlangt Schadensersatz von einem Hamburger Schiffer, in dessen Schiff ein Feuer entstand, das auf das Schiff des Klägers übergriff und es zerstörte[1]. Beide Schiffe lagen im Hamburger Hafen, der beklagte Kapitän war im Unglückszeitpunkt nicht an Bord. Im Prozeß zeigt sich, daß die Besatzung des Beklagten gegen dessen erklärten Willen auf dem Schiff ein Feuer entfachte und einen Kessel aufsetzte, obwohl der Beklagte seine Besatzung während der durch eine Schiffsreparatur erzwungenen Hafenliegezeit zu Hause beköstigte, um unnötiges Feuerschlagen an Bord zu vermeiden[2]. Das Gericht erlegt dem Kläger den Beweis auf, „daß der Brand durch des Beklagten Verschulden entstanden" sei[3].

Im materiellen Hamburgischen Seerecht fehlen spezielle Haftungsnormen für Feuerschäden auf Schiffen[4]. Das Gericht knüpft ersichtlich an das Römische Recht an: „Incendium sine culpa fieri non potest"[5]. „Plerumque incendia culpa fiunt inhabitantium"[6]. Das Verschulden der an Bord befindlichen Schiffsjungen des Beklagten wird im Verlauf des Prozesses unstreitig, so daß der Brand nicht mehr als „casus fortuitus" erscheint[7].

Das Gericht lehnt aber in Übereinstimmung mit dem Gemeinen Recht[8] eine unmittelbare Zurechnung des Verschuldens der Besatzung für den beklagten Kapitän ab. Dies deshalb, weil, wie Gaill[9] sagt, „ut Pater familias ex facto et delicto familiae teneatur, Ministri familiae circa officium sibi commissum delinquant necesse sit"; die Schiffsjungen des Beklagten haben hier eine Handlung vorgenommen, die ihren Dienstverpflichtungen gegenüber dem Kapitän zuwiderläuft, die also außerhalb des primären Haftungsrahmens des Schiffers für deliktische Hand-

---

1   Henrichsen c. v. Lübcken, P. Adm. 21.7.1659, Rotulus Examinis Testium, P. Adm. 20. 10.1659.

2   P. Adm. 8.9.1659 (Duplik).

3   Urteil v. 22.9.1659, P. Adm. ibid.

4   vgl. aber die Strafbestimmungen für Feuerversicherung in Havenmeisters Ordnung 1636, Art. 16 (Blank, Bd. I, S. 33ff.) und Havenordnung 1754, Art. 5, 6 (Blank, Bd. IV, S. 1956ff.).

5   L. 12 D. de periculo et commodo rei vend. (18.6).

6   L. 3 § 1 D. de officio praefect. vigil. (1.15).

7   Cum cessante omni culpa nemo de incendio teneatur, sed incendium inter casus fortuitos numeratur. quod de incendio nemo teneatur nisi culpa eius illud factum esse probetur, Gaill, lib. 2, observ. 21, num 2.

8   Ut quis de incendio teneatur, opus est quod probetur culpa certi et determinati hominis, hoc nisi fiat Pater familias non condemnari possit nec debeat, Gaill, lib. 2, observ. 21, num. 3.

9   Gaill lib. 2, observ. 21, num. 6; vgl. auch L. 1, § 2, 10 D. de exercit. (14.1).

lungen und Schädigungen in Ausübung oder als Bestandteil des Schiffsdienstes liegt[1]. Dies gilt umso mehr, als das Volk ein ausdrückliches Verbot des beklagten Kapitäns, während der Hafenliegezeit an Bord Feuer zu schlagen, mißachtet hat.

Das Admiralitätsgericht beschränkt also den Gefahrenkreis des Schiffers und die Zurechnung fremden Verschuldens auf auftragsgemäßes Handeln des Schiffsvolkes; dabei macht es die Haftung davon abhängig, daß der Schiffer schuldhaft eine besondere „vigilanz" und „diligenz"[2], also die Aufsichtspflicht gegenüber den Schiffsjungen verletzt hat und ihn insoweit ein eigenes Verschulden trifft.

Ansätze für eine derartige Überwachungspflicht des Schiffers normiert HansSR 1614, III, 3 mit der Pflicht, nachts an Bord zu bleiben und Schiff und Volk, gegebenenfalls die Ladung zu beaufsichtigen[3]. Schärfer ist die Aufsichtspflicht des Schiffers während des Ladegeschäfts und der Ladungslöschung, die ihn persönlich gemäß HambStR 1603, II, 14, 12 bzw. seit der Verordnung für Schiffer und Schiffsvolk 1766 (Art. 3) seinen Steuermann[4] zur durchgehenden Anwesenheit an Bord verbindet. In Henrichsen c. v. Lübcken trat der Schaden aber tagsüber und nach Abschluß der Entladung ein; der Schiffer hatte eine Schiffswache an Bord befohlen (gemäß HambStR 1603, II, 14, 29) und das Schiff auf einen vom Hafenmeister bestimmten Reparaturplatz verholt. Da hiernach die Verletzung einer Überwachungspflicht wenig wahrscheinlich ist, erklärt sich der Zweifel des Gerichts, daß der Beweis eines Aufsichtsverschuldens bereits geführt sei.

Die Entscheidung zeigt symptomatisch, daß im 17. Jahrhundert die Haftung für eigenes Verschulden des Schiffers in Gestalt eines Aufsichts- oder Organisationsverschuldens Vorrang vor der Zurechnung fremden Verschuldens genießt; Langenbeck[5] bestätigt dies im vertraglichen Haftungsbereich in HambStR 1603, II, 14, 34 sowohl für das selbst geheuerte Schiffsvolk als auch für Stauer in fremden Häfen. Auch noch Glashoff[6] betont, daß der Kapitän für unerlaubte Handlungen aller der Schiffsgewalt unterworfenen Personen im Rahmen seiner persönlichen Aufsichtspflicht eintritt; zur Begründung zieht er die Verpflichtungsklausel in den Konnossementen heran, die nur den Schiffer als Gefahrträger bezeichnet[7].

1   vgl. dazu Pöhls, Seerecht I, S. 288f. m.w.N.; Lau, S. 111f.; Langenbeck, Seerecht, S. 78; Kellinghusen, S. 38f. Zu den Dienstpflichten des Schiffsvolks Ebel, Gewerbl. Arbeitsvertragsrecht, S. 63f.; Pöhls, a.a.O., S. 254ff.
2   Henrichsen c. v. Lübcken, P. Adm. 10.11.1659 (Exceptiones).
3   HansSR 1591, Art. 23, LübStR 1586, I, 5 und HambStR 1603, II, 14, 16 betreffen nur die Anwesenheitspflicht der Besatzung, vgl. dazu Landwehr, in: 1667 ars sjölag ..., S. 87; Ebel, Gewerbliches Arbeitsvertragsrecht, S. 60f. m.w.N.
4   Langenbeck, a.a.O., S. 43 bezieht „Schiff–Mann" primär auf den Schiffer; ebenso Klefeker VII, S. 103f.; a.A. Gries ad St. 1603, II, 14, 12, Ausgabe 1842, S. 369f. Zur Begrenzung der Anwesenheitspflicht Lau, S. 169f.
5   Langenbeck, Seerecht, S. 78f.; vgl. auch Lau, S. 164.
6   Glashoff, H. 4, S. 15ff.
7   vgl. Rentzel, S. 5f.; Blanck, S. 46; Steetz, S. 5, 8.

Zwischen den älteren Seerechten – Rôles d'Oléron Art. 5, WisbySR Art. 17, Hans SR 1614, IV, 18 –, die grundsätzlich das schuldige Besatzungsmitglied allein haften lassen[1], und der erst am Ende des 18. Jahrhunderts allgemein anerkannten Haftung des Schiffers für zugerechnetes Fremdverschulden[2] nimmt die Wertung des Admiralitätsgerichts eine vermittelnde, den Übergang markierende Stellung ein.

XXIII. Kaufmännische Bürgschaft im Seerecht

Mit Rechtsfragen aus einer Bürgschaft für eine Havarieforderung beschäftigt sich das Gericht in **Thomsen c. Porten**:

Der Lübecker Kaufmann Barthold Stauber und der in Hamburg ansässige John Thomsen befrachteten ein Schiff von der Ile de Ré nach Hamburg mit Branntwein[3]; Empfänger des von Stauber befrachteten Ladungsanteils ist der Beklagte Porten in Hamburg. Schiff und Ladung werden bei Ostende von englischen Kapern aufgebracht; Thomsen betreibt erfolgreich die Reclame, die 29.626 Mk. kostet[4]. Bei Auslieferung des für Porten bestimmten Branntweins geben Porten und der Hamburger Kaufmann Heinrich Schulte 1680 folgende Bürgschaftserklärung ab[5]: „Demnach Mons. Heinrich Porten vermöge cognossemento 30 Stück Branntwein in Charles Enoch' Schiff ein hat ... und sein Gut zu haben verlanget, der Schiffer Charles Enoch auf Begehren Mr. Johan Thomsen aber einige Unkosten vorschossen für wendet, ... also verpflichtet sich Mons. Porten und Sr. Heinrich Schulte hiemit einer für beide und beide für einen, also ein jeglicher in solidum bei Verpfändung ihrer Hab und Güther, alles dasjenige was dieser Schiffer Charles Enoch und Mr. Johan Thomsen wegen der vorschossenen Unkosten diesem geladenen Branntwein halber zu recht oder in der Güte erhalten werde, als ihr eigen Schuld zu bezahlen. Hamburg, 21.4.1680".

Unter Vorlage dieser Erklärung und der Unkostenrechnung verlangt Thomsen von den Beklagten anteilige Erstattung der Reclameaufwendungen; diese erheben die Einrede der Vorausklage (exceptio excussionis), die Thomsen gegen Stauber als Hauptschuldner anhängig machen müsse[6]. Der Kläger meint, die Beklagten hätten sich selbstschuldnerisch verbürgt und damit gemäß HambStR 1603, II, 6, 7 nicht die Einrede der Vorausklage[7]. Das Gericht unterscheidet[8]: Die Einrede

---

1 Rehme, S. 84ff. m.w.N., S. 130ff.
2 Pöhls, Seerecht I, S. 288f.; vgl. ferner Kellinghusen, S. 38f.
3 Thomsen c. Porten, Ladeschein, Beilage C zur Klageschrift, P. Adm. 4.1.1683.
4 Unkostenrechnung, Beilage B zur Klageschrift, P. Adm. 4.1.1683.
5 in Beilage A zur Klageschrift, P. Adm. a.a.O.
6 P. Adm. 25.1.1683 (Exceptiones), P. Adm. 29.3.1683 (Duplik).
7 P. Adm. 1.3.1683 (Replik).
8 Interlokut v. 19.4.1683, P. Adm. ibid.

des Beklagten Schulte hat Erfolg, der „Mitbeklagte Hinrich Porten, als welcher die Branntwein, worauf die praetendirte Kosten mit verwand, für seine eigene in der bestellten caution angegeben und zu sich genommen", soll „seines Einwendens ungeachtet" zur Hauptsache antworten.

In Übereinstimmung mit den Parteien wertet das Gericht die Erklärung vom 21. 4.1680 als Bürgschaftserklärung, obwohl in ihr der Hauptschuldner Stauber nicht namentlich erwähnt, sondern als primärer Anspruchsgegner Thomsens nur in der Formulierung „zu recht[1] oder in der Güte[2] erhalten" angedeutet ist. HambStR 1603, II, 6, 1 legt die Bezeichnung des Hauptschuldners („Principal") in der „Verschreibung" nahe; sie scheint aber im Gegensatz zur Bezeichnung der Bürgenleistung (HambStR 1603, II, 6, 6) nicht unabdingbar zu sein.

Hinsichtlich des Beklagten Schulte hält das Gericht bei der Prüfung der exceptio excussionis[3] die beiden Gründe des Wegfalls dieser Einrede, nämlich den Einredeverzicht (HambStR 1603, II, 6, 7, S. 1) und die selbstschuldnerische Bürgschaft (HambStR 1603, II, 6, 7, S. 2) nicht für gegeben. Die Erklärung vom 21.4.1680 enthält keinen Einredeverzicht, der ausdrücklich hätte eingeführt werden müssen[4]. Aber auch die Klausel „in solidum" wertet das Gericht anders als der Kläger nicht als selbstschuldnerische Verbürgung, die hinsichtlich ihrer rechtlichen Wirkungen einem Einredeverzicht gleichsteht[5]. Die Verbürgung „in solidum" bezieht sich, wie der Kontext „einer für beide, beide für einen" verdeutlicht, auf das Gesamtschuldverhältnis zwischen den Beklagten als Mitbürgen; dieses Gesamtschuldverhältnis konkretisieren HambStR 1603, II, 6, 8 und HambStR 1603, II, 6, 10/11. Aus Gründen der Rechtssicherheit gilt auch für die selbstschuldnerische Bürgschaft, daß sie in der schriftlichen Bürgschaftsverschreibung expressis verbis mit den Formeln „als selbsteigener Schuldner"[6], „als Selbst-Schuldiger"[7] oder „ut principalis debitor"[8] anzuzeigen ist.

Es fällt auf, daß das Gericht dem Beklagten Schulte die Einrede der Vorausklage zubilligt und damit HambStR 1603, II, 6, 7 mit Rücksicht auf die Kaufmannseigenschaft Schulte's nicht einschränkend interpretiert. Demgegenüber befürwortet

---

1   d.h. durch gerichtliche Klage gegen Stauber, P. Adm. 25.1.1683 (Exceptiones).
2   d.h. durch Vergleich mit Stauber, P. Adm., a.a.O., (Exceptiones).
3   Das beneficium excussionis taucht erstmalig in Justinians Novellen auf (Nov. 4 von 535) und wandelt die „fideiussio" zu einer subsidiären Haftung; vgl. dazu Weiss, Institutionen, S. 326ff., 330f.; Kaser, Römisches Privatrecht, 1. Abschnitt, S. 665, Fn. 55, 2. Abschnitt, S. 459. Zur Parallelentwicklung im hansischen Recht Planitz, HGBl. 51 (1926), S. 15.
4   oder in Gestalt eines generellen Verzichts auf alle Einreden, Gries, Commentar, Bd. I, S. 307.
5   v.d. Fecht, ad. St. 1603, II, 6, 7.
6   Glashoff, H. 4, S. 28f.
7   v.d. Fecht, ad St. 1603, II, 6, 7.
8   Schulte, ad St. 1603, II, 6, 7, Ausgabe 1842, S. 305.

Bürgermeister Schulte[1], der Mitte des 17. Jahrhunderts das Stadtrecht 1603 kommentierte, den Ausschluß der exceptio excussionis in jeder „causa ex aequo et bono sit determinanda, ut inter mercatores fit"; er folgt damit dem zeitgenössischen gemeinen Recht, das die in Kaufmannssachen dominierende aequitas und bona fides und die Einrede der Vorausklage für unvereinbar hält[2], „weil die Commerzien ihren freyen Lauf haben" sollen[3]. In der Seerechtsliteratur entwikkeln sich zwar bald differenzierte Anknüpfungstatbestände für den möglichen Ausschluß der Einrede, einerseits der Kaufmannsstatus, andererseits die Eigenschaft der Bürgschaft als „Kaufhandel" bzw. „Mercantilsache"[4] – im Sinne des HGB § 349 als „Handelsgeschäft". Trotzdem wird für die kaufmännische Bürgschaft und für das im Versicherungskommissionsgeschäft häufige del credere[5] überwiegend die ausdrückliche Selbstschuldner-Klausel verlangt[6] oder eine Stellvertretungskonstellation zwischen Bürge und Hauptschuldner konstruiert[7] oder eine persönliche Garantieübernahme des Bürgen gegenüber dem Gläubiger[8] unterstellt, um den konkludenten Verzicht auf die Einrede der Vorausklage dogmatisch begründen zu können.

Diesem Argumentationsnotstand entgeht das Gericht durch wörtliche Gesetzesinterpretation bei der Privilegierung des Beklagten Schulte.

Die Entscheidung zu Lasten des Beklagten Porten erklärt das Gericht dagegen mit dem tatsächlichen Empfang der reklamierten Ladung aufgrund des Konnossements und der dadurch bedingten Stellung Portens als Hauptschuldner der Havarieforderung. Diese Forderung richtete sich ursprünglich gegen den Mitbefrachter Stauber, der mit Gut und Fracht zu den als Avarie grosse dispachierten Reclameaufwendungen hätte beitragen müssen. Die Beitragspflicht geht mit der Warenauslieferung auf den Empfänger über, denn dieser wird spätestens jetzt Eigentümer der Waren[9] und frachtzahlungspflichtig[10]. Die vom Gericht befürwortete quasi-akzessorische Verknüpfung zwischen der Havarieforderung und den

---

1 Schulte, ad St. 1603, II, 6, 7, Ausgabe 1842, S. 306.
2 Gaill, lib. II, observ. 27, n. 27.
3 Zedler, Band 8, Spalte 2281, 2282 m.w.N.
4 J.P. Sieveking, S. 123f.; Baldasseroni I, part. 2, tit. 7, § 42.
5 d.h. die Verpflichtung des Kommissionärs gegenüber dem Versicherungskommittenten, für die Verbindlichkeit und die Solvenz des Vertragspartners, in der Regel des Assecuradeurs, einzustehen; J.P. Sieveking, S. 121f.; Benecke I, S. 364.
6 Pöhls, Handelsrecht I, Allg. Teil, S. 268; vgl. auch Benecke I, S. 368.
7 Baldasseroni, a.a.O., §§ 42, 43.
8 Morstadt, Commentar, Bd. I, S. 56, Fn. 56; Santerna, part. 3, n. 56, 57; Emérigon I, ch. 8, sect. 15, § 1 m.w.N.
9 Vor Auslieferung ist der Eigentumsübergang umstritten, insbesondere die Frage, ob er von der traditio symbolica bei Übergabe des Konnossements umfaßt ist; dies bejahen J. D. Sluter, S. 24, 37ff.; Blanck, S. 62f.; Steetz, S. 10; Klefeker VII, S. 162; Schaffshausen, S. 35f.; a.A. Rentzel, S. 14ff.; vgl. auch Lau, S. 176ff.
10 Langenbeck, Seerecht, S. 149; Surland, S. 19f.

Rechtspositionen, die die Kontributionspflicht begründen, hat im Hamburgischen Seerecht 1603 kein Vorbild; sie wird — soweit ersichtlich — erst im 18. Jahrhundert von Emérigon[1] angedeutet und von Benecke anerkannt[2]. Sie entspricht dem für die Frachtzahlungspflicht des Empfängers nach dem Befrachter[3] geltenden Prinzip einer Schuldübernahme[4], das in der Person des Übernehmenden eine Bürgenstellung ausschließt.

Schlußbemerkung

Die Untersuchung hat in materiellrechtlicher Hinsicht gezeigt, daß das Hamburgische Admiralitätsgericht in seiner Rechtsprechung das zeitgenössische Seerecht nicht nur verwaltete, sondern auch eigenständig gestaltete, indem es das Hamburgische Seerecht von 1603/05 fortbildete, zahlreiche Normen der Hamburgischen Assecuranz- und Havarieordnung von 1731 durch Verarbeitung holländischer und französischer Seeversicherungsgesetze in der Rechtsanwendung vorbereitete und bestimmten Prinzipien, die das geltende Seehandels- und Seeversicherungsrecht beherrschen, dogmatisch gesicherte Konturen verlieh.

Dies gilt im Seeversicherungsrecht besonders für die Entwicklung der Lehre vom versicherungsrechtlichen Interesse, die sowohl im Bereich der Versicherungskommission (vgl. § 781 HGB) als auch für den Schadensbeweis (vgl. § 882, Abs. 2, Satz 1 HGB) erhebliche Bedeutung hat. Es gilt ferner für das Bekenntnis des Admiralitätsgerichts zum Prinzip der Allgefahrendeckung. Das Gericht erarbeitete darüberhinaus differenzierte Kriterien der Risiko- und Haftungsverteilung nach Gefahrenkreisen, die sich auch in der Haltung des Gerichts zu den versicherungsrechtlichen Anzeige- und Aufklärungspflichten auswirken.

Im Bereich des Bodmereirechts erkennt das Gericht mit überzeugender dogmatischer Sicherheit schon in der Mitte des 17. Jahrhunderts die Zulässigkeit einer Verbodmung der Schiffsladung an; im übrigen entwickelt es eine gefestigte Rechtsprechung zur Beweislastverteilung hinsichtlich der Reisenotlage einerseits zwischen Bomereigebern und Reedern, andererseits zwischen mehreren konkurrierenden Bodmereigebern.

Unter anderem im materiellen Havarierecht leistet das Gericht Rechtsfortbildung, indem es die Kosten einer erfolgreichen Reclame in die große Havarei (Avarie grosse) einbezieht. In formeller Hinsicht fällt hier wie im Recht der Reclame auf,

1 Emerigon II, ch. 19, sect. 15.
2 Benecke IV, S. 151f.
3 für alternative Regreßrechte des Schiffers an Befrachter oder Empfänger Langenbeck, a.a.O., S. 149; Klefeker VII, S. 162.
4 dazu Lau, S. 186f.

daß das Gericht ausländische Havariedispachen und ausländische prisengerichtliche Urteile vorbehaltlos und ohne Verbürgung der Gegenseitigkeit anerkennt und damit als Wegbereiter einer grundsätzlichen Anerkennung ausländischer Sachurteile in Bezug auf ihre volle Rechtskraftwirkung in Hamburg auftritt.

Sehr folgerichtig ist auch die Rechtsprechung des Gerichts zum frachtrechtlichen Schadensersatz wegen Nichterfüllung, der stets an den individuellen Vermögensschaden des Verfrachters anzuknüpfen hat und den pauschalierten Schadensersatz (Reurecht) mittelalterlicher Seerechte ablöst.

Unter prozeßrechtlichen Gesichtspunkten hatten Verfassung und Verfahren des Admiralitätsgerichts eine beachtliche Vorbildwirkung, die sich an zwei Beispielen veranschaulichen läßt:

Sowohl bei der Gründung des Lübischen Seegerichts 1655[1] als auch bei der Einsetzung des Bremischen Handelsgerichts 1845[2] orientierte man sich im Hinblick auf Organisation und Zuständigkeit dieser Spruchkörper an dem Hamburgischen Gericht.

Ferner war das Admiralitätsgericht das erste Gericht in Hamburg, dessen bürgerliche Mitglieder erklärtermaßen nach dem Fachkundeprinzip berufen wurden. Damit war in Hamburg bereits am Beginn des 17. Jahrhunderts der Dualismus zwischen Richtern mit juristischem und solchen mit kaufmännisch-seemännischem Fachwissen institutionalisiert, der sich gegenüber dem System der ausschließlich kaufmännisch besetzten Handelsgerichte – dem später sogenannten „französischem System"[3] – nachhaltig durchsetzte und bewährte und damit die Grundlage für das bis heute in den „Kammern für Handelssachen" verwirklichte „gemischte System"[4] bildete.

---

1   Stadtarchiv Lübeck, Interna S, Konvolut 9 (Seegericht), Nr. 1/5.
2   StA Bremen, Sign. 2. R. 11. b. 8 (Project Seegericht), Protokoll vom 19.2.1827.
3   Silberschmidt, Sondergerichtsbarkeit in Handels- und Gewerbesachen, S. 241f.
4   Silberschmidt, a.a.O., S. 242f.

ANHÄNGE

Anhang A

Tabellarische Prozeßübersicht

Die folgende tabellarische Prozeßübersicht enthält 56 vollständige Admiralitätsprozesse, d.h. Verfahren, von denen außer der Entscheidung des Admiralitätsgerichts vollständige bzw. fast vollständige Gerichtsprotokolle mit Parteivortrag und Beweisaufnahme erhalten sind. Darüberhinaus sind in der Untersuchung Admiralitätsprozesse herangezogen worden, von denen nur das Urteil des Admiralitätsgerichts noch existiert, diese unvollständigen Verfahren entziehen sich einer detaillierten Auswertung und sind deshalb nicht in die Tabelle aufgenommen worden.

Zur Erläuterung der Tabellenspalten ist auf folgendes hinzuweisen:

- Die Prozesse sind chronologisch geordnet.
- Das in Spalte 1 angegebene Rubrum des Verfahrens entspricht der in der Untersuchung verwendeten Parteibezeichnung. Das ausführliche Rubrum mit den Vornamen der Parteien ist mit Hilfe der Nachweise in Spalte 2 im Quellenverzeichnis zu ermitteln. Zu berücksichtigen ist, daß alle aus dem Bestand „Reichskammergericht" des Staatsarchivs Hamburg stammenden Prozesse mit dem Rubrum des Reichskammergerichtsverfahrens zitiert werden; das bedeutet am Beispiel des Verfahrens Berenberg c. Janßen, daß der Appellant Berenberg zuerst genannt wird, obwohl die Parteien vor dem Admiralitätsgericht mit umgekehrtem Rubrum auftraten. Die Beibehaltung des Rubrums aus dem Reichskammergerichtsverfahren ist erforderlich, weil die Prozesse nur mit diesem Rubrum im Staatsarchiv Hamburg verzeichnet sind und anders archiv-technisch nicht individualisiert werden können.
- Spalte 3 gibt die Verfahrensdaten vor dem Admiralitätsgericht wieder, die sich auf die Klageerhebung (K.) und den Erlaß des abschließenden Interlokuts (I.) oder Urteils (U.) beziehen. Sofern ausnahmsweise keine Abschlußentscheidung erging, ist der letzte Verhandlungstermin des Protokolls angegeben (Endtermin=E.). Entsprechendes gilt für die Verfahrensdaten des Appellationsverfahrens vor dem Obergericht in Spalte 4. Aus beiden Spalten ist die Prozeßdauer bis zur rechtskräftigen bzw. angefochtenen Entscheidung abzulesen.
- Unter der Rubrik „Verfahrensmaximen" (Spalte 5) ist für die Prozesse aufgeschlüsselt, inwieweit der Parteivortrag mündlich bzw. von welchem Zeitpunkt an er auch in schriftlicher Form erfolgte. In Spalte 6 sind die Prozesse im Hinblick auf das Gebot, nur bis zur Duplik zu prozedieren, ausgewertet.
- Spalte 7 zeigt auf, in welchen Prozessen das Admiralitätsgericht bei Klagen aus Policen, Bodmereibriefen und Konnossementen („unläugbaren Handschriften") den Beklagten vorläufig verurteilte und mit seinen Einwendungen ins Reconventionsverfahren verwies („ja"), und in welchen Prozessen es ohne Verweisung entschied („nein").
- Spalte 8 gibt einen Überblick über die Streitwerte in den Admiralitätsprozessen.
- Spalte 9 macht deutlich, daß das Admiralitätsgericht in Zahlungsurteilen das Zahlungsziel in der Regel im Verhältnis zur zehntägigen Appellationsfrist verlängerte.
- Spalte 10 bezieht sich nur auf die Seeversicherungsprozesse und zeigt, welche Assecuranznormen in den Policen in Bezug genommen wurden.
- Spalte 11 gibt die aus den Policen und Frachtverträgen ersichtlichen Reiserouten wieder und ermöglicht damit eine Übersicht über die zeitgenössischen regionalen Handels- und Wirtschaftsverbindungen, in denen sich Hamburgische Kaufleute engagierten.
- Spalte 12 weist stichwortartig auf den Anlaß des Verfahrens vor dem Admiralitätsgericht hin.

Rubrum	Blume c. Holzen	Berenberg c. Janßen	Pardo c. Meyer
Fundstelle	StAH, Senat Cl. VII Lit. Ca No. 1 Vol. 2 a, Nr. 16–18	StAH, RKG, Nachtrag I, Nr. 1	StAH, RKG, P 3
Verfahrens- daten in I. Instanz	Antrag: 15.4.1629 Entscheidung: 25.7.1629	K. 21.4.1641 U. 17.6.1641	K. 29.5.1651 I. 3.7.1651
Verfahrens- daten in II. Instanz		K. 27.9.1641 U. 2.12.1642	K. 22.8.1651 U. 13.1.1654
Verfahrens- maximen		nur mündlich	nur mündlich
Schriftsatz- wechsel		nur mündlich	nur mündlich
Reconventions- verfahren		nein	nein
Streitwert		1.561 St.v.A.	1.400 Rth.
Zahlungsziel			
Coutumes in der Police		Coutumes der Börse von Antwerpen	
Reiseroute	Stettin – Königsberg – Stettin	Lissabon – Hamburg	Malaga – Hamburg
Schadensereignis/ Klageanspruch	Aufbringung, Teilkonfiskation	Schiffbruch	Frachtlohn- anspruch

Juncker c. Schnitker	Hambrock c. Gehrdes	Hambrock c. Stampeel	Hübner c. v.d. Krentze
StAH, RKG, J 18	StAH, Admiralitätskollegium A 13	StAH, Admiralitätskollegium A 13	StAH, Admiralitätskollegium A 13
K. 9.11.1654		K. 13.9.1655	K. 6.9.1655
U. 16.11.1654	U. 21.6.1655	U. 13.9.1655	I. 7.2.1656
K. 8.12.1654 I. 22.8.1656	U. 23.1.1657		
nur mündlich ·	schriftliche Rezesse	nur mündlich	nur mündlich
nur mündlich	bis zu Exceptionen	nur mündlich	mündlich (Vortrag bis zu Exceptionen)
nein	ja	nein	nein
30.000 Rth.	1.083 Taler Fl.	241 Mk.	75 Taler Fl.
	14 Tage		
Coutumes der Börse von Antwerpen			
nicht zu ermitteln	Hamburg – Dünkirchen	London – Hamburg	nicht zu ermitteln
Schiffbruch	Anspruch auf Rechnungslegung	Frachtlohn- und Havarieanspruch	Schiffbruch

Rubrum	Hagen c. Fincks	Hardorp c. de Pina	Dorvill c. Reddeling
Fundstelle	StAH, Admiralitäts- kollegium A 13	StAH, Admiralitäts- kollegium A 13	Krüger, Dissertation, S. 14f.
Verfahrens- daten in I. Instanz	K. 22.5.1656 E. 12.6.1656	K. 17.4.1656 E. 17.7.1656	K. 14.8.1656 U. 21.8.1656
Verfahrens- daten in II. Instanz			
Verfahrens- maximen	nur mündlich	ab Exceptionen schriftl. Rezesse	nur mündlich
Schriftsatz- wechsel	nur mündlich	bis zur Triplik	nur mündlich
Reconventions- verfahren	nein	nein	ja
Streitwert	450 Rth.	6.699 Mk.Bco.	1.160 Mk.Bco.
Zahlungsziel			
Coutumes in der Police			
Reiseroute	Norwegen (Bergen?) – Frankreich	nicht zu ermitteln	Nantes – Hamburg
Schadensereignis/ Klageanspruch	Aufbringung	Avarie grosse	Bodmerei- forderung

Hübner c. Paulsen	Heckstetter c. Rull	Henrichsen c. v. Lübcken	Heckstetter c. Hachtmann
StAH, Admiralitäts-kollegium A 13	StAH, Admiralitäts-kollegium A 13	StAH, Admiralitäts-kollegium A 13	StAH, Admiralitäts-kollegium A 13
K. 10.7.1656 I. 29.4.1658	U. 14.4.1659	K. 21.7.1659 U. 22.9.1659	K. 31.1.1661 E. 4.4.1661
schriftliche Rezesse bis zur Duplik	schriftliche Rezesse bis zur Duplik	ab Replik schriftl. Rezesse bis zur Duplik	nur mündlich
ja	ja	nein	nein
738 Mk.	496 Mk.Bco.	1.700 Mk.Bco.	6.000 Mk.Bco.
Hamburg — London	nicht zu ermitteln	nicht zu ermitteln	nicht zu ermitteln
Teiluntergang der Ladung	Frachtlohn- und Havarieanspruch	Schiffsbrand	Aufbringung, Konfiskation

Rubrum	Heckstetter c. Meybohm	Hübner c. Martini I	Hübner c. Martini II
Fundstelle	StAH, Admiralitäts- kollegium A 13	StAH, Admiralitäts- kollegium A 13	StAH, Admiralitäts- kollegium A 13
Verfahrens- daten in I. Instanz	K. 30.4.1663 I. 7.5.1663	Replik: 26.1.1665	K. 7.7.1664 U. 13.4.1665
Verfahrens- daten in II. Instanz			
Verfahrens- maximen	nur mündlich	schriftliche Rezesse	nur mündlich
Schriftsatz- wechsel	nur mündlich	bis zur Replik	nur mündlich
Reconventions- verfahren	nein	nein	nein
Streitwert	598 Mk.	1.500 Mk.Bco.	451 Mk.
Zahlungsziel			
Coutumes in der Police			
Reiseroute	Hamburg – Elsinör	La Rochelle – Cadiz	nicht zu ermitteln
Schadensereignis/ Klageanspruch	Schadensersatz wegen Unterschlagung	Schiffbruch	Schiffbruch

Beltgens c. Tamm	Thomsen c. Porten	Hupping c. Hübner / H 180	Hupping c. Hübner / H 181
StAH, RKG, B 36	StAH, RKG, T 27	StAH, RKG, H 180	StAH, RKG, H 181
	K. 4.1.1683	K. 12.7.1683	K. 12.7.1683
U. 22.4.1680	I. 19.4.1683	U. 20.6.1689	U. 20.6.1689
I. 9.1.1680	K. 11.5.1683 U. 27.4.1688	U. 2.3.1694	U. 2.3.1694
	schriftliche Rezesse	schriftliche Rezesse	schriftliche Rezesse
	bis zur Duplik		
nein	nein	nein	nein
3.561 Rth.	29.626 Mk.Bco.	70.886 Mk. Bco.	70.886 Mk.Bco.
Archangelsk	Ile de Ré	Hamburg	Hamburg
—	—	—	—
Livorno	Hamburg	Spanien	Spanien
Schiffbruch	Aufbringung, Ersatz der Reclamekosten	Arrest	Arrest

Rubrum	Rohde c. Stoltenberg	de Vlieger c. Thomas	Peinhorst c. Meckenhauser
Fundstelle	StAH, RKG, R 38	StAH, RKG, V 9	StAH, RKG, P 11
Verfahrens- daten in I. Instanz	K. 6.6.1695 U. 25.6.1696	K. 16.4.1696 U. 7.1.1697	K. 12.9.1720 I. 28.8.1721
Verfahrens- daten in II. Instanz	K. 21.8.1696 U. 23.5.1698	K. 29.1.1697 U. 18.8.1697	K. 19.9.1721 U. 28.5.1723
Verfahrens- maximen	ab Exceptionen schriftl. Rezesse	ab Exceptionen schriftl. Rezesse	schriftliche Rezesse
Schriftsatz- wechsel	bis zur Quadruplik	bis zur Duplik	bis zur Duplik
Reconventions- verfahren	nein	ja	nein
Streitwert	1.490 Rth.	10.550 Mk.Lüb.	2.700 Mk.
Zahlungsziel	14 Tage	14 Tage	
Coutumes in der Police		Coutumes der Börse von Antwerpen	
Reiseroute	Amsterdam – Levante – Livorno – Hamburg	Hamburg – London	Stockholm – Königsberg
Schadensereignis/ Klageanspruch	Heueranspruch	Aufbringung, Konfiskation	Aufbringung, Konfiskation

Rendtorff c. Brandt	Schrack c. Halsey	Jencquel c. von Vinnen	Burmester c. Höckel
StAH, RKG, R 18	Klefeker, Band VII, S. 553ff.	Klefeker, Band VII, S. 410ff.	StAH, RKG, B 116/ Klefeker, Band VII, S. 456ff. S. 548ff., 590f.
K. 23.5.1724			K. 1.6.1730
U. 15.2.1725	I. 25.4.1726	U. 28.8.1727	U. 27.9.1731
K. 16.3.1725 U. 27.8.1732		U. 10.9.1728	K. 19.10.1731 U. 12.12.1731
schriftliche Rezesse		schriftliche Rezesse	schriftliche Rezesse
bis zur Duplik		bis zur Duplik	bis zur Duplik
nein		nein	nein
4.200 Mk.	1.500 Mk.	4.000 Mk.	3.000 Mk.
			4 Wochen
Coutumes der Börse von Antwerpen			Coutumes der Börse von Antwerpen
Narwa — St. Petersburg	Kronstadt — Amsterdam	Lissabon — Brasilien	Hamburg — Barcelona
Schiffbruch	Schiffbruch	Aufbringung, Seeraub, Sprengung	Schiffbruch

Rubrum	Franck c. Amsinck	Rothaer c. Göldners	Schwartzkopf c. diverse Assecuradeure
Fundstelle	Klefeker, Band VII, S. 555ff.	Klefeker, Band VII, S. 581f.	Klefeker, Band VII, S. 582
Verfahrens- daten in I. Instanz	U. 10.7.1738	I. 5.11.1741	I. 14.4.1742
Verfahrens- daten in II. Instanz			
Verfahrens- maximen	schriftliche Rezesse		
Schriftsatz- wechsel		bis zu Exceptionen	
Reconventions- verfahren	nein	nein	nein
Streitwert	6.000 Mk.		
Zahlungsziel			
Coutumes in der Police			
Reiseroute	Göteborg – Stralsund	nicht zu ermitteln	nicht zu ermitteln
Schadensereignis/ Klageanspruch	Schiffbruch	Schiffbruch	

Havemester	Wybrandt	Clamer	Hettlings
c.	c.	c.	c.
Schlüter	Schlüter	Schnittler	diverse Assecuradeure
Klefeker, Band VII, S. 582f.	Klefeker, Band VII, S. 360	StAH, Senat Cl. VII Lit. Ma No. 6 Vol. 1 b	Klefeker, Band VII, S. 493ff.
		K. 15.2.1748	
I. 17.4.1743	U. 22.6.1747	U. 11.7.1748	U. 22.12.1753
			U. 5.7.1754
		schriftliche Rezesse	schriftliche Rezesse
		bis zur Duplik	bis zur Duplik u. Exceptionen gegen die Duplik
nein		nein	nein (im Appellationsverfahren: ja)
	6.000 Mk.	610 Mk.	18.500 Mk.
		14 Tage	4 Wochen
		Bedingungen der AHO	
nicht zu ermitteln	nicht zu ermitteln	Hamburg — Rouen	St. Ubes — Uddevalla/ Schweden
Schiffbruch	Schiffbruch	Strandung	Schiffsbrand

	Boetefeur	Stolle	Hettling
Rubrum	c.	c.	c.
	Kellinghusen	Rothaer	Kähler
Fundstelle	StAH, RKG, B 69; Klefeker, Band VII, S. 363ff.	StAH, RKG, S 162	Klefeker, Band VII, S. 522ff.
Verfahrensdaten in I. Instanz	K. 1.8.1754 I. 5.12.1754	K. 20.10.1753 I. 16.2.1758	I. 27.4.1758
Verfahrensdaten in II. Instanz	K. 17.1.1755 U. 5.5.1758	K. 10.3.1758 U. 13.11.1758	U. 10.12.1759
Verfahrensmaximen	schriftliche Rezesse	schriftliche Rezesse	schriftliche Rezesse
Schriftsatzwechsel	bis zur Duplik	bis zur Duplik	bis zur Duplik
Reconventionsverfahren	ja	nein	nein
Streitwert	20.000 Mk.	11.200 Mk.	3.182 Mk.
Zahlungsziel			
Coutumes in der Police	Bedingungen der AHO	Bedingungen der AHO	
Reiseroute	Lübeck — Randers/ Dänemark	Trondheim — Le Havre	St. Petersburg — Stockholm
Schadensereignis/ Klageanspruch	Strandung	Strandung	Verderb der Ladung

Hettling c. Lavezari	Boué c. Stenglin	Thornton c. Kühl	Kramer c. Suck
StAH, RKG, B 69; Klefeker, Band VII, S. 362f., 365ff.	StAH, RKG, B 76	StAH, RKG, T 30	Klefeker, Band VII, S. 150ff.
	K. 31.5.1759	K. 5.3.1761	
I. 13.6.1759	I. 1.5.1760	I. 31.10.1761	I. 4.7.1765
	K. 16.5.1760	K. 20.11.1761	
U. 31.1.1761	U. 4.3.1761	U. 10.11.1762	
schriftliche Rezesse	schriftliche Rezesse	schriftliche Rezesse	schriftliche Rezesse
bis zur Duplik	bis zur Duplik	bis zur Duplik	bis zur Duplik
ja	nein	nein	nein
5.000 Mk.	15.000 Mk.Bco.	62.000 Mk.	3.630 Mk.Cour.
	Bedingungen der AHO	Bedingungen der AHO	
Lübeck – Randers/ Dänemark	Bayonne – San Domingo	Göteborg – Marseille – Livorno	Hamburg – Göteborg
Strandung	Aufbringung, Konfiskation	Schiffbruch	Frachtlohn-anspruch

	Poppen c. Meyer	J. S. c. Scheel	C. M. c. Thornton
Rubrum	Poppen c. Meyer	J. S. c. Scheel	C. M. c. Thornton
Fundstelle	Klefeker, Band VII, S. 167ff.	Klefeker, Band VII, S. 458ff.	Klefeker, Band VII, S. 536ff.
Verfahrensdaten in I. Instanz	U. 4.7.1765	U. 14.11.1765	I. 4.12.1765
Verfahrensdaten in II. Instanz			U. 18.3.1768
Verfahrensmaximen	schriftliche Rezesse	schriftliche Rezesse	schriftliche Rezesse
Schriftsatzwechsel	bis zur Duplik	bis zur Quadruplik	bis zur Replik
Reconventionsverfahren	nein	nein	nein
Streitwert	156 Mk.Bco.	2.700 Mk.Bco.	988 Rth.
Zahlungsziel	8 Tage		
Coutumes in der Police			
Reiseroute	Gouda – Hamburg	Ahus/Schweden – Stralsund	Petersan – Livorno – Venedig
Schadensereignis/ Klageanspruch	Frachtlohnanspruch	Schiffbruch	Havarieanspruch

Thornton	Petersen	Glüer	Brouker
c.	c.	c.	c.
P. P.	Töpp	Büsch	Jenisch

Klefeker,	Klefeker,	Klefeker,	Klefeker,
Band VII,	Band VII,	Band VII,	Band VII,
S. 433ff.	S. 196ff.	S. 391ff.	S. 314ff.

	Exceptiones: 31.8.1765		
I. 7.11.1766	U. 21.11.1766	I. 29.8.1767	U. 29.8.1767

U. 27.5.1767			
schriftliche Rezesse	schriftliche Rezesse	schriftliche Rezesse	schriftliche Rezesse
bis zur Duplik	bis zur Triplik (Quadruplik verspätet)	bis zur Triplik (Quadruplik verspätet)	bis zur Duplik
nein	nein	nein	nein
30.000 Mk.Bco.	541 Mk.Bco.	3.000 Mk.Bco.	967 Mk.Bco
			14 Tage

London	nicht zu ermitteln	Greifswald	Hamburg
−		−	−
Fiume		Stockholm	Bilbao
Aufbringung, Konfiskation	Ansegelung	Schiffbruch	Aufbringung, Seeraub

Rubrum	Havemester c. Hasse	Metkalfe c. Demissy	Berndes & Bülau c. Otte
Fundstelle	Klefeker, Band VII, S. 66 ff.	Klefeker, Band VII, S. 133 ff.	StAH, RKG, H 90 b (eingefügtes Protokoll)
Verfahrensdaten in I. Instanz	U. 5.11.1767	U. 5.11.1767	K. 13.5.1797 U. 24.2.1798
Verfahrensdaten in II. Instanz			
Verfahrensmaximen	schriftliche Rezesse	schriftliche Rezesse	schriftliche Rezesse
Schriftsatzwechsel	bis zur Duplik	bis zur Triplik	bis zur Duplik
Reconventionsverfahren	ja		nein
Streitwert	393 Mk.Bco.	6.401 Mk.Cour.	1.875 Mk.Bco
Zahlungsziel	14 Tage	14 Tage	
Coutumes in der Police			Bedingungen der AHO
Reiseroute	Bordeaux – Hamburg	Genua – Hamburg	Bordeaux – Hamburg
Schadensereignis/ Klageanspruch	Frachtlohnanspruch	Frachtlohnanspruch	Aufbringung

Dunker c. Rodde	Otte c. de Voss	Otte c. Paschen	Benecke c. Schröder
StAH, RKG, Nachtrag II, Nr. 6	StAH, RKG, H 90 a	StAH, RKG, H 90 b	StAH, RKG, Nachtrag II, Nr. 1
	K. 12.9.1799	K. 12.9.1801	K. 19.7.1804
U. 1798?	U. 1801	U. 24.11.1803	U. 7.9.1805
U. 1798?	U. 9.9.1803	U. 20.1.1804	U. 10.6.1806
schriftliche Rezesse	schriftliche Rezesse	schriftliche Rezesse	schriftliche Rezesse
			bis zur Duplik
nein	nein	nein	nein
20.000 Mk.	8.200 Mk.	9.600 Mk.Bco.	23.836 Mk.
	4 Wochen	4 Wochen	4 Wochen
Bedingungen der AHO	Bedingungen der AHO	Bedingungen der AHO	Bedingungen der AHO
Altona	Malaga	Kronstadt	Bremen
—	—	—	—
Lissabon	Ostende	Amsterdam	Barcelona
Strandung	Strandung	Aufbringung, Konfiskation	Aufbringung, Konfiskation

I. Ordnung der Admiralität 1656

Quelle: St AH, Senat Cl.VII, Lit. Ca, No. 1, Vol. 4c, fol. 1

Cum bono Deo Anno 1656

Nahmen der Herren und Bürger so im Admiralitaets=Gerichte sitzen wobey folgendes zu observiren.

Daß gantze Collegium der Admiralität wirt bestellet mit 13 Persohnen: als den zweyen mittelsten Bürgermeistern, von denen 4 im gantzen Rathe sein, wovon einer des einen Jahres Praeses ist, der ander aber selbiges Jahr nichts damit zu schaffen hat, welches unter den beyden vice versa gehet. Dreyen Rathsherren, wovon einer ein Licentiatus juris, die andere beede aber Bürger Standes Persohnen sein müssen, welche nicht abwechseln, sondern solange dabey verbleiben, biß sie zue eines Bürgermeisters dignität beruffen oder durch den zeitlichen Todt abgefordert werden. Sechs Bürgern, wovon jährlich der altister Cassa=Bürger, da Er will, abtritt, die ihm folgen, auftreten, undt aus zweyen Bürgern, so der abtretende fürschläget, einer wieder erwehlet wirt. Undt zweyen Schiffer Alten, wovon ebenmäßig jährlich einer da Er will abtritt undt einen anderen an seyne Stelle vorschläget.

Doch kann der eltister Cassa Bürger nicht über 3 Jahr bey der Cassa sein noch der eltister Schiffer über 4 Jahr dem Collegio beywohnen.

II. Ordnung der Admiralität 1656

Quelle: St AH, Senat Cl. VII, Lit. Ca, No. 2, Vol. 1 b, Herrn Prof. Richey collectanea zu seiner „historischen Nachricht von der Admiralität und deren den 6. April 1723 begangenen Gedächtnisfeier", Nr. 70

Ordnung der Admiralitaet Anno 1656

Daß gantze Collegium der Admiralitaet wird bestellet mit 13 Persohnen, nemblich denen zween mittelsten Herren Bürgermeistern, alß welche alterniren, so daß der eine bey der Admiralitaet daß Praesidium führet, welches alle Jahr auf Petri unter ihnen umgehet: ferner sollen in diesem Collegio, drey Persohnen deß Rahts, davon der eine Lit. Juris sein soll, bestendig mit sitzen, und nicht abwechseln, sondern ad dies vitae dabey verbleiben, es wäre dan, daß sie zu der Dignitaet eines Bürgermeisters beruffen, und erwehlet würde; Noch sollen dabey seyn 6 Bürger, davon Jährlich der Eltiste Cassa Bürger da er will abtritt, die ihm folgen auftreten, und soll so dan der abtretende zween Bürger fürschlagen, davon einer wird erwehlet, und sollen ferner zween Schiffer Alten, wor von ebenmeßig Jährlich einer *da er will* abtritt, und einen andern an seine Stelle vorschlegt. (NB. die Schiffer bleiben ordinairement ietzo 4 Jahre, doch werden sie auch bißweilen woll continuiret.)

auch kann der Eltiste Cassa Bürger nicht über drey Jahr bey der Cassa seyn, noch der älteste Schiffer über vier Jahr dem Collegio beywohnen. (ist nicht so genau in observanz.)

III. Gerichtsordnung des Admiralitätsgerichts 1668

Quelle: StAH, Senat Cl. VII, Lit. Ca, No. 2, Vol. 1 b, Herrn Prof. Richey collectanea zu seiner ,,historischen Nachricht von der Admiralität und deren den 6. April 1723 begangenen Gedächtnisfeier", Nr. 27/30

Von dem Admiralitaets-Gerichte, wie dasselbe hinführo bestellet, und daselbsten procediret werden soll.

Das Admiralitaets-Gerichte sol mit 12 Personen aus Deputirten Herren des Raths, der trafiquirenden Kauffmannschaft und Schiffer=Alten besetzet seyn.

§ 1

Und zwar von Raths wegen mit einem der Herren Bürgermeister und dreyen Rathspersonen, sechs Kauffleuten, und 2 Schiffer=Alten.

§ 2

Von diesen sechs Kauffleuten und Alten der Schiffer soll alle Jahr einer abtreten, und an dessen Stelle ein ander wieder erwehlet werden.

§ 3

Und zwar zu der Kauffmanns=Stelle sollen die gesammte Deputirte der Admiralitaet zwey tüchtige, der See=Handlung erfahrne Bürger Einem E. Rathe vor Petri praesentiren, der daraus einen an des abgehenden Stelle wiederüm erwehlen; an des abgehenden Schiffer=Alten aber sollen die Schiffer, dem Herkommen nach, zwey der Admiralitaet Deputirten praesentiren ümb einen daraus zu wehlen.

§ 4

Die erwehlete aus den Bürgern und Schiffern sollen ihren Eid nach dem hiebevor üblichen Formular für Rath allemahl abstatten, ehe sie in das Collegium der Admiralitaet recipiret werden.

§ 5

Wer aus diesen Deputirten einem oder andern Theile biß ins andere Glied inclusive verwandt, soll gleich wie im Niedern Gerichte, wann auf angehörten Vortrag oder Relation zum votiren geschritten wird, entweichen.

§ 6 und 7

Es soll aber kein schriftlicher Process alda verstattet, besondern auf ergangene citation die Parten persönlich zu erscheinen, und die Nothdurft vorzubringen und zu antworten schuldig seyn: Es bleibet dennoch einem ieden frey, einen Beystand und Anwald mitzubringen, mit dem er sich berathe, und da er den Vortrag nicht thun könnte, die Nothdurft durch selbigen entweder mündlich, oder auch schriftlich, iedoch daß keine Schrift über einen halben Bogen gewöhnlicher Schrift lang sey, vorbringen lasse.

§ 8

Alle See=Sachen sollen vor der Admiralität geklaget, und allda in erster Instantz erörtert werden mögen.

§ 9

Wann die Herren Deputirte die Sache zur Genüge eingenommen, gehöret, und die Vorträge protocolliret, sollen sie nach dieser Stadt, und dem gemeinen Kaiserlichen, auch den See=Rechten, in so weit selbe dem Stadt=Buche nicht entgegen, und der Usantz, ohne alle reflexion und bewegung, was billig und recht, so fort, oder da die Sache in Berath und Bedenken genommen würde, innerhalb 14 Tage und so bald möglich, darin erkennen, und den Spruch publiciren.

§ 10

Wann iemand von dem ergangenen Spruch zu appelliren gemeinet, soll er solches innerhalb 10 Tagen thun, und dero Behuef dem Eltesten praesidirenden Hrn. Bürgermeister den ergangenen Bescheid oder Spruch, unter des Hn. Secretarii Hand, und die citation ins Oberngericht ihm darauf zu erlauben suchen.

§ 11

Im Fall nun die eingeklagte Hauptsumme 200 Mk. lüb. oder ein mehrers betrifft, soll solche Appellation, es sey von der Definitiv oder Interlocuto unaufgehalten angenommen werden, und der Appellant seine Appellation juxta fatalia, wie hierunten mit mehrem, zu prosequiren schuldig seyn.

§ 12

Der Hr. Secretarius wird auch Anstalt machen, daß auf des Appellantis Vorzeigung verstatteter Appellation, sein Substitutus die Acta zeitlich decopiire, leslich schreibe, etwas mehr, dann bishero, auf einen Bogen bringe, und die Gebühr darnach richte.

§ 13

Wann die Sache per Appellationem an E.E. Rath erwachsen, und darin definitive oder interlocutorie gesprochen werden soll, werden die aus dem Rathe p.t. deputirte Herren zur Admiralitaet, so Iudices prioris instantiae gewesen, entweichen, und die übrigen, so alsdann sitzen können, erkennen, was Recht ist.

IV. Gemeiner Bescheid des Admiralitätsgerichts vom 1.2.1677

Quelle: StAH, Senat Cl. VII, Lit. Ca, No. 2, Vol. 1 b, Herrn Prof. Richey collectanea zu seiner „historischen Nachricht von der Admiralität und deren den 6. April 1723 begangenen Gedächtnisfeier", Nr. 31, Lit. V

Nachdem hiesiges Admiralitaetsgericht allein über See- und Mercantilsachen, und zwar dieselbe nur summarischer Weise zu erörtern verordnet, auch wenn wichtigere und viel importirende Sachen, so etwan weiterer Ausführung bedürffen vorkommen, alsdann einem jeden auf allen Fall die Appellation an das Ober=Gerichte frey stehet und zugelassen ist:

demnach geben die zur Admiralitaet deputirten Herren und Bürger diesen gemeinen Bescheid, daß die bestellte Procuratores, und welche sonsten selbst ihre Sachen daselbst vorzutragen haben, solches kürtzlich, deutlich und substantialiter thun, und keine schriftlichen Recesse länger, als in gewöhnlicher leserlicher Schrift auf einen Bogen gewöhnlichen Papiers geschrieben übergeben sollen.

dann sollen sie sich auch alles geflissenen unnöthigen dilation-Bittens zur Verzögerung der Sachen enthalten, und den Proceß, so viel möglich zu abbreviiren suchen.

So ofte nun dagegen gehandelt, soll der Recess verworffen, der Procurator 1 Rth. Strafe zahlen und vor Erlegung der Strafe nicht zu gerichtlicher Handlung zugelassen werden.

V. Zwei Conclusa des Admiralitätsgerichts vom 25.5.1782

Quelle: StAH, Admiralitätskollegium A 3, Band 4, Protocollum Extrajudicialis Admiralitatis, 25.5.1782, fol. 100

Conclusum:

daß in dem Fall, da eine über Schiff und Ladung zu verteilende Havarie grosse hieselbst dispachirt wird gemäß Assecuranz- und Havarei-Ordnung Tit. XXI, Art. 8 die geladenen Güter allemal nach der Einkaufsrechnung, mit den beigefügten Unkosten bis an Bord des Schiffes, oder nach der in der Police festgesetzten Taxa zu sothaner Havarie grosse in Anschlag zu bringen, mithin der Assecuradeur nach dieser Berechnung den Belauf an Assecurirten zu vergüten schuldig.

Quelle: StAH, Admiralitätskollegium A 8, Band 1, fol. 113

Conclusum:

daß in dem Fall, wenn hier versicherte Güter an fremden Orten nach daselbst wirklich existirenden obrigkeitlichen Verordnungen taxirt sind, eine nach einer solchen taxa auswärts aufgemachte Avarie grosse dem Assecuradeur gänzlich, nemlich so viel solche, nach einer auswärtigen auctorisirten Taxation beträgt, zur Last zu bringen sey; dahingegen ... bei Fehlen auswärtiger Normen eine auswärts aufgemachte Avarie grosse nach den hiesigen Gesetzen, also nach dem Capital einer taxirten Police, oder in Ermangelung einer solchen Taxe, von dem Belauf der Einkaufsrechnung der versicherten Güter proCento-weise dem Assecuradeur zu berechnen sey.
(Bestätigung dieses Conclusums in Protocollum Extrajudicialis Admiralitatis 1793, fol. 224 b)

Anhang C

Materialien zur Gründungsgeschichte des Admiralitätsgerichts

I. Die Vorläufer der Admiralität

1. Der Begriff „Admiralität" in Hamburgischen Quellen vor 1623

Die „Verordneten der Admiralität" und ihre hafenpolizeiliche Kompetenz in Art. 50 der Buersprake Petri 1594[1] werden häufig als erste Erwähnung einer „Admiralität" in Hamburgischen Quellen vor 1623 angesehen[2].

Spuren eines „officium admiralitatis" lassen sich hingegen in den Kämmereirechnungen der Stadt Hamburg bis 1440 zurückverfolgen. Verzeichnet sind in diesem Jahr Einnahmen von 248 Rth. „de officio admiralitatis" sowie 33 Rth. „de officio admiralitatis" im Jahr 1448[3]. Für eine gewisse Regelmäßigkeit dieser Einnahmen spricht, daß die Rechnungsbücher auch dann die Rubrik „Recepta de officio admiralitatis" enthielten, wenn in einzelnen Jahren keine Zahlungen an die Kämmerei geleistet wurden[4].

Die Eintragungen 1440 und 1448 lassen einerseits die damalige Besetzung der Admiralität mit mindestens zwei Ratsherren erkennen, von denen jeweils einer gleichzeitig Kämmerer war. Als Zahlungsanweisende der Admiralität sind 1440 Conrad Moller und Johann Gherwer sowie 1448 Conrad Moller und Theodor Moller genannt[5]. Außerdem gibt die Aufschlüsselung der 1448 überwiesenen 33 Rth. in Teilbeträge „de una nave", „de duabus lastis salis" und „pro heringkgharne et warrepe" mittelbar Auskunft über die Zuständigkeit des „officium admiralitatis": Offenbar erhob es Abgaben auf Schiffe und Waren, die in Struktur und Anknüpfungstatbestand dem 1623 eingeführten Lastgeld für Schiffe[6] und

---

1 Langenbeck, Seerecht, S. 338f.
2 Langenbeck, a.a.O., S. 311; Kirchenpauer, S. 44; Gallois, S. 370; Silberschmidt, Entstehung, S. 142; Westphalen, Bd. I, S. 284.
3 Koppmann, Kämmereirechnungen, Bd. II, S. 67 (12), 79 (4).
4 Beispiele in Kämmereirechnungen in Koppmann, a.a.O., Bd. II, S. 83 (20), 100 (3) aus den Jahren 1450 und 1460.
5 vgl. dazu auch Schröder, Fastes Consulares et Proconsulares, S. 75, 79.
6 § 6 Admiralschaftsordnung stuft das Lastgeld entsprechend der Geschützzahl auf den ein- und ausgehenden Schiffen in vier Tarife ab; die Norm ist lediglich als Soll-Vorschrift für Schiffer formuliert. In der novellierten „Taxa der Admiralitaet-Unkosten" v. 8.4.1647 wird die Lastgeldberechnung vereinfacht und auf drei Tarife reduziert, die Zahlung der Abgabe aber mit Zustimmung der zur Admiralität deputierten Kaufleute – anlog dem Admiralitätszoll – als Muß-Vorschrift gestaltet; vgl. StAH, Handschriftensammlung Nr. 21, S. 967ff.

dem Admiralitätszoll, einem reinen Warenzoll[1], gleichen. Da allerdings der Abgabegrund in der Rechnung 1448 als Verpflichtung „nostre civitati" bezeichnet wird, liegt e contrario der Schluß nahe, daß dem „officium admiralitatis" noch nicht die Kompetenz zustand, selbständig, d.h. ohne Beteiligung der Kämmerei, zweckgebundene Abgaben zur Finanzierung defensiver Piratenabwehr in der Handelsschiffahrt einzuziehen. Diesem Zweck dienten ab 1623 das Lastgeld und der Admiralitätszoll. Die frühen Steuern der „mercatores" zum Schutz des Seehandels im 15. Jahrhundert, der „Rode Toll" ab 1500, Geleit- und Convoygelder um 1570 wurden nicht an das „officium admiralitatis", sondern direkt an die Kämmerei gezahlt[2].

Die zweite Erwähnung einer „Admiralität" vor 1623 bezieht sich auf den offensiven Kampf gegen die Seeräuber mit Kriegsschiffen ohne Geleit- oder Convoyfunktion. Auf der Grundlage der gemeinsamen Entschließung der Hansischen Seestädte vom 6. September 1259[3] und gestützt auf Privilegien Karls IV. von 1359[4] und Friedrichs III. von 1468[5] wegen Gefangennahme und „gebührlicher Strafe" der Seeräuber und ihrer „Heler und Beschützer" führte die Stadt Hamburg im 15. und 16. Jahrhundert zahlreiche Seegefechte vor allem gegen die friesischen Piraten, die in Strafexpeditionen zu Lande übergingen[6]. Mit der finanziellen Organisation und Abwicklung dieser Kriegszüge war die „Hamburgische Admiralitaet" betraut. Die ältesten überlieferten eigenen Rechnungsbücher der Admiralität – in denen nicht mehr die lateinische Amtsbezeichnung auftaucht – enthalten eine Abrechnung der Admiralität über die Expeditionen gegen den Grafen v. Oldenburg 1482, Abrechnungen über verschiedene Schiffsausrüstungen in den Jahren 1472 bis 1496, eine Kostenübersicht über die Hamburgische Expedition gegen die Piraten Stümer & Consorten im Oktober 1488 und eine Bilanz des Kriegszuges gegen die Dithmarschen 1502[7].

Die dritte Erwähnung der „Admiralität" vor 1623 findet sich dann in der Buersprake Petri 1594. „Verordnete der Admiralität" und der Rat entschieden gemäß

1   Er beträgt gemäß § 5 Admiralschaftsordnung 3/4 % auf alle ein- und ausgehenden Waren. Reißmann, S. 30f., bezieht ihn bis 1643 nur auf den Spanienhandel.
2   Baasch, Convoywesen, S. 104ff. m.w.N.; Kirchenpauer, S. 40f. Dem Zollwesen standen zwei Ratsherren vor, die Zollherren, die auch in der Bilderhandschrift zum HambStR 1497, Tit. Van Schiprechte, erscheinen.
3   „quod omnes illi, qui mercatores spoliant in ecclesiis, cymeteris aquis et campis pace gaudere non possunt sed proscripti ab universis civitatibus et mercatoribus tenebuntur"; Hanserezesse Bd. 1, Urkunde Nr. 3.
4   Anderson/Richey, Cap. I, § 1; Klefeker VI, S. 232 mit unzutreffender Jahreszahl 1355; Gallois, S. 62f., mit unzutreffendem Hinweis auf „Friedrich IV.".
5   Anderson/Richey, a.a.O.; Klefeker VI, a.a.O.
6   1433 Eroberung der Stadt Emden. Zu diesem Themenkomplex Büsch, Geschichte, S. 12f.; Gallois, S. 88ff., 120f.; Gaedechens, in Mitteilungen des Vereins für Hamburgische Geschichte, Jg. VIII (1885), S. 115ff. m.w.N.
7   StAH, Senat Cl. VII, Lit. Ca, No. 1, Vol. 1 a. Admiralitätsrechnungen aus den Jahren 1555 und 1596 enthält auch StAH, Senat Cl. VII, Lit. Ca, No. 1, Vol. 1 b, 1.

Art. 50 gemeinsam über die Ahndung mutwilliger Heuerforderungen und Nötigungshandlungen der Schiffsbesatzung gegenüber dem Schiffer[1]. Art. 50 übernahm inhaltlich eine Vorschrift der Buersprake Petri 1568, in der die Schiffer jedoch nur *„einem erbarn rade* solche motwilligen boslude antogeven" verpflichtet wurden[2]. Der erstmaligen Funktionsteilung zwischen Rat und Admiralität in der Buersprake Petri 1594 folgte in einem Verkündungsvermerk zur Buersprake Thomae 1594 eine Kompetenzerweiterung: Einer der Verordneten der Admiralität sollte über die Befreiung kranker Besatzungsmitglieder von der generellen Anwesenheitspflicht an Bord entscheiden[3]. Dieser Vermerk datiert jedoch vom 21.10.1623[4] und bezieht sich daher schon auf das neuorganisierte Admiralitätskollegium.

Wenn man diese Quellenzitate[5] zu bestimmten Zuständigkeitsmerkmalen aus ihrem Kontext in Beziehung setzt, wird deutlich, daß der Begriff „Admiralität" vor 1623 in Hamburg eine seehandelsrechtliche ordentliche Jurisdiktion nicht einschloß. Diese Beobachtung steht im Widerspruch zum Begriffsverständnis im Ausland: Neben der Aufsicht über Hafen und Seeverkehr war den Mitgliedern der französischen „Amirauté"[6], der britischen „Admiralty"[7] und der holländischen Admiralität[8] auch die richterliche Entscheidung in Seesachen zugewiesen. Gleichwohl muß man bei der Hamburgischen Kaufmannschaft Informationen über diese Konzentration ambivalenter — judizieller und administrativer — Zuständigkeitsbereiche des Seewesens auf ein Fachkollegium[9] voraussetzen, denn seit dem 16. Jahrhundert arbeiteten zahlreiche Hamburgische Kaufleute jeweils für einige Jahre als „Faktoren" bzw. Bevollmächtigte z.B. in Antwerpen[10] und in London[11].

1   Wortlaut bei Langenbeck, Seerecht, S. 338f., und bei Bolland, Buerspraken Teil 2, Nr. 145/45, Nr. 140/135, S. 497, 470. Die Funktion der Verordneten der Admiralität entsprach annähernd der Disziplinargewalt, wie sie ab 1691 der Wasserschout innehatte; vgl. dazu Kirchenpauer, S. 44; Silberschmidt, Entstehung, S. 142.
2   Bolland, a.a.O., S. 470, Nr. 140/135. In allen Korrekturen und Verkündungsvermerken zur Buersprake Petri 1568 blieb bis 1594 die ausschließliche Kompetenz des Rates erhalten.
3   Bolland, a.a.O., S. 564f., Nr. 146/87.
4   Bolland, a.a.O.
5   Es wird im folgenden davon ausgegangen, daß sich der Begriff „Admiralität" in den genannten Quellen jeweils auf dieselbe Schiffahrtsbehörde bezog.
6   erste Hinweise auf richterliche Kompetenzen um 1400, Silberschmidt, Entstehung, S.15f.
7   um 1302 entstanden, Silberschmidt, Entstehung, S. 18; ders., Sondergerichtsbarkeit, S. 86; vgl. ferner F.J. Jacobsen, Practisches Seerecht I, S. 19ff.; Weskett, Bd. II, S. 141.
8   Zuweisung der Rechtsprechungskompetenz in Seehandelssachen an die Admiralität in Amsterdam in Instruktionen v. 13.8.1597 und 21.1.1622. Diese Admiralität war nicht identisch mit der 1598 in Amsterdam gegründeten „Kamer van Versekeringhe" mit ausschließlicher Zuständigkeit für Seeassecuranzsachen; vgl. „Nachricht von der Holländischen Admiralität", Bl. 1/3, Richey, Collect. Nr. 91.
9   Kuricke, Quaestio 37, spricht von einem „Collegium et Judicium Maritimum".
10   Ehrenberg, Hamburgische Handlung im 16. Jhdt., in: ZHG Bd. 8 (1889), S. 139ff, 142, 144 m.w.N.
11   Handelsbeziehungen zu England in: CoBi S/599, 46, 1, rot; vgl. dazu ferner Reißmann, S. 244f.

2. Vorläufer in administrativen Funktionen

Die bisher erörterten Quellen deuten bereits auf Schwerpunkte der administrativen Tätigkeit des ab 1623 so bezeichneten Admiralitäts*kollegiums* hin: Zollverwaltung, Beteiligung an der Seeräuberbekämpfung und Dienstaufsicht im Hafen.

Die Mehrzahl der Verwaltungsaufgaben des Admiralitätskollegiums beruhte auf einer originären Kompetenz; dies gilt für die nach 1623 gegründeten und von Anfang an der Aufsicht der Admiralität unterstellten Schiffahrtseinrichtungen, z.B. für das Admiralitätszollwesen, die Sklavenkasse, die Aufsicht im Dispache- und Convoywesen, die Quarantaine und die Navigationsschule. Einzelne Funktionen übernahm das Admiralitätskollegium dagegen von der Kämmerei[1], den Düpeherren[2], den Schifferalten[3] und den Börsenalten[4].

Diese Vorläufer des Admiralitätskollegiums waren sämtlich dadurch gekennzeichnet, daß sie entweder selbst Organe des Hamburgischen Gemeinwesens darstellten[5] oder korporative Zusammenschlüsse von Kaufleuten bestimmter Verkehrszentren mit öffentlichen Aufgaben[6] repräsentierten[7].

Demgegenüber lag die zentrale Funktion des Admiralitätskollegiums, die Organisation und administrative Betreuung der in der Admiralschaftsordnung 1623 angeordneten „beständigen Admiralschaft", vor 1623 ausschließlich in privater Hand. Admiralschaften[8] als Gesellschaften bewaffneter Seehandelsschiffe mit dem Zweck gemeinsamer Seeräuberabwehr und der Rechtsnatur von Gesamt-

---

1 die Besorgung der Tonnen und Bojen in der Elbe sowie die Aufsicht über die Tonnenleger; Gallois, S. 362; Westphalen Bd. I, S. 422; Langenbeck, Seerecht, S. 313.

2 die seit 1555 für die Erhaltung der Elbstromtiefe verantwortlich waren; Gallois, S. 362.

3 Von ihnen übernahm die Admiralität die Idee zur Gründung der Sklavenkasse 1624; denn die Verwaltung der 1622 eingerichteten „Casse der Stück von Achten" zum Freikauf gefangener Schiffer und Steuerleute behielten die Schifferalten auch nach 1623; Langenbeck, a.a.O., S. 319; Baasch, Hansestädte und Barbaresken, S. 203.

4 d.h. den „Olderluden von dem gemenen Kopmanne"; ihnen oblag der militärische Schutz des Handelsverkehrs durch Orlogschiffe vor dem Bau der ersten Stadtconvoyen (StAH, Börsenalte 1, S. 13) und die Verwaltung des 1620 gebauten Arsenals, damals Tonnenhaus genannt; vgl. dazu Langenbeck, Seerecht, S. 315; Gallois, S. 370.

5 Der Organbegriff schließt hier die bürgerlichen Kollegien und Verwaltungsdeputationen ein; vgl. Reißmann, S. 340ff. m.w.N.; Westphalen, Bd. I, S. 14ff., 24ff.

6 Gemeint sind die in der „Fundation der Börsenalten" seit 1517 zusammengeschlossenen Gesellschaften der Flandern-, England- und Schonenfahrer; vgl. dazu Klefeker VI, S. 425ff.; StAH, Börsenalte 1, S. 1ff.; zu ihren Verwaltungsaufgaben Reißmann, S. 151ff., 153.

7 Dies gilt auch für die in der Buersprake Petri 1594 genannten Verordneten der Admiralität, die aus den drei Fahrergesellschaften gewählt wurden; Kirchenpauer, S. 22, 44.

8 zur Entwicklung dieses Begriffs Krüger, S. 1; Vasmer, S. 5f.; Langenbeck, a.a.O., S. 310; Baasch, Convoywesen, S. 1f., 333; Kuricke, S. 178; Knittel, S. 20; Anderson/Richey, Cap. I, § 1, 2.

handsgemeinschaften zur See[1] beherrschten schon länger auswärtige und inländische Seerechtskodifikationen[2] als häufige Erscheinung in der Rechtswirklichkeit[3]. In Hamburg war die klassische Zweiteilung der Admiralschaften in „admiralitates publicae vel privatae"[4] vor 1623 ohne praktische Relevanz[5]. Die Admiralschaft beruhte stets auf einem Vertrag zwischen mehreren Schiffern oder Kaufleuten, in dem diese sich zu gemeinsamer Reisedurchführung, privater Ausstattung ihrer Schiffe mit zusätzlicher Besatzung und Munition sowie zur freiwilligen Unterwerfung unter das Kommando eines von ihnen gewählten „Admirals" verpflichteten[6]. Auch die Nebenabreden zu den Admiralschaften in den Admirals- und Articulsbriefen[7] wurden bis 1623 individuell getroffen[8]. Obrigkeitlicher Einfluß auf eine Admiralschaft[9] zeigte sich nur in einzelnen Verfügungen des Rates, ohne daß der grundsätzlich privatrechtliche Charakter dieses Gesellschaftsverhältnisses dadurch berührt wurde[10].

Dies änderte sich 1623 mit der durch die Admiralschaftsordnung hervorgerufenen Wandlung der bisher freien Admiralschaften in „beständige", obligatorische[11],

1   Diese Begriffsmerkmale nennen Kuricke, S. 179; Vasmer, S. 6 m.w.N.; Anderson/Richey, Cap. I, § 1.
2   Ordonnantie 1563, Tit. Van toerusting, Art. 9/10; HansSR 1614, VII, 1; HambStR 1603, II, 14, 41ff.; vgl. auch Grotius, lib. 2, cap. 12, § 4.
3   „Dieweil viel Admiralschafft gemacht werden..." in HambStR 1603, II, 14, 41. Beispiel für eine Admiralschaft 1572 bei Baasch, Convoywesen, S. 413.
4   „Admiralitas publica est, quae authoritate Regis, Principis aut Rei publicae ordinata est, pro conservatione pacis et tranquillitatis publicae contra piratas hostesque quosvis et defensione navigantium. Privata est, quam privati inter se ad certae alicuius navigationis securitatem contrahunt."; Kuricke, S. 179; Vasmer, S. 8, 12.
5   Der Versuch auf dem Speyrer Reichstag 1570, eine seit 1568 diskutierte „Reichsadmiralschaft" gegen englische, französische und holländische Kaper ins Leben zu rufen, scheiterte trotz intensiver Verhandlungen – u.a. mit dem Hansischen Syndicus Dr. Heinrich Sudermann – an dem Desinteresse der binnenländischen Territorialfürsten; vgl. Ehrenberg, Hamburg und England, S. 103f., Fn.; staatliche Admiralschaften waren hingegen z.B. in Frankreich seit Beginn des 14. Jhdt. eine ständige Einrichtung; Valin, S. 121ff.
6   Anderson/Richey, Cap. I, § 2; Langenbeck, a.a.O., S. 95.
7   Admiralsbriefe regeln die Ordnung der Schiffe in der Admiralschaft und die Befugnisse des kommandierenden Admirals, Articulsbriefe bestimmen die Ordnung auf den Schiffen, Rechte und Pflichten des Schiffers und der Besatzung.
8   Anderson/Richey, Cap. I, § 2. Der erste vom Rat publizierte Admiralsbrief stammt von 1623 (Richey, Collect., Nr. 19, 20); in den Jahren 1627, 1690, 1706, 1712, 1716, 1746 wurde er inhaltlich erheblich erweitert (Anderson/Richey, Cap. I, § 6; Langenbeck, a.a. O., S. 123f., 133ff.; Klefeker I, S. 89ff.). Der erste Articulsbrief des Rates für das Schiffsvolk datiert ebenfalls von 1623 und wurde 1677, 1718, 1746 revidiert (Anderson/Richey, a.a.O.; Langenbeck, a.a.O., S. 107ff.; Klefeker I, S. 99ff.).
9   z.B. in Holland durch die Verfügung, daß Admiralschaften in die Ostsee mindestens 30 Schiffe erfordern; Vasmer, S. 14.
10 Anderson/Richey, Cap. I, § 2.
11 gemäß § 4 Admiralschaftsordnung zunächst nur für „die von hierab West-werts fahrenden Schiffer".

vom Rat kontrollierte „publique"[1] Schiffahrtsgesellschaften. Die Unterschiede in der Behandlung der nunmehr festangestellten Admiralschaftskapitäne und der ungebundenen Kommandanten der noch zugelassenen Privatadmiralschaften werden sichtbar, wenn man den lapidaren Vertrag des Hamburgischen Rates mit dem Staatsconvoykapitän Jürgen Tamm vom 24.4.1630[2] vergleicht mit den klauselgespickten Privatconvoy-Verträgen der Kapitäne Peter Schröder vom 13.11.1695[3] und vom 25.10.1699[4] sowie Hans Schröder vom 17.10.1698[5].

3. Vorläufer in judiziellen Funktionen

Die Vorläufer des Admiralitäts*gerichts* haben ihre Wurzel in der handels- und seehandelsrechtlichen Gerichtspraxis[6] der Schiedsgerichte der Kaufmanngilden[7].

a) Die Börsenalten

In Hamburg finden sich die ersten staatlich verliehenen schiedsrichterlichen Kompetenzen in Seehandelssachen in der sogenannten „Fundation der Börsenalten" 1517[8]. Der Rat gestattete dem „menen Kopmann", einer kaufmännischen Korporation der Flandern-, England- und Schonenfahrer sowie der Islandfahrer[9], gemeinsam mit den beiden Zollherren des Rates aus den drei erstgenannten Fahrergesellschaften je zwei „Olderlude" zu wählen[10]. Dieses Kollegium − teilweise auch Kaufmannsrat genannt[11] − sollte Handelsstreitigkeiten mit Einschluß von

---

1 fehlt im Verordnungstext; als ungeschriebenes Kriterium der neu organisierten Admiralschaften jedoch unumstritten; Anderson/Richey, Cap. I, § 3; vgl. auch Loccenius, lib. 2. cap. 2, n. 4.
2 in CoBi S/501.
3 abgedruckt in Baasch, Convoywesen, S. 459f.
4 StAH, Senat Cl. VII, Lit. Ca, No. 1, Vol. 4 a, fol. 677f.
5 StAH, Senat Cl. VII, Lit. Ca, No. 1, Vol. 4 b, fol. 270f.
6 Eine Übersicht über deren schiedsrichterlich-vertragsmäßige und staatliche Ursprünge gibt Silberschmidt, Entstehung, S. 6ff., 11ff.; ders., Sondergerichtsbarkeit, S. 83, 86.
7 Zu den „consules mercatorum" und „consules maris" in Oberitalien Silberschmidt, Entstehung, S. 4ff.; Pardessus II, S. 75ff.; Krause, S. 70f.; sehr umfassend Schaube, S. 122ff., 227ff. Zu den französischen Messegerichten Silberschmidt, Entstehung, S. 13ff. Zum Spannungsfeld zwischen Innungsgerichten „loco judicum" und staatlichen Gerichten mit „ordinaria jurisdictione" Silberschmidt, a.a.O., S. 3ff., 6f. Vgl. ferner Westphalen, Bd. I, S. 33, Fn.
8 StAH, Börsenalte 1, S. 1f.; Klefeker VI, S. 425ff.
9 Zum „menen Kopmann" vgl. Kirchenpauer, S. 28f. Zu den erstgenannten ältesten drei Fahrergesellschaften vgl. Reißmann, S. 151ff. m.w.N.; Bolland, Die Gesellschaft der Flandernfahrer, in: ZHG, Bd. 41 (1951), S. 155ff. Zu den Islandfahrern vgl. Reißmann, S. 151, 182; Forstreuter, in: HGBl. Bd. 85 (1967), S. 111ff.
10 StAH, Börsenalte 1, S. 1f.; Klefeker VI, S. 425.
11 Kirchenpauer, S. 22, 29.

Seehandelsfällen[1] schiedsrichterlich vergleichen („bevell hebben van dem gemenen Kopmanne, ... alle gebreken ... bytoleggen"). Der Fundationstext zeigt eine Trennung zwischen einer schiedsrichterlichen Jurisdiktion bei „gebreken twisschen demsulven hanterenden Kopmanne" einerseits und einer Disziplinargewalt über „Vorleger unde Denere" der Kaufleute[2]. Nur „in swaren saken, unde wor dem gemenen besten düsser Stadt ane gelegen"[3] waren die Zollherren des Rates zur Entscheidung heranzuziehen.

Diese unbestimmten Rechtsbegriffe sind als Generalklauseln zu bewerten, mit deren Hilfe der Hamburgische Rat den gerade delegierten Teil seiner Gerichtsgewalt teilweise wieder an sich ziehen konnte. Dafür spricht auch die Formulierung „dat ehnes Erssamen Rades behorliche overicheit in düssen allen unvorletzt blive"[4].

Über die vermutlich mündlich geführten Verhandlungen der „Olderlude" sind keine Aufzeichnungen überliefert[5].

b) Das Niedergericht

Den Übergang zu einer ordentlichen Gerichtsbarkeit mit obligatorischem Gerichtsprotokoll vollzog das Hamburgische Niedergericht[6]. Seine Zuständigkeit erstreckte sich auf alle Zivilsachen mit einem Streitwert von bis zu 100 Mk.[7], darüberhinaus auf alle Seehandelssachen[8]. Auch nach der Revision des Hamburger Stadt-

1 Unter dem „hanterenden Kopmanne" ist in erster Linie der über See handelnde Kaufmann zu verstehen; vgl. Reißmann, S. 151.
2 bzw. der Schiffer, Kirchenpauer, S. 23, Fn. 62.
3 StAH, Börsenalte 1, S. 1f.; Klefeker VI, S. 426.
4 Insofern ist Klefekers Ansicht (in Bd. VI, S. 406f., Fn. b; übernommen von Mönckeberg, S. 237), daß die Gerichtsbarkeit grundsätzlich nicht ohne die Zollherren ausgeübt werden durfte, zu widersprechen; der Text „welkere olderlude sschollen bevell hebben ..., *doch* in *swaren* saken ... de Tollenherren by den Handel forderen" läßt diese Verallgemeinerung nicht zu.
5 Zur weiteren Entwicklung der 6 Olderlude vgl. StAH, Börsenalte 1, S. 13, 15; Reißmann, S. 154f.
6 zu den Vorformen des Niedergerichts und den Gerichtspersonen vor Erlaß der GO 1560 s. Jacobi, S. 5ff.
7 nach HambStR 1270 VI. 1. 3—5 / IX. 4. 7—10 zunächst auf alle nicht den geistlichen Gerichten zustehenden Zivilsachen. Die GO 1560 geht nur von Zivilprozessen vor dem Niedergericht aus; Jacobi, S. 20. Vgl. schließlich die Zuständigkeitsregel in HambStR 1603, I, 12, 1. Zur Streitwertgrenze v. d. Fecht ad St. 1603, I, 12, 1.
8 Eine Ausnahme gilt für die Kaufmannsvereinigung der Merchant adventurers, die das Monopol des englischen Tuchexports auf dem Festland innehatten. Das Privileg der Merchant Adventurers v. 19.7.1567 normiert für handelsrechtliche Klagen eines Hamburger Bürgers gegen einen britischen Kaufmann in Art. 4 die Entscheidungskompetenz des *Rates*, umgekehrt für Klagen eines Engländers gegen einen Hamburger Kaufmann in Art. 5 die Zuständigkeit des *Niedergerichts*; Ehrenberg, Hamburg und England, S. 93, 312ff.

rechts 1605 waren bis 1623 alle seerechtlichen Klagen aus HambStR 1603/05, II, Tit. 13–19 beim Niedergericht anhängig zu machen[1].

Die lückenlose schriftliche Dokumentation der Verhandlungen und Findungen dieses Gerichts schrieb die „Ordeninge des Neddersten Gerichts van 1560" im Titel „Van dem Gerichtscriver" vor[2]. Aus der Zeit vor 1623 ist jedoch nur ein Urteilsbuch erhalten, das die Jahre 1607 bis 1610 umfaßt[3]. Von den 233 protokollierten Zivilsachen stammen 16 Fälle aus dem Seehandelsrecht: Sie betreffen das Raumfrachtrecht, Fragen des Kostgeldes für den Schiffer, das Heuervertragsrecht und Forderungen aus Bodmereibriefen. 16 abgeschlossene Seerechtsfälle in vier Jahren scheinen auf einen relativ geringen Anfall von Seehandelssachen im kontradiktorischen Gerichtsverfahren hinzudeuten. Zum Vergleich: Die Anmerkungen des Bürgermeisters Poppe von 1743 bis 1750[4] weisen für das Admiralitätsgericht bis zu 16 Seesachen in einem Gerichtstermin aus.

c) Der Hamburgische Rat

Eine Sonderstellung nehmen vor 1623 die Rechtsstreitigkeiten aus dem Seeversicherungsrecht ein.

Die Anfänge des Seeassecuranzgeschäfts liegen in Italien; erste gesetzliche Regelungen finden sich in Florenz[5], Pisa[6] und Genua[7]. Über Spanien[8] gelangte die Seeassecuranz nach Holland[9]. Dort erreichte sie ab Mitte des 15. Jahrhunderts erheblichen Einfluß in der Rechtspraxis, der sich in zahlreichen Ordonnantien widerspiegelt: Philipp von Burgund erließ 1458 eine Gerichtsurkunde zum Assecuranzrecht, Karl V. publizierte 1549 und 1551 „Placate" zur Seeversicherung, am 31. Oktober 1563 folgte die berühmte Ordonnantie Philipps II.[10]

---

1 Schreiningh ad St. 1603, II, Tit. 13.
2 zu älteren Spuren protokollähnlicher Aufzeichnungen im Niedergericht vgl. Jacobi, S. 17; Trummer, Bd. I, S. 200f.
3 StAH, Senat Cl. VII, Lit. Ma, No. 5, Vol. 4a, 2. Das von Trummer, Bd. I, S. 202, erwähnte Urteilsbuch des Niedergerichts von 1589 ist verlorengegangen und lag schon Jacobi nicht mehr vor; s. Jacobi, S. 23.
4 StAH, Senat Cl. VII, Lit. Ca, No. 1, Vol. 3.
5 Florentiner Statut von 1301; Kiesselbach, Seeversicherung, S. 1.
6 Verordnung von 1318; Kiesselbach, a.a.O.
7 Erste Policen datieren von 1347; Plaß, S. 21.
8 Assecuranzordnung für Barcelona; Plaß, S. 21; Kiesselbach, Seeversicherung, S. 3.
9 vgl. generell zur Frühzeit der Assecuranz in Europa Plaß, S. 2ff.; Kiesselbach, a.a.O., S. 1ff.; Pöhls, AssecR, S. 3ff.; Benecke I, S. 3ff.
10 revidiert durch die Ordonnantien vom 31.3.1568, 27.10.1570 und 20.1.1571. Vgl. auch M.L. Schele, S. 29f.; Plaß, S. 27ff.

Die Anwendung des neuen Rechtsinstituts in Streitfällen erforderte Kenntnisse über mehrere Rechtskreise[1] und Gespür für interlokale Rechtsfortbildung, damit also eine spezialisierte Rechtsprechung. Dieser Erkenntnis entsprach in Holland die Gründung zweier „Kameren van versekeringe" 1485 in Antwerpen (Antorff)[2] und 1598 in Amsterdam[3]. Beide Assecuranzkammern hatten durch die Bezeichnung als „Commissarien van Assecurantien" noch schiedsrichterlichen Charakter; sie waren aber gegenüber den kaufmännischen Innungs- und Gildegerichten verselbständigt durch eigene Gerichts- bzw. Geschäftsordnungen[4].

Die beherrschende Stellung der Kammer von Antwerpen dokumentiert die Klausel in allen holländischen Policen, sich in Streitfällen dem Antwerpener Börsenrecht und − konkludent − der Entscheidung der dortigen Assecuranzkammer zu unterwerfen[5]. Diese als Gerichtsstandsvereinbarung gedachte Unterwerfungsklausel war in Seeversicherungsprozessen solange unumstritten, wie die zugrundeliegenden Assecuranzen ausschließlich in Antwerpen geschlossen wurden[6].

Erst bei Klagen aus Policen, die zwar nach Antwerpener Börsenrecht, aber an auswärtigen Seeversicherungsplätzen gezeichnet wurden, bestimmte die Diskrepanz zwischen der Unterwerfungsklausel und dem Ort des Vertragsschlusses den Prozeß:

Aus einer Hamburger Police von 1588[7] klagte der Niederländer Hans de Schotte gegen die in Hamburg ansässigen Versicherer überwiegend holländischer Nationalität vor der Assecuranzkammer von Antwerpen. Die von den Assecuradeuren erhobene Einrede der örtlichen Unzuständigkeit war offenbar erfolglos, denn dieses Verfahren wurde nicht nach Hamburg überwiesen[8].

---

1 Übersicht über die seerechtlichen Rechtskreise bis zum 18. Jhdt. bei Lau, S. 11ff. Diese Rechtskreise waren überregional durch das Consolato del mare und den Guidon de la mer verbunden; Pöhls, a.a.O., S. 11; Wagner, S. 57ff.
2 Silberschmidt, Entstehung, S. 21.
3 Benecke I, S. 11; Pöhls, a.a.O., S. 13; Amsterdam.Ass.O. 1744, Art. 43.
4 vgl. für Antwerpen das Statut v. 4.5.1485; später urteilte die Kammer nach der Ordonnantie 1563, Tit. VII; Kracht, S. 32ff. Assecuranzkammern sind für Middelburg in Middelburg.Ass.O. 1689, Art 33 und für Rotterdam in Rotterdam.Ass.O. 1721, Art. 270ff. mit Geschäftsordnung geregelt.
5 Ordonnantie 1563, VII, 2; Knittel, S. 9.
6 denn die örtliche Zuständigkeit eines Gerichts bestimmte sich in der Regel nach dem „forum contractus", Poppe, S. 37ff. m.w.N. Die wohl älteste Seeversicherungspolice im hansischen Bereich über eine 1531 in Antwerpen abgeschlossene Assecuranz für das Schiff „De Dantzsche Swan" des Revaler Kaufmanns Gottschalck Remlynckrade (Abdruck bei Hofmeister, HGBl. 5 [1888], S. 171ff.) bildet nur scheinbar eine Ausnahme: Im Schlußartikel wird zwar das Börsenrecht der Stadt London in Bezug genommen, seinen Zahlungsanspruch machte Remlynckrade jedoch in Antwerpen geltend (v. Bippen, Seeversicherung und Seeraub, S. 1, 3).
7 erste Nachricht einer Seeversicherung in Hamburg, Kiesselbach, Seeversicherung, S. 15.
8 Kiesselbach, a.a.O., S. 16.

Derselbe de Schotte klagte am 12.8.1590 gegen Anton und Jaspar van Dortmund[1] wegen Kaperung eines „nach der Costume der Bursse von Antorff" in Hamburg versicherten Schiffes[2], diesmal vor dem Hamburgischen Rat. Jaspar van Dortmund – auch Partei des vorangegangenen Rechtsstreits – berief sich nunmehr darauf, daß es „in gantz Niederlandt und fast allen Kauffstedten in Teutschlandt gehalten wird, dass in Assecurantien Sachen kein Urteil gesprochen denn in der Cammer zu Antorff"[3]; er hielt die Verweisung der Sache nach Antwerpen für „der billigkeit und den rechten gemes, dieweil diese assecurationssachen bishero in diesem Gerichte (=Rat in Hamburg) nicht sein tractirt"[4].

Daraufhin erließ der Rat den Bescheid, „daß den Beklagten Dortmund ... ihr gebetenes beradt hiemit wird gegönnet. Und sollen dieselben an negstfolgendem Gerichtstage *zur Hauptsach ohne ferner ausflucht zu antworten schuldig* sein"[5]. Mit diesem Interlokut erklärte sich erstmalig ein Hamburgisches Gericht in einer Assecuranzsache für örtlich und sachlich zuständig. Am 26.8.1590 folgte das Endurteil des Rates: „... erkennet E.E.Rath, soverne der cleger Hans de Schotte mit seinem leiblichen Eide beteuren wirt, das er zu der Zeit, als der Contractus assecurationis zwischen dem clegern und dem beclagten alhier in dieser Stadt ist volnzogen, von dem Schaden desselben Schiffs St. Jacob genannt, nichts gewußt, daß alßdann die beclagte solche gefurderte geltsummen dem clegern zu entrichten und zu bezalen schuldig sein sollen. V.R.W."[6]

Während Prozeßhandhabung und materielle Rechtsfindung in diesem Verfahren dogmatische Sicherheit verraten, verhielt sich der Hamburger Rat in dem Rechtsstreit Alessandro della Rocha c. Thomas Coymans[7] vorsichtiger. Die Klage[8] beruhte auf zwei Policen, von denen die erste am 11.9.1591 in Hamburg[9] und die zweite am 20/22.11.1591 in Antwerpen[10] gezeichnet war. Da die Hamburger Police für della Rocha eine verschärfte Unterwerfungsklausel zugunsten der Antwerpener Assecuranzkammer in deutscher Sprache enthielt[11], hatte dieser seinen

1 StAH, RKG, D 19; Police v. 31.1.1590, Q 3, Acta pr., Anlage A.
2 vgl. zu diesem Fall auch Kiesselbach, a.a.O., S. 16ff.; Plaß, S. 54; Langenbeck, Seerecht, S. 368.
3 StAH, RKG, D 19, Acta pr. o. Bl.
4 StAH, RKG, D 19, Acta pr. o. Bl.
5 Bescheid vom 12.8.1590, in StAH, RKG, D 19, a.a.O. Das Verfahren war mündlich, daher die rasche Entscheidung.
6 StAH, RKG, D 19, Q 3 (Acta priora).
7 StAH, RKG, K 62; vgl. zu diesem Fall auch Kiesselbach, a.a.O., S. 18ff., 161ff.; Plaß, S. 56.
8 vom 8.10.1593, in StAH, RKG, K 62, Acta pr. Bl. 1ff.
9 Acta pr. Bl. 47ff.
10 Acta pr. Bl. 118ff.
11 „im fal ... dieser Assecurantz halbenn einig Differentz ... furvallen wurden, welche in der gute nitt kann beigelegt werden, ... der geassecurirte schuldig sein soll, die Police, den aufgerichten Contract, nach *Antwerpen* zu senden und sich daselbst bei denn verordnetenn unnd bevelchhabern der Assecuration lassen belernen und rechtlichen bescheidts erwarten", Acta pr. Bl. 52.

Zahlungsanspruch zunächst bei der Kammer in Antwerpen geltend gemacht und dort am 12.7.1593 einen Bescheid gegen die Versicherer[1] erwirkt. Diesen in Hamburg nicht vollstreckbaren Bescheid und ein Gutachten von Amsterdamer, Middelburger und Hamburger Kaufleuten[2] legte della Rocha dem Hamburger Rat vor, der nach vergeblichen Güteversuchen die beklagten Assecuradeure zur Deponierung (=gerichtliche Hinterlegung) der Versicherungssummen verurteilte[3] und ihnen ihre Einwendungen im Reconventionsverfahren vorbehielt.

Einen ähnlichen Tenor enthielt das dritte überlieferte Urteil des Hamburger Rates in einer Assecuranzsache vom 1.12.1592[4].

Aus den skizzierten Prozessen ist zu entnehmen, daß der Rat für alle in Hamburg abgeschlossenen Versicherungsverträge die örtliche Entscheidungskompetenz grundsätzlich auch in Hamburg lokalisierte, jedoch nicht zwingend bei einem ordentlichen gerichtlichen Spruchkörper. Schon Hans de Schotte verwies in seinem zweiten Prozeß auf private Sachverständige für Assecuranzstreitigkeiten; ,,etzliche vornehme kauffleute in der Stadt Vilna in Littauen'' hätten in einer Assecuranzsache ,,uff vier Hamburgische Kauffleute compromittiret''[5]. Ebenso trugen Thomas Coymans & Consorten vor[6], daß die Seeversicherung eine alltägliche Erscheinung in Hamburg sei, und alle davon ,,herürende sachen alhir sowoll durch Verordnete alss Privatpersonen dermaßen guetlich vnd ohne weitläufigkeit verglichen vnd entschieden (werden), dass zwar nicht vonnoten nach der Cammer von Antorff ... zu schreiben''.

Es ist anzunehmen, daß der Hamburger Rat seeversicherungsrechtliche Sachkunde mangels einer Hamburgischen Assecuranzordnung am ehesten bei Kaufleuten voraussetzte, die dem fortgeschrittenen niederländischen Handels- und Kreditsystem nahestanden. Darauf deutet sein Vorschlag 1611 hin, die Bürgerschaft möge der Einrichtung einer Assecuranzkammer nach niederländischem Muster zustimmen[7]. Bei erneuten Verhandlungen über eine Assecuranzkammer 1656 schlugen Mitglieder des inzwischen konstituierten Admiralitätskollegiums vor, auch nach Hamburg eingewanderte niederländische Kaufleute als Schiedsrichter in diese Kammer zu berufen[8]. Beide Vorstöße scheiterten. Der Rat erließ aber ein

1 StAH, RKG, K 62, Acta pr. Bl. 125ff.
2 Gutachten v. 28.9.1593, Acta pr. Bl. 141ff.
3 Interlokut v. 24.4.1594, Acta pr. Bl. 46f.
4 Bartolotti c. Baltzer Cojeman et al.; Langenbeck, Seerecht, S. 368.
5 StAH, RKG, D 19, Acta pr. o. Bl.
6 StAH, RKG, K 62, Acta pr. Bl. 25 R.
7 Kiesselbach, Seeversicherung, S. 127f.
8 Protocollum Admiralitatis Extrajudicialis 23.7.1656 in Richey, Collect., Nr. 47, Bl. 1; Protocollum Admiralitatis Extrajudicialis 29.8.1656 in Richey, Collect., Nr. 47, Bl. 2; vgl. auch Kiesselbach, Seeversicherung, S. 34. Die geplante Assecuranzkammer sollte ein ,,judicium voluntarium, non necessarium'' und mit 5 Personen besetzt sein, Protocollum Admiralitatis Extrajudicialis 13.11.1656/10.7.1656 in Richey, Collect., Nr. 47, Bl. 3 / Nr. 48, Bl. 1.

Dekret zur Wahl sogenannter „guter Männer", die in allen Assecuranzstreitigkeiten „finaliter laudiren und pure vel absolvendo vel condemnando befinden" sollten[1].

Die spätere Kompetenz des Admiralitätsgerichts in Seeversicherungssachen war also nicht unmittelbar vom Hamburgischen Rat, sondern von den schiedsrichterlich judizierenden „guten Männern" abgeleitet.

II. Die Neuorganisation der Admiralität 1623

1. Anlaß

Die Bestrebungen zur Neuorganisation der Admiralität richteten sich 1623 zunächst nicht auf die Gründung eines Seegerichts; vielmehr beruhten sie auf zwei Anlässen, die einerseits von der Erbgesessenen Bürgerschaft, andererseits vom „Ehrbaren Kaufmann"[2] aufgegriffen wurden.

Die schon in der Buersprake Petri 1594 monierten Differenzen zwischen Schiffern und Besatzungen und Unbotmäßigkeiten der Schiffsleute erreichten Anfang 1623 derartige Ausmaße, daß die Oberalten[3] den Erlaß einer Schiffsordnung für notwendig hielten[4]. Die Erbgesessene Bürgerschaft beantragte daraufhin im Rat- und Bürgerconvent vom 12.2.1623, „daß auff Eine gute Ordnung werde gedacht, und fürderlich in den Schragen gefaßet, und ernstlich darüber gehalten werde, zu beforderung der Schiffahrt, so woll wegen den Schiffer alß Schiffsvolck wegen eingerissener böser unordnung, davon E.E. Rathe die Oberalten weiter berichten werden"[5].

Dem Hauptproblem der Kaufmannschaft war dagegen mit legislativer Steuerung allein nicht zu begegnen: In den Jahren 1621 und 1622[6] häuften sich die Kaperungen Hamburgischer Schiffe durch Barbaresken[7] und türkische Korsaren[8], die

---

1   Dieses Dekret wurde Anfang des 17. Jahrhunderts erlassen, Plaß, S. 98; Kiesselbach, Seeversicherung, S. 122f.
2   zu dieser Formation der Hamburgischen Kaufmannschaft vgl. Kirchenpauer, S. 29; Gallois, S. 369f.
3   zur Entwicklung der Oberalten insbesondere nach dem Rezeß v. 19.2.1529 vgl. Gallois, S. 163f., 168ff.; Seelig, Bürgerschaft, S. 48ff., 57ff.; Reißmann, S. 340ff. m.w.N.
4   Anderson/Richey, Cap. I, § 4.
5   StAH, Erbgesessene Bürgerschaft 1, Bd. 2, S. 643ff., Convent Senatus et Civium de Ao. 1623, 12. Febr., Resolutio Civium S. 665; Replica Senatus S. 674 („wegen der Schiffer Ordnung ... sol gute Erklährung darauff geschehen").
6   Anderson/Richey, Cap. I, § 3; StAH, Senat Cl. VII, Lit. Ca, No. 1, Vol. 4 c, o. Bl.
7   =Seeräuber aus Algier und Tunis; Baasch, Hansestädte und Barbaresken, S. 202; Knittel, S. 14f.
8   Auch Lübeck verlor zwischen 1615 und 1629 im Mittelmeer 20 Schiffe durch türkische Seeräuber; Dollinger, Hanse, S. 447.

ihre Raubzüge bis in den englischen Kanal ausdehnten[1]. Nicht nur die Verluste an Schiff und Gut, sondern auch die häufigen Geldsammlungen zum Loskauf der in Sklaverei geratenen Besatzungen[2] belasteten den Seehandel nach Westen. Der „Ehrbare Kaufmann" schlug deshalb in einer Denkschrift vom 20.2.1623[3] dem Rat die Einrichtung ständiger Admiralschaften und die Einsetzung eines Admiralitätskollegiums vor, da man „auf die Exempel anderer Nationen, besonders der Holländer gesehen (habe), in deren Seegewerben dergleichen Collegia ihren unleugbaren Nutzen erwiesen"[4]. Sechs Tage später[5] folgte eine weitere „Supplicatio wegen admirallschafft" an die Ratsherren Rudolf Amsinck und Peter Röver[6]. Bis Juni 1623 gab es offensichtlich noch keine Entscheidungen über diese Anträge, denn am 12. Juni forderten mehrere Kaufleute vom Rat für eine private Convoy, „(1) etzliche Methanen Stücke uf den admirall und admirall Schiff zu leihen, (2) daß von dem Hispanischen Schoß hierzu ichtwas hergeschossen würde"[7].

2. Einsetzung des Admiralitätskollegiums

Einige Quellen zeigen, daß daraufhin das Admiralitätskollegium bereits vor Verkündung der Admiralschaftsordnung die Arbeit aufnahm.

Am 7. Juli 1623[8] vereidigte der Hamburger Rat sechs Bürger und zwei Schifferalte[9], die zusammen mit fünf Ratsmitgliedern die „deputirten Herren und Bürger der Admiralität" bildeten. Die Eidesformel bezog sich auf die Beachtung der „Ordnungen und Articulen, so wegen der Admiralitaet von E.E. Raht publiciret, oder *ins künftige* publiciret werden mögten" und enthielt noch nicht die Verpflichtung zu unparteiischer Rechtsprechung in streitigen Seesachen. Diese älteste Eidesformel, die für die Admiralitätsbürger und die Schifferalten in gleicher Weise galt[10], ist in Richey's Sammlung wiedergegeben[11]. Die bei Langenbeck[12] abge-

---

1 Baasch, Convoywesen, S. 25; Langenbeck, Seerecht, S. 297; Knittel, S. 15.
2 Vor der Gründung der Casse der Stück von Achten 1622 wurden die Freikaufgelder durch einzelne sogenannte „Colluten" der gesamten Bürgerschaft aufgebracht; Anderson/Richey, Cap. I, § 3; Baasch, Barbaresken, S. 202f.
3 Anderson/Richey, Cap. I, § 3; Richey, Collect., Nr. 5.
4 Richey, Collect., Nr. 5 zu Cap. I, § 3.
5 Supplicatio v. 26.2.1623 in Protocollum Senatus Extrajudicialis Ao. 1623, in Richey, Collect., Nr. 158.
6 die ab Juli 1623 als Ratsmitglieder dem Admiralitätskollegium angehörten; Richey, Collect., Nr. 174, Bl. 1.
7 Extract Protocollum Senatus Extrajudicialis Ao. 1623, 12. Juni, in Richey, Collect., Nr. 158.
8 Richey, Collect., Nr. 172, Bl. 1; Anderson/Richey, Cap. I, § 4.
9 Hans Schmidt, Hans Bramfeld, Adam Part, Johann v. Spreckelsen, Gabriel Schmidt, Johann Schwarte sowie Johann v. Duhnen und Hinrich Burdorff; CoBi, SH 36, Nr. 3; Richey, Collect., Nr. 174, Bl. 1.
10 Anderson/Richey, Cap. II, § 6.
11 Richey, Collect., Nr. 22, Beilage C.
12 Langenbeck, Seerecht, S. 339f.

druckte Fassung umfaßt demgegenüber auch eine Jurisdiktionsklausel und entspricht wörtlich einer Eidesformel, die Richey als „revidirten Eyd von 1636" bezeichnet[1].

Mit einem Eintrag vom 21. Juli 1623 wurde das erste Rechnungsbuch des Admiralitätskollegiums eröffnet[2]. Am 29.7.1623 rüstete das Kollegium zum ersten Mal einen Admiralschaftskommandeur (Reinke Köster) mit Artillerie aus[3]. Am 15.8.1623 versicherte es vier „metallene Stücke" der ausgeliehenen Artillerie auf 8.000 Mk. zu 16 % Prämie[4]. Im Juli 1623 erhob die Admiralität auch erstmalig den Admiralitätszoll[5].

Die Rechtsgrundlage für die Tätigkeit des Admiralitätskollegiums schuf erst im August 1623 die „Admiralschafft=Ordnung und Fundation der Löblichen Admiralität"[6]. Sie regelt ausführlich die Einrichtung beständiger bewaffneter Admiralschaften unter Leitung eines „Admirals" in Anlehnung an HambStR 1603, II, 14, 41, Lastgeld und Admiralitätszoll, die Mindestbewaffnung und Mindestbesatzung aller westwärts segelnden Schiffe, während die von der Erbgesessenen Bürgerschaft gewünschte „gute Ordnung" für das Verhältnis zwischen Schiffer und Besatzung nur in zwei Artikeln[7] enthalten ist.

Etwas rätselhaft — und schon von Richey kommentiert[8] — ist die Beobachtung, daß die beiden ältesten überlieferten Fassungen der Admiralschaftsordnung verschiedene Verkündungsdaten aufweisen[9]: Der Abdruck bei Marquard[10] umfaßt 17 Artikel und trägt das Datum 10. August 1623. Die revidierte Admiralschaftsordnung von 1627, die auch Langenbeck[11] wiedergibt, besteht aus 15 Artikeln und nennt als Verkündungstermin den 16. August 1623. Die späteren Fassungen der Admiralschaftsordnung vom 20.8.1639, 16.6.1642 und 16.10.1646 basieren sämtlich auf dem Wortlaut der Fassung von 1627 und wiederholen auch deren Verkündungsdatum[12]. Richey hält den 10. August nicht für das ꞌkorrekte Ver-

---

1 Richey, Collect., Nr. 22, Beilage D; vgl. ferner die verschiedenen Formeln 1623/1636 in CoBi S/501.
2 StAH, Senat Cl. VII, Lit. Ca, No. 1, Vol. 1b, 1, Nr. 48 mit insgesamt 23 Rechnungsdaten bis zum 13.12.1623; vgl. ferner Richey, Collect., Nr. 92.
3 StAH, Senat Cl. VII, a.a.O.: Rechnungsdatum v. 29.7.1623.
4 StAH, Senat Cl. VII, a.a.O.: Rechnungsdatum v. 15.8.1623.
5 StAH, Senat Cl. VII, Lit. Ca, No. 1, Vol. 4 a, fol. 500.
6 Marquard, part. II, S. 589ff., Lit. R; Langenbeck, Seerecht, S. 330ff.
7 Art. 13/14.
8 Richey, Collect., Nr. 17, 18; Anderson/Richey, Cap. I, § 5.
9 Es gab nur Privatabdrucke der Ordnung, keine vom Rat autorisierte Publikation; Richey, Collect., Nr. 5/6.
10 Marquard, part II, S. 589ff., Lit. R.
11 Langenbeck, Seerecht, S. 330ff.
12 CoBi SH 36 / Commerzdeputation; Richey, Collect., Nr. 5/6; Anderson/Richey, Cap. I, § 5. Richey, Collect., Nr. 21 enthält eine synoptische Darstellung aller Fassungen der Admiralschaftsordnung von 1623 bis 1646.

kündungsdatum, weil dieser Termin 1623 auf einen Sonntag fiel, an dem in der Regel keine Ratsversammlungen stattfanden[1].

Dagegen ist zu berücksichtigen, daß der seit Juli 1623 amtierende Admiralitätsbürger Johann von Spreckelsen in seiner privaten, etwa 1624 angelegten Gesetzessammlung eine Admiralschaftsordnung mit 17 Artikeln und dem Verkündungstag 10.8.1623 aufzeichnen ließ[2]. Der Termin 10. August erscheint auch in der Verordnungssammlung der Berenberg'schen Erben[3]. Darüberhinaus ist der 10.8. 1623 in mehreren von einander unabhängigen Quellen als Datum einer Ratsversammlung genannt, in der dem Admiralitätskollegium zusätzlich zu den Kompetenzen aus der Admiralschaftsordnung die Jurisdiktion in sämtlichen Seesachen zugewiesen wurde[4].

Schließlich spricht für die Glaubwürdigkeit der Marquard'schen Fassung, daß diese einen nur in v. Spreckelsen's Sammlung auch wiedergegebenen § 3 enthält, der den im Jahr 1623 einmalig und später nie wieder praktizierten Wahlmodus der Admiralitätsbürger aus einem Aufsatz von 16 Kaufleuten normiert[5]; dieser § 3 fehlt in allen späteren Fassungen, in denen sich deshalb auch die Zahl der Artikel vermindert.

Insgesamt hat der 10. August 1623 als Verkündungstermin der Admiralschaftsordnung und gleichzeitig als Gründungsdatum für das Admiralitätsgericht die größere Wahrscheinlichkeit für sich.

3. Einsetzung des Admiralitätsgerichts

Der Anlaß für die Gründung des Hamburgischen Admiralitätsgerichts ist nicht so leicht zu rekonstruieren wie beim Admiralitätskollegium. Die überlieferten Quellen deuten darauf hin, daß eine Jurisdiktion in Seesachen zunächst nur als Bestandteil der Organisation ständiger Admiralschaften geplant war und deshalb nicht einem autonomen Seegericht, sondern im Wege einer Annexkompetenz dem Admiralitätskollegium übertragen werden sollte[6]. Die erste Erwähnung der Tätigkeit des Admiralitätsgerichts ist für den Juli 1623 nachzuweisen[7]. Eine ein-

---

1   Anderson/Richey, Cap. I, § 5.
2   Privatsammlung v. Spreckelsen in CoBi S/468.
3   StAH, Senat Cl. VII, Lit. Ca, No. 1, Vol. 4 a.
4   StAH, Handschriftensammlung, Nr. 231, No. 3, S. 17; StAH, Senat Cl. VII, Lit. Ca, No. 1, Vol. 4 a, fol. 485; Krüger, S. 5; Steltzner, Versuch Einer zuverlässigen Nachricht, Teil 3, S. 352f.; Werlhof, Commentatio, S. 7.
5   Anderson/Richey, Cap. II, § 5; s.o. S. 46.
6   Derartige Pläne erwog der Hamburgische Rat Anfang 1623 bei der Beratung der von der Erbgesessenen Bürgerschaft beantragten Schiffordnung; Anderson/Richey, Cap. III, § 1.
7   StAH, Senat Cl. VII, Lit. Ca, No. 1, Vol. 4a, fol. 500; die Admiralität begann ihre Rechtsprechungstätigkeit ungeachtet der Tatsache, daß die Admiralitätsbürger offenbar bis 1636 nicht auf unparteiische Jurisdiktion vereidigt wurden, s.o. S. 290, Fn. 1.

geschränkte Rechtsprechungskompetenz formuliert dann die Admiralschaftsordnung in § 2: „... dieses gantze Werck der Admiralschafft nohtdürfftig berahtschlagen, und was zu gemeinen Besten gereichet, im Nahmen E.E. Rahts schließen, auch diese Ordinantz in allen ihren Puncten und Clausulen gebührlich exequiren mögen"[1].

Diese Vorschrift war vor allem durch den Mangel einer umfassenden originären Jurisdiktionsgewalt gekennzeichnet, weil das Gericht nicht im eigenen Namen entscheiden durfte; man qualifizierte es daher auch als „Judicium delegatum" des Rates[2].

Bemerkenswert ist, daß gerade von den Ratsmitgliedern der Admiralität[3] diese Verengung der Rechtsprechungskompetenz als hinderlich angesehen wurde. In der Ratsversammlung vom 10. August 1623 beantragte der Ratsherr Heinrich Hartwig anläßlich der Verkündung der Admiralschaftsordnung im Namen der „Herren und Bürger der Admiralität, ob nicht auch alle Sachen die Segellation betreffent, insgemein Vor der Admiralität sollen gehören, und von derselben erörtert werden, als nemlich wenn ein Schiffer Irrung mit seinen Rehdern, oder mit seinen Schiffs Volck, oder auch mit seinen Befrachtern hätte, und dergleichen"[4].

Der Rat übertrug den Verordneten der Admiralität daraufhin endgültig[5] die „Macht ... in allen solchen Fällen der Segellation zu erkennen, zu schließen und zu exequiren"[6]. Über den Wortlaut des Antrags hinaus bezog sich diese Rechtsprechungskompetenz auf alle in HambStR 1603, II, Tit. 13−19 geregelten Seerechtsmaterien[7] sowie auf das Seeassecuranzrecht[8].

Über die Rechtspraxis des Admiralitätsgerichts in den ersten Jahren nach seiner Gründung gibt es nur lückenhafte Informationen, weil erst 1630 die schriftlichen „Protocolla Iudicialia" eingeführt wurden[9]. Das erste Protokoll trug das Datum 9.12.1630[10].

Aus den Jahren 1627, 1628 und 1629 sind folgende Quellen überliefert:

1 Langenbeck, Seerecht, S. 331.
2 Langenbeck, Seerecht, S. 311; Kirchenpauer, S. 44; Gallois, S. 370f.
3 im Jahr 1623 Bürgermeister Joachim Claen und die Ratsherren Heinrich Hartwig, Ulrich Winckel, Rudolf Amsinck und Peter Röver; Richey, Collect., Nr. 174, Bl. 1.
4 StAH, Handschriftensammlung 231, Nr. 3, S. 17.
5 „beständig resolviret ..."
6 Beschluß v. 10.8.1623 in StAH, Handschriftensammlung, a.a.O.
7 Schreiningh ad St. 1603, II, Tit. 13 ad rubrum.
8 Anderson/Richey, Cap. I, § 8.
9 Richey, Collect., Nr. 38; Anderson/Richey, Cap. II, § 4.
10 Verzeichnis der Protocolla Admiralitatis, CoBi S/501.

- eine Zeugenvernehmung des Admiralitätsgerichts nach förmlichen Frageartikeln vom 16.11.1627[1],

- das Verfahren Kruse c. van Santen[2], in dem das Admiralitätsgericht durch Urteil vom 18.3.1630 über die Gültigkeit einer Police entschied,

- das Verfahren Blume c. Holzen, in dem das Admiralitätsgericht am 25.7.1629 dem Rat von Stettin eine Rechtsauskunft erteilte[3].

Die spätere Jurisdiktionstätigkeit des Admiralitätsgerichts spiegelt sich in der oben durchgeführten Rechtsprechungsanalyse.

1   StAH, Senat Cl. VII, Lit. Ca, No. 1, Vol. 2 a, Nr. 23
2   StAH, RKG, K 74, Q 18 a (Kaskopolice), Q 19 (Urteil des Admiralitätsgerichts).
3   StAH, Senat Cl. VII, Lit. Ca, No. 1, Vol. 2 a, Nr. 16–18.

ABKÜRZUNGEN

a.A.	anderer Ansicht
Acta pr.	Acta priora
AHO	Assecuranz- und Havarieordnung (1731)
AssecR	Assecuranzrecht
Ass.O.	Assecuranzordnung
Ausgabe 1842	Der Stadt Hamburg Gerichtsordnung und Statuta 1603/05, Ausgabe des Vereins für Hamburgische Geschichte 1842
Bco.	Banco
Bl.	Blatt
CoBi	Commerzbibliothek (=Bibliothek der Handelskammer Hamburg)
Fn.	Fußnote
fol.	folio
FS	Festschrift
GO	Gerichtsordnung
HambStR	Hamburger Stadtrecht
HansSR	Hansisches Seerecht (1591/1614)
H.	Heft
HGB	Handelsgesetzbuch
HGBl.	Hansische Geschichtsblätter
HGO (1815)	Handelsgerichtordnung (1815) für das Hamburgische Handelsgericht
ibid.	ibidem
i.e.	im einzelnen
Jhdt.	Jahrhundert
Lib.	Liber (=Buch)
Lit.	Litera (=Buchstabe)
Lüb.Bl.	Lübeckische Blätter
LübStR 1586	Lübecker Stadtrecht 1586, Buch 6 (Seerecht)
Mk.	Mark
m.w.N.	mit weiteren Nachweisen
No.	Numero
Nr.	Nummer
o.Bl.	ohne Blattzahl
Ord. de la marine	Ordonnance de la marine 1681
Ordonnantie 1563	Niederländische Ordonnantie Philipps II. vom 31.10.1563
P.Adm.	Protocollum Admiralitatis (Judicialis)
P.E.	Protocollum Extrajudicialis (Admiralitatis)
P.Super.	Protocollum Superioris (=Protokoll des Appellationsverfahrens vor dem Hamburgischen Obergericht)
Pr.ALR	Preußisches Allgemeines Landrecht 1794
prod.	productum (=im Termin vorgelegt)
PreußSeeR 1727	Preußisches Seerecht 1727
R.	Rückseite
Recop.	Recopilation de leyes de los reynos de las Indias 1681, tom. 4 (lib. IX, tit. 39)

RKG	Reichskammergericht
Rth.	Reichst(h)aler
s.	siehe
sh.	S(c)hilling
StA Bremen	Staatsarchiv Bremen
StAH	Staatsarchiv Hamburg
St. 1603	Statut (=Gerichtsordnung und Statut/Stadtrecht der Stadt Hamburg von 1603)
Tit.	Titel
Urt.	Urteil
VHA	Verein Hamburger Assecuradeure
vol.	volumen (=Band)
WisbySR	Wisbysches Seerecht
z.B.	zum Beispiel
ZHG	Zeitschrift des Vereins für Hamburgische Geschichte
ZRG, GA/R	Zeitschrift der Savigny-Stiftung für Rechtsgeschichte, Germanistische Abteilung/Romanistische Abteilung
ZVHL	Zeitschrift des Vereins für Lübeckische Geschichte und Altertumskunde

Die in den Fußnoten abgekürzte Zitierweise „Anderson/Richey" bezieht sich auf „Eine Geschichte der Admiralität Hamburgensis von Richey, fortgesetzt von Secretario Anderson" in den ungedruckten Akten der Commerzbibliothek Hamburg S/501, die Zitierweise „Richey, Collect." bezieht sich auf die ungedruckte Quelle StAH, Senat Cl. VII, Lit. Ca, No. 2, Vol. 1b.

QUELLEN- UND LITERATURVERZEICHNIS

Ungedruckte Quellen
Staatsarchiv Hamburg

Bestand Reichskammergericht

Nachtrag I, Nr. 1 (B 7077)
Rechtssache Paul Berenberg c. Hans Janßen et al.

P 3
Rechtssache Francisco Pardo und Manuel de Prado c. Heinrich Meyer

J 18
Rechtssache Johann Baptista Juncker et al. c. Geronimo Snitquer (Schnitker)

B 36
Rechtssache Arnold Beltgens & Co. c. Peter Tamm

T 27
Rechtssache John Thomas (Thomsen) c. Heinrich Porten und Heinrich Schulte

H 180
Rechtssache Hermann Hupping c. Johann Jacob Hübner

H 181
Rechtssache Hermann Hupping et al. c. Johann Jacob Hübner

R 38
Rechtssache Hermann Rohde c. Jürgen Stoltenberg et al.

V 9
Rechtssache Berend und Jacob de Vlieger et al. c. John Thomas et al.

P 11
Rechtssache Carl Peinhorst c. Andreas und Johann Conrad Meckenhauser et al.

R 18
Rechtssache Hermann Rendtorff et al. c. Christian Peter Brandt

B 116
Rechtssache Nikolaus Burmester c. Peter Höckel

B 69
Rechtssache Johann Henrich Boetefeur & Co. c. Joachim Kellinghusen et al.

S 162
Rechtssache Wilhelm Stolle c. Ernst Rothaer

B 76
Rechtssache Peter Boué et al. c. Philipp Heinrich Stenglin & Sohn

T 30
Rechtssache Richard Thornton et al. c. Hein Kühl

H 90 b
Rechtssache (vor dem Admiralitätsgericht) Berndes & Bülau c. Jacob Wolder Otte
(In: Rechtssache Otte c. Paschen & Co.)

Nachtrag II, Nr. 6
Extrajudizialsache Johann Friedrich Dunker et al. c. Johann Diederich Rodde

H 90 a
Rechtssache Jacob Wolder Otte c. Cornelius de Voss

H 90 b
Rechtssache Jacob Wolder Otte c. Johann Bernhard Paschen & Co.

Nachtrag II, Nr. 1
Extrajudizialsache Gebr. Benecke & Möller c. Christian Matthias Schröder & Co.

D 19
Rechtssache Anton und Jaspar van Dortmund c. Johann de Schotte(n)

E 26
Rechtssache Hermann und Peter van Ellgen c. Marx Funck & Co.

K 62
Rechtssache Thomas Coymans et al. c. Allessandro della Rocha

K 74
Rechtssache Claus Kruse c. Böckel van Santen

Bestand Senat

Cl. VII, Lit. Aa, No. 2, Vol. 1 d
Raths-Rollen von 1701 bis 1800

Cl. VII, Lit. Ca, No. 1, Vol. 1 a
Admiralität und Convoy.
Die ältesten Admiralitäts-Rechnungsbücher aus dem XV. und XVI. Jahrhundert

Cl. VII, Lit. Ca, No. 1, Vol. 1 b 1
Admiralität.
Admiralitäts- und Convoy-Rechnungen.

Cl. VII, Lit. Ca, No. 1, Vol. 2 a
Convoy.
Admiralitäts- und Convoy-Collegium oder Deputation, wie auch Admiralitätsgericht
(Nr. 1 – 36)

Cl. VII, Lit. Ca. No. 1, Vol 2 b
Varia supplicata et acta bei löbl. Admiralität 1646 – 1745

Cl. VII, Lit. Ca, No. 1, Vol. 2 c
Convoy.
Von der Deputation zur Convoy, und ob selbige ein besonderes Collegium formiret.
aufgesetzt 1715.

Cl. VII, Lit. Ca, No. 1, Vol. 3
Hn. Bürgerm. Poppe Annotata von denen bey Löbl. Admiralität während dessen Praesidii verhandelten Sachen.
1744 – 1750 / 1753 – 1761 (aus dem Nachlaß des H. Secretair v. Spreckelsen)

Cl. VII, Lit. Ca, No. 1, Vol. 4 a
Admiralität, Convoy.
Ein Foliant, von H. Joh. Berenberg's Erben gekauft.
In dorso betitelt:
„Von der Admiralität, Blüse, Convoy, Dröge, Pilotage, Sclaven-Casse pp."

Cl. VII, Lit. Ca, No. 1, Vol. 4 b
Admiralität.
Von sehl. Joh. Berenberg's Erben gekauft.

Cl. VII, Lit. Ca, No. 1, Vol. 4 c
Johann Berenbergs Verzeichniß der Herren und Bürger bey der Admiralität von 1656 – 1749
Item Nahmen der Admiralität Zoll-Bürger von 1623 – 1743
Imgleichen der Schreiber und Zoll-Knechte

Cl. VII, Lit. Ca, No. 1, Vol. 4 d
Bestellung des Notare Walther zum Admiralitäts Registratore, insonderheit zu behuef der Havarie attesten, 1768

Cl. VII, Lit. Ca, No. 2, Vol 1 b
Admiralität.
Herrn Prof. Richey collectanea zu einer historischen Nachricht von der Admiralität und deren den 6. April 1723 begangenen Gedächtnisfeier.

Cl. VII, Lit. Ca, No. 2, Vol. 1 c
Kurtze Uebersicht der Verhältnisse der Admiralität und des Commercii

Cl. VII, Lit. Ca, No. 2, Vol. 1 d
Des Herrn Senatoris Westphalen, damaligen ältesten Admiralitätsbürgers, Collectanea und Relationen, die Admiralität betreffend,   1808 und 1809

Cl. VII, Lit. Ca, No. 3, Vol. 2, Nr. 15
Anschlagszettel vom 2.10.1711 betreffend Abfahrt eines Convoys (Original)

Cl. VII, Lit. Cb, No. 4, Vol. 9, Fasc. 46
Acta monetaria novissima

Cl. VII, Lit. Ka, No. 1 h
Des Herrn Syndici Matsen Project eines hieselbst zu bestellenden Handelsgerichts.
(etwa 1784 – 1794 entstanden)

Cl. VII, Lit. La, No. 4, Vol. 3 c
Bestallungen, Capitulationes, Eide und Ordnungen pp. durch Johann Berenberg mit großem Fleiße gesamlet (1756)

Cl. VII, Lit. Lb, No. 2, Vol. 1
Assecuranz- und Havarie-Ordnung.
Assecuranz Ordnung, Gesetze und Polizie der Stadt Hamburg (principio Saec. XVII), ohne Datum.
Adj. „Project einer Asserans- und Avaria-Ordnung vom Commercio dem Rathe übergeben".

Cl. VII, Lit. Lb, No. 2, Vol. 3
Assecuranz- und Havarie-Ordnung.
des Herrn Protonotarii postea Senatoris Langenbeck
Projecte und Sammlungen zu einer Assecuranz- und Havarie-Ordnung (bis 1729)

Cl. VII. Lit. Lb, No. 2, Vol. 7 a
Verschiedene Vorfälle und Differenzen mit Privatis und Exteris, Assecuranzen und Havarie
betreffend, in chronologischer Ordnung
(1577 – 1765)

Cl. VII, Lit. Ma, No. 5, Vol. 4 a 2
Urteilsbuch des Niedergerichts
1607 – 1610

Cl. VII, Lit. Ma, No. 5, Vol. 4 a 3
Niedergericht.
Niedergerichts=Findungen (Urtheilsbuch)
von 1640 Nov. 18 – 1646 Dec. 9
Manuscript Foliant

Cl. VII, Lit. Ma, No. 5, Vol. 4 f 4
Ob eine Police blos beym Admiralitätsgericht oder beym Nieder-Gericht müsse eingeklagt
werden.
1712

Cl. VII, Lit. Ma, No. 5, Vol. 4 f 12
Acta eine beym Niedergericht dahin erbethene proclama:
daß wer an der neuen Assecuranz Compagnie forderungen und Ansprüche habe, solche bey
dem Admiralitäts Gerichte justificiren solle, und deshalb vom Niedergerichte geführte Beschwerde betreffend.   1794

Cl. VII, Lit. Ma, No. 5, Vol. 4 g
Der Nieder-Gerichts-Bürger innerliche Vereinigung oder Leges.
1667

Cl. VII, Lit. Ma, No. 6, Vol. 1 a
Hamburgisches Admiralitäts-Gericht
Varia 1663 – 1743

Cl. VII, Lit. Ma, No. 6, Vol. 1 b
Copia Protocolli et Actorum Admiralitatis in Sachen Guillam Clamer contra Johann Hinrich
Schnittler
1748
Die vom Dispacheur aufgemachte Schadensrechnung wegen eines Assecuranten betreffend.

Cl. VII, Lit. Ma, No. 6, Vol. 1 c
die Beschleunigung der bey dem Admiralitäts-Gerichte rechtshängigen Streit-Sachen betreffend.   1764

Cl. VII, Lit. Ma, No. 10, Vol 2 a, Fasc. 4, Inv. 1
Handelsgericht.
Acta, betr. die mit der BürgerDeputation vom 9.3.1815 concertirte Beliebung der Errichtung
eines Handelsgerichts und die desfalls durch Rat- und Bürgerschluß vom 3.8.1815, publ. d.
15.12.1815 Handelsgerichtsordnung.

Bestand Erbgesessene Bürgerschaft

Nr. 1   Band 2
Rat- und Bürgerschlüsse 1603 – 1630

Nr. 1   Band 3
Rat- und Bürgerschlüsse 1631 – 1665

Bestand Börsenalte

Börsenalte 1
Fundations- und Protokollbuch

Bestand Admiralitätskollegium

A 1,   Band 1
Extrajudizialprotokolle der Admiralität von 1672 bis 1719

A 1,   Band 2
Extrajudizialprotokolle der Admiralität von 1719 bis 1742

A 2,   Band 1
Extrajudizialprotokolle der Admiralität von 1743 bis 1751

A 2,   Band 3
Extrajudizialprotokolle der Admiralität von 1752 bis 1761

A 3,   Band 1
Extrajudizialprotokolle der Admiralität von 1764 bis 1776

A 3,   Band 4
Extrajudizialprotokolle der Admiralität von 1777 bis 1787

A 3,   Band 6
Extrajudizialprotokolle der Admiralität von 1787 bis 1794

A 3,   Band 8
Extrajudizialprotokolle der Admiralität von 1794 bis 1804

A 3,   Band 10
Extrajudizialprotokolle der Admiralität von 1804 bis 1811

A 4
Admiralitaets Beylagen Protocoll de Anno 1799
(usque 1810, Mai)

A 5,   Band 1
Convoy-Protokolle des Admiralitätskollegiums 1680 – 1688

A 5,   Band 2
Convoy-Protokolle des Admiralitätskollegiums 1689 – 1697

A 5,   Band 3
Convoy-Protokolle des Admiralitätskollegiums 1698 – 1737

A 8, Band 1
Protokoll der Admiralitätsbürger 1777–1793

A 8   Band 12
Protokoll der Admiralitätsbürger 1807–1811

A 11
Handbuch für die Hochgeehrtesten Mitglieder E. Hochpreißlichen Admiralität; aus den außergerichtlichen Admiralitäts-Protocollen zusammengetragen (Fragment)

A 12
Extractus Protocolli Admiralitatis Hamburgensis den 14. Julii 1808

A 13
Verschiedene gerichtliche Protocolle 1655 – 1665

A 20
Formularsammlung

Bestand Handschriftensammlung

Nr. 21
Hamburgische alte und neue Ordnungen publicirte Mandata und anderer Notablen Sachen dritte Theill

Nr. 231
Verzeichnis der Ordnungen

Bibliothek der Handelskammer Hamburg (Commerzbibliothek)

S / 468
Privatsammlung Johann von Spreckelsen

S / 501
Schriften die Admiralität betreffend

S / 599,   SH 36
Beschreibung der Admiralität von Anfang bis 1766

S / 599,   SH 42
Niedergericht

S / 599,   SH 96
Die Juden in Hamburg

S / 599,   SH 103
Revision des Assecuranz- und Bodmereiwesens.
Verhandlungen der Commerzdeputation 1748 – 1828.

S / 599,   blau Nr. 2
Anlage zum Protokoll der Commerzdeputation

S / 599,   12 rot
Verschiedene Protokolle und Akten, die Admiralität betreffend.

S / 599,   16 rot
Schiffswesen II, Reglements, Ordnungen etc.

S / 599,   46, 1 rot
Handelsbeziehungen zu England

Verein Hamburger Assecuradeure

Konditionen und Prämien von Häfen Brasiliens nach Europa
1915

Salpetertarif per Segler gültig für alle im Jahre 1916 gecharterten Schiffe (Süd-Amerika. Einkommend)
1916

Staatsarchiv Bremen

2. R. 11. b. 7
Protokolle des Seegerichts 1731 – 1759, 1761 – 1792 und 1798 – 1806

2. R. 11. v
Bodmereigelder und Seeassecuranzen
1569 – 1669, 1793, 1817, 1871

2. R. 11. b. 8
Projektierung eines neuen See- oder Admiralitätsgerichts
1827, 1850 – 1870

Qq. 10. E. 9. b. 1
Protokolle des Niedergerichts
10. Nov. 1562 – 11. Juli 1564

Archiv der Hansestadt Lübeck

Bestandsverzeichnis Interna S, Konvolut 8   Seerecht

Bestandsverzeichnis Interna S, Konvolut 9   Seegericht

Bestandsverzeichnis Interna S, Konvolut 10–27 Seeprozesse

Bundesarchiv / Außenstelle Frankfurt am Main

AR 1, Bescheidtischprotokoll B 6, 1801, fol. 11

AR 1, Miscellanea-Akten Nr. 450, Stück 26

Gedruckte Quellen

Anderson, Christian Daniel: Hamburgisches Privatrecht, Teil I – V, Hamburg, 1782 – 1792

Anderson, Christian Daniel: Sammlung Hamburgischer Verordnungen, Bände I – VIII, Hamburg 1774 – 1810

Baasch, Ernst: Quellen zur Geschichte von Hamburgs Handel und Schiffahrt im 17., 18. und 19. Jahrhundert, Hamburg 1910

Bartels, Johann Heinrich: Neuer Abdruck der vier Hauptgrundgesetze der Hamburgischen Verfassung, Hamburg 1823

Bartels, Johann Heinrich: Nachtrag zum neuen Abdrucke der vier Hauptgrundgesetze der Hamburgischen Verfassung, Hamburg 1825

Bartels, Johann Heinrich: Supplementband zu dem neuen Abdrucke der Grundgesetze der Hamburgischen Verfassung und dessen Nachtrage, Hamburg 1825

Blank, Johann Friedrich: Sammlung der von E. Hochedlen Rathe der Stadt Hamburg ... ausgegangenen allgemeinen Mandate, bestimmten Befehle und Bescheide, auch beliebten Aufträge und verkündigten Anordnungen, Teil I – VI, Hamburg 1763 – 1774

Bolland, Jürgen: Hamburgische Burspraken 1346 bis 1594 mit Nachträgen bis 1699, Teil 2; Bursprakentexte (=Veröffentlichungen aus dem Staatsarchiv Hamburg, Band VI, Teil 2), Hamburg 1960

Eisenhardt, Ulrich: Die kaiserlichen Privilegia de non appellando (=Quellen und Forschungen zur höchsten Gerichtsbarkeit im alten Reich, Band 7), Köln 1980

Engelbrecht, Johann Andreas: Corpus iuris nautici, Band 1, Lübeck 1790

Klefeker, Johann: Sammlung der Hamburgischen Gesetze und Verfassungen in Bürger- und Kirchlichen, auch Cammer-, Handlungs- und übrigen Policey-Angelegenheiten und Geschäften samt historischen Einleitungen, Teil I – XII, Hamburg 1765 – 1773, Registerband Hamburg 1774

Koppmann, Karl: Kämmereirechnungen der Stadt Hamburg 1401 – 1470, Hamburg 1873

Krüger, Paul: Corpus Iuris Civilis, vol. II, Codex Iustinianus, Berlin 1900

Lappenberg, Johann Martin: Die ältesten Stadt-, Schiff- und Landrechte Hamburgs. Hamburgische Rechtsaltertümer I, Hamburg 1845

Lünig, Johann Christian: Das Teutsche Reichs-Archiv, in welchem zu finden I. Desselben Grundgesetze und Verordnungen, Leipzig 1710

Magens, Nikolaus: Versuch über Assecuranzen, Havereyen und Bodmereyen, Hamburg 1753

Marquard, Johann: Tractatus politico-iuridicus de iure mercatorum et commerciorum singulari, Libri IV, Frankfurt 1662

Mommsen, Theodor: Digesta Iustiniani Augusti, Berlin 1870

Pardessus, J.M.: Collection de Lois Maritimes anterieurs au XVIII. siècle, vol. I – VI, Paris 1828 – 1845

Reincke, Heinrich: Die Bilderhandschrift des Hamburgischen Stadtrechts von 1497 (Herausgeber: Jürgen Bolland), Hamburg 1968

Schröder, Gerhard: Fasti Proconsulares et Consulares Hamburgenses, sive series continua du-
plex, Chronologica atque Alphabetica, Dominorum Proconsulorum inclytae reipublicae
Hamburgensis ab A. C. 1299 – 1709, 2. Auflage, Hamburg 1710

Voigt, Johann Henrich: Hamburgischer Historien Calender 1716 – 1725

Wahn, Hermann: Hamburgischer Staats=Calender 1726 – 1735

ohne Verfasser: Hamburgische Staatskalender 1734 – 1811

ohne Verfasser: Die Recesse und andere Akten der Hansetage von 1256 – 1430,
Band I, Leipzig 1870
Band V, Leipzig 1880

ohne Verfasser: Thesaurus Iuris Provincialis et Statutarii illustrati Germanicae (Herausgeber:
Nettelbladt), Band I, Abschnitt 1: Statutarisches Recht der Kayserlichen Freyen Reichs-
Stadt Hamburg, Gießen 1756

ohne Verfasser: Aller des Heiligen Römischen Reiches gehaltenen Reichs-Tage, Abschiede
und Satzungen 1356 – 1654, Frankfurt am Main 1717

ohne Verfasser: Die Seeversicherungsanstalten in Hamburg, Hamburg 1809

ohne Verfasser: Der Stadt Hamburg Gerichtsordnung und Statuta (kommentierte Ausgabe),
herausgegeben vom Verein für Hamburgische Geschichte, Hamburg 1842

ohne Verfasser: Ältere Tractate mit fremden Mächten, Hamburg, ohne Jahresangabe

Literatur

Abel, Ulrich: Die Grundzüge des deutschen Seearbeitsrechts und seine geschichtlichen
Grundlagen, Greifswald 1938 (Diss. iur.)

Achelis, Johannes: Zur Entwicklung des Bremisches Zivilprozesses vom 16. bis 18. Jahrhundert. In: Bremisches Jahrbuch, Band 35 (1935), S. 180ff.

Anderson, Christian Daniel: Hamburgisches Privatrecht, Teil I – V, Hamburg 1782 – 1792

Augner, Gerd: Die kaiserliche Kommission der Jahre 1708 – 1712. Hamburgs Beziehungen
zu Kaiser und Reich zu Anfang des 18. Jahrhunderts, (=Beiträge zur Geschichte Hamburgs, Band 23) Hamburg 1983

Axer, Jürgen: Die Gerichtsverfassung der Stadt Babenhausen im 14. und 15. Jahrhundert,
Köln 1978 (Diss. iur.)

Baasch, Ernst: Die Handelskammer zu Hamburg 1665 – 1915,
Band I: 1665 – 1814
Band II: 1814 – 1915 (2 Abteilungen) Hamburg 1915

Baasch, Ernst: Hamburgs Convoyschiffahrt und Convoywesen. Ein Beitrag zur Geschichte
der Schiffahrt und Schiffahrtseinrichtungen im 17. und 18. Jahrhundert, Hamburg
1896

Baasch, Ernst: Hamburgs Schiffahrt und Warenhandel vom Ende des 16. bis zur Mitte des
17. Jahrhunderts, Hamburg 1893

Baasch, Ernst: Hamburgs Handel und Schiffahrt am Ende des 18. Jahrhunderts, Hamburg, ohne Jahresangabe

Baasch, Ernst: Die Hansestädte und die Barbaresken, Kassel 1897

Baldasseroni, Ascanio: delle assicurazioni marittime trattato, tom. I – III, Firenze 1786

Baumbach, Adolf / Duden, Konrad: Handelsgesetzbuch, Kommentar, 24. Auflage, München 1980

Behrend, Richard: Das Ungefährwerk in der Geschichte des Seerechts. In: ZRG, GA, Band 19 (1898), S. 52ff.

Benecke, Wilhelm: System des Assekuranz- und Bodmereiwesens, Teile I – V, Hamburg 1805 – 1821

Bertram, Alfred: Hamburgs Zivilrechtspflege im 19. Jahrhundert, Hamburg 1929

Bippen, W. von: Seeversicherung und Seeraub eines hansischen Kaufmanns im 16. Jahrhundert, Bremen 1889

Blanck, de literis recognitionis vulgo connoscementen, Groningen 1744 (Diss. iur.)

Böckermann, Bernhard: Wenden Prisengerichte Völkerrecht an ? (=Das geltende Seekriegsrecht in Einzeldarstellungen, Band 6) Hamburg 1970

Böhringer, Karl-Heinz: Das Recht der Prise gegen Neutrale in der Praxis des Spätmittelalters, Frankfurt am Main 1972 (Diss. iur.)

Bolland, Jürgen: Die Gesellschaft der Flandernfahrer in Hamburg während des 15. Jahrhunderts. In: Zeitschrift des Vereins für Hamburgische Geschichte (Festschrift für Heinrich Reincke), Band 41 (1951), S. 155ff.

Bostell, Lucas Andreas von: de contributione propter iactum marinum vulgo Havaria, Straßburg 1735 (Diss. iur.)

Broß, Siegfried: Untersuchungen zu den Appellationsbestimmungen der Reichskammergerichtsordnung von 1495, Berlin 1973 (Diss. iur.)

Büsch, Johann Georg: Theoretisch-praktische Darstellung der Handlung, 3. Ausgabe, Hamburg 1808 / 1824

Büsch, Johann Georg: Allgemeine Übersicht des Assecuranzwesens, Hamburg 1795

Büsch, Johann Georg: Versuch einer Geschichte der Hamburgischen Handlung, nebst zwei kleineren Schriften eines verwandten Inhalts, Hamburg 1797

Büsch, Johann Georg: Völkerseerecht, Hamburg 1801

Carpzov, Benedict: Practica Nova Imperialis Saxonica Rerum Criminalium in partes III, Leipzig 1652 / 1709

Carpzov, Benedict: Processus Juris in Foro Saxonico, imprimis autem Supremo Appellationum Judicio Electorali, Curiis Provincialibus, aliisque Judiciis inferioribus et Dicasteriis Saxonicis usu ac observantia comprobatus, Jena 1657

Carpzov, Benedict: Responsa Juris Electoralia, Libri VI, Leipzig 1670

Casaregis, Joseph Laurentius Maria de: Discursus legales de commercio, Florenz 1719

Claen, Joachim: Notae ad Statuta Hamburgensem de anno 1603. In: Thesaurus Iuris ... (s.o. Gedruckte Quellen), Band I, Abschnitt 1, S. 721ff.

Cleirac: Les Us et Coutumes de la mer, Rouen 1671

Commichau, Gerhard: Die hansestädtische Juristenausbildung im 19. Jahrhundert. In: Aus dem Hamburger Rechtsleben. Festschrift für Walter Reimers, S. 59ff., Berlin 1979

Deneken, Arnold Gerhard: Kurze Übersicht der bremischen Gerichtsverfassung. In: Hanseatisches Magazin, 4. Band, Bremen 1800, S. 282ff.

Dernburg, Heinrich: Pandekten, 8. Auflage, Berlin 1910/1912

Dick, Bettina: Die Entwicklung des Kameralprozesses nach den Ordnungen von 1495 bis 1555, (=Quellen und Forschungen zur höchsten Gerichtsbarkeit im alten Reich, Band 10), Köln 1981 (Diss.iur.)

Döhring, Erich: Geschichte der deutschen Rechtspflege seit 1500, Berlin 1953

Dollinger, Philippe: Die Hanse, Stuttgart 1966

Ebel, Wilhelm: Die lübische Rechtsfindung. Urteilsbildung und Zuständigkeit in den lübischen Gerichten des 13. – 19. Jahrhunderts. In: Städtewesen und Bürgertum als geschichtliche Kräfte. Gedächtnisschrift für Fritz Rörig, S. 297ff., Lübeck 1953

Ebel, Wilhelm: Lübisches Kaufmannsrecht vornehmlich nach Lübecker Ratsurteilen des 15. und 16. Jahrhunderts, Göttingen, ohne Jahresangabe (1951)

Ebel, Wilhelm: Der Rechtszug nach Lübeck. In: Hansische Geschichtsblätter Band 85 (1967), S. 1ff.

Ebel, Wilhelm: Gewerbliches Arbeitsvertragsrecht im deutschen Mittelalter, Weimar 1934 (Diss. iur. Bonn 1933)

Ebel, Wilhelm: Hansisches Seerecht um 1700. In: Hansische Geschichtsblätter Band 70 (1951), S. 84ff.

Ebel, Wilhelm: Lübisches Recht im Ostseeraum. In: Arbeitsgemeinschaft für Forschung des Landes Nordrhein-Westphalen, Heft 143, Köln 1967

Ebel: Wilhelm: Zum Ursprung des Arbeitsvertrages. In: Ebel, Wilhelm, Probleme der deutschen Rechtsgeschichte, Göttinger Rechtswissenschaftliche Studien, Band 100, S. 1ff., Göttingen 1978

Edazardus (Edzard): de fide librorum mercatorium, Straßburg 1740 (Diss. iur.)

Ehrenberg, Richard: Hamburg und Antwerpen seit dreihundert Jahren, Hamburg 1889

Ehrenberg, Richard: Hamburg und England im Zeitalter der Königin Elisabeth, Jena 1896

Ehrenberg, Richard: Zur Geschichte der Hamburgischen Handlung im 16. Jahrhundert. In: Zeitschrift des Vereins für Hamburgische Geschichte, Band 8 (1889), S. 139ff.

Emérigon, Bathazard-Marie: traité des assurances et des contrats à la grosse, vol I, II, Marseille 1783

Endemann, Wilhelm: Das deutsche Zivilprozeßrecht, Aalen 1969 (Neudruck der Ausgabe Heidelberg 1868)

Ewald, Martin: Das Hamburgische Niedergericht. Tradition und Ende. In: Veröffentlichungen der Gesellschaft Hamburger Juristen, Heft 12, S. 36ff., Köln 1980

Fecht, Nicolai von der: Annotata ad Statuta Hamburgens. de anno 1603. In: Thesaurus Iuris ... (s.o. Gedruckte Quellen), Band I, Abschnitt 1, S. 861ff.

Feilchenfeld, A.: Anfang und Blütezeit der Portugiesengemeinde in Hamburg. In: Zeitschrift des Vereins für Hamburgische Geschichte, Band 10 (1899), S. 199ff

Forstreuter, Kurt: Zu den Anfängen der Hansischen Islandfahrt. In: Hansische Geschichtsblätter, Band 85 (1967), S. 111ff.

Funk, Martin: Die Lübischen Gerichte. Ein Beitrag zur Verfassungsgeschichte der Freien und Hansestadt Lübeck. In: Zeitschrift der Savigny-Stiftung für Rechtsgeschichte, Germanistische Abteilung Band 26 (1905), S. 53ff., Band 27 (1906), S. 61ff.

Gaedechens, C.F.: Hamburgs Kriegsschiffe. In: Mittheilungen des Vereins für Hamburgische Geschichte, Jahrgang VIII (1885), S. 115ff.

Gaill, Andreas: Practicarum Observationum, tam ad processum iudiciarum, praesertim imperalis Camerae, quam causarum decisiones pertinentium, libri duo, Köln 1613

Gallois, J.G.: Geschichte der Stadt Hamburg, Hamburg 1853

Gerckens: de havaria, Groningen 1721 (Diss. iur.)

Glashoff, Konrad: Sammlung einiger bey der Schiffahrt und dem Assecuranz-Geschäfte vorkommenden Fälle, Heft 1 – 4, Hamburg 1792 – 1802

Glueck, Christian Friedrich: Ausführliche Erläuterung der Pandecten nach Hellfeld, Commentar, Teil 1 – 49, Erlangen 1797 – 1832

Gries, J.R.: Commentar zum Hamburgischen Stadtrecht von 1603. 1. Band, Hamburg 1837

Grotius, Hugo: de iure belli ac pacis – libri tres (de mare liberum sive de iure, quod Batavis competit ad Indicana commercia), Amsterdam 1651

Güde, Wilhelm: Die rechtliche Stellung der Juden in den Schriften deutscher Juristen des 16. und 17. Jahrhunderts, Sigmaringen 1981 (Diss. iur. Freiburg/Breisgau 1980)

Hanses, Dieter: Die rechtliche Stellung des Kapitäns auf deutschen Seeschiffen unter besonderer Berücksichtigung der historischen Entwicklung, (=Schriften zum Sozial- und Arbeitsrecht, Band 65), Berlin 1983

Harder, Karl Wilhelm: Zur Lehre von der Ansegelung, Hamburg 1861

Hauschild-Thiessen, Renate: Johann Berenberg (1674 – 1749) und seine „Genealogien". In: Hamburgische Geschichts- und Heimatblätter, Band 10, Heft 8 (1979), S. 183ff.

Heineccius, Johann Gottlieb: Fasciculus Scriptorum de iure nautico et maritimo, Halle 1740

Helm: de commerciorum navalium iure singulari, Wittenberg 1652 (Diss. iur.)

Hiemsch, Jan: Die bremische Gerichtsverfassung von der ersten Gerichtsordnung bis zur Reichsjustizgesetzgebung 1751 – 1879, (=Veröffentlichungen aus dem Staatsarchiv der Freien Hansestadt Bremen, Band 32), Bremen 1964

Hofmeister, Adolf: Eine hansische Seeversicherung aus dem Jahre 1531. In: Hansische Geschichtsblätter Band 5 (1888), S. 169ff.

Jacobi, D.H.: Geschichte des Hamburger Niedergerichts, Hamburg 1866

Jacobsen, Friedrich Johann: Handbuch über das Practische Seerecht der Engländer und Franzosen, Band I und II, Hamburg 1803 / 1805

Jacobsen, Theodor Balthasar: ad legem Rhodiam de iactu, Groningen 1729 (Diss. iur.)

Kaser, Max: Das römische Privatrecht, 1. Abschnitt, 2. Auflage, München 1971; 2. Abschnitt, 2. Auflage, München 1975

Kaser, Max: Handbuch des Römischen Zivilprozeßrechts, München 1966

Kellinghusen: de discrimine tempestatis marinae, von Seeschaden, Halle 1709 (Diss. iur.)

Kettler, Johann Dietrich: Lex rhodia de iactu, Jena 1679 (Diss. iur.)

Kiesselbach, G. Arnold: Die wirtschafts- und rechtsgeschichtliche Entwicklung der Seeversicherung in Hamburg, Hamburg 1901

Kiesselbach, Theodor: Der Ursprung der Rôles d'Oléron und des Seerechts von Damme. In: Hansische Geschichtsblätter Band 33 (1906), S. 1ff.

Kirchenpauer, Gustav Heinrich: Die alte Börse, ihre Gründer und ihre Vorsteher. Ein Beitrag zur hamburgischen Handelsgeschichte. Hanburg 1841

Kisch, Guido: Zasius und Reuchlin. Eine rechtsgeschichtlich-vergleichende Studie zum Toleranzproblem im 16. Jahrhundert. Pforzheim 1961

Kisch, Guido: Zur Frage der Aufhebung jüdisch-religiöser Jurisdiktion durch Justinian. In: Zeitschrift der Savigny-Stiftung für Rechtsgeschichte, Romanistische Abteilung, Band 77 (1960), S. 395ff.

Klefeker, Franz Matthias: Von der Havareigroßa oder extraordinaire, besonders nach den Gesetzen und Gewohnheiten der Reichsstadt Hamburg, Göttingen 1798

Klefeker, Johann: Sammlung der Hamburgischen Gesetze und Verfassungen (s.o. Gedruckte Quellen), Teil I – XII, Hamburg 1765 – 1773

Klügmann, Carl David: de lege rhodia de iactu, Göttingen 1817 (Diss. iur.)

Knittel, Eduard: Alte Assecuradeure und alte Gefahren (=Veröffentlichungen des Seminars für Versicherungswissenschaft, 1. Abteilung Privatversicherung, Heft 2), Hamburg 1918

Kosegarten, Wilhelm: Über das hamburgische Handelsgericht. In: Archiv für das Handelsrecht. Eine Sammlung praktisch wichtiger vor dem Hamburgischen Handelsgerichte verhandelter Rechtsfälle. Band I, S. XIIIff., Hamburg 1818

Kracht, F.: Die Rotterdamer Seeversicherungsbörse, Weimar 1922

Krause, Hermann: Die geschichtliche Entwicklung des Schiedsgerichtswesens in Deutschland, Berlin 1930

Kresse, Walter: Materialien zur Entwicklungsgeschichte der Hamburger Handelsflotte 1765 – 1823, (=Mitteilungen aus dem Museum für Hamburgische Geschichte, Neue Folge, Band III), Hamburg 1966

Kresse, Walter: Von armen Seefahrern und den Schifferalten zu Hamburg, Hamburg 1981

Krieger, Christian Philipp: Introductio in praxin fori Hamburgensis. In: Thesaurus Iuris ... (s.o. Gedruckte Quellen), Band I, Abschnitt 1, S. 471ff.

Kroeschell, Karl: Deutsche Rechtsgeschichte, 2 Bände, Reinbek bei Hamburg 1973

Krohn, Helga: Die Juden in Hamburg 1800 – 1850. Ihre soziale, kulturelle und politische Entwicklung während der Emanzipationszeit, (=Hamburger Studien zur neueren Geschichte, Band 9), Frankfurt am Main 1967

Krüger, Johann Friedrich: de iudicio admiralitatis Hamburgensis, Helmstedt 1709 (Diss. iur.)

Kuricke, Reinhold: Jus maritimum Hanseaticum. Access. diatriba de assecurationibus, Hamburg 1667

Kusserow, Boto: Das gemeinschaftliche Oberappellationsgericht der vier freien Städte Deutschlands zu Lübeck und seine Rechtsprechung in Handelssachen, Kiel 1964 (Diss. iur.)

Ladehoff: de havaria discrimine in primis ex legibus Germaniae septentrionalis, Kiel 1773 (Diss. iur.)

Landwehr, Götz: Die Hanseatischen Seerechte des 16. und 17. Jahrhunderts. In: 1667 ars sjölag i ett 300 – arigt perspektiv, herausgegeben von Kjell A. Modeér, S. 68ff., Lund 1984 (im Erscheinen)

Landwehr, Götz: Rechtspraxis und Rechtswissenschaft im Lübischen Recht vom 16. bis 19. Jahrhundert. In: Zeitschrift des Vereins für Lübeckische Geschichte und Altertumskunde, Band 60 (1980), S. 21ff.

Langenbeck, Herman: Anmerkungen über das Hamburgische Schiff- und Seerecht, Hamburg 1727

Lau, Gerd: Das Hamburgische Seehandelsrecht im 18. Jahrhundert, Hamburg 1975 (Diss. iur.)

Levy, Hartwig: Die Entwicklung der Rechtsstellung der Hamburger Juden, Hamburg 1933 (Diss. iur.)

Loccenius, Johannes: de iure maritimo et navali. In: Heineccius, Fasciculus ... (s.o.), Amsterdam 1651

Magens, Nicolaus: Versuch über Assecuranzen, Havereyen und Bodmereyen, Hamburg 1753

Marquard, Johann: Tractatus politico-iuridicus de iure mercatorum et commerciorum singulari, Frankfurt 1662

Martens, Georg Friedrich von: Versuch über Caper, Feindliche Nehmungen und insonderheit Wiedernehmungen, Göttingen 1795

Matthiass, Bernhard: Das foenus nauticum und die geschichtliche Entwicklung der Bodmerei, Würzburg 1881

Merzbacher, Friedrich: Geschichte und Rechtsstellung des Handelsrichters (=Texte der Industrie- und Handelskammer Würzburg-Schweinfurt, Nr. 3), Würzburg 1979

Meurer: de eo quod inter socios iustum est, Straßburg 1665 (Diss. iur.)

Mevius, David: Consilia posthuma ... in quibus quaestiones intricatissimae atque utilissimae ex iure publico ac privato, feudali ac canonico descutiunter et ... deciduntur, Frankfurt/Stralsund 1680

Meyersieck, Gotthard Heinrich: Abhandlung vom Seeprotest und von der Verklarung, Rostock 1804

Mönckeberg, Carl: Geschichte der Freien und Hansestadt Hamburg, Hamburg 1885

Morstadt, K.E.: Commentar über das Handelsrecht Deutschlands und Frankreichs, Teil I, Heidelberg 1849

Mynsinger à Frundeck, Joachim: Singularium Observationum Imper. Camerae Centuriae VI, Wittenberg 1613

Obst, Arthur: Aus den Akten des Admiralitäts=Collegiums. In: Zeitschrift des Vereins für Hamburgische Geschichte, Band 11 (1903), S. 11ff.

Planitz, Hans: Über Hansisches Handels- und Verkehrsrecht. In: Hansische Geschichtsblätter, Band 51 (1926), S. 1ff.

Plaß, F. (Mitarbeiter: Ehlers, Friedrich Robert): Geschichte der Assecuranz und der Hanseatischen Seeversicherungsbörsen Hamburg, Bremen und Lübeck, Hamburg 1902.

Ploetz, Karl: Auszug aus der Geschichte, 26. Auflage, Würzburg 1960

Pöhls, Meno: Darstellung des gemeinen Deutschen und des Hamburgischen Handelsrechts für Juristen und Kaufleute, Allgemeiner Teil, Hamburg 1828, Seerecht, Theil I – IV, Hamburg 1830 – 1833, Assecuranzrecht, Theil I und II, Hamburg 1832 / 1834

Poppe, Franciscus Michael: de litium assecurationis causa orientium decisione, Göttingen 1752 (Diss. iur.)

Rademin: de bodmeria, Halle 1697 (Diss. iur.)

Rehme, Paul: Die geschichtliche Entwicklung der Haftung des Reeders, Stuttgart 1891

Reincke, Heinrich: Die ältesten Formen des hamburgischen Schiffrechtes. In: Hansische Geschichtsblätter, Band 63 (1938), S. 166ff.

Reißmann, Martin: Die hamburgische Kaufmannschaft des 17. Jahrhunderts in sozialgeschichtlicher Sicht, (=Beiträge zur Geschichte Hamburgs, herausgegeben vom Verein für Hamburgische Geschichte, Band 4), Hamburg 1975 (Diss. phil. Göttingen 1966)

Rentzel: de literis recognitionis praesertim duplicibus (vulgo von doppelten Connossementen), Leiden 1754 (Diss. iur.)

Richey, Michael: Historia Statutorum Hamburgensium. In: Thesaurus Iuris ... (s.o. Gedruckte Quellen), Band I, Abschnitt 1, S. 1ff.

Santerna, Petrus (de): Tractatus de assecurationibus et sponsionibus mercatorum, Lugduni 1558

Schaffshausen: de iure assignationis inter mercatores, Halle 1708 (Diss. iur.)

Scharlowski, Werner: Die zivilprozeßrechtliche Stellung der Juden in Deutschland während der Neuzeit, Tübingen 1964 (Diss. iur.)

Schaube, Adolf: Das Konsulat des Meeres in Pisa. Ein Beitrag zur Geschichte des Seewesens, der Handelsgilden und des Handelsrechts im Mittelalter, Leipzig 1888

Schele, Johannes: de iure naufragii colligendi, Straßburg 1674 (Diss. iur.)

Schele, Martin Lucas: de instrumento assecurationis vulgo polizza, Helmstedt 1707 (Diss. iur.)

Schlosser, Hans: Spätmittelalterlicher Zivilprozeß nach bayerischen Quellen. Gerichtsverfassung und Rechtsgang. (=Forschungen zur deutschen Rechtsgeschichte, Band 8), Wien 1971

Sluter (Schlüter), Johann Dietrich: de Traditione mercium per literas recognitionis, Utrecht 1750 (Diss. iur.)

Sluter (Schlüter), Johannes: de responsis mercatorum, vulgo Parere dictis, 1706 (Diss. iur.)

Schlüter, Matthäus: Annotationes ad partem primam Statutorum Hamburgensium, vol. 1 und 2 (Manuskript im Besitz der Commerzbibliothek), Hamburg 1747

Schlüter, Matthäus: Sonderbare Anmerkungen über den zu Hamburg üblichen Gerichts-Proceß ..., (Manuskript im Besitz der Commerzbibliothek), Hamburg 1692

Schlüter, Matthäus: Historisch- und Rechtsbegründeter Tractat von dem Verlassungsrecht, Hamburg 1703

Slüter (Schlüter): Matthäus: Tractat vom richterlichen Amte (Manuskript im Besitz der Commerzbibliothek) Hamburg, ohne Jahresangabe

Schneider, Konrad: Zum Geldhandel in Hamburg während des siebenjährigen Krieges. In: Zeitschrift des Vereins für Hamburgische Geschichte, Band 69 (1983), S. 61ff.

Schreiningh, Albert: Notae ad marginem Statuti (1603). In: Thesaurus Iuris ... (s.o. Gedruckte Quellen), Band I, Abschnitt 1, S. 965ff.

Schuback, Nikolaus: Versuch Einer Systematischen Abhandelung vom Richterlichen Ampte, vol. I und II, (Manuskript im Besitz der Commerzbibliothek), Hamburg 1747

Schultze - von Lasaulx, Hermann: Geschichte des Hamburgischen Notariats seit dem Ausgang des 18. Jahrhunderts, Hamburg 1961

Schwegmann, Gerhard: Das Reurecht in den Lübecker Ratsurteilen, Hamburg 1969 (Diss. iur.)

Seelig, Geert: Die geschichtliche Entwicklung der Hamburgischen Bürgerschaft, Hamburg 1900

Seelig, Geert: Die „Matrikel der bei den hamburgischen Gerichten admittierten Herren Advokaten" und die rechtsgelehrten Hamburger Richter 1816 – 1879. In: Aus dem Hamburger Rechtsleben. Festschrift für Walter Reimers, S. 37ff., Berlin 1979

Segger, Heimdal: Entwicklung des Seerechts unter besonderer Berücksichtigung der Schiffahrt Bremens, Hamburg 1952 (Diss. iur.)

Sieveking, Gustav: Deutsches Seeversicherungsrecht, Berlin 1912

Sieveking, Heinrich: Das Seedarlehen des Altertums, Leipzig 1893

Sieveking, Johann Peter: Von der Assecuranz für Rechnung eines ungenannten Dritten, Göttingen 1791 (Diss. iur.)

Silberschmidt, W.: Die deutsche Sondergerichtsbarkeit in Handels- und Gewerbesachen insbesondere seit der französischen Revolution. Ein Beitrag zur Frage der Laiengerichte. (Beilageheft zur Zeitschrift für das gesamte Handelsrecht, Band 55), Stuttgart 1904

Silberschmidt, W.: Die Entstehung des deutschen Handelsgerichts, Leipzig 1894

Smend, Rudolf: Das Reichskammergericht. Erster Teil: Geschichte und Verfassung. In: Quellen und Studien zur Verfassungsgeschichte des Deutschen Reiches in Mittelalter und Neuzeit, Band IV, Heft 3, Weimar 1911

Soltau: de eo quod iustum est circa havariam particularem, Lippe 1774 (Diss. iur.)

Sparing, Thomas: Die Seekaskoversicherung am deutschen Markt - Organisation und wirtschaftliche Bedeutung, (im Besitz des Vereins Hamburger Assecuradeure), Hamburg 1981

Steetz: de instrumento recognitionis vulgo von Connossement, 1735 (Diss. iur.)

Stein, Joachim Lucas: Abhandlung des Lübschen See-Rechts, Rostock, ohne Jahresangabe (1745)

Steltzner: Versuch Einer zuverlässigen Nachricht von dem Kirchlichen und Politischen Zustande der Stadt Hamburg, Teil 3, Hamburg 1733

Stevens, Robert: Versuch über Havarien und Assecuranz-Gegenstände, enthaltend eine Darstellung des neueren Englischen Rechts und der Praxis in Assecuranz- und Havarie-Sachen, (deutsch von F.C. Schumacher), Hamburg 1829

Straccha, Benevent: Tractatus de assecurationibus, Amsterdam 1760

Stritzky, Oskar von: Verein Hamburger Assecuradeure 1797 – 1972 (Festschrift), Hamburg 1972

Stypmann, Franciscus: Ius maritimum. In: Heineccius, Fasciculus ... (s.o.), Greifswald 1652

Surland, Johann Julius: de literis maritimis vulgo von Zee-Briefen, Groningen 1715 (Diss. iur.)

Sutor, August: Die Errichtung des Handelsgerichts in Hamburg. Zur Erinnerung an den 21. Februar 1816, Hamburg 1866

Targa, Carlo: ponderationi sopra la contrattatione maritima, Genova 1692

Techen, Friedrich: Ein Frachtvertrag aus dem Jahr 1684. In: Hansische Geschichtsblätter, Band 54 (1929), S. 174ff.

Telting, A.: Die alt-niederländischen Seerechte, Haag 1907

Tesdorpf, Oskar L.: Das Haupt-Registratur- oder Secretbuch des Lübecker Syndicus Dr. Joachim Carstens. In: Zeitschrift des Vereins für Lübeckische Geschichte und Altertumskunde, Band 8 (1900), S. 1ff.

Trummer, C.: Vorträge über merkwürdige Erscheinungen in der Hamburgischen Rechtsgeschichte, Band I, Hamburg 1844
Band II, Hamburg 1847

Valin, René-Josué: Commentaire sur l'ordonnance de la marine 1681, avec des notes par V. Becane, Poitiers 1829

Vasmer, Franciscus: de admiralitate, Straßburg 1674 (Diss. iur.)

Voltaire, François-Marie: Geschichte Karls XII., Neuausgabe, Frankfurt am Main 1978

Wagner, Rudolf: Handbuch des Seerechts, Band I, Leipzig 1884

Wehrmann, Carl Friedrich: Das Lübeckische Seegericht 1655. In: Lübeckische Blätter, Band 42 (1900), S. 619 – 621, 632 – 635, 644 – 646, 661 – 663

Weiss, Egon: Institutionen des römischen Privatrechts, 2. Auflage, Stuttgart 1949

Weitzel, Jürgen: Der Kampf um die Appellation ans Reichskammergericht, (=Quellen und Forschungen zur höchsten Gerichtsbarkeit im alten Reich, Band 4), Köln 1976 (Diss. iur. 1975)

Werlhof, Johann: Commentatio de iudicio admiralitatis Hamburgensis, Helmstedt 1750

Weskett, John: digest of the theory, law and practise of insurance, London 1781 (deutsch von Engelbrecht, Lübeck 1782)

Westphalen, Nikolaus Adolf: Hamburgs Verfassung und Verwaltung in ihrer allmählichen Entwicklung bis auf die neueste Zeit, Band I, Hamburg 1841

Wetzell, Georg Wilhelm: System des ordentlichen Civilprocesses, 3. Auflage, Leipzig 1868 (Neudruck Aalen 1969)

Weytsen, Quintin: Tractatus de avariis, Florenz 1617

Wiggenhorn, Heinrich: Der Reichskammergerichtsprozeß am Ende des alten Reiches, Münster 1966 (Diss. iur.)

Winckel, Ulrich: Emendationes atque Annotationes ad Statuta Hamburgensium de anno 1603. In: Thesaurus Iuris ... (s.o. Gedruckte Quellen), Band I, Abschnitt 1, S. 783ff.

Wohlwill, Adolf: Hamburgs Beziehungen zu den auswärtigen Mächten in den Jahren 1800 und 1801. In: Hamburg um die Jahrhundertwende 1800, S. 89ff.; Hamburg 1900

Wolter, Klaus: Die Schiffrechte der Hansestädte Lübeck und Hamburg und die Entwicklung des Hansischen Seerechts — unter besonderer Berücksichtigung der rechtlichen Bestimmungen über Reisenotlagen und Schiffskollisionen, Hamburg 1975 (Diss. phil.)

Wüstendorfer, Hans: Neuzeitliches Seehandelsrecht, 1. Auflage, Hamburg 1947

Zedler, Johann Heinrich: Großes vollständiges Universal-Lexikon aller Wissenschaften und Künste, Band 8 (E), Halle/Leipzig 1734

Zippelius, Reinhold: Allgemeine Staatslehre, 7. Auflage, München 1980

Übersicht über die herangezogenen Hanseatischen Rechtsquellen und deren Fundstellen

Hamburger Stadtrecht 1603 / 05
In: Der Stadt Hamburg Gerichtsordnung und Statuta, Ausgabe des Vereins für Hamburgische Geschichte, 1842

Hamburger Stadtrecht 1301 (Seerecht)
In: Lappenberg, S. 75ff.

Hamburger Stadtrecht 1497 (Abschnitt P, Seerecht)
In: Lappenberg, S. 306ff.

Admiralschaftsordnung der Stadt Hamburg 1623
In: Marquard, part. II, S. 589ff., Lit. R;
Langenbeck, Seerecht, S. 330ff.

Assecuranz- und Havareiordnung der Stadt Hamburg 1731
In: Klefeker, Band I, S. 28ff.

Verordnung für Schiffer und Schiffsvolk vom 5.12.1766
In: Blank, Sammlung Hamburger Mandate Band VI, S. 153ff.
(revidierte Fassung dieser Verordnung vom 23.3.1786
in: Anderson, Sammlung Hamburger Mandate Band II, S. 117ff.)

Verordnung für Begünstigung der Frachtgelder vom 5.12.1766
In: Blank, Sammlung Hamburger Mandate Band VI, S. 165f.

Hansische Schiffsordnung 1591
In: Pardessus, Band II, S. 507ff.

Hansisches Seerecht 1614
In: Pardessus, Band II, S. 528ff.;
Marquard, part II, S. 688ff., Lit. X

Lübisches Seerecht 1586
In: Pardessus, Band III, S. 437ff.

Wisbysches Seerecht
In: Pardessus, Band I, S. 463ff.;
Marquard, part. II, S. 674ff.; Lit. X

Bescheide des Admiralitätsgerichts von 1656, 1663, 1764, 1767
In: Anderson, Hamburgisches Privatrecht Band III, 2. Abschnitt, S. 340ff

Gerichtsordnung für das Niedergericht 1560
In: Anderson, Hamburgisches Privatrecht Band III, 2. Abschnitt, S. 1ff.

Gerichtsordnung 1622
In: Anderson, Hamburgisches Privatrecht Band III, 2. Abschnitt, S. 26ff.

Gerichtsordnung 1632
In: Anderson, Hamburgisches Privatrecht Band III, 2. Abschnitt, S. 34ff.

Gerichtsordnung 1645
In: Anderson, Hamburgisches Privatrecht Band III, 2. Abschnitt, S. 39ff.

Gerichtsordnung 1711
In: Anderson, Hamburgisches Privatrecht Band III, 2. Abschnitt, S. 56ff.

Hauptrezess der Stadt Hamburg 1712
In: Bartels, Neuer Abdruck ..., S. 197ff.

Gerichtsordnung für das Hamburgische Handelsgericht 1815
In: Sutor, Handelsgericht, S. 118ff.

Vergleiche der Hamburgischen Assecuradeure von 1677, 1679, 1683, 1687, 1693, 1697, 1704
In: Langenbeck, Seerecht, S. 425ff.

Geschäftsbedingungen der Hamburgischen Assecuradeure 1800
In: Benecke, Band III, S. 35ff. (und in Einzeldrucken)

Die außerdem herangezogenen ungedruckten Rechtsquellen sind in Anhang B abgedruckt.

Übersicht über die herangezogenen ausländischen Rechtsquellen und deren Fundstellen

Lex Rhodia de iactu
In: Pardessus, Band I, S. 104ff.

Consolato del mare
In: Pardessus, Band II, S. 49ff.

Guidon de la mer
In: Pardessus, Band II, S. 377ff.

Rôles d'Oléron
In: Pardessus, Band I, S. 323ff.

Niederländische Ordonnantie Philipps II. 1563
In: Pardessus, Band IV, S. 64ff.

Amsterdamer Assecuranzordnung 1603
In: Marquard, part. II, S. 603ff., Lit. S

Middelburger Assecuranzordnung 1689
In: Magens, S. 520ff.

Amsterdamer Assecuranzordnung 1744
In: Magens, S. 620ff.

Rotterdamer Assecuranzordnung 1721
In: Magens, S. 543ff.

Ordonnance de la marine 1681
In: Pardessus, Band IV, S. 325ff.

Florentiner Assecuranzstatuten 1523
In: Magens, S. 367ff.

Statut von Genua 1610 (lib. IV, cap. 17)
In: Magens, S. 503ff.

Recopilation de leyes de los reynos de las Indias 1681 (lib. IX, tit. 39)
In: Magens, S. 426ff.

Preußisches Seerecht 1727
In: Magens, S. 719ff. (Auszüge)

Dänische Assecuranzbedingungen 1746
In: Magens, S. 958ff.

Schwedische Assecuranzordnung 1750
In: Magens, S. 816ff.

Lübeckische Seegerichtsordnung 1655
In: Marquard, part. II, S. 704f., Lit. X

RECHTSHISTORISCHE REIHE

Band 1 Studien zu den germanischen Volksrechten. Gedächtnisschrift für Wilhelm Ebel. Vorträge gehalten auf dem Fest-Symposion anläßlich des 70. Geburtstages von Wilhelm Ebel am 16. Juni 1978 in Göttingen. Götz Landwehr (Hrsg.) 1982.

Band 2 Hans Poeschel: Die Statuten der Banken, Sparkassen und Kreditgenossenschaften in Hamburg und Altona von 1710 bis 1889. 1978.

Band 3 Thomas Kolbeck: Juristenschwemmen, Untersuchungen über den juristischen Arbeitsmarkt im 19. und 20. Jahrhundert. 1978.

Band 4 Norbert Hempel: Richterleitbilder in der Weimarer Republik. 1978.

Band 6 Martin C. Lockert: Die niedersächsischen Stadtrechte zwischen Aller und Weser. Vorkommen und Verflechtungen. Eine Bestandsaufnahme. 1979.

Band 7 Joachim Rückert/Wolfgang Friedrich: Betriebliche Arbeitsausschüsse in Deutschland, Großbritannien und Frankreich im späten 19. und frühen 20. Jahrhundert. Eine vergleichende Studie zur Entwicklung des kollektiven Arbeitsrechts. 1979.

Band 8 Peter Bender: Die Rezeption des römischen Rechts im Urteil der deutschen Rechtswissenschaft. 1979.

Band 9 Friedrich Karl Alsdorf: Untersuchungen zur Rechtsgestalt und Teilung deutscher Ganerbenburgen. 1980.

Band 10 Dietmar Willoweit/Winfried Schich (Hrsg.): Studien zur Geschichte des sächsisch-magdeburgischen Rechts in Deutschland und Polen (Sammelband). 1980.

Band 11 Brigitte Hempel: Der Entwurf einer Polizeiordnung für das Herzogtum Sachsen-Lauenburg aus dem Jahre 1591. 1980.

Band 12 Klaus-Detlev Godau-Schüttke: Rechtsverwalter des Reiches Staatssekretär Dr. Curt Joel. 1981.

Band 13 Rainer Polley: Anton Friedrich Justus Thibaut (AD 1772-1840) in seinen Selbstzeugnissen und Briefen. Teil 1: Abhandlung. Teil 2: Briefwechsel. Teil 3: Register zum Briefwechsel. 1982.

Band 14 Michael Wettengel: Der Streit um die Vogtei Kelkheim 1275-1276. Ein kanonischer Prozeß. 1981.

Band 15 Otto Wilhelm Krause: Naturrechtler des sechzehnten Jahrhunderts. Ihre Bedeutung für die Entwicklung eines natürlichen Privatrechts. 1982.

Band 16 Helga Spindler: Von der Genossenschaft zur Betriebsgemeinschaft. Kritische Darstellung der Sozialrechtslehre Otto von Gierkes. 1982.

Band 17 Holger Otte: Gustav Radbruchs Kieler Jahre 1919 - 1926. 1982.

Band 18 Rüdiger Teuner: Die fuldische Ritterschaft 1510 - 1656. 1982.

Band 19 Gerhard Dilcher/Rudolf Hoke/Gian Savino Pene Vidari/Hans Winterberg (Hrsg.): Grundrechte im 19. Jahrhundert. 1982.

Band 20 Karl-Heinz Schloßstein: Die westfälischen Fabrikengerichtsdeputationen — Vorbilder, Werdegang und Scheitern —. 1982.

Band 21 Birger Schulz: Der Republikanische Richterbund (1921-1933). 1982.

Band 22 Engelbert Krause: Die gegenseitigen Unterhaltsansprüche zwischen Eltern und Kindern in der deutschen Privatrechtsgeschichte. 1982.

Band 23 Meent W. Francksen: Staatsrat und Gesetzgebung im Großherzogtum Berg (1806 - 1813). 1982.

Hempel, Norbert

RICHTERLEITBILDER IN DER WEIMARER REPUBLIK

Bern, Frankfurt/M., Las Vegas, 1978. 176 S.
Rechtshistorische Reihe. Bd. 4
ISBN 3-261-02644-8

br. sFr. 31.–

Der Verfasser analysiert die Richterleitbilder auf dem Gebiet des Zivilrechts in den Jahren nach dem Ersten Weltkrieg. Das Richterleitbild definiert er als die Frage nach der Autorität, welcher der Richter in seinen Urteilen folgt. Anhand zweier Rechtsprobleme, die sich aus der Inflation der Jahre 1918 bis 1923 ergaben, zeigt der Verfasser auf, dass die Autorität des Gesetzes in dieser Krisenzeit stark erschüttert war.

Godau-Schüttke, Klaus-Detlev

RECHTSVERWALTER DES REICHES STAATSSEKRETÄR DR. CURT JOEL

Frankfurt/M., Bern, 1981. 241 S. 4 Bilder und 2 Karikaturen.
Rechtshistorische Reihe. Bd. 12
ISBN 3-8204-6415-8

br. sFr. 55.–

Biographie von Dr. Curt Joel, der aus dem kaiserlichen Reichsjustizamt kommend von 1920 bis 1932 als Staatssekretär und im Kabinett Brüning II als Minister dem Reichsjustizministerium bei ständig wechselnden Ministern vorstand. Ziel der Arbeit ist es, nicht nur den Lebensweg Joels – der nach der nationalsozialistischen Rassenideologie als «Volljude» geltend, durch die Hilfe einflussreicher Freunde überleben konnte – aufzuzeigen, sondern auch seinen Einfluss auf die Justizpolitik der Weimarer Republik zu durchleuchten.

Schulz, Birger

DER REPUBLIKANISCHE RICHTERBUND (1921-1933)

Frankfurt/M., Bern, 1982. 211 S.
Rechtshistorische Reihe. Bd. 21
ISBN 3-8204-7122-7

br. sFr. 47.–

Der am Ende des Jahres 1921 in Berlin gegründete Republikanische Richterbund verstand sich als staatspolitische Vereinigung zur Stärkung der demokratischen Republik. Schon diese Aufgabenstellung verriet den Gegensatz zu den traditionellen richterlichen Standesorganisationen. Ziel der Untersuchung war die Darstellung der Geschichte des Bundes. Einen besonderen Schwerpunkt bildeten dabei die Auseinandersetzungen mit dem Deutschen Richterbund und seinen Landesverbänden um die Weimarer Justiz.
Aus dem Inhalt: U.a. Die Gründung des Republikanischen Richterbundes – Das Programm – Justizkritik und Auseinandersetzungen mit den richterlichen Standesorganisationen – Rechtsprechung und Politik – Personalpolitik – RR und Nationalsozialismus.

Verlag Peter Lang Bern · Frankfurt a.M. · NewYork
Auslieferung: Verlag Peter Lang AG, Jupiterstr. 15, CH-3000 Bern 15
Telefon (0041/31) 32 11 22, Telex verl ch 32 420